大学生素质教育系列教材

中国传统文化教程

主　编　梁国楹
副主编　王守栋　王永顺

山东大学出版社

《大学生素质教育系列教材》编委会

序

20世纪末，在高等教育领域兴起的以文化素质教育为切入点的素质教育正在全面推进，素质教育的理念不断升华，围绕素质教育的教学改革不断深化。

素质教育体现了以人为本、直接着眼人的发展的教育思想，关心的是人最根本的质性方面的发展（“素”本身含有原本、根本之义）。因此，开展规范性的素质教育，不仅能够丰富知识、启迪智慧，而且能让学生的精神更加高尚、形象更加完美。素质教育准确而鲜明地体现了马克思关于共产主义是以“每个人的全面而自由发展为基本原则的社会形式”的论断，体现了党的十六届三中全会确立的科学发展观，是我国全面建设小康社会的必然要求。

素质教育直接对高等教育的课程及其结构改革提出了新的任务。大学课程大体可分为人文课程、自然课程和社会课程三大类。长期以来，人文课程被忽视、削弱，这是我国高等教育的一大缺憾，因此，在基于素质教育的课程改革与建设中，应着力抓好人文课程的改革与建设，构建高素质人才培养的课程体系。作为人才培养的依托和凭借，课程改革与建设是高等教育教学改革的核心和重点，是保证和提高教育质量的基础和前提。课程改革与建设的水平和成效关系到学校能否培养出高素质的人才，进而影响到学校的生存和发展。

素质教育的课程建设首先需要建立相应的教材体系。根据高等院校的教学实际，我们拟设立教材建设基金，在近期推出一套特色鲜明的《大学生素质教育系列教材》。出版《大学生素质教育系列教材》的目的有三：(1)培养学生对学术和文化长远发展的兴趣；(2)拓宽基础、沟通文理，让学生掌握一些学术领域最基本的思维方法和思想体系，即有合理的知识能力结构；(3)进行科学人文精神的素质教育，培养学生丰富、高雅的情趣，最终把学生培养成具有全面素质的人才。据此，我们制定了遴选素质教育教材的六条标准：(1)有利于学生了解人类最基本的知识领域和思维方法；(2)有利于加强学生的人文素质、创新能力和基础知识；(3)有利于促进不同学科的交叉渗透；(4)有利于培养学生的思辨能力；(5)有利于引导学生了解学科前沿的最新成果、趋势和信息；(6)有利于学生从综合角度增强对现有一级学科的理解。

《大学生素质教育系列教材》的编写、出版和使用，必将促进高等院校素质教育的深入开展。诚望广大教师不辜负时代赋予的历史使命，把握《大学生素质教育系列教材》的主旨，热忱参与系列教材的建设，为学校的改革发展作出贡献。

山东大学出版社为该系列教材的顺利出版提供了诸多便利，并投入大量人力进行策划和编辑工作。在此表示深深的谢意。

贺金玉

2005 年 7 月

目录

目录

目录

第一章 绪论

文化是人类有意识地作用于自然、社会及自身的一切活动及其结果。中国历史悠久，传统文化博大精深，勤劳智慧的中华民族在五千年的文明历史进程中，创造了内涵丰富、气势恢弘、绵延不绝、奔腾向前、从未中断的文化成就。如何从宏观上把握中国传统文化的跳动脉搏，如何继承、创新和发展成就灿烂的中国传统文化，是关系到中华民族前途和命运的方向性的大问题。学习和弘扬中国传统文化，努力提高个人文化素质和整体素质，在全面建设“小康”社会的伟大事业中，学贯古今，会通中西，既保持自身的历史文化精华，又吸收西方的现代文明成果，努力建构既有传统底蕴又有时代气息的社会主义新文化，是每个炎黄子孙义不容辞的责任。

第一节　文化概述

一、文化的本义与定义

文化的本义　“文”最早见于商代甲骨文，写作，是个象形字，表示的是一个身有花纹袒胸而立之人，本义是纹理。《说文解字》解释为“错画也”，即各色交错的纹理。后世引申为文物典籍、礼乐制度、文德教化等等。“化”则是个会意字，出现稍晚，本义是教化。《说文解字》解释为“教行也”，即通过教育改变人们的言行。“化”字从“人”从“匕”，《说文解字》曰：“匕，变也，从倒人。”可以看出，“化”由一正一倒的两个人组成，要使两人和谐融洽，相顺而不悖，就需要迁善、感化和教化。后世引申为改易、变化、生成等等。

“文化”作为单一概念，在我国很早就出现了，但近代以前，一般指“文治”和“教化”，与“武力”、“武功”相对。如西汉刘向说：“圣人之治天下也，先文德而后武功。凡武之兴，为不服也，文化不改，然后加诛。”①西晋束皙则说：“文化内辑，武功外悠。”②我们今天所说的“文化”，是19世纪末通过日文从西方转译而来的。在西方，“文化”一词英文、法文都写作Cultuie，德文为Kultuie，都是从拉丁文Cultuia演变而来的，原意为耕耘、居住、操作。中世纪以后，其意义延伸，进而涵盖了神明祭祀、道德法律、精神修养诸领域。可见，中国传统的“文化”与西方的Cultuie在内涵上有明显的区别：“文化”的本义是文治教化，强调的是人的社会活动，偏重于精神领域；而Cultuie的本义是人与自然的关系，是从人类的物质生产出发，进而引申到社会领域和精神领域，其含义要宽泛得多。然而，这两个词又有共同的一面，即强调人的有意识有目的的活动。

“文化”的本义是文治教化，强调的是人的社会活动，偏重于精神领域；而Cultuie的本义是人与自然的关系，是从人类的物质生产出发，进而引申到社会领域和精神领域，其含义要宽泛得多。

文化的定义　19世纪中叶以后，随着人类学、社会学、民族学等人文学科的兴起与发展，文化逐渐成为专门术语。最先把文化作为专门术语的是被称为“文化学之父”的英国人泰勒。他在1871年出版的《原始文化》一书中对文化进行了首次诠释：“文化或文明，是一个复杂的总体，是一个知识、信仰、艺术、道德、法律、风俗以及其

① 《说苑·指武》。

② 《文选·补亡诗》。

他人类作为社会成员而获得的能力和习性的复合体。”此后，西方学者纷纷给文化下定义，至1951年西方学者对文化已有164种定义。[①] 20世纪50年代以来，世界各国兴起文化热，文化的定义越来越多，据说目前已有500种之多。[②]

我国对文化学的研究起步较晚。洋务运动和戊戌变法前后，面对西学扑面而来的冲击，以张之洞、梁启超为代表的一些有识之士曾对中国传统文化进行了一定的反思，但他们徘徊于中西之间，始终不能挣脱“体”、“用”之羁绊。五四运动时期，对文化问题的讨论也曾热烈一时，“打倒孔家店”的口号虽有思想解放的意义，但不免过激和缺乏冷静。“文革”中，对传统文化的大清剿、大革命，则让国人从思想言行上不得不与传统文化一刀两断……。然而，历史是不可能被割断的，20世纪80年代以来，我国“文化热”现象经久不衰，对文化的研究摆脱了政治的束缚，趋于理性，但对文化定义的争论更加激烈，迄今为止，还没有一个为大家一致接受、没有争议的确切定义。相对来说，1979年以来每10年修订一次的《辞海》对“文化”概念的解释具有一定的代表性：“文化，从广义来说，指人类社会历史实践过程中所创造的物质财富和精神财富的总和。从狭义来说，指社会的意识形态，以及与之相适应的制度和组织机构。”

文化，从广义来说，指人类社会历史实践过程中所创造的物质财富和精神财富的总和。从狭义来说，指社会的意识形态，以及与之相适应的制度和组织机构。

我们认为，文化是人类有意识地作用于自然、社会和自身的一切活动及其结果。

文化是人类创造的所有物质财富和精神财富的总和，文明则是这两种成果达到一定发展水平的产物。

文化与文明 与文化相关的一个词是“文明”。中国古代典籍中，文明的出现要早于文化。成书于春秋战国之际的《尚书》、《周易》中都有“文明”，其含义是文德、光明、文采，与“文化”的意义相近。《尚书·尧典》赞美虞舜“睿哲文明”，孔颖达解释曰：“经纬天地曰文，照临四方曰明。”《周易·乾卦》曰：“见龙在田，天下文明。”孔颖达解释曰：“天下文明者，阳气在田，始生万物，故天下有文章而光明也。”“文化”一词则是汉代以后才出现的。英文中“文明”写作Civilization，有文雅之意。现代汉语中的文明也是近代西学东渐的产物，具体说是在一定社会生产力发展水平上，以个体家庭、私有制和国家的产生为标志。文化是人类创造的所有物质财富和精神财富的总和，文明则是这两种成果达到一定发展水平的产物。中国被

① 参见美国文化人类学家克罗伯和克拉克洪1952年发表的《文化——关于概念和定义的考察》。

② 许嘉璐：《文化与语言》，载《中国教育报》之《文化周刊》第141期，2000年10月17日第7版。

称为四大文明古国之一而不是文化古国之一，说的就是这个意思。

二、文化的构成与分类

文化是一个大概念，由于其内涵的广泛性而决定了其外延的宽泛性，文化研究者往往根据各自不同的视角，对文化作不同的分类。如：从时间角度上，可分为原始文化、古代文化、近代文化、现代文化等等；从空间角度上，可分为东方文化、西方文化、非洲文化、南亚文化等等；从地理环境上，可分为大陆文化、海洋文化、草原文化、河谷文化等等；从生产方式上，可分为农业文化、工商文化、游牧文化、旅游文化等等；从社会阶层上，可分为贵族文化、平民文化、官方文化、民间文化等等；从社会功用上，可分为礼仪文化、服饰文化、企业文化、校园文化等等；从文化的地位上，可分为主流文化、亚文化（次文化、副文化）、反文化、俗文化等等；从文化的结构或自身逻辑上，可分为物质文化、制度文化、行为文化、精神文化等等。

既然文化是人类有意识地作用于自然、社会和人类自身的一切活动及其结果，那么，从人类活动蕴含的下列三种关系——人与自然的物质变量关系、人与社会的行为转化关系、人与自身的自我意识关系的角度观察和分析文化的构成就是最恰当的了。概言之，文化的构成分为四个层面：物质文化处于文化结构的表层，制度文化和行为文化处于文化结构的中层，精神文化处于文化结构的深层。

物质文化又称物态文化，是人类所从事的物质生产活动及其结果的总和，是构成整个文化的基础，是文化中最活跃的因素。

物质文化 物质文化又称物态文化，是人类所从事的物质生产活动及其结果的总和，是构成整个文化的基础，是文化中最活跃的因素。

物质文化以满足人类自身生存发展所必需的衣食住行等各种条件为目标，直接反映人与自然的关系，反映人类对自然的认识、利用和改造的程度和结果。一定的社会生产力发展水平即劳动者的工艺技术与劳动工具的结合，对物质文化的风貌具有制约和决定性作用。人类在漫长的发展过程中，一直在利用周围的自然环境来为自己的生存服务，并逐渐丰富和改变着自身的物质文化，创造了无数灿烂的物质文化产品。为了维持生存，原始人使用粗糙简陋的石器获取食物，穿的是树叶和兽皮，住的是树洞、山洞或窝棚，行走当然靠徒步。进入奴隶社会和封建社会以后，随着劳动工具和工艺技术的不断发展进步，人类的物质文化随之不断发生变化。穿着逐渐美丽讲究，以至形成了内容丰富的服饰文化；食物逐渐丰富多样，以至形成了风格各异的饮食文化;住居逐渐舒适美观,以至形成了绚丽多彩的建筑文化;行走逐渐快捷方便,以至形成了匠心独运的车船文化。这些都是以物质生产的发展和物质文化的创造为必要前提的。

物质文化中不仅积淀着制度文化的因素,同时也凝聚着精神文化的内涵。在传统农业宗法社会里,人们根据不同的年龄、职业、辈分等,对每一具体个人的衣食住行作了明确规定。单就服饰而言,封建时代不同品级的官员在服饰的颜色、形制、质地、图案等方面都有显著的差别。《唐会要》载:唐朝官员"三品以上服紫,四品、五品服绯,六品、七品以绿,八品、九品以青"。而这又是传统精神文化中等级观念的反映。

制度文化 制度文化是人类在社会实践过程中所建立的各种行为规范、准则的总和,包括婚姻、家庭、政治、经济、宗教等制度。

人们在参与社会活动的过程中,为了调节人与人之间的各种关系,逐渐形成了一系列要求所有社会成员共同遵守的办事规程或行为准则,这就是制度。各种制度都是在总结社会实践的基础上人的主观意识的加工创造,而制度一旦制定,便具有客观性、约束性,制约着人们的行为乃至思想,因此,制度文化是文化系统中最具权威的因素,它往往规定着文化的整体性质。

制度文化建立在物质文化的基础上,具有鲜明的时代性,同时又带有精神文化的深刻烙印。在中国封建社会里,知识分子一般都以"修身、齐家、治国、平天下"为理想的人生轨迹,以"达则兼济天下,穷则独善其身"为行为准则,而普通百姓除了希望皇帝圣明、官吏清廉、天下太平、风调雨顺以外,对政治的态度历来比较冷漠,体现出的是一种臣民型的封建主义政治文化。儒家思想是当时占统治地位的社会意识形态,凡是维护既定社会秩序的力量和集团,都会推崇儒家学说。这时,一切制度都要符合儒家思想精神,甚至科举考试也必须以"四书"、"五经"为准绳。

行为文化是人类在长期的社会实践和复杂的人际交往中约定俗成的习惯性定势,是以民风和民俗形态出现的,见之于日常生活中的具有鲜明民族性和时代性的行为模式。

行为文化 行为文化是人类在长期的社会实践和复杂的人际交往中约定俗成的习惯性定势,是以民风和民俗形态出现的,见之于日常生活中的具有鲜明民族性和时代性的行为模式。

行为文化直接反映着制度文化的时代内涵,同时又受到精神文化的深层约束和影响。一般来说,人的行为除了受各种有形的、物质的、他律的、带有强制性或暴力特点的规范(制度)约束外,还要受来自各种无形的、非物质性的、自律的和不带任何强制性的内在良知（精神）的制约，包括道德观念、价值观念、审美观念等等。这两方面的影响有时是统一的，有时是矛盾的。比如封建时代，一方面法律规定“杀人偿命”，另一方面道德又要求“朋友有义”、“仗义行侠”，因此，对那些“为朋友两肋插刀”、愤而杀人的血性男儿，人们往往是既惋惜又敬佩。再比如自古至今并没有规定数年不回乡省亲违法，但受“父母在不远游”和“孝悌”、“团圆”等观念的影响，即便是因工作等原因数年不回家探亲的人也会时常感到歉疚。行为文化深受传统观念的影响，但又不是一成不变的，随着物质文化的发展进步，随着外来文化的刺激影响，特别是随着精神文化的更新转变，行为文化又是常新的，具有显著的时代性。

精神文化 精神文化又称心态文化，是人类在长期的社会实践和意识活动中孕育升华出来的价值观念、道德情操、审美情趣、思维方式、宗教感情、民族性格等的总和，是文化整体的核心部分。

精神文化分为社会心理和社会意识形态两个层次。社会心理是指尚未加工整理的大众心理，如人们日常生活的一般愿望、风尚、情趣等，它不仅受物质文化、制度文化的直接影响和制约，而且同行为文化互相联系、互相作用、互相融合；社会意识形态则是经过系统加工整理的社会心理，是经过归纳、整理和定性了的信仰、观念、思想等，它曲折而深刻地反映着社会存在，同时又以物化的形态表现出来，如文学、艺术、宗教、哲学等。

精神文化同样具有较强的时代特点和民族特点。就文学艺术而言，人们特定时代的愿望、要求、情趣必然通过当时的作品表现出来，其思想内容、艺术风格必然是那个时代精神文化的反映。明代中后期，以李梦阳为代表的“前七子”和以李攀龙为代表的“后七子”企图冲破程朱理学、八股文和台阁体的束缚，但又在前人建造的丰碑面前畏葸不前，从而产生了畸形的崇拜心理，提出了“文必秦汉，诗必盛唐”的口号，其作品也就成了毫无生气的“假古董”。再以文学为例，中国人喜欢欣赏情节曲折生动、内容丰富的伦理叙事作品，西方人则更注重作品中人物深刻细致的心理刻画，体味人物的精神生活。

综上所述，物质文化、制度文化、行为文化、精神文化虽属文化构成的不同层次，但同是一个有机的整体，相互间既有区别又有联系，相互依存、相互渗透、相互制约、相互推动。

三、文化的特征与功能

文化的特征 从一般意义上说，文化至少具有以下五个特征：

1. 时代性。“每一民族的文化世界，都是一个不断延续、不断发展的存在系统，这个永远处于演变状态的存在系统，有它的过去、现在和将来。”[①]人类的一切活动，都是在特定的历史条件下进行的。文化是特定社会和特定时代的产物，是一个历史概念，不同的社会发展阶段必然有不同的时代文化。因此，文化的第一特征是时代性。

文化的时代性包含两方面的内容：承传性和变异性。正是通过世代承传积累，人类文化才会日益丰富起来。

每一代人都生活在一个特定的历史文化环境下，他们很自然地从上一代那里继承传统文化，并根据时代需要对其进行利用和改造，以使其适应新的时代需要。从这个意义上讲，文化的时代性包含两方面的内容：承传性和变异性。正是通过世代承传积累，人类文化才会日益丰富起来。毛泽东在《新民主主义论》中说：“中国现时的新政治、新经济是从古代的旧政治、旧经济发展而来，中国现时的新文化是从古代的旧文化发展而来，因此，我们必须尊重自己的历史，决不能割断历史。”正是通过不断变异更新，人类文化才会不断进步。从石器时代、青铜器时代、铁器时代、蒸汽机时代到现在的信息时代，都是生产力发展水平和文化变异的结果。文化变异是文化人类学的主要研究课题之一，是人类文化的永恒特质。那么，文化变异的因素有哪些呢？文化的变异与外来文化的刺激有关，但主要的推动力来自文化结构内部的矛盾运动，新的发现和发明是文化变异的源泉，新的观念对推动文化变异起巨大作用，当然，社会革命也是文化变异的有力推动因素。

正是通过不断变异更新，人类文化才会不断进步。

2. 地域性。人类活动必须借助一定的空间条件才能进行，不同地域的自然条件、历史传统和人的思维方式各不相同，自然就会产生不同的文化。因此，文化的第二特征是地域性。

差异是自然界和人类社会的普遍规律。就世界而言，东方文化、西方文化、非洲文化迥异；就亚洲而言，大陆文化、高原文化、草原文化、沙漠文化各具特色；就中国而言，中原文化、关中文化、齐鲁文化、巴蜀文化、荆楚文化、吴越文化、岭南文化、香港文化千差万别，这些都是因特定的地域条件而产生的差别。

---

① 刘守华：《文化学通论》，高等教育出版社 1992 年版，第 143 页。

3. 民族性。人与动物的显著区别在于人类的社会性,人类活动总是带有社会集团性质。当不同的社会集团分化整合为社会集团的时候,反映这种以社会集团利益为活动目的的社会文化,便自然地带有民族文化的特征。特定民族所恪守的共同语言、风俗、习惯、性格、心理及利益,成为民族文化的突出表现。迄今为止,人类社会都是按照民族或国家来区分的,法兰西民族、日耳曼民族、犹太民族、日本民族、阿拉伯民族,甚至藏族、蒙古族等等在文化上的差异是有目共睹的。因负羞而切腹自杀这种在日本常见的事,在美国人看来是难以想象的。以颜色为例,楚人尚红,可能是源于对太阳、对火的崇拜;藏民尚白,是源于对冰雪、对雪山的崇拜;彝族尚黑,则是源于对黑虎祖先神的崇拜。

特定民族所恪守的共同语言、风俗、习惯、性格、心理及利益,成为民族文化的突出表现。

值得注意的是,文化的地域性与文化的民族性是紧密相连的,因为一般民族总是带有地域性的社会共同体,民族文化在某种程度上也反映出地域文化的内容。

4. 阶级性。当社会集团内部分化为不同的阶级时,文化不可避免地被打上阶级的烙印,文化自然具有了阶级性。占统治地位的阶级总是将有利于自己阶级的思想观念和行为规范通过各种手段向本民族文化中渗透,而被压迫阶级的抗争也必然会在文化中反映出来,因此,我们通常所说的民族文化,实际上是具有不同阶级倾向的文化成分的对立统一。应该强调的是,不是所有文化都有阶级性,有些文化领域是全人类共享的,如语言、科技等;有些文化领域在阶级出现以前就已存在,阶级出现以后才被打上阶级的烙印,如艺术、宗教、道德、习俗等;有些文化领域则完全产生于阶级出现以后,阶级性特点显著,如法律、制度等。

5. 同一性。文化的同一性包含两个层面:超自然性与超个体性。

文化,必须是人化,有人的活动痕迹,是与“自然”相对而言的概念。大自然给人类提供了生存环境,人类一刻也离不开自然界,但纯粹的自然物和自然现象不属于文化,把自然加工改造成为物质或精神产品,打上人类心智的印记,才是文化。日月星辰、风云雷电、山川河流、动物植物等本来不属于文化范畴,但面对日月星辰的运转,风云雷电的变幻,人们一方面感到惊恐惶惑,另一方面又激起了控制它们的愿望,于是在想象中把它们人格化,创造出有关日月星辰、风云雷电的神话,则就是文化了。山川河流、花草树木等本来也

文化,必须是人化,有人的活动痕迹,是与“自然”相对而言的概念。纯粹的自然物和自然现象不属于文化,把自然加工改造成为物质或精神产品,打上人类心智的印记,才是文化。不为社会成员所共同接受和理解的事物,不属文化。

不属于文化,但人们在一些高山峻岭上刻字作画,建寺造观,甚至美其名曰“神女峰”、“仙人洞”,编出一些流传千古的神话故事,也就是文化了。

文化是靠社会群体传承、积累和延续的,人类活动总是带有社会性。文化的超个体性是指:文化是为人类社会成员共同接受、共同拥有的,不为社会成员所共同接受和理解的事物,不属文化。任何人都无法摆脱自身所处文化的直接或间接制约,即便是生存最基本的饮食也不例外,吃什么,禁忌什么,用什么方式(手、刀叉、筷子),都与饮食文化有关。甚至人们日常生活中常见的打喷嚏也隐含着一定的社会习俗,具有一定的文化内涵。国学大师季羡林在《说嚏喷》一文中说:英国人、德国人一打喷嚏,旁边的人连忙祝愿健康;印度佛教长老打喷嚏,众徒就会齐声祝愿长寿;古希腊、罗马以打喷嚏为占预之事;而中国人认为打喷嚏与亲人想念和别人议论有关。把打喷嚏和健康长寿联系起来,“这种风俗不但纵横数万里,而且上下千年,真不能不令人惊异了”①。

文化的功能 文化作为一个复杂的聚合体和一种绵延持续的社会现象,在满足人类生存需要和社会发展的过程中,发挥着自己独特的重要功能。

1. 满足需要的功能。人类有多种需要,首先是饮食、性等生理的需要,其次是安全的需要、归属的需要、尊重的需要,最高的需要是自我实现,包括个人理想的实现、能力与才赋的充分发挥等。人类这些需要无不与文化息息相关,即使是最基本的生理需要,随着社会的进步,也日益获得了文化的内涵。饮食以解饥渴,异性结合以繁衍后代,看起来似乎只是建立在生物本能基础上的纯生理需要,但实际上自从人类脱离动物界以后,在“饮食男女”方面就实现了文化转变。中国的饮食文化不仅注重“色”、“香”、“味”,还强调“美”,将菜肴制作成花鸟鱼虫等艺术品,不但满足了人们的生理需要,还让人获得了美的享受。酒、茶最初也只是简单地满足人的生理需要,但随着酒文化、茶文化内涵的不断丰富,原来单纯的物质文化中就蕴含了浓厚的精神文化。男女结合更是远远超出了生物本能的需要,从彼此相爱、缔结婚姻、建立家庭到生儿育女,不仅在此基础上形成了亲属网络,影响到社会结构,而且婚姻的美满与否,还

① 《比较文学与民间文学》,北京大学出版社 1991 年版,第 365 页。

给人们的精神生活以深刻影响，并成为文学作品中永恒的主题。这就是文化人类学家所说的“生物需要的社会转化”。随着衣食住行等基本生活问题的解决，在向“小康”社会迈进的征程中，中国人必然对旅游娱乐文化、教育科技文化以及个人理想的实现给予更多的关注。

当然，社会需要对文化发展也有一个价值导向的问题，西方社会乃至中国一部分人的畸形需要，也刺激了一些腐朽庸俗文化的蔓延。

文化是人类在一定历史阶段征服自然、改造世界过程中创造积累的成果的总和。通过文化的积累延续，人类得以将有关知识一代一代传递下去，并不断加以充实。

2. 认知的功能。文化是人类在一定历史阶段征服自然、改造世界过程中创造积累的成果的总和。通过文化的积累延续，人类得以将有关知识一代一代传递下去，并不断加以充实。借助文化的积累，人类在改造地球的基础上，如今又开始了对太空的探索。科技文化的发展，必将把人类送上更遥远的太空。先秦思想家荀子在《天问》中写到：“大天而思之，孰与畜物而制之？从天而颂之，孰与制天命而用之？”主张以人力控制利用自然。他还在《劝学》中指出了学习前人知识技能的重要性：“学不可以已……登高而招，臂非加长也，而见者远；顺风而呼，声非加疾也，而闻者彰；假舆马者，非利足也，而致千里；假舟楫者，非能水也，而绝江河。君子生非异也，善假于物也。”

人类知识技能和道德伦理的继承传递，都必须借助教育手段，教育过程实际上就是引导人们认知的过程。否则，上一代的文化遗产就无法继承，当然更谈不上发展提高。但这里所说的教育不仅仅是学校教育，而是广义的教育，是社会的文化熏染，是以文化为内容的所有教化，读万卷书是，行万里路也是。

3. 规范的功能。在社会群体中，为了共同生存与发展的需要，其成员在生活实践中形成某些共识或价值观，共同遵守某些行为准则和道德标准，这就是社会规范。社会规范是文化的重要组成部分，它通过规章制度、社会舆论表现出来，并渗透在大众的风俗习惯、感情倾向和理想信念中，是人们辨别是非、善恶、美丑的标准，规范着人们的思想行为，是社会得以在一定秩序中存在和发展的重要前提。

人类的行为，几乎都要受社会规范的制约，不可能有绝对的自由。而规范有时是强制性的，所谓“国有国法，家有家规”，违犯了就要受到制裁或惩罚；有时又是自觉和习惯性的，是约定俗成的惯性行为定势。

人类的行为，几乎都要受社会规范的制约，不可能有绝对的自由。而规范有时是强制性的，所谓“国有国法，家有家规”，违犯了就要受到制裁或惩罚；有时又是自觉和习惯性的，是约定俗成的惯性行为定势。在不同的时空背景下，人类的社会文化规范是千差万别的。中国古代，占统治地位的价值观是“重义轻利”，所谓“君子喻于义，小人喻于利”。这里的“义”，首先是“三纲五常”、“三从四德”等封建道德标准。而西方资本主义社会，个人主义、利己主义盛行，享乐主义价值观泛滥成灾。我国正处在社会主义初级阶段，一贯倡导的是“人人为我，我为人人”以及个人、集体、国家三者利益的辩证统一，这是平等、团结、友爱、互助的和谐人际关系形成和经济、社会等各项事业不断前进的有力推动因素。

4. 凝聚的功能。文化是社会群体特别是民族之间相互区别的重要标志。人类在原始部落时期就出现了文化差异，民族出现以后，文化差异更为明显，于是人们把表现于共同文化上的共同语言、共同习性、共同心理素质等作为区别于其他民族的标志。文化所表现的民族特征，比人类皮肤的颜色或其他生理现象更有意义、更为深刻。因为有了共同文化，人们才感到自己属于某一民族，从而很自然地仿效自己同胞的语言、服饰、习俗、风度甚至思维方式。这样，共同文化就成了民族成员紧密团结的基础，产生出一种巨大的凝聚力。就中华民族而言，其凝聚力的核心，既不是经济利益聚合力，也不是单纯的种族血缘认同力，而是长期历史积淀下来的对民族文化的认同感，即文化凝聚力。具体表现为：万物一体、天人合一、恋土归根、天下大同的价值取向，使海内外炎黄子孙产生了很强的归属感和认同感；自强不息、厚德载物、内向互济、贵中尚和的处世精神，给民族凝聚力的形成提供了基本动力和条件。

中华民族凝聚力的核心，既不是经济利益聚合力，也不是单纯的种族血缘认同力，而是长期历史积淀下来的对民族文化的认同感，即文化凝聚力。

第二节　中国传统文化概述

一、中国传统文化的界定与定义

中国文化　中国文化是与外国文化对举的概念，是指中华民族及其祖先在自己脚下这块土地上创造出来并传播到世界各地的文化的总和。

中国文化是一个历史的、动态发展的概念。最初，“中国”并不具有国家实体的含义，而只是一个地域概念。“中国”一词，最早出现于西周铜器铭文上。中国的“国”字是个象形字，本义是城邑，“中”是中心。父系氏族公社以后，由氏族部落联盟首领演变而来的国君，普遍采用筑城而居的方式，统治本城邑及其周围地区（“野”）。由于居住在黄河中游一带的夏人处在地望的中心，故最早的“中国”指夏人所居之城，指的是以洛邑为中心的地区。夏人也就是中国人，《说文解字》：“夏，中国之人也。”随着华夏族及后来汉族活动范围的扩大，“中国”一词包含的范围也在扩大。商人灭夏，周人灭商，中国版图已不仅限于黄河中游，而且黄河下游、江汉流域、今华北大部都被纳入了“中国”，由此出现了“中国”一词的其他说法，如“九州”、“华夏”、“中华”等。中国之外则被称为“四夷”、“四方”、“四国”。西周以后，无论谁占据中原，都以“中国”自居，即便是少数民族也不例外。如十六国北朝之际，北魏孝文帝等人就斥说东晋南朝为“南伪”。然而，“中国”一词虽历朝沿用，却没有一个朝代以“中国”为国名。明清之际，西方传教士们习惯上称明朝或清朝为“中华帝国”，简称“中国”。从此，“中国”才作为主权国家的专称。清康熙二十八年(1689)，清廷与沙俄签订《尼布楚条约》，清朝首席谈判代表索额图的全衔是“中国大圣皇帝钦差大臣、分界大臣、议政大臣、领侍卫内大臣”。鸦片战争以后，西方文化大量涌入中国，“中学”（中国文化）才成为一个与“西学”（西方文化）对举并具有实际意义的概念。

不同历史时期的“中国”

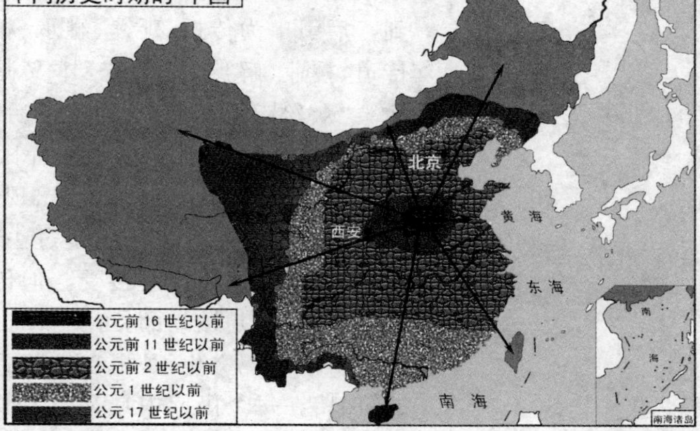

西周以后，无论谁占据中原，都以“中国”自居，即便是少数民族也不例外。然而，“中国”一词虽历朝沿用，却没有一个朝代以“中国”为国名。

中国有五十六个民族，中华民族是以汉族为主体包括其他五十五个少数民族的共同体。各民族在中国内地的东西南北及周边岛屿创造了若干既有联系又有区别的区域文化，这些不同类型的区域文化，都是中国文化的重要组成部分。它们在长期的历史发展过程中，经过多次复杂的撞击、裂变、吸纳、整合，相互影响，相互促进，共同凝聚成多源一体的中华文化。正是这种多源一体的建构格局，才使中国文化具有了异乎寻常的凝聚力。数千年来，尽管国祚频移，危机迭现，但中国传统文化却一脉相承，延绵不断，表现出一种经久不衰的强大生命力，这在四大文明古国中是唯一的。

中国传统文化 所谓传统，就是世代相传且具有根本性的事物、行为、制度、信念的总和。“传”本义是“驿”。古代国家政令等重要信息的传递主要依靠驿站，依靠在驿站不停地更换车马才能达到。后引申为传授、延续、继承、相传等。韩愈《师说》："师者，所以传道、授业、解惑也。""统"本义是蚕茧的头绪，段玉裁《说文解字注》："众丝皆得其首，是为统。"后引申为纲要、根本、世代相承和彼此联系的事物，《孟子・梁惠王下》："君子创业垂统，为可继也。"传统作为单一概念是汉代以后出现的，它正是取了"传"的相传、继续和"统"的根本之意。传统是过去的，不管人们愿意不愿意，就摆在人们面前，人们不得不接受。但传统又是可转变的，在作为主体的人面前，它又是被动的，可更新的。

所谓传统文化，是指在长期的历史发展过程中形成和发展起来的，保留在每个民族中具有稳定形态的文化。它是一个民族的历史遗产在现实生活中的展现，有着特定的内涵和占主导地位的基本精神。它负载着一个民族的价值取向，影响着一个民族的行为方式和生活方式，聚拢着一个民族自我认同的凝聚力。

所谓中国传统文化，是指在长期的历史发展过程中形成和发展起来的，保留在中华民族中间具有稳定形态的中国文化，包括思想观念、思维方式、价值取向、道德情操、礼仪制度、风俗习惯、行为方式、生活方式、宗教信仰、文学艺术、教育科技、文物典籍等等。它是中华民族团结奋进，继往开来，全面建设小康社会，开创美好明天的基础。

中国传统文化即鸦片战争以前中国人创造的旧文化。现当代中国社会，传统文化仍然浓重地保留在中华民族中间，制约和影响着人们的思想和行为，并且是我们创造社会主义新文化的依据，是让中国文化重新走向世界的基础。

中国传统文化在漫长的历史进程中综汇百家优长，兼集八方智慧，得到了充分发展，对维系中华民族的持续发展并长期处于世界领先地位发挥了重要作用。然而，它同时也形成了巨大的历史惰性，被后起的西方资本主义文化赶超了过去。随着鸦片战争的隆隆炮声，一向自大的天朝帝国被打倒了，中国传统文化由此陷入了空前的危机。"五四"前夕，一大批杰出的中国知识分子继洋务运动、戊戌变法和辛亥革命之后，继续探索中华民族的出路，掀起了新文化运动。就是在这样的历史背景下，才产生了具有明确含义的"中国传统文化"这一概念，即鸦片战争以前中国人创造的旧文化。

任何文化的形成与发展都不是一个消灭一个、一个代替一个的关系，而是新的文化因素注入、旧的文化因素衰减的变异更新的结果。"五四"以后，马克思主义在中国获得了普遍发展，中国文化面貌发生了天翻地覆的变化，但是，这一切又是在中国传统文化的基础上实现的。现当代中国社会，传统文化仍然浓重地保留在中华民族中间，制约和影响着人们的思想和行为，并且是我们创造社会主义新文化的依据，是让中国文化重新走向世界的基础。

二、中国传统文化的环境与条件

中国传统文化的地理环境及其影响 任何文化的生成与发展，总是在一定的地理环境下实现的，不同的地理环境是不同的文化类型出现和不同的文化特征形成的深厚物质基础。

中国地处亚洲东部、太平洋西岸。除东南及东部面向海洋外，东北、北部、西北、西部、西南皆与欧亚大陆连接，但却被河流、沙漠或高原峻岭所阻隔，形成了一个相对封闭的地理单元。因此，四周都有天然阻隔、相对封闭便成为中国地理的第一大特点。具体来说，中国西部有被称为亚洲中轴的帕米尔高原，它向四方伸延出几条大山脉，把亚洲分为东亚、西亚、南亚和北亚。这里高山峻岭，山路崎岖，虽有一线可通，且汉代已开通了丝绸之路，然而这干寒荒凉之地，在古代却是难以逾越的；中国西南有世界上最高的山脉——喜马拉雅山，它是中国与南亚的天然分界，难以逾越。另外，西南的横断山脉及其江河、热带丛林也是中国与南亚、东南亚的天然阻隔；中国北部是广阔无垠的草原和沙漠，地势起伏不大，然而中国古代，从贝加尔湖到外兴安岭一线南、北族人因严寒等原因又几无交往，形成了一个人文空间带；中国东部及东南是广阔的海岸线。唐宋以来，海上交通日渐发达，明代还有过郑和下西洋的壮举，然而，重农轻商、安土重迁的历史传统使中华民族没有向海洋发展。

> 四周都有天然阻隔、相对封闭便成为中国地理的第一大特点。中国地理的第二大特点是地势西高东低，自西向东呈现出三大阶梯式的地形地貌。中国地理的第三大特点是季风气候显著，各地干湿冷暖差别悬殊。

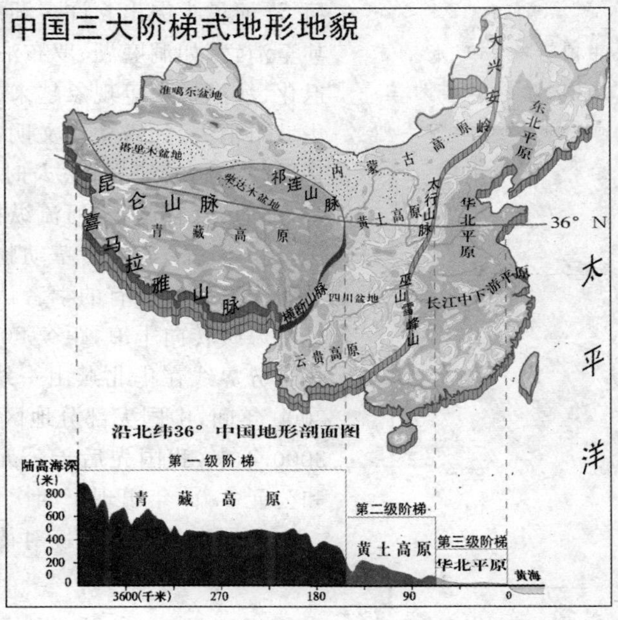

中国地理的第二大特点是地势西高东低，自西向东呈现出三大阶梯式的地形地貌。具体来说，青藏高原为第一阶梯，平均海拔在 4000 米以上，号称“世界屋脊”；青藏高原以北、以东为第二阶梯，海拔在 2000～1000 米，蒙古高原、黄土高原、云贵高原、塔里

木盆地、准噶尔盆地、四川盆地相间分布，地形复杂多样；第三阶梯为北起大兴安岭，中经太行山，南至巫山、云贵高原东侧一线以东的中国东部地区，平均海拔在500米以下。海拔200米以下的东北平原、华北平原、黄淮平原、长江中下游平原及江南红土盆地都分布在这一地区。

中国地理的第三大特点是季风气候显著，各地干湿冷暖差别悬殊。就干湿度而言，中国内地以距离海洋远近形成了从东南向西北由湿润、半干旱到干旱的逐渐递变。东部阶梯除华北以外一般湿润多雨，中部阶梯除云贵高原以外一般为半干旱、干旱气候，西北内陆则成为最干旱地区。就冷暖度而言，中国大陆由南向北以名山大川为天然分界，呈现出热带、亚热带、暖温带、中温带、寒温带的渐次递变。具体说，台南、滇南一线以南为热带，以北至秦岭、淮河一线为亚热带，以北至长城一线为暖温带，长城以北、以西为中温带，大兴安岭、黑龙江一带为寒温带。

运动、变化是事物的永恒规律。中国传统文化赖以生存发展的地理环境也不例外，也是处在不断变化之中的。地形地貌方面，从辽东湾到杭州湾的大部分沿岸地区都是最近两三千年陆续成为陆地的。许多大江大河都有过决口和改道的历史，尤以辽河、海河、黄河、淮河最为突出。许多湖泊的形状、面积都发生了很大变化，有的甚至消亡，如洞庭湖、罗布泊、梁山泊等。植被减少、水土流失、草原退化、沙漠扩大等现象越来越严重，尤其是西北地区，许多绿洲和繁华城市消失，如古楼兰文明。气候方面，西北内陆在地质史上曾经是温暖湿润的地方，猿人时期今华北一带也比现在要温暖湿润得多，那时，森林茂密，河流纵横，沼泽四布，虎、豹等凶禽猛兽时常出没，马、牛、羊、鹿等食草动物成群结队。尧舜禹时期，洪水横流，泛滥于天下。所以有的学者认为，近万年来，中国气候总的发展趋势是由温暖转向干凉，距今5000年的新石器时代晚期，中国内地的亚热带分界线在华北燕山一线。竺可桢先生更认为，在距今5000～3000年间，中国大部分地区的年平均气温要高于现在2℃左右；近3000年来，我国先后于公元前1000年、公元400年、公元1200年和公元1700年出现了四次低温期。①

中国古代就形成了东南、中原以农耕为主，而西北以畜牧为主的人文生产景观。

中国自然地理环境对传统文化的影响是多方面的，其中主要表

① 竺可桢：《中国近五千年来气候变化的初步研究》，载《考古学报》1972年第1期。

现在以下两个方面：

一是文化的多样性与多元一体格局。中国自然地理的第二、第三大特点是东部低平而湿润，西部高亢而凉干，由此，中国古代就形成了东南、中原以农耕为主，而西北以畜牧为主的人文生产景观。这与欧洲农牧相间结合、亦农亦牧的情况有很大不同。同时，由于从南到北温度和干湿度的变化，决定了淮河、秦岭以南的中国南方产业结构以稻作农业为主，淮河、秦岭以北至长城的中国北方以粟作农业为主，而长城以北则以游牧业为主。这些区域差别，在客观上构成了中国多民族共居，多种经济成分共立，多种文化类型并存的自然物质基础。1933 年，我国学者胡焕庸就提出，自东北的黑河至云南的腾冲划一条直线，把中国分为东南和西北两部分，东南占地 42.9%，人口占全国总数的 94.4%；西北占地 57.1%，人口仅占全国总数的 5.6%，这便是国际学术界著名的“胡焕庸线”。对唐宋以来一千多年的生产状况和人口结构研究表明，基本情况大致如此。由于中原地区自然环境相对优越，文明起步较早，历史上还形成了各民族内聚，多元文化类型融合的趋势，从而出现了中国传统文化形成发展过程中的多元一体格局。

淮河、秦岭以南的中国南方产业结构以稻作农业为主，淮河、秦岭以北至长城的中国北方以粟作农业为主，而长城以北则以游牧业为主。

二是文化的封闭性大于开放性。虽然中国与外部自古就有联系，美洲大陆的土著居民很可能就是穿越白令海峡的牛金山人的后裔，特别是唐宋元明清以来这种联系更为频繁。然而，毋庸讳言，由于中国四周的天然阻隔和相对封闭的自然地理特点，中国古代一直缺乏对外开放、向外进取的条件和动力，封闭性大于开放性。相对优越的地理环境，加上中华先民的勤劳智慧，使古代中国在西方近代文明兴起之前，长期成为世界东方乃至整个世界最富足最强大的国度，因而产生了“中华帝国，无求于人”的自我陶醉、自我封闭的观念。一面临海、三面环山的地理环境，使中国成为一个相对封闭的地理单元，因而中国古人便设想自己生活在“四海”之内，“天下”之中，而由中到外的顺序是京师、诸夏、四夷，中国作为世界的中心，可以通过用华变夷、由夷变夏的过程，将四夷纳入中华母体之中。这种构想，产生了两方面的影响，正面的影响是增强了中华文化的向心力，使中国长期维持了大一统局面并获得了不断的发展和壮大，负面的影响就是自我陶醉、自我封闭观念的蔓延。在古代中外交通史上，不避艰险、不远万里来到中国的各色外国人远远多于走出国门的中国人，甚至当西方人千方百计寻找通往中国的新航路时，自

由于中国四周的天然阻隔和相对封闭的自然地理特点，中国古代一直缺乏对外开放、向外进取的条件和动力，封闭性大于开放性。

大的中华帝国却实行起了“闭关锁国”政策，就连早已开辟的陆海通道也弃置不用了。

自古以来，中国就是世界上人口最多的国度，秦汉以来一直占世界人口的1/3左右。长期以来，由于绝大部分人口都集中在地理环境相对优越的中原、东南农耕区域，因而造成了人口增长与土地面积不足的矛盾，人们只能在有限的土地上，精耕细作，集约经营，对土地产生了一种特殊的感情，时日积久，便养成了中国人安土重迁、安分守己、乐天知命的民族性格，并由此培养了中华民族对乡土的眷恋和对故国的深切情怀，增强了民族凝聚力。但同时，由于长期的农耕生活和对土地的过分依赖，又限制了中国人的视野，影响了对外的扩展与开放。中国古代“五刑”（死、流、徒、杖、笞）之中，流刑仅次于死刑，就是强迫犯罪的人远离故国、故乡、故土，利用地理环境和心理因素对之进行惩罚。屈原放逐、苏武牧羊及戍守岭南的50万秦朝罪徒都是这种刑罚的反映。

长期的农耕生活和对土地的过分依赖，又限制了中国人的视野，影响了对外的扩展与开放。

中国传统文化的经济基础　中国传统的经济形态是农耕经济，农业给古老的中华民族提供了基本的衣食之源，创造了相应的文化环境，规定了特定的政治道路，同时还影响了中国传统的畜牧业、手工业和商业的发展面貌。因之我们说，农业是中国传统文化最深厚的经济基础。

农业给古老的中华民族提供了基本的衣食之源，创造了相应的文化环境，规定了特定的政治道路，同时还影响了中国传统的畜牧业、手工业和商业的发展面貌。农业是中国传统文化最深厚的经济基础。

我国是世界上最早经营农业的国度之一，同时也是世界上出现的少数几个农业文明中心之一。关于我国农业的起源，史籍中有许多说法，有的说是神农氏发明了农业，有的说是烈山氏，有的说是炎帝之子柱，有的说是周人始祖弃，而司马迁则说农业为黄帝发明。目前考古证明，农业至少在一万年前新石器时代到来之际便已存在了，并不是某一两个英雄人物的功劳。大致说来，黄河中下游一带的远古居民是粟、黍等旱地农作物种植的发明者，而长江中下游一带的远古居民是稻这种水田作物种植的发明者。

在四五千年之前，中国北部的气候发生了由温暖向凉干的转变。受此影响，长城以北地带的农业人口纷纷向黄河中下游一带内聚，这就导致了长城以北地带的产业结构由原来以农耕为主向以游牧为主的转变，并由此形成了我国历史上长城以南的农耕经济和长城以北、以西的游牧经济的分野。

炎黄之际，随着各地农业的发展，人们为了实现对财富特别是对土地的占有，进行了连绵不断的武力掠夺。规模巨大的战争，在客观上促进了经济文化的交流，导致了地域经济结构的重组和整合。受黄河中下游一带优越地理环境的吸引，周边各地包括江南一带的部族纷纷向中原内聚，这就是夏、商、周三代奴隶制文明大国出现的深厚历史背景，而夏、商、周三代灿烂的农业文明，为中国传统文化的发展打下了最为深厚的基础。秦汉以来，随着中原王朝和北方游牧民族的冲突战争及北方游牧民族的周期性南迁与被汉族同化，汉族的分布越来越广，农耕文明与游牧民族在相当程度上实现了融合，两者共同构成了中国传统文化的经济基础。

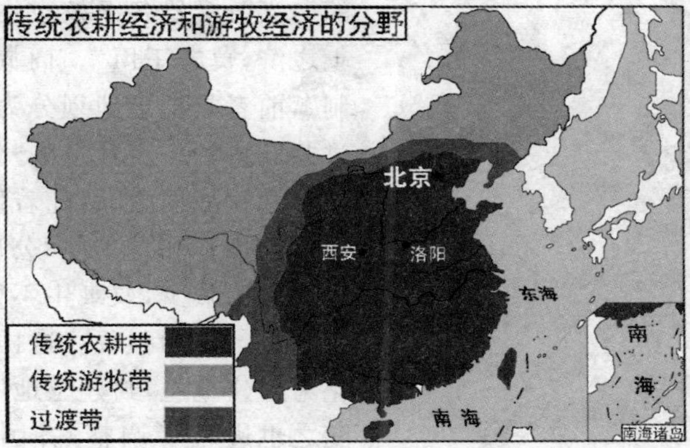

中国古代的农业生产取得了辉煌灿烂的成就，在数千年的历史进程中，一直保持着世界领先的地位。经过夏、商、周三代的经验积累，中国农业生产在春秋战国时期实现了一次较大的飞跃，主要表现在铁制农具的广泛使用、牛耕的推广、水利灌溉工程的大量兴修、耕地的大量垦辟和小农经济的出现等方面。秦汉时期，由于楼车、代田法的出现及以铁犁为代表的生产工具的改进，大大提高了生产效率和生产效益，促使农耕区向西北方向扩展，江淮之间、关中也出现了大大小小的灌溉区，全国垦田面积达到800万顷，人口5900万。魏晋南北朝时期，由于北方战乱，大批人口南迁，南方农业水平迅速赶了上来，长江以南、五岭以北的广大地区及巴蜀一带逐渐成为我国重要的农业区。隋唐时期，中国农业经济重心开始移向长江流域，长江中下游地区成为中央政府的主要财政来源地，所谓“天下以江淮为国命”。宋元明清各代，中国的农耕和养蚕重心一直在南方，南方的粮草通过大运河源源不断地运往北方。唐宋以来，筒车、曲辕犁、梯田、施肥、套种、育种、园艺、农书等为代表的工具、工艺或技术远远走在了世界的前面，棉花、花生、玉米、番薯等经济作物和高产作物不断地从世界各地引进。清末，中国人口已达4亿。正是古代辉煌的农业文明，才支撑了中国这一庞大的人口基数。

一是成就突出，起步早，水平高，发展稳定且从未中断。二是一家一户、分散经营的小农经济是中国古代农业生产的主要形式。三是精耕细作，农桑结合，粮棉结合，集约化程度高。

综观中国古代农业生产，可以看到如下特点：一是成就突出，起步早，水平高，发展稳定且从未中断。二是一家一户、分散经营的小农经济是中国古代农业生产的主要形式。三是精耕细作，农桑结合，粮棉结合，集约化程度高。

中国古代土地制度与赋税制度的大致演变情况是：原始社会实行氏族公社土地公有制，氏族公社成员共同生产、共同消费。奴隶社会的土地所有权归奴隶主国王所有，土地及土地上的奴隶以国家的名义分配给各级奴隶主贵族使用，所谓“溥天之下，莫非王土，率土之滨，莫非王臣”。商周时期流行的耕作方式是“畜田”和“井田制”，前者是把土地划分为小块，驱使奴隶集体耕种，后者是奴隶通过共同耕种一定数量的“公田”向奴隶主交纳赋税。

春秋战国之际，随着生产力的发展，土地制度发生了重大变化。奴隶的逃亡和怠工使“公田不治”现象非常普遍，“公田”大量荒芜，收成大为减少，奴隶主不得不将土地分配给奴隶自主使用，向其征收一定数量的租税。这样，个体农民便出现了，原来的奴隶主则转化为封建地主，封建土地所有制普遍推行起来。各国在赋税制度上随之也进行了调整，齐国“相地而衰征”、“案田而税”，晋国“作爰田”，鲁国“初税亩”，楚国“书土田”、“量入修赋”，秦国“初租禾”，尽管名称不一，但实际上是一样的，都是承认土地私有，都是按土地多少和土地好坏来收税。

秦汉以来，中国土地制度的主流一直是这种地主土地所有制，但各个时期的具体情况又有所不同。秦朝“使黔首自实田”，在法律上进一步明确了土地私有，租赋数量占百姓收入的一半以上。两汉的赋税制度包括田租（从什五税一到三十税一不等）、算赋（人丁税，丁男年纳 120 钱为一算）等。东汉庄园则是另一种情况。曹魏时期实行屯田制，屯田军民要把收入的 5～6 成交给官府，对编户的自耕农则实行租调制（每亩年纳粟 4 升为田租，每户年纳绢 2 匹、绵 2 斤为户调）。西晋的土地赋税制度称占田课田制，丁男 70 亩，课田 50 亩，丁女 30 亩，课田 20 亩。北魏、北齐、隋唐推行均田制和租庸调制，各代授田和赋税数量略有不同，其中，唐朝丁男授露田 80 亩，年纳粟 2 石称为租，纳绢、布等称为调，服役 20 天称为庸。唐朝中期，均田制瓦解，租庸调制难以维持，于是实行两税法。这是中国古代赋税制度的重大变革，在此以前，赋税征收以人丁为主，在此以后，土地、财产变为纳税主体；在此以前，以粟为计算单位，在此以后，则以钱为计算方式。宋元至明清，国家所直接控制的土地越来越少，绝大部分耕地为地主、官僚、商人占有。宋代的赋税制度称二税（地税、户税），但职役、杂徭等附加税在实际征收中占有较大比重。元朝赋税有税粮、科差两种形式。明代中期推行一条鞭法，赋役合并，按亩计税，以银交纳，赋税实现了由实物税向货币税的转变。清康熙雍正年间又陆续实行了地丁制度，摊丁入亩，赋税征收完全以土地为准。

综观我国古代赋税制度，至少可以看到两大特点：一是封建社会前期赋税征收依据以丁口、户数为主，后期则以土地、资产为主；二是赋税总量以丁税、田赋为主，工商杂税为辅。

综观我国古代赋税制度，至少可以看到两大特点：一是封建社会前期赋税征收依据以丁口、户数为主，后期则以土地、资产为主；二是赋税总量以丁税、田赋为主，工商杂税为辅。

中国传统文化的创造主体 中国传统文化的创造主体是以汉族为主的中国所有民族的人民，即中华民族，包括历史上延续至今的和已经消亡了的民族。

目前，中国考古学的成果已能粗略勾勒出我国远古人类进化的轮廓：猿人，又称直立人，在我国发现有元谋人、蓝田人、北京人等，距今 170 万年至 10 万年；古人，又称早期智人，在我国发现有马坝人、长阳人、丁村人等，距今 10 万年至 4 万年；新人，又称晚期智人，在我国发现有山顶洞人、河套人、柳江人等，距今 4 万年至 1 万年。上述各个阶段的人类化石测定证明，中国的远古人类都属于蒙古人，即黄种人，其特点是铲型门齿。他们是中华大地上最早的居民，中国传统文化正是从这些来自远古洪荒时代的人类开始的。

进入新石器时代以后，农业、畜牧业、制陶、纺织等相继出现，我国境内的人类活动更加频繁，迄今为止，已发现了 7000 余处遗址。其中，以黄河中下游地区的"仰韶文化——龙山文化"发展系统最具代表性，这便是后来华夏集团的前身。它包括三大族团：西北的华夏集团，包括黄帝、炎帝、祝融等族；东方的东夷集团，包括太昊、少昊、蚩尤等族；南方的苗蛮集团，包括三苗、伏羲、女娲等族。[①] 按照先秦文献的记载，距今 5000 年左右，黄帝、炎帝联合起来，在涿鹿打败了蚩尤，不久，黄帝又在阪泉打败了炎帝，成为黄河中下游地区的部落联盟首领。黄帝以后，尧、舜、禹相继以禅让的方式担任联盟首领。

夏朝是我国第一个奴隶制政权，其民众称"夏人"，即"中国之人也"，因其崇拜玫瑰花，又称"华人"。商灭夏、周灭商，只是政权的更迭和统治区域的扩大，前代的文化并没有灭绝，而是被保留了下来，故尔西周时期出于对三代文化的认同，接受分封的诸侯国仍以"华

① 徐旭生：《中国古史的传说时代》，科学出版社 1961 年版。

夏”自称，而分封区以外的地带被称为“四方”或“四夷”。春秋战国时期，虽然争霸兼并战争持续不断，但华夏文化已成为各国民众普遍认同的文化主体，这样，诸夏与蛮、夷、戎、狄经过长期的影响而融合为一体，终于形成了强大的华夏族。

秦汉之际，华夏族在同周边民族的冲突与交往中逐渐有了“汉族”之称。

秦汉之际，华夏族在同周边民族的冲突与交往中逐渐有了“汉族”之称。秦汉虽然实现了统一，但统一的只是农耕区域。与此同时，长城以北的匈奴也东并东胡，西逐月氏，建立起了东起大兴安岭，西达阿尔泰山，北越贝加尔湖的统一的多民族的游牧汗国，所谓“南有大汉，北有强胡”，中国历史由此出现了中原农耕王朝与北方游牧汗国并存对峙的局面。汉武帝时，对匈奴由守转攻，并控制了草原南部及西域地区，匈奴分裂为南北两部。魏晋南北朝时期，北方“五胡”（匈奴、鲜卑、羯、氐、羌）乘中原混乱之际纷纷内迁并建立政权。虽然这些政权都有一定的民族特色，但它们对中原汉文化都一致认同，于是继春秋战国之后，中国历史出现了第二次民族大融合，中华民族的活力和气魄空前强大起来。隋唐时期，在中原文明的强大吸力下，周边各族纷纷臣服，雄才大略的唐太宗被拥戴为“天可汗”，而唐朝又通过周边各族的中介作用，把辉煌灿烂的大唐文化传播到亚洲各地，长安成为当时世界的中心。五代宋辽夏金时期，虽然南北对立分裂，但少数民族政权无一例外地都以中华传统礼制作为治国方略，长城已不再是游牧民族和农耕民族的界限。元明清时期，中华各民族在中央政权的推动下，民族杂居、民族融合的趋势继续发展，长城作为阻碍南北的心理界限已基本消失，中华民族在深层上实现了南北混一、天下一统。近代以来，随着同西方列强的抗争，中华民族作为统一的民族实体日渐巩固。

隋唐时期，在中原文明的强大吸力下，周边各族纷纷臣服，雄才大略的唐太宗被拥戴为“天可汗”，而唐朝又通过周边各族的中介作用，把辉煌灿烂的大唐文化传播到亚洲各地，长安成为当时世界的中心。

综观中华民族的发展历程可以看出，秦汉以后，长城一线不仅是农耕民族和游牧民族长期对垒的界标，同时又是两者之间通过战争、迁徙、和亲、互市等形式实现经济互补和文化融合的纽带。一方面，北方民族的周期性南下，虽然破坏了中原农耕文化，但相伴而来的还有北方民族那种充满活力的刚劲气质，又是对稳健儒雅的中原农耕文化的补充。另一方面，北方游牧民族虽然数次入主中原，但后来自己反而被“同化”，不得不采用汉族的政治制度与礼乐制度，这就极大地壮大了汉民族实体和中国传统文化的创造主体。

中国传统文化的社会政治环境　中国传统文化的社会政治环境主要体现在以下两个方面：宗法制度的长盛不衰和君主专制制度

的高度发达。

所谓宗法，就是以血缘关系为基础，在尊祖敬宗的前提下，区分尊卑长幼，规定继承秩序，确定宗族成员权利和义务的法则。宗法制起源于父系氏族公社的家长制。父系氏族公社后期，父系家长支配着家族内部的所有财产及成员，具有很高的权威。他死后，其权力和财产需要有人继承，于是习惯上便规定了一定的继承秩序，一代一代的父权家长生前的权威在其死后仍然使人敬畏，子孙们幻想得到他们亡灵的庇护，从而产生了对男性祖先的崇拜以及相应的祭祀仪式。宗法之“宗”，甲骨文写作“亼”，一说象征房屋，一说象征祖先的牌位或男性生殖器。

中国传统文化的社会政治环境主要体现在以下两个方面：宗法制度的长盛不衰和君主专制制度的高度发达。

进入阶级社会以后，宗法制逐渐形成。夏启时“家天下”的局面已经形成，“大人世及以为礼”，王位世袭成为制度。商代，宗法制进一步发展起来，商王及各级奴隶主的继承实行“父死子继”和“兄终弟及”制度。家族长称为“子”，在家族中享有至高无上的地位，正妻之外还有众多的妾，于是嫡庶之制便应运而生了，只有正妻所生的嫡长子才能继承“子”统。西周时期，宗法制趋于严密。在严格区分嫡庶，确立嫡长子优先继承权的前提下，又增加了庶子继承的原则，这就是“立嫡以长不以贤，立庶以贵不以长”①。宗子享有许多特权，如主持祖宗祭祀，掌管本族财产，决定本族成员的婚丧事务，教导或惩罚本族成员等。西周的宗法制与等级制、分封制、世卿世禄制互为表里，政治功能十分显著。周王称天子，为天下大宗，王位由嫡长子继承，其他儿子被分封为诸侯；诸侯对天子而言是小宗，但在其封国内又是大宗，其封号由嫡长子继承，其他儿子被分封为卿大夫；卿大夫对诸侯而言是小宗，但在其封国内又是大宗，其封号由嫡长子继承，其他儿子被分封为士。这就形成了层层相属、代代相袭的政治权力结构，在一定意义上讲，西周的各级行政机构正是扩大了的宗法系统。所谓“天子建国，诸侯立家，卿置侧室，大夫有贰室，士有隶子弟，庶人、工商各有分亲，皆有等差，是以民服事其上而下无抑郁”②。

春秋争霸，周天子地位旁落，宗法制开始动摇。战国变法，普遍限制贵族特权，宗法制受到致命打击。原来在宗族中居于支庶地位

① 《春秋公羊传·隐公元年》。

② 《春秋左传正义·桓公元年》卷五。

的一些成员，由于军功、力田、经商等原因而上升为显贵或豪富，于是他们不再愿意受共居共财原则的束缚，也不再愿意继续尊奉并受制于名义上的宗子。这样，宗法制便瓦解了。

秦汉以后，严格意义上的宗法制已不复存在，但它的基本精神却以另外的形式顽固地存在于整个中国封建社会，这就是家族制度或者叫宗族制度。

在中国古代自然经济状态下，聚族而居是一种普遍现象。秦汉时期，一些强宗大族不仅武断乡里，而且阻梗政令，因此，秦始皇、汉武帝等人都采取措施予以削弱，如强迫其迁离本土、强制分家等，有时甚至有意任用酷吏，罗织罪名，给予诛杀或抄家，但效果却不明显。特别是随着东汉庄园经济的发展，强宗大族势力再度膨胀，他们收徒附、置部曲、筑城堡，富甲一方，称霸乡里，甚至操纵地方官吏，过着半割据的日子，经过汉末战乱终于形成了魏晋南北朝时期的门阀制度。门阀士族以阀阅自诩，相互标榜，操纵选举，累世为官，在社会上的势力和声望往往是累代延续。当时，江南有朱、张、顾、陆，山东有崔、卢、李、郑，关中有杨、韦、裴、薛。隋唐废除了九品中正制，以科举取士，庶族地主有了更多的仕官机会，但当时崇尚门第的风气依然很盛，甚至争相与之攀婚。

宋代以后，原封不动地恢复宗法制已不可能，于是在经过一定的调整之后，修族谱、建宗祠、置族田、立族长、订族规等这些中国封建社会后期家族制度的具体内容被人们逐渐接受了下来。

宋代以后，由于商品经济的发展和土地买卖的盛行，土地所有权转移加速，地主阶级内部分化加剧，于是取士不问门阀，婚姻不问门阀，士族由此丧失了他们的社会影响。当时流行财产诸子平均继承法，再大的地主，其财产在一二代以后也会迅速分散，于是一些人主张重建古代的宗法组织，张载便明确提出："收宗族，厚风俗，使人不忘本，须是明谱系世族与宗子法。宗法不立，则人不知统系来处。"[①]但是，原封不动地恢复宗法制已不可能，于是在经过一定的调整之后，修族谱、建宗祠、置族田、立族长、订族规等这些中国封建社会后期家族制度的具体内容被人们逐渐接受了下来。这些做法不仅影响了中国封建社会后期的千年历史，甚至影响到近代和现代。

中国古代社会政治结构的另一显著特点是存在着一个延续了两千多年且不断得到强化的君主专制的官僚政治体制。

秦始皇扫平六国、统一全国后，建立了一个皇帝独裁、专制主义

① 《张载集·经学理窟·宗法》。

的中央集权的封建政治制度。它规定：皇帝自称朕，命为制，令为诏，印称玺，“天下事无大小皆决于上”[①]。为保证这种至高无上的权力，中央实行三公九卿制，官员一律由皇帝任免。三公是指丞相（掌政务）、太尉（掌军政）、御史大夫（掌监察），九卿是指奉常（掌宗庙礼仪、占卜祭祀）、郎中令（掌侍卫传诏）、卫尉（掌宫门守卫）、太仆（掌车马）、廷尉（掌刑狱司法）、典客（掌外交）、宗正（掌皇族事务）、治粟内史（掌财政）、少府（掌山泽之税）。汉承秦制又有所发展，武帝时常破格提拔一些人组成“内朝”，以压制丞相为首的外朝。东汉以司马、司徒、司空为三公，然而“虽置三公，事归台阁”，尚书台拥有真正实权。曹魏时设中书省，掌机要，尚书台沦为执行机关。晋代设门下省，南朝时逐渐参与国政。隋唐实行三省六部制，三权分离，相互牵制。三省是中书省（制定政令）、门下省（审查封驳）、尚书省（贯彻执行），六部隶属尚书省，分别是吏（官吏任免）、户（财政税收）、礼（礼仪选举）、兵（军政）、刑（刑法）、工（工程匠作）。宋朝形式上沿用唐制，但实际上政事堂、枢密院对掌文武大政，另设三司掌财政。元朝废门下、尚书二省，以中书省、枢密院、御史台分掌行政、军事、监察大权。明初废中书省及丞相制，六部直接对皇帝负责，御史台改称都察院。成祖以后，大学士逐渐参与机务，内阁产生。清朝沿用内阁制，设大学士、协办大学士，但实权却先后为议政王大臣会议和军机处所掌握。

在皇帝独裁、君主专制的政治环境中，臣民的自由被剥夺，皇帝的意志就是法律。这就形成了中国人迷信权力、服从权威的心态。但是，高度集中的君权对神权又起了压制作用。而君权毕竟也是人权，也是可以变更的，所以，中国人民的反压迫斗争始终未曾间断。

在皇帝独裁、君主专制的政治环境中，臣民的自由被剥夺，皇帝的意志就是法律。这就形成了中国人迷信权力、服从权威的心态。

三、中国传统文化的类型与特点

“文化类型”(Culture type)这一术语是美国民族心理学家拉尔夫·林顿在1936年出版的《人的研究》中提出的。1955年另一美国学者斯图尔德在《文化演变论》中把“文化类型”定义为“由适应环境而产生的并代表同样整合程度的特征丛”，强调的是文化内部要素相互整合为整体所显示的外在特征。

中国传统文化既包含众多丰富多彩的区域文化和民族文化，也

① 《史记》卷六《秦始皇本纪》。

包含众多特色鲜明的时代文化和阶层文化，各种亚文化特征差别显著。文化的多样性让学者们一时难以看清中国传统文化的实质。尽管近代以来一些学者即从比较文化学的角度对中国传统文化的类型进行了界定，如严复、李大钊等人从经济、社会的角度认为中国传统文化为“农业——宗法型”，但直到目前，学术界关于中国传统文化类型的看法上仍有很大分歧，目前有三种意见：一是按地理环境区分为河谷型、草原型、山岳型、海洋型，认为河谷型的特点是内聚力和容纳性强，草原型的特点是流动性和外向性明显，山岳型的特点是封闭性和排他性突出，海洋型的特点是开放性和冒险性突出。河谷型文化是一种以农业为主体的混合型文化，由于其自身的内聚力和容纳性，所以几千年来融合与同化了周围众多的草原、山岳和海洋文化，并使其内涵逐渐丰富起来，以至成了中国传统文化的主要类型。二是按生产方式区分为农业文化、工商文化、游牧文化，认为中国传统文化孕育在一个农业宗法社会的母体之中，农业经济一直是中国古代社会的主干，长期的农耕生活使中国人形成了安土重迁、追求稳定和缺乏冒险的精神，甚至把工商贸易视为“末业”加以抑制，因此，农业文化是中国传统文化的主要类型。三是按哲学思想区分为儒家文化、道家文化、法家文化、佛教文化，各家思想共同构成了中国传统文化的核心内容，但儒家思想始终处于主导地位。在这一格局下，各家思想相通互补、互为关联，从而形成了中华民族共同的理想人格、价值观念和思维定势，中国传统文化由此定位为伦理政治类型。

文化类型是经过筛选并具有根本性的特征，不可能是文化系统中的全部特征。中国传统文化是人类历史上最成熟的伦理文化之一，两千多年前就形成了完备的理论体系和实用化的价值取向，具有积极的入世功能。它特别强调“德政”思想，强调道德感化作用和身教作用，不仅把道德的实现视为人生实现的内容，而且视为政治上的最终目标。中国古代，道德人格在社会生活和政治生活中有着无形且很强大的影响，是一种比法律更为有效的手段，人们首先考虑的不是遵从国家法律，而是如何在错综复杂的人际关系中履行好自己的道德伦理义务。因此，我们认为中国传统文化是一种趋善求治的伦理政治型文化。这种伦理政治型文化在维护既定社会结构的稳定和人伦关系的和谐方面起到了重要作用，但也阻碍了人们的开拓进取精神。

中国古代，道德人格在社会生活和政治生活中有着无形且很强大的影响，是一种比法律更为有效的手段，人们首先考虑的不是遵从国家法律，而是如何在错综复杂的人际关系中履行好自己的道德伦理义务。

中国传统文化内容庞杂、包罗万象，既有历史的、地域的、民族的、阶级的种种差别，又包含进步的、落后的、文明的、愚昧的多种因素和成分，因此学术界对中国传统文化特点这一问题的看法也存在很大分歧。我们姑且总汇如下：

1. 崇尚统一，追求稳定。中国传统文化在其历史发展的长河中，逐渐形成了一个以华夏文化为中心，同时汇集了国内各民族文化的统一体。这个统一体发挥了强有力的同化作用，在中国历史上的任何时刻都未曾分裂和瓦解过。即使在内忧外患的危机存亡关头，在政治纷乱、国家分裂的情况下，它仍能够保持完整和统一。这一特征是在世界任何民族的文化中都难以找到的。随着秦朝的大统一特别是汉代董仲舒对“大一统”观念的理论阐述，统一便逐渐转化为民族文化深层结构的社会心理，形成了我们民族的政治思维定势。以江山统一为乐，以社稷分裂为忧，是中华民族天经地义和永志不移的政治价值取向。中国封建社会，虽然某个时期处于割据分裂状态，但却是短暂的，统一才是中国历史政治的主流。各朝各代的统治者与被统治者都认同统一，认为只有统一才能创造开明的政治、繁荣的经济和文明的社会，国家才能强盛，百姓才能安居乐业。这是我们中华民族整体发展和文化进步的深层动因。

以江山统一为乐，以社稷分裂为忧，是中华民族天经地义和永志不移的政治价值取向。

中国传统文化是在中国大陆这一半封闭和半隔绝的环境中成长和延续的，它的基本经济政治基础是中国特有和成熟的“农业——宗法型”，稳定性和延续力特别突出，“好古”、“尊老”、宗法先王、崇拜祖先、求稳喜静、厌恶变革成为历代中国人的通性。因此，虽然中国传统文化也有起伏跌宕，并多次面临挑战，但却一次次表现出巨大的再生能力，历经数千年而不败，成为世界上罕见的不曾中断的古老文化。不像埃及、巴比伦、印度和希腊文化那样，在发展中产生过断档、空白和跳跃。以文学而论，诗经、楚辞、先秦散文、汉赋、魏晋诗文、唐诗、宋词、元曲、明清小说连绵不绝，代有高峰。学术思想上，先秦百家、汉代经学、魏晋玄学、隋唐佛学、宋元理学、明清朴学此起彼伏，成就斐然。

“好古”、“尊老”、宗法先王、崇拜祖先、求稳喜静、厌恶变革成为历代中国人的通性。

2. 伦理至上，群体至上。中国古代，人们的注意力集中在家庭、邦国内部人与人之间的父子、长幼、上下、尊卑的人伦关系中，维护人伦关系远远超过对宇宙、自然及生产技术的探索，重伦理、轻自然的特点非常显著。中国传统哲学讲的是“一天人”、“合知行”、“同真善”，根本不把外在的自然界作为一个客观的认识对象来研究，而是把它作为一个与人一体的整体来体验。古代哲人们普遍认为“万物与我为一”,单纯自然的东西被看作雕虫小技。孔子就曾背后斥责热衷于农耕园圃的学生樊迟为“小人”,董仲舒、韩愈、朱熹、王阳明等古代思想巨人无一不把伦理道德知识看作是唯一真正的学问。中国古代的学校教育、科举考试更是排斥自然科技知识,儒经辞章成为测试学子们学问高低的唯一标尺。这就造成了中国古代自然科学的始终不发达,或者说长期停留在经验或技术的水平上,既缺少实验过程,更缺乏理论指导。

中国古代十分强调群体至上原则,在两千多年里一直延续着“家族本位”传统。传统主流思想认为:是家而不是个人构成了社会的本体,作为个体的每一个人,对家以上的群体要承担无限的义务与责任,个体对社会应具有服从甚至牺牲奉献精神;家既是个人的生活依归,更是人格生长的母胎,血缘关系不仅是一种基本的人伦关系,而且是其他一切社会关系的前提;个体的社会角色首先是家庭成员,然后才是社会公民,家庭的命运就是个人的命运,而家族是家庭的扩大,国家则是家族的扩大和延伸,人的个体价值只能在社会价值实现的基础上才能实现。中华民族的群体意识对保持社会稳定起了重要作用,促进了个体对家国义务的履行,所谓“在家尽孝,在外尽忠”,但也严重抑制了个体的自由发展,使个体普遍染上了一种惰性。

传统主流思想认为:是家而不是个人构成了社会的本体,作为个体的每一个人,对家以上的群体要承担无限的义务与责任,个体对社会应具有服从甚至牺牲奉献精神。

3. 尊老尚古,贵中尚和。在中国人的观念中,老者便是智慧与经验的化身,所以要“尊老尚齿”,以孝为本,否则,“不听老人言,吃亏在眼前”。中国很早便形成了宗法先王与祖宗崇拜的观念,而古代传授、监督、检查的权力又往往集中在老者手中。儒、墨、法、道各派皆以“法先王”的方式推行其政治理想,总是在回顾历史中寻找社会理想,法先王之道,复三代之礼,把上古粗陋的社会图景当作最高的社会理想去追求。政治伦理讲正统,学术思想讲道统,文学艺术讲文统,“信而好古”,追求稳定,厌恶变革,不求发展,一切可能给生活带来不确定性和风险的东西都不要去想,也不要去说,更不要去做。

个体的社会角色首先是家庭成员,然后才是社会公民。

“中”指事物的度,即不偏不倚,既不要不够也不要过头,也就是孟子所说的“中庸”。“和”即和气、和睦、和平、和谐。传统观念认为,不同人、不同对象、不同时间空间做事的尺度不尽相同,因人、因时、因地而为才是人们应该追求的境界。“中也者,天下之大本也;

和也者，天下之达道也。”[①]只有贵中才能调和事物的矛盾，才能尚和，才能使社会和谐。和谐之美在传统思想中被看作是一种最高境界，中国人一贯追求群体和谐、社会和谐、天人和谐，认为“天时不如地利，地利不如人和”。

“尊老尚古，贵中尚和”思想有利于传统的发扬和社会的稳定，但却严重阻碍了中国人创造性思维的发展，助长了因循守旧作风的蔓延。

4. 兼容并包，丰富多彩。中国人历来把“厚德载物”作为一种美德。“有容乃大”，只有包容、兼容，吸纳不同的意见，汇集不同的声音，在矛盾的对立统一中才能体现自身的价值。汉代以后，尽管儒家学说在中国传统思想中一直占据主导地位，但法家、墨家、道家、佛教等思想并没有因此消失或中断，仍然在中国人的脑海中占有一席之地，显示出多元一体、多元共存的格局。中国传统物质文化、行为文化中的不少内容其实就是来源于周边各少数民族或世界各地的文化，正是在这种不断吸纳和兼收中，中国传统文化才得以不断丰富和发展起来。

四、中国传统文化的价值取向与基本精神

价值取向在文化中处于核心地位。凡哲学宗教、伦理道德、礼仪制度、风俗习惯、文学艺术等文化系统中无不体现着特定的价值观念和价值取向。现就儒、道、法、释等我国古代主要思想流派的价值取向作一简单述要。

1. 儒家。儒家的价值取向主要体现在以下两点：首先，以“仁”为核心。孔子曰：“仁者爱人。”[②]“己欲立而立人，己欲达而达人。”[③]“己所不欲，勿施于人。”[④]“仁”是人的本性的最高表现，是人的美德的最高概括。但“仁”的社会实现又有具体内容，“克己复礼为仁。一日克己复礼，天下归仁焉”[⑤]。具体说就是要做到“父子有亲，君

---

① 《四书章句集注·中庸章句》。

② 《论语·颜渊》。

③ 《论语·雍也》。

④ 《论语·颜渊》。

⑤ 《论语·颜渊》。

《大学》强调："欲修其身，先正其心；欲正其心，必诚其意；欲诚其意，必致其知。"

臣有义，夫妇有别，长幼有序，朋友有信"[①]。后世儒者由此获得了深刻启发，创造出了一整套"修身、齐家、治国、平天下"的理论。值得注意是，儒家所说的"仁"主要是一种内心修养，也就是所谓的"内圣"。然而，"内圣"不能代替一切，还需要"外王"，还需要"知"、"行"，《大学》强调："欲修其身，先正其心；欲正其心，必诚其意；欲诚其意，必致其知。"孔子曰："好仁不好学，其蔽也愚；好知不好学，其蔽也荡；好信不好学，其蔽也贼；好直不好学，其蔽也绞；好勇不好学，其蔽也乱；好刚不好学，其蔽也狂。"[②]这里的"学"指的就是一种行为过程。其次，以"义"为准绳。孔子曰："君子喻于义，小人喻于利。"[③]孟子说："义，人之正路也。" 荀子则说："先义而后利者荣，先利而后义者辱。"[④]人的行为是否符合"义"，基本的准绳就是"度于礼"、"立于礼"、"节之以礼"、"齐之以礼"，也就是要与既成的社会名分及传统的社会观念相吻合（君君、臣臣、父父、子子）。合于礼义，即是真、善、美，不合于礼义，即是伪、恶、丑，因此要"非礼勿言，非礼勿听，非礼勿视，非礼勿动"。中国封建社会后期，"义"走向了极端，甚至出现了"饿死事小，失节事大"的极端尚义现象。

老子说："道生一，一生二，二生三，三生万物"；"人法地，地法天，天法道，道法自然。"

2. 道家。道家的价值取向首先是道法自然。道家认为"道"是人生的真谛，是世界万物的本源，同时也是宇宙运行的总规律。老子说："有物混成，先天地生。寂兮，寥兮，独立而不改，周行而不殆，可以为天下母，吾不知其名，故字之曰道。""道生一，一生二，二生三，三生万物。"[⑤]又说宇宙中有四大："道大、天大、地大、人亦大"，而"人法地，地法天，天法道，道法自然"[⑥]。只有自然运行，天地才可以运化万千，宇宙才可以和谐，人类社会才可以协调有序，六畜才可以兴旺，万木才可以常青。其次，道家的行为取向是超世无为。道家视功名如粪土，厌恶现实一切，强烈反对儒家强加给人们的礼义枷锁，表现出一种超然脱世的情怀。无为即是不要有所作为，对世间的一切都不要尝试作任何的改变，顺其自然。道家认为，人生

① 《孟子·滕文公上》。
② 《论语·阳货》。
③ 《论语·里仁》。
④ 《孟子·娄离上》。
⑤ 《荀子·荣辱》。
⑥ 《老子》第四十二章。

在世，要受到无数外在的约束，如肌体之殃，声色之乐，利禄之欲，义礼之羁，甚至死亡之惧，只有超然于这一切之上，不刻意去有所作为，才能领会到人生的真谛，实现“真我”，达到“真人”境界。

3. 法家。法家向来注重研究政治学，特别是“组织和领导的理论和方法”①，是地地道道的现实主义者和功利主义者，他们的基本价值取向便是功与利。法家认为“计功行赏”、“赏功罚过”是治国的基本原则，“利”是人类的普遍追求，甚至君臣之间、父子之间也往往存在着对利的追逐。韩非说：“父母之于子也，产男则相贺，产女则杀之，此俱出父母之怀衽，然男子受贺，女子杀之者，虑其后便，计之长利也。”“舆人欲人之富贵，匠人欲人之夭死。”②围绕的也是“利”。君臣也是一种相互利用的关系，君王必须充分运用“法”、“术”、“势”，才能做到江山永固，否则，“爱臣太亲，必危其身，人臣太贵，必易主位”③。

韩非说：“父母之于子也，产男则相贺，产女则杀之，此俱出父母之怀衽，然男子受贺，女子杀之者，虑其后便，计之长利也。”

4. 释家。相传释迦牟尼在目睹了世间的生老病死等各种痛苦后，毅然出家，先到深山苦苦修行，后在菩提树下经过七七四十九天的沉坐冥思，悟到了一个“真理”，即世间的万事万物皆无实体，都是因缘而生的，一旦缘（条件）发生了变化或不存在了，该事物就不复存在了，人也是一样。因此，一切事物都是因缘而起的假象、幻影，都是“空”的。中国早期佛学也宣扬“四大皆空”、“一切皆空”：内空、外空、内外空、空空、大空、性空、法空，和合世界万物与人之身体的地、水、火、风四大本质亦为空假，终将归于空寂。佛教虽然主张超然尘世，鄙视现实追求，但却非常重视修养方法和途径，因为“来世”正果是靠修炼而成的，这就是他们的价值观念。佛教的修炼方式很多，但不外乎两种方式：“定”与“慧”，或者叫“止”与“观”。“定”就是禅定、打坐，着重于佛教思维训练，“慧”则是学习佛学教义，培养智慧。

佛教的修炼方式很多，但不外乎两种方式：“定”与“慧”，或者叫“止”与“观”。“定”就是禅定、打坐，着重于佛教思维训练，“慧”则是学习佛学教义，培养智慧。

目前，学术界就中国传统文化的基本精神有不同的看法，但归根结底可以用《周易》上的两句话来概括，这就是：“天行健，君子以自强不息”；“地势坤，君子以厚德载物”④。意思是说，上天的运行

---

① 冯友兰：《中国哲学简史》，学林出版社 1984 年版，第 186 页。

② 《韩非子·六反》。

③ 《韩非子·爱臣》。

④ 《周易·乾卦》。

刚健有力，有道德修养的人应该效法上天，自强不息，积极向上，奋发有为；大地的形态宽广起伏，有道德修养的人还应该效法大地，胸怀广阔，宽以待人，包容兼收。

五、中国传统思想文化的发展历程

"天行健，君子以自强不息"；"地势坤，君子以厚德载物"。

由于受特定的地理环境（封闭的大陆地理）、特定的生产方式（自给自足的小农经济）及特定的社会结构（宗法结构）等因素的影响，在漫长的中国古代历史中，中国传统思想文化一直沿着自身的轨迹在发展沿变，当然，在固守壁垒的同时又有选择地在吸收和同化外来文化，从而形成了以儒学为正统、兼采佛道和周边少数民族文化的中国传统思想文化体系。

1. 中国传统思想文化的孕育

中国传统文化发端于遥远的史前传说时期，从元谋人到北京人，从仰韶文化到龙山文化，中国古代文明长河的源头涌出了第一股活水甘泉，这便是火的使用、陶器的发明、房屋的建造、农业的经营以及对自然和祖先的崇拜、道德伦理的萌动等等。

人类的生存和发展史上，最基本的是两件事：一是生产劳动，以解决自身生存问题；二是自身繁衍，以保证种族延续。生产劳动面对的是自然世界，自身繁衍则依靠祖先婚配。于是，原始人类便产生了两种观念：自然崇拜与祖先崇拜。

自然崇拜是由于远古人类对强大的自然现象感到无法理解、敬畏和难以控制而产生的。当时的人们普遍认为万物有灵，认为一切自然现象，包括动物、植物、无生物都有灵魂，天上下雨、地上刮风，牛羊奔驰，都是它们各自灵魂支配的结果，而它们的灵魂同人一样，也有善恶好坏之分，善的、好的会造福于人，如甘霖、和风；恶的、坏的则会降祸于人，如洪水猛兽。因此，必须祈求、祷告万物之灵，以趋利避害。

崇龙尚玉是中华早期文化的一个显著特征。在古人看来，玉具有沟通天地人的特殊功能，是人间美德的体现。

传说黄帝崇拜土，炎帝崇拜火，各部落都有自己的"图腾"崇拜，而具有普遍意义的则是崇龙尚玉，这是中华早期文化的一个显著特征。在古人看来，玉具有沟通天地人的特殊功能，是人间美德的体现。实际上主要是因为它的美丽多彩、可塑性、稀有，获取或拥有它需要付出艰辛劳动等因素决定的，就像贝壳、猪下颌兽被人们视为财富的象征一样。同时，它又是社会分工的产物，没有社会分工便生产不出玉器，没有社会分工也不需要玉器。玉从出现开始，就扮以礼器或神器的角色，它的各种造型代表的常是神圣之物，或者作为祭祀天地的礼器入璧、琮、璜等，因此，苏秉琦先生指出，玉器的社会功能已超越一般装饰品，附加上社会意识，成为统治者或上层人物“德”的象征。我国对龙的崇拜历史也很久远。1994 年在距今 8000 年的内蒙古兴隆洼文化遗址发现了一条以褐色石块精心雕塑的龙，长 19.7 米。仰韶文化时期，我国南北各地的崇龙现象已经非常普遍，商周以后，龙已经渗透到了社会生活的各个领域。作为王权的象征或民间的雨神，龙的形象可以说无处不在。数千年来，无论是钟鼎、雕造、漆器、陶瓷，还是绘画、丝织、建筑、服饰、风俗等，无不以龙为题材。威猛奔放，喷水吐火，腾云驾雾，这些龙的色彩正是中华民族精神的体现（龙的传人）。

仰韶文化时期，我国南北各地的崇龙现象已经非常普遍，商周以后，龙已经渗透到了社会生活的各个领域。作为王权的象征或民间的雨神，龙的形象可以说无处不在。

继自然崇拜之后，人类社会出现的另一原始崇拜形式是祖先崇拜。当时的人类对自身的构造及繁衍缺乏理性认识，他们经常在梦中看到自己和周围的人，甚至死去的人，这就使他们感到除了自身肉体之外，还有一个平时看不到的灵魂存在着。原始社会时期，人们对祖先的崇拜观念就已经萌芽了，在山顶洞人遗址里，一些死者的骨架上佩戴着装饰品，身边放着生前使用的物品如工具等，骨架周围则是用红色的铁矿粉末撒成的圆圈。原始社会末期，农业的发展，社会生产力的提高使人类在自然面前取得了初步胜利，于是对自身的崇拜超过了对自然的崇拜，那些曾经为本族的发展壮大作出过重大贡献的祖先首先取得了被尊崇的地位，由此逐渐形成了祖先崇拜。通过祖先崇拜，社会成员的联结有了共同的精神纽带，增强了族团的凝聚力。上古社会“国之大事，在祀与戎”，祭祀祖先被看得特别重要，正是由于祖先崇拜的发展渗透，古代中国才发展成了宗法社会，伦理道德体系也由此建立起来。因此，中国传统文化中的诸多精神含义，都与尚老崇祖的古老习俗密切相关。

2. 中国传统思想文化的奠基

从殷商到西周，建立在父权制基础上的宗法制度盛行不衰。当时，社会组织、政治组织、经济结构都与宗法血缘关系紧密结合在一起，维系社会关系的基本准则是“礼”。这种政治文化结构对后来中国的政治文化格局产生了深远影响。

殷商文化是十分典型的巫神文化和贵族文化，表现为尊天事鬼、迷信天命、崇拜祖先。日常生活中，事无巨细，都要问神占卜，把鬼神看作是支配自然和社会的绝对神秘力量，无条件地加以服从。

殷商文化是十分典型的巫神文化和贵族文化，表现为尊天事鬼、迷信天命、崇拜祖先。日常生活中，事无巨细，都要问神占卜，把鬼神看作是支配自然和社会的绝对神秘力量，无条件地加以服从。

在众神当中，“帝”或“上帝”被看作宇宙的最高神，主宰世界万物。但“帝”又不直接干涉人间事务，而是派一代表来统治管理人间，所谓“天命玄鸟，降而生商”，他们的祖先契是“帝”的儿子，是上帝派契来到人间统治万民的。这是最早的“君权神授”的思想。因此，祭天和祭祖在殷人看来是密不可分的。另一方面，殷人这种尊天崇祖思想又有着十分鲜明的宗法等级倾向，政权为贵族所垄断，学术为巫、史、祀、卜所把持，一般平民对学术无权问津。他们假借上天的旨意，以上帝使者的身份统治人民。当时，巫术、神学、文化政权是合而为一的。殷商时期的自然科学有了一定的发展，天文、立法、青铜器制作等都达到了很高的水平，文字（甲骨文）在这个时期也诞生了。

随着社会生产力的发展和人们实践经验的不断丰富，人类认识自然和征服自然的能力不断提高。在这个基础上，人们对神的崇拜逐渐淡漠，对自身的能力和信心不断增强。西周时期，觉得“天命靡常”，对天产生了怀疑，商代夏、周代商变革天命的事实更使人们觉得天不可信。然而当时的人们还不能从根本上否定天命，于是在不动摇天命的前提下，强调人事的重要性，提出了“顺乎天而应乎人”的思想。《礼记》曰：“周人尊孔尚施，事鬼敬神而远之”，虽然也崇拜天神，但更加注重人事。人们开始认为，单靠虔诚地祭天崇祖是无济于事的，关键还在于统治政策是否“宜民宜人”，而“民之所欲，天必从之”，因此，作为统治者，除要“敬天”，还要“保民”。与此同时，以研究八卦、五行、阴阳等矛盾关系为特征的原始唯物主义和朴素辩证法思想也出现了。“八卦”思想来源于《周易》，又称《易》、《易经》，它是周朝贵族占卜的文集。卦爻的基本符号是“—”代表阳，“ ”代表阴。八卦是：乾（☰）、坤（☷）、震（☳）、巽（☴）、坎（☵）、离（☲）、艮（☶）、兑（☱），它们分别代表天、地、雷、风、水、火、山、泽八种自然现象。“五行”学说来源于《尚书·洪范》，五行为水、火、木、金、土五种自然界的基本物质。五行学说标志着中国早期朴素唯物主义的萌芽。

从春秋到战国，巨大的社会变革和“士”阶层的分化，终于促成了“百家争鸣”这种学术文化的繁荣局面。不同阶级、阶层的代表人物纷纷著书立说，游说讲学，自由学术空气空前浓厚，所谓“诸子蜂起”，“处士横议”。

从春秋到战国，封建社会关系逐渐取代了奴隶制生产关系，原来那些“学在官府”的文化人逐渐流落到民间，私学开始兴起。巨大的社会变革和“士”阶层的分化，终于促成了“百家争鸣”这种学术文化的繁荣局面。不同阶级、阶层的代表人物纷纷著书立说，游说讲学，自由学术空气空前浓厚，所谓“诸子蜂起”，“处士横议”。各派学说对后世中国思想文化都产生了程度不同的影响。儒家思想以孔子、孟子、荀子为代表。孔子精到的领会和继承了殷周贵族文化的传统，主张“祖达尧舜，宪章文武”，倡导仁政、礼治、忠恕、中庸之道，把伦理感情和政治统治有机地结合起来，孟子进一步提出了性善论，并赋予天以道德属性。荀子则提出了制天命而用之，发展了孔子重人事、轻天命的思想。墨家思想以墨翟为代表，代表下层平民，尤其手工业者的利益，长于工艺技巧，主张兼爱、非攻、选贤、节用，反对以强凌弱，向往“尊卑无别”，追求“家给人足”，并提出了判断是非标准的“三表法”（前人的间接经验、群众的直接经验和实际效果）。道家思想以老子、庄子为代表，反映了旧贵族遁世没落超脱于世的情绪，主张皈依自然，无为而治，回到小国寡民的时代。但道家将朴素唯物辩证法思想发挥到了较高水平，认为“道”是万物发展的总规律，“理”就是个别事物的特殊规律，因此，道理是统一的，又说，事物皆有矛盾，矛盾与对立是普遍存在的，但矛盾双方在一定条件下又是可以转化的。

在人类认识史上有重要价值。法家思想以李俚、商鞅、韩非为代表，代表新兴地主阶级利益，主张变革，鼓励耕战，讲究法理、专制。阴阳家以邹衍为代表，继承了前代的阴阳五行学说，并进一步认为五行“相生”、“相胜（克）”，木生火，火生土，土生金，金生水，水生木；水克火，火克金，金克木，木克土，土克水。邹衍还将之用于社会历史领域，提出了“五德始终”的历史循环论——黄帝（土）、夏（木）、商（金）、周（火），下一个朝代必定是水德。

由此陷入了唯心主义泥潭。此外还有名家（公孙龙、惠施）、农家（许行）、杂家（吕不韦）、纵横家（苏秦、张仪）、兵家（吴起、孙膑）等。

春秋战国时期，在殷周怀疑天命的基础上，“轻天重民”“民贵君轻”思想被社会广泛认同，这种思想成为后世反对专制主义的理论依据和思想源泉。此外，诸子散文和以屈原、宋玉为代表的楚辞，史学、绘画、音乐、天文、立法、医学、光学、数学等也取得了辉煌成就。

总之，先秦是中国传统思想文化的奠基时期，儒道互补，神学、民学杂糅，汉民族的文化心理结构初步形成，后世中国文化诸形式特别是思想制度、礼仪、风俗等无不源于这一时期。其地位与古希腊文化在欧洲的地位类似。

3. 中国传统思想文化的统一

秦始皇扫平六国，建立了统一的中央集权的封建国家，继之而起的两汉王朝进一步巩固了这种统一局面。这一时期封建统治者推行的各种政策如政治上的专制主义，经济上的重农抑商政策，对此后二千多年的中国封建社会产生了深远的影响。政治、经济上的统一，必然要求思想文化上与之相适应，所以，从战国末期开始，随着统一趋势的愈加明显，统治阶级内部一直在寻找一种统一的思想文化模式。从吕不韦的《吕氏春秋》兼采各家之学，到秦始皇采用法家之说，焚书坑儒、以吏为师，再到西汉初年，混合道家无为与法家专制的“黄老刑名之学”，都是这种谋求统一的尝试。这一过程直到汉武帝采纳董仲舒“罢黜百家，独尊儒术”的建议才算正式完成。

随着统一趋势的愈加明显，统治阶级内部一直在寻找一种统一的思想文化模式。从吕不韦的《吕氏春秋》兼采各家之学，到秦始皇采用法家之说，焚书坑儒、以吏为师，再到西汉初年，混合道家无为与法家专制的“黄老刑名之学”，都是这种谋求统一的尝试。这一过程直到汉武帝采纳董仲舒“罢黜百家，独尊儒术”的建议才算正式完成。

刘邦建立西汉，依靠的主要是武将功臣，对儒家持轻蔑态度，文景时仍然排斥儒家。然而，不少儒生这时都在作文献研究与理论准备工作，整理传授和阐释了《易》、《诗》、《书》、《礼》和《春秋》等，并吸收其他学派思想来丰富自己，因而儒学的社会影响越来越大。惠帝时废除挟书律，文帝始立五经博士，事实上都是在扶持儒家。武帝建元元年(前 140 年)，下令举贤良方正，在对策中，《春秋》博士董仲舒建议：“诸不在六艺之科，孔子之术者，勿使并进。”随后，汉武帝罢黜秦朝所立各家博士，专立儒学五经博士，起用好儒术的田蚡为相，把黄老刑名等各家之言排斥于官学之外，从而正式确立了儒家的正统地位。但要注意此时的儒学与原始儒学已不完全一样，是经过董仲舒等人加以改造了的新儒学，在传播仁政、礼制等的同时，极力宣传“君权神授”和“大一统”思想。从此，儒家思想成了封建社会的统治思想，儒家典籍“五经”成了治国之本，人伦之常，于是，训解阐述和研究儒经的一套学术开始兴盛，被称为经学，不仅设五经博士，在都城设立太学，教授五经，而且在各郡县设立学校，传授经学，并以通经作为选拔人才的标准。儒家的这种经学化，成为此后相当长一段时间内思想文化的主流。经学不仅直接影响了中国的史学、哲学、语言文字学、文献学、考据学，而且促成了中华民族基本道德伦理观念的形成，这就是仁义、谦让、孝悌、信用等，但是经学强调“述而不作”，不求创新，只作阐述，对人们的思想又起了禁锢作用。

秦汉文化的另一特点是对外文化交流的加强。西汉时期，对外文化交流方面发生了两件大事：一是汉武帝两次派张骞出使西域，开辟了沟通东西方的“丝绸之路”，加强了中国与中亚、西亚、南亚的联系。二是佛教传入中国。公元前后的两汉之际，佛教从印度经中亚传入中国内地，东汉明帝时，蔡愔到印度研究佛学，回来后在洛阳建白马寺，翻译佛经。东汉末年，西域僧人安世高在洛阳翻译佛经百万余言。佛教的传播对中国传统思想文化产生了深远影响。

秦汉文化的发展还表现在黄老之学与巫术结合而产生了道教；汉赋、乐府诗所代表的文学成就；秦兵马俑和长沙马王堆出土文物所展示的艺术水平；以《史记》、《汉书》为代表的史学成就；以《周髀算经》、《九章算术》为代表的数学成就；以及天文学上的张衡、医学上的张仲景、华佗和造纸专家蔡伦等。

西汉时期，对外文化交流方面发生了两件大事：一是汉武帝两次派张骞出使西域，开辟了沟通东西方的“丝绸之路”，加强了中国与中亚、西亚、南亚的联系；二是佛教传入中国。

4. 中国传统思想文化的变异

魏晋南北朝到隋唐，中国封建生产关系有了新的变化，门阀士族长期把持政权，经济中心随一次次的人口南迁而逐渐移至江淮流域。长期的民族战争，大规模的民族迁徙流动形成了以汉族为中心的又一次民族大融合。同时，中外交流更加频繁，外来文化作为新鲜血液不断补充到中国文化的肌体之中。特定的历史条件，使中国思想文化在这一时期呈现如下特点。

一是儒学的独尊地位不断受到异端思想的冲击。两汉儒学的核心是“天人感应”的宇宙论，随着古今文经学之争的深入，今文经学逐渐为谶纬神学所笼罩。这种神秘主义思潮在西汉末年大为流行，经过东汉的白虎观会议，谶纬迷信被官方化，经学完全丧失了其学术价值，接踵而来的社会大动荡，更宣布了儒学的“不周世用”，因此，到魏晋南北朝时期，儒学陷入了深刻的危机。封建统治者需要有一种新的理论形式来代替儒学，于是玄学应运而生。玄学之玄来源于《道德经》，是虚无玄远、高深莫测之意。《老子》、《庄子》、《周易》合称为“三玄”，是玄学家们研究的主要对象。当时，“玄风独振”[①]，盛行一时。从何晏、王弼的“贵无论”（“以无为本，以有为末”）到阮籍、嵇康的“自然论”（“越名教而任自然”），从裴頠的“崇有论”（“万物皆自生，以有为体”）到郭象的“独化论”（“有”自生、独化，不存在“无”），玄学家的“儒道兼综”，以老庄思想糅合儒学经义，虽然不免空谈、放荡，但却克服了西汉经学繁琐的注释，由训解阐述转

① 《宋书·谢灵运传》。

向义理的诠释，由原来着重于实际运用的经验方法转变为思辨哲学的抽象方法，对事物的本体诸如事物存在的根源、本质等进行了探索论证，提高了中国哲学的思维水平。另外，玄学家们的言行，不为传统所束缚，形骸放浪不羁，非薄汤武周孔，思想解放的意味很浓。于是乎到了唐代，一方面有人极力宣扬"天人合一"，维护儒家的道统说（韩愈），另一方面又有人断然提出天人"各行不相预"，天人"交相胜还相用"（柳宗元、刘禹锡）的论断；一方面佛学伦理继续被维护，另一方面，道家与佛学思想又被倡导，在思想上呈现出多元共存的局面。

二是佛教东来并逐渐本土化。佛教与中国传统思想是两种文化，彼此的精神实质是迥异的，所以自从它传入中国之日起就与中国固有的儒、道思想发生了冲突斗争。伦理纲常使中国传统思想文化的内核，是中国政治统治的精神支柱，而佛教却主张不婚配、不敬王者，不拜父母，"无君无父"，这是封建君主专制主义所不容的。斗争的结果，佛教不得不退让，君权依然高于神权，封建礼制依然高于僧制。另外，佛教还受到了中国无神论的挑战，范缜作《神灭论》，系统地提出了"形质神用"理论，给佛教的"神不灭论"以有力回击。然而由于佛教的逆反性、新鲜性、超脱性，给人以精神寄托，及其对儒学的极力迎合，它在中国也获得了不少信徒，并逐渐站稳脚跟，发展与膨胀起来。魏晋南北朝时期，大量佛经被翻译成中文，出家之风渐盛。当时，佛教在中国有两派：一派是以安世高为代表的小乘佛教，重禅法；另一派是以支娄迦谶为代表的大乘佛法，讲般若学。隋唐时期，由于统治者的提倡，佛教迅速传播，出家之风愈演愈烈，以至不断有人提出"灭佛"（韩愈、柳宗元），然而效果并不明显。佛教在传播过程中不断吸收儒、道思想，逐渐形成了天台宗、法相宗、华严宗、禅宗等众多派别，其中禅宗影响最大。禅宗为达摩创立，五世祖弘忍之后分为南北二宗，北宗神秀主张"渐悟"，南宗慧能主张"顿悟"。南宗大量吸收了儒家思想，至唐后期几乎垄断了整个佛坛，由此，佛教由外来宗教转化为具有中国特色的宗教，并在此后的佛道斗争中，逐渐占据了优势。

三是中国地域文化逐渐融合，更高层次上的统一的封建文化得以形成。南北朝时期，南北文化由于文化传统、经济发展程度以及地理等方面的原因而呈现出不同特色。如在思想上南方重思辨，北方重实践。隋唐统一全国后，在以儒学为正宗的基础上，吸收南北各地区域文化之长及玄、释、道各家思想,从而形成了更高层次的统一文化。隋唐时期,儒释道玄交互影响、相互合流的趋势非常明显。玄学本来是儒学衰落中产生的新思潮,起初两者斗争激烈,后来则相互吸引多于争斗,表现在儒学不断吸收玄学的一些思想,玄学主动向儒学靠拢,因此,当时"儒玄双修"的学者大量涌现。道教是我国土生土长的宗教,它杂糅巫术、儒家、道家、墨家、阴阳家等诸家思想,又吸收了佛教、摩尼教、袄教的有关内容,从而能为更多的中国人所接受。道教的神仙学说不仅是我国古代自然哲学和人生哲学的思想宝库,而且对我国古代文学艺术风俗习惯具有重大影响。道教提倡的自我修养和健身方法,开创了我国古代化学、药物学、医学和养生学发展的新阶段。隋唐时期,儒道平行发展,儒教对道教不排斥也不调和,道教对儒家思想则主动吸收,儒家所主张的忠、孝、信、教、顺等都被道教所接纳。佛教传入我国后,极力迎合儒家,甚至有人提出"周孔即佛,佛即周孔",用佛学理论来阐述儒家思想。各家思想相互吸收、相互融合的结果,使隋唐时期形成了以儒家思想为正宗,儒、释、道平行发展的新格局。

隋唐统一全国后,在以儒学为正宗的基础上,吸收南北各地区域文化之长及玄、释、道各家思想,从而形成了更高层次的统一文化。

四是这一时期特别是唐朝文化呈现出向周边各国辐射的特点。唐朝的政治制度给亚洲各国特别是朝鲜、日本以深刻影响。新罗的政治制度、法律制度几乎全仿唐朝,并采用科举制度选拔官吏;日本更是仿照唐朝的均田制和租庸调制,参照唐律制定《大宝律令》,仿照唐朝官制制定了从中央到地方的官制。唐朝的物质文化、风俗习惯及科学技术也对周边各国产生了深远影响。唐朝的服装(和服)、饮食(茶道)、节日、习俗(端午、重阳、马毬、围棋)给日本、朝鲜以深刻影响,日本、朝鲜还参照汉字创立各自的文字,当时朝、日学生读的课本也主要是儒经。中国的造纸、火药、印刷技术也经过阿拉伯传到世界各地。当然,大唐也展现了广阔的开放胸襟,周边各国的音乐(高丽)、医学(印度)、制糖(印度)、印染(波斯)及土特产品(菠菜、烧饼)也传入中国。

魏晋南北朝隋唐时期,中国传统文化的其他形式也呈现出繁荣局面,诸如建安文学、两晋民歌、唐代诗歌、石窟艺术、绘画艺术、书法艺术、史学、地理学、数学、天文、医学、农业技术、建筑等都有不朽之作。

5. 中国传统思想文化的定型

宋元时期,社会经济特别是南方经济继续发展,城市经济异军突起，趋于繁荣；社会生产关系特别是劳动者的身份地位发生了很大变动；民族矛盾和民族冲突持续不断；重文轻武的社会风气延续不衰。这样的历史条件，决定了宋元文化有四大特征。

理学继承和发挥了先秦思孟学派的“性命义理”之学，以理、欲、心、性为研究对象，把封建道德更加哲理化，因而更加适应封建统治需要。

首先是理学的产生。理学又称道学，是北宋以后出现的特殊形式的儒家哲学，是对中国传统哲学的第二次大改造。由于它继承和发挥了先秦思孟学派的“性命义理”之学，以理、欲、心、性为研究对象，所以被称为“理学”，它把封建道德更加哲理化，因而更加适应封建统治需要。北宋前期的周敦颐是理学的倡导者，认为“太极”的动与静产生阴阳，阴阳的交互作用生成金、木、水、火、土，五行的交互推移变动生成气象万千的世界；但“太极者，无极也”，又是无形无象、不可言说的。与周敦颐同一时代的张载也是理学的创始人之一，他特别强调“气”，提出了“凡象皆气”、“理在其中”的学说，认为气是万物的本源，气的凝聚形成万物，气的消散使万物消失，而“理”或“道”只是气化的过程。“太虚”即所谓的天，是指气未凝聚的原始状态，太虚、气、万物是同一实体的不同状态。这是一种朴素的唯物主义思想。但是，张载却把这种唯物主义的自然观机械地运用于人类社会，以气一元论来说明人生，要求人们不断克制降生后的“气质之性”，以达到所谓先天的“天地之性”，从而倒向了唯心主义。周敦颐之后是“二程”，即程颢、程颐兄弟二人，他们是北宋理学的代表人物。他们都以“理”为最高哲学范畴，认为“理”不仅是自然界的普通法则，也是人类社会的最高原则。“理”既生万物又统辖万物，对自然界来说是“有理而后有象，有象而后有数”，对人类社会来说则是君臣、父子、夫妇之道。理学的集大成者是南宋的朱熹，他认为“理”是万物的本源，气是构成万物的材料，两者不可缺一，但是理在前气在后。南宋的另一位理学家陆九渊创立了“心学”，提出了“心即理”的命题，认为人心是宇宙的本源，“万物皆备于我”，宇宙便是吾心，吾心便是宇宙，一切知识和真理都在吾心之中，只要“克己自反”，悟得本心，即可“心明”、“知理”。

“二程”认为“理”不仅是自然界的普通法则，也是人类社会的最高原则。“理”既生万物又统辖万物，对自然界来说是“有理而后有象，有象而后有数”，对人类社会来说则是君臣、父子、夫妇之道。

其次是科学技术高度发展。中国古代四大发明有三大发明是在这一时期完成的。其他的科技成果还有沈括的《梦溪笔谈》、郭守敬的天文、数学、水利成就等等。

再次是封建正统文学继续发展。不仅宋词、元曲彪炳史册，而且在城市经济的推动下，通俗的市民文学趋于繁荣，显示出强大的生命力，如传奇小说、话本、杂剧等。

复次是史学日益受到封建统治者的重视，编史撰志之风空前浓厚。不但断代史成果丰富，而且继史学巨著《资治通鉴》之后，典章制度、金石学的编纂也取得了很大的成果，一种新的史学体例——“纪事本末体”也在这时诞生了。

6. 中国传统思想文化的终结

明清时期，中国封建社会步入晚期。政治上，一方面专制主义中央集权更为加强，另一方面官僚政治更加腐朽。经济上，一方面农业经济畏缩不前，另一方面城市经济相当繁荣，并且在个别地区出现了资本主义萌芽。封建政治经济上的矛盾反映在文化上便是：

思想上，一方面有适应封建统治需要的王阳明心学，封建政府为总结传统文化而大编类书、丛书，考据之风盛行，另一方面又有李贽、顾炎武、黄宗羲、王夫之的异端思想。王阳明继承了陆九渊的心学，提出了“心外无理，心外无物”的命题，认为“心之所发便是意，意之所在便是物”，事物的理只存在于人的心中，所谓“心即理”。他还提出了一个口号：“存天理，灭人欲”，毒害甚深。李贽敢于打破几千年来对孔子的迷信，反对孔教和等级制度，反对以孔子是非论是非，反对男尊女卑，提倡男女平等；顾炎武强烈反对君主专制制度，提倡“经世致用”，主张“实学”；黄宗羲深刻批判了“君为臣纲”的封建教条，主张做官为天下、为万民，而不是为君主，同时又严厉批判了轻视工商业的传统思想；王夫之提出了“理在其中”、“行先知后”、“静即含动，动不舍静”等哲学命题，把我国古代唯物主义思想推向了一个高峰。类书、丛书有《永乐大典》、《古今图书集成》、《康熙字典》、《四库全书》等。考据学又称朴学、汉学，因为在乾隆、嘉庆年间达到了高峰，故又称乾嘉学派。考据学家们把中国文化典籍作了较全面的整理、考证，治学严谨，一丝不苟，为后人提供了大量的文献资料，但只重论据、不求规律、脱离实际的作风也对后世产生了消极影响。

中外文化交流方面，一方面是天朝在上，闭关锁国；另一方面是西学东渐，西洋传教士东来，传播了西方的先进科技文化。意大利传教士利玛窦先后在澳门、广州、北京等地传教30年，大力介绍西方自然科学，对中西文化的沟通作出了重大贡献。此后，西方大批传教士来到中国，使西学在中国传播开来。西学的传入，大大开阔了中国人的眼界，不仅使中国学术慢慢走向近代化，而且促进了中国科学技术的发展。

鸦片战争以后，宗法的、伦理的、专制的中国封建文化在西方列强坚船和利炮的轰鸣中，在民主思潮和革命思想的激荡下，如日薄西山与秋风残叶，不可挽回地衰落了下去。

文学上，一方面是“前后七子”的复古运动，另一方面是市民文学的勃兴。小说成为明清时期成就最高、最有影响的文学形式。《水浒传》、《三国演义》、《西游记》、《红楼梦》中的人物成为家喻户晓、妇孺皆知的艺术形象。

鸦片战争以后，宗法的、伦理的、专制的中国封建文化在西方列强坚船和利炮的轰鸣中，在民主思潮和革命思想的激荡下，如日薄西山与秋风残叶，不可挽回地衰落了下去。

参考书目

1. 刘守华主编：《文化学通论》，高等教育出版社 1989 年版。
2. 张立文：《传统学引论》，中国人民大学出版社 1989 年版。
3. 庞朴：《文化的民族性与时代性》，中国和平出版社 1988 年版。
4. 朱谦之：《文化哲学》，商务印书馆 1990 年版。
5. 田广林主编：《中国传统文化概论》，高等教育出版社 1999 年版。
6. 商聚德等主编：《中国传统文化导论》，河北大学出版社 1996 年版。

思考题

1. 怎样认识文化的本义和定义？
2. 文化和文明有何区别？
3. 简要解释文化构成的四个层面。
4. 文化的特征有哪些？如何看待文化的作用？
5. 简述中国传统文化成长的基本地理环境。
6. 简述中国传统文化的类型与特点。
7. 秦汉及隋唐文化的特点各有哪些？
8. 试论民族振兴与文化重塑。

第二章 中国传统哲学

中国古代没有“哲学”这个概念，“哲学”一词是近代从日本引进的。但是，在中国古代相当于“哲学”的学说却十分丰富。先秦时期的所谓“学”，大体即与哲学相当。韩非子说：“世之显学，儒墨也。” 儒家之学，墨家之学，实际就是两家的哲学。汉代将先秦各家的学说称作“诸子之学”，魏晋时期，玄学盛行，宋明时期，又有道学、理学、心学等，这些“学”，也是哲学。古代虽然没有“哲学家”之称，却有“哲人”之谓，孔子临终前作歌曰：“哲人其萎乎！”

中国传统哲学，儒、道、释互补，儒、法、墨共存，表现出多元一体的思想格局。不论是儒家还是道家，有关哲理的思考都是从宇宙的广阔视野，从天人共存、天人合一的整体上出发的，同时特别重视个体道德精神的锤炼，强调天人关系的和谐，强调为政治服务。

第一节　中国传统哲学的发展演进

一、哲学是文化的核心

哲学是关于世界观的学说，是对自然知识和社会知识的概括和总结。哲学不仅是最高层次的精神文化，而且是整个文化的核心。文化的金字塔构造形式是：文化——精神文化——哲学。黑格尔曾经做过一个形象的比喻：如果说文化是神庙，哲学则是神庙的主神。马克思则把哲学看作“时代精神的精华”和“文明活的灵魂”①。哲学在文化中的核心地位表现在以下几个方面：

文化的金字塔构造形式是：文化——精神文化——哲学。黑格尔曾经做过一个形象的比喻：如果说文化是神庙，哲学则是神庙的主神。马克思则把哲学看作“时代精神的精华”和“文明活的灵魂”。

第一，哲学体现思维方式的深层。所谓思维方式，是指人们思维活动中的经验、知识、观念等要素的综合，指的是主体如何改造客体，也就是如何创造文化。思维方式大致可分为三个层次：一是关于世界和人生的整体的一般思维框架，二是关于世界和人生的某一具体领域的思维框架，三是个别对象的独特的思维框架。这三个层次互相制约、相互渗透，作为一个整体发挥思维的功能，而关于世界和人生的整体的一般思维框架是思维方式的最深层。因为人们关于某个具体对象或具体领域的思维，必然涉及到这个对象或领域与其他对象或领域的联系，只有确定了具体的思维对象或领域在整体世界中的地位，确定了它作为客体与思维主体之间的关系，才能正确认识和评价它。因此，人们的思维方式总是在自觉不自觉地把关于世界整体和人生的一般思维层次（哲学）作为前提。哲学是理论化系统化的世界观，它是直接或间接地影响思维方式的一般思维层次。

思维方式深层对思维过程所起的制约作用，一是表现在对思维对象的选择上。既然认为“天人合一”，中国古代便不把自然界、自然科学作为独立研究对象了。二是表现在思维对象的整理上。既然“华夷有别”，中国古代便形成了中国皆好、夷狄皆坏的思想，不加区分地笼统排外。以上两种制约往往是不自觉的、深层的，任何生活在一定文化传统中的人都不能逃避它的影响。一个老农也许不知道董仲舒、朱熹为何人，但却知道不能得罪老天爷，更不能容忍儿

① 《马克思恩格斯全集》第1卷，人民出版社1972年版，第121页。

子不仁、不义、不孝。这是一种强大的、发自内心的、无形的影响。

第二，哲学决定价值观念的方向。价值就是平时所说的好坏问题。客体能够满足主体需要，对主体有作用，就有价值。价值具有独立性，对某一主体来说是好，对另外的主体则可能是坏，这里的主体或是个人、或是集团，或是阶层、阶级、民族、国家等。价值还具有历史性，随着主体的变化，好坏也随之变化，过去好，现在可能坏。价值观念可以分为三个层次：一是个人追求的人生价值，二是特定的阶级、阶层、集团追求的价值，三是整个社会（民族或国家）确定的社会理想、价值目标。

价值观念往往是超越现实的一种理想、愿望和追求，这一点正是它与哲学的联结点。占统治地位的阶级总是力图把他们的价值观念确定为整个社会的价值方向，从而对文化产生重大影响，主要表现在：第一，它指导制度文化的建立。如法家认为人性本恶，于是便有重法专制。第二，它又指导制度文化的调整。汉代儒学思想被尊崇，而儒家认为人性本善，于是在保持法治的情况下又力行仁政，以道德感化引导民众。第三，它一旦为社会成员普遍认同，便成为一种强大的力量。当然，一个社会在一种占主导地位的价值观念下，也总还会有次要的价值观念，如道家讲无为，于是，一些讲有为的儒学士大夫在仕途坎坷、官场失意时往往会隐退，超然尘世。

哲学告诉人们应该如何做，给人们指出大致的行动步骤和一般的行为准则，这便是方法论。培根的“服从自然才能征服自然”，笛卡儿的“怀疑一切”，洛克的“认识来源于经验”，黑格尔的“否定之否定”，王守仁的“知行合一”，都是方法论。

第三，哲学引导文化整合。所谓文化整合，就是把不同的文化要素按时代的要求和社会的需要，构建成一个具有内在有机联系的文化整体。不同的哲学提供不同的世界观和价值观，指导着不同的文化创造，因为“最精致，最珍贵和看不见的精髓都集中在哲学思想里”①。哲学告诉人们应该如何做，给人们指出大致的行动步骤和一般的行为准则，这便是方法论。培根的“服从自然才能征服自然”，笛卡儿的“怀疑一切”，洛克的“认识来源于经验”，黑格尔的“否定之否定”，王守仁的“知行合一”，都是方法论。

文化整合的客观基础中，最基本的是各种文化要素在时代性上的一致，一种文化之所以统一为一个体系，正在于文化的各个层面、各种文化要素在哲学所给予的框架内体现着共同的时代精神。中国近现代历史进程中，最重要的两次文化整合——进化论哲学与马克思主义，正是由哲学引导的，两者都既是方法论原则（生存竞争、

① 《马克思恩格斯全集》第1卷，人民出版社1972年版，第120页。

阶级斗争)，又是根本价值观念(适者生存，无剥削压迫)，两次文化整合的结果是建立了“中华民国”和中华人民共和国。

第四，哲学促进文化离析。文化离析是指不参与甚至背离主流文化的文化现象。文化整合总是相对的，文化系统内总是有矛盾的，不协调的，而是相对整合的文化也会产生新的矛盾和新的不协调，因而文化离析是绝对的(文化运动)。其一，人类社会进程中，被统治阶级总是在寻找一种与当时社会制度相反的理想，并通过个别知识分子概括为某种哲学，如以墨子为代表的墨家提出兼爱、非攻、官无常贵而民无常贱。另外，统治阶级内部也有背叛者或异端者，他们往往提出与主流文化不协调甚至相冲突的哲学观点，如嵇康的“非汤武而薄周孔”。尽管离析冲突的结果，墨家作为一个学派消失，嵇康掉了脑袋，然而，其学说中蕴含的不满现实、愤世嫉俗的思想却不断启迪后人。其二，任何文化都是有惰性的，都是与一定社会利益相联系的，都是为维护特定的既定利益服务的，因而总是具有力图维护现状并使之永久化的倾向。而文化的发展则要求打破文化的惰性，将现有文化转变为更高层次的文化形态，从这个角度看，文化离析是绝对的。一方面，新的文化从旧文化中萌生出来并逐渐从旧文化的母体中分离出来；另一方面，新文化产生后，必然促进旧文化的离析直至解体。在这个过程中，哲学通过反思与批判，提出符合时代需要的新的价值取向，对旧文化的消减起领导作用。总之，文化的发展始终贯穿着文化离析与文化整合的辩证活动，整合以离析为前提，离析以整合为归宿。

我们强调哲学是文化的核心，但又不能否认文化对哲学的制约和推动。物质文化、制度文化、行为文化特别是精神文化是哲学产生的基础，社会文化心理是哲学孕育的摇篮，科学发明是哲学诞生的助产婆。

中国哲学是中国文化的理论基础，在中国传统文化中处于核心地位，对于政治、经济、伦理、史学、文学、艺术、科技等各学科具有指导作用。历代哲人对天地万物、对社会、对人生的各种思考，展示了中华民族的无穷智慧，也塑造了中华民族的灵魂和品格。虽然近代以来中国人的行为准则、思维方式与古人发生了很多迥异的变化，但是作为一个民族的内在精神，人们仍然离不开古代哲人开辟的思想轨迹，仍然离不开儒、道所设置的精神家园。

虽然近代以来中国人的行为准则、思维方式与古人发生了很多迥异的变化，但是作为一个民族的内在精神，人们仍然离不开古代哲人开辟的思想轨迹，仍然离不开儒、道所设置的精神家园。

二、历代哲学思想

孔子的言行、人格及其学识成了上自天子、王侯下至庶民的榜样，他创立的儒家学派影响了中国整个封建社会，培养了一代又一代"崇仁历义"的弟子，从而把他的思想学说不断发扬光大起来。

1. 先秦诸子之学

春秋以前，中国哲学已开始萌芽。殷周之际，以五行、八卦为代表的朴素唯物主义和原始辩证法思想，标志着古代哲学思维的开始。《周易》提出了阴阳和八卦的概念；东周的伯阳父用阴阳二气解释地震的形成；《尚书·洪范》已有了完整的五行概念；史伯则提出了"以土与金木水火杂以成百物"的命题；春秋末年，无神论思想活跃，出现了怨天骂天的思潮，标志着上帝天命的统治秩序开始动摇和人文主义的兴起。不过，春秋以前的哲学思想毕竟是零碎片断的，系统的哲学是春秋末年到战国时期随着"百家争鸣"而出现的。在所谓"九流十家"中，最有影响的是儒、道、墨、法四家。

"儒"字最早见于《周礼·天官》："儒以道得民。"东汉郑玄注云："儒，诸侯保氏有六艺以教民者。"唐贾公彦疏云："儒，掌养国子以道德，故云以道得民。民，亦谓学子也。"胡适早年曾提出"儒是殷民族的教士"之说。冯友兰先生也认为诸子出于士，儒亦出于士，认为"儒本是有知识、技艺者之通称"。《辞源》则对"儒"字作了如下解释："古代从巫、史、祝、卜中分化出来的人，也称术士，后泛指学者。"儒家学派的创始人孔子是中国教育史上的第一人。

孔子像

所谓"儒家"，乃是指先秦至秦汉之际形成的以孔子为宗师的学派。《汉书·艺文志》云："儒家者流……游于六经之中，留意于仁义之际，祖述尧舜，宪章文武，宗师仲尼，一重其言，于道最为高。"司马迁在《史记·孔子世家》中也讲到孔子的人格和学说备受尊敬的情况："诗有之：'高山仰止，景行行止'，虽不能至，然心向往之。余读孔氏书，想见其为人，适鲁，观仲尼庙堂车礼器，诸生以时习礼其家，余祗回留之不能去云。'天下君王至于贤人众矣'，当时则荣，没则已焉。孔子布衣，传十余世，学者宗之。自天子王侯，中国言六艺者折中于夫子，可谓至圣矣。"孔子的言行、人格及其学识成了上自天子、王侯下至庶民的榜样，他创立的儒家学派影响了中国整个封建社会，培养了一代又一代“崇仁历义”的弟子，从而把他的思想学说不断发扬光大起来。

儒家思想的核心是“仁”。孔子说：“仁者爱人”，所谓“爱人”，就是“博施于民而能济众”，就是“泛爱众而亲仁”。这是“仁”的第一层意义。这种“爱人”不仅仅是指爱自己的父母、兄弟、宗亲，而是爱所有一切人。“仁”的第二层意义是自己想达到、自己想完成的，也要帮助别人达到、完成，自己不喜欢的东西不要强加在别人身上。“夫仁者，己欲立而立人，己欲达而达人。”[①]“己所不欲，勿施于人。”“老者安之，朋友信之，少者怀之。”[②]“仁”的第三层意义是“复礼”。“克己复礼为仁，一日克己复礼，天下归仁焉。”[③]但是，此礼已非西周之“礼”，而是春秋之“礼”。孔子曾说过，殷礼“损益”了夏礼，周礼“损益”了殷礼，后世自然要“损益”周礼。“仁”属于主观道德情操，而这种道德情操要通过人的行为表现出来。人的行为表现要遵循一定的原则，这种原则体现在人与人的关系中就是一定的秩序和形式，这种秩序和形式也就是“礼”。所以我们说，孔子所复之“礼”不是周礼，而是达到“仁”的一种手段。

在“仁”的基础上，孔子提出了“德治”主张。所谓“德治”就是把“仁爱”之心体现到治国安民的方略之中。孔子最看重“民、食、丧、祭”，主张对人民“富之”、“教之”[④]，“道之以德，齐之以礼”[⑤]。孔子认为，“政宽则民慢，慢则纠之以猛，猛则民残，残则施之以宽。宽以济猛，猛以济宽，政是以和”[⑥]。统治者要“敬事而信，节用而爱人，使民以时”[⑦]。“老安”、“朋信”、“少怀”，宽猛相济。孔子“仁”的提出，是“人”的发现。他第一

孟子像

① 《论语·雍也》。
② 《论语·公冶长》。
③ 《论语·颜渊》。
④ 《论语·子路》。
⑤ 《论语·为政》。
⑥ 《左传·昭公二十二年》。
⑦ 《论语·学而》。

次把“人”从“天”的束缚下解放出来，放在人类社会中来对待，这是从蒙昧走向文明的表现。

个人修养的培养十分重要，只有具备“浩然之气”，才能达到“富贵不能淫，贫贱不能移，威武不能屈”的境界。

儒家学派的另一代表人物是孟子。孟子（前 372～前 289），名轲，字子舆，战国时期邹人。《史记 · 孟荀列传》中说：他“受业子思之门人”。孟子继承和发展了孔子的儒家学说，被后世尊奉为“亚圣公”。孟子思想的核心是“性善论”和“良知论”。他认为，人性皆善，皆有“四端”：恻隐之心、羞恶之心、辞让之心、是非之心。这些都是人与生俱来的良知良能。有的人所以不能成为善人，是因为他不去培养和扩充自己的善端。因此，个人修养的培养十分重要，只有具备“浩然之气”，才能达到“富贵不能淫，贫贱不能移，威武不能屈”的境界。在“仁学”理论方面，孟子继承了孔子“仁”的思想并加以补充而提出了“义”，认为仁是发自内心之爱，义是所以为人之道：“仁，人心也；义，人路也。舍其路而弗由，放其心而不知求。”[①]在政治思想方面，孟子进一步发展了孔子的人本思想，认为“民为贵，社稷次之，君为轻”；主张“仁政”，施惠于民。

荀子起初也是儒家的代表人物之一，但其思想后来却超出了儒家。荀子（前 313～前 238），名况，字卿，赵国人。荀子与孟子相反，认为人性本恶。他讲的人性，指的是人的生理本能。荀子说：“目好色，耳好声，口好味，心好利，骨体好愉悦，是皆生于人之性情也……从人之性，顺人之情，必出于争夺。”[②]所以，为避免争夺，圣人制定了礼仪法度，以匡正人们的行为，维持社会的正常运转。可见，荀子讲的礼已更多地侧重于法了。政治上，荀子一方面推崇王道，另一方面又不排斥霸道。针对孟子的“法先王”（尧舜），荀子主张“法后王”（西周），并明确主张建立中央集权制，主张君权至上。荀子也很重视“民”的重要性，他说：“君者，舟也。庶人者，水也。水则载舟，水则覆舟。”[③]

荀子像

孟子、荀子发展了孔子的思想，使儒家学说成为先秦诸子百家中最大的一派。其后经过汉、宋、明各朝，儒家学说不断丰富发展并成为中国封建时代的主流思想。中国文化之利归于斯，其弊也归于斯。

① 《孟子 · 告子上》。

② 《荀子 · 正名》。

③ 《荀子 · 王制》。

老子像

道家的创始人是老子。老子又称老聃，姓李名耳，字伯阳，春秋时楚国人，略长于孔子。老子曾做过周朝的守藏室之吏(图书馆官员)，后隐居不仕。道家是“道德家”的简称，因老子《道德经》而得名。儒家是“入世之学”，主要讲的是政治教化，其作用偏重于社会，就个人来说，偏重于人的品格修养；道家是“出世之学”，主要讲的是宇宙人生，其作用偏重于个人，而且偏重于个人的精神层面。老子所讲的“道”，既是指宇宙的原始状态，又是指世界的本源。它在天地形成之前已经存在，所谓“有物混成，先天地生”。“道生一，一生二，二生三，三生万物。万物负阴而抱阳，冲气以为和。”[①]老子强调“道法自然”，认为宇宙万物都是自然而然地演进和发展的，是“无为自化”的，所以他说：“人法地，地法天，天法道，道法自然。”[②]老子哲学中的精华是他的朴素辩证法思想。他认为，事物的自身都包含着他物，任何事物都是正与反、肯定与否定的对立统一，“故有无相生，难易相成，长短相形，高下相倾，音声相和，前后相随”[③]。这些对立统一的关系，都可以物极必反，互相转化，“正复为奇，善复为妖”，“祸兮福所倚，福兮祸所伏”[④]。从这些辩证观点出发，老子提出了“贵柔”、“守弱”的策略思想，即以弱胜强、以柔克刚、知雄守雌、知荣守辱等等。然而，老子过分强调“柔弱”，也给他的思想带来许多消极因素，如消极退让，无为而治，否定进步等。

儒家是“入世之学”，主要讲的是政治教化，其作用偏重于社会，就个人来说，偏重于人的品格修养；道家是“出世之学”，主要讲的是宇宙人生，其作用偏重于个人，而且偏重于个人的精神层面。

庄子像

庄子是道家的另一代表人物。庄子(前 369～前 286)，名周，宋国人。庄子思想的核心是自然无为。与老子一样，庄子把“道”作为自己哲学体系的最高范畴，但在认识方面比老子更超然，在论述时比老子更幽默(参见《逍遥游》、《齐物论》等)。他认为，人应体认自然之道，顺应自然之则，用以消除物我之间的对立，达到

① 《老子》第四十二章。

② 《老子》第二十五章。

③ 《老子》第二章。

④ 《老子》第五十八章。

人与自然的契合,从而获得精神的绝对自由。为此,他要求人们安时处顺,死生如一,用一种完全顺乎自然的态度来对待人生。

墨子像

庄子还提出了"心斋"、"坐忘"等内心修养方法和途径,其要点是以虚静空明的心境去感应外物,用师法自然的方式去认知和评价客观世界。庄子的这些思想,无论对后世知识分子的精神世界,还是对文学艺术创作中的审美意识,都产生了深远的影响。

墨家在战国时代与儒学并称为两大"显学"。墨家的创始人是墨子。墨子(前 468～前 376),名翟,鲁国人,出身平民,做过木匠,据说曾师从孔子,因不满儒学而另立学说,曾往各国讲学,门徒很多。《墨子》一书由他弟子编辑而成,反映了墨家的主要思想。

墨家思想更多地代表了下层劳动者的利益和要求。墨子提出了"兼爱"、"非攻"、"尚贤"、"尚同"、"节葬"、"节用"、"非乐"、"非命"、"尊天"、"明鬼"等十大主张。墨家同儒家一样讲"仁爱",但是又与儒家的"爱有差等"不同,墨家讲"兼爱",即不分亲疏远近,一视同仁地博爱。墨子认为,"兼爱"要"交相利","爱人者,人必从而爱之;利人者,人必从而利之"[①]。"仁人之事者,必务求兴天下之利,除天下之害。"[②]从"兼爱"出发,墨家认为战争对人民的危害最大,因而主张"非攻",反对不义的战争和兼并。墨家的"尚贤",也以"兼爱"为标准,认为只要他能兼爱,则无论什么出身的人都可以做官,所以"官无常贵,民无常贱,有能则举之,无能则下之",明确反对奴隶贵族的世袭制,具有阶级平等的意识。墨家的"尚同",主要讲统一思想,统一政令,使天下百姓能与天子的是非观相同。墨家主张节约财富,节制人的欲望,提倡"节葬"、"节用"、"非乐"。墨家所讲的"非命",是主张人们依靠自己的努力来改变生活处境,而不要屈服于命运。其"尊天"和"明鬼"则是肯定"天志"和"鬼神"的存在,这一方面是墨家思想局限性的反映,另一方面也是这个团体宗教性的要求,是企图利用所谓的"天志"和"鬼神"的法力来威慑和警戒统治者。

庄子还提出了"心斋"、"坐忘"等内心修养方法和途径,其要点是以虚静空明的心境去感应外物,用师法自然的方式去认知和评价客观世界。

法家学说是战国时代后起的一个学派,也是对中国古代社会产

① 《墨子・兼爱》中。
② 《墨子・兼爱》下。

生重大影响的思想流派之一，其代表人物是韩非。韩非（前 280～前 233），韩国人，出身于贵族，天生口吃，善写文章。与李斯同为荀子的学生，至秦国，李斯忌其才，谗杀之。著作有《韩非子》。

韩非子像

韩非之前，已有申不害、商鞅、慎到等法家人物对法家学说做了许多论述。其中心思想是“循名责实，信赏必罚”。认为一个统治者必须有名有实，赏罚分明，只有这样才能“威申令行”。商鞅主要讲“法”，申不害主要讲“术”，慎到主要讲“势”，韩非则将三者合为一体，成为一个法家的集大成者。“势”即统治者（君主）的权势地位。韩非认为，君主非威势不足以“制天下而征诸侯”，因此君主必须牢牢掌握权柄不放；“术”即君主驾驭群臣的心术和权术，包括知人用人，听言察实，直至对臣下使用特务手段和阴谋诡计；“法”即君主的法令，韩非认为，君主治国必须有明确的法令，赏罚必须分明，所谓“刑过不避大臣，赏善不遗匹夫”。治国应以刑罚为主，重刑而少赏，礼教、仁义及人的情感都破坏“法”的尊严，而刑罚则能使人产生畏惧。法家斥责儒家“以文乱法”，斥责墨家“以武犯禁”。认为“明主治国，无书简之文，以法为教；无先王之语，以吏为师”。

商鞅主要讲“法”，申不害主要讲“术”，慎到主要讲“势”，韩非则将三者合为一体，成为一个法家的集大成者。

2. 两汉经学与魏晋玄学

秦统一中国后，先秦诸子争鸣的局面与高度集权的政治体制产生了尖锐的矛盾。当时，诸子百家自由议政之风盛行，有的盛赞旧制，有的针砭时弊，他们“入则心非，出则巷议”，与统治者的矛盾逐渐加剧。公元前 213 年，秦始皇采纳李斯建议，下令焚烧《秦记》以外所有的列国史记，对于属于博士官的私藏《诗》、《书》等，限期交出烧毁；有敢谈论《诗》、《书》者，处死；以古非今者，灭族。同时禁止私学，欲学法令者要以吏为师。次年，卢生、侯生等方士、儒生有诽谤之言，为秦始皇求仙药的方士甚至相约逃亡，于是秦始皇将 460 名儒生、方士坑杀于咸阳，史称“焚书坑儒”。“焚书坑儒”是中国文化史上一次空前浩劫，春秋战国以来蓬勃自由的学术空气被窒息。

汉初，道家思想备受青睐，黄老无为之学盛行。然而，随着国势的增强，无为而治很快被儒家的相变有为所代替。时代呼唤一种适应中央集权的思想体系。正是在这种历史背景下，董仲舒的主张应运而生。董仲舒（前 179～前 104），广川（今河北景县）人。他的主张主要有两条，即“罢黜百家，独尊儒术”的文化政策和“一统于天子”的政治主张。他以此为基础吸收各家，特别是阴阳五行家的观点，发展了儒家学说，从此，儒家思想作为一个内部结构严密并不断完善的体系，在中国封建社会居于统治地位。

董仲舒像

董仲舒适应中华民族生存环境的特点，发展了儒家“天尊地卑”的思想，提出“天人合一”的学说。他认为天是支配自然和社会的最高主宰，是“百神之大君”，“群物之祖”。一切都是天决定的，皇帝是天子。五行相生与相克以及自然界的变化，都体现天的恩德和刑罚，所以人要顺天意。顺天意并不难，因为人是天造的，人内心就潜藏着天的道德品质，只要“修身省己”，就可顺天意，这叫“以人合天”。为论证封建等级制的合理性，董仲舒把人分为三品：圣人之性，不教能善；中民之性，能为善也能为恶；斗筲之性，难以为善，只能为恶。董仲舒把封建伦理关系固定化，以“三纲”（君为臣纲、父为子纲、夫为妻纲）“五常”（仁、义、礼、智、信）作为基本道德观念，并认为“王道之三纲可求于天”，这些都是天的安排，因而是不可改变的。人逆天，天则以水旱灾害警告，继则以日蚀地震谴责，终则以天刀雷击惩罚。人行善，又可感动上天，以消灾解难，这就叫“天人感应”。董仲舒把封建制度凝固、神圣化，认为“天不变，道亦不变”。董仲舒的学说符合大一统中央集权制的需要，从此，除《乐》失传外，《诗》、《书》、《礼》、《易》、《春秋》被奉为至高无上的经典，称“五经”。儒家五经从此即成为封建意识形态的基本学说。

东汉后期，政治腐败，社会动荡，人命危浅，儒生们力图摆脱现实，追求遁世享乐，“玄学”应运而生。玄学家们崇尚“无”，“越名教而任自然”，关注现实世界以外的精神人格。一时间，到处是玄远之论。此时佛教已传入中国，学者们研究经学，不是以老庄入经，便是援佛入经。郭象的论语体例和论语隐、嵇康的周易不尽意论、阮籍的通易论便是代表。玄学以高度抽象的义理思辨取代经学的繁琐考证，以清新隽逸的论证代替经学的拘泥守旧，标志着中国古代思辨哲学的成熟。魏晋玄学对后世音乐、美术、诗歌等理论具有一定的启迪作用。如魏晋玄学创始人之一的王弼在解释“言”、“象”、

玄学以高度抽象的义理思辨取代经学的繁琐考证，以清新隽逸的论证代替经学的拘泥守旧，标志着中国古代思辨哲学的成熟。

“意”三者的关系时说：“言者所以明象，得象而忘言；象者所以存意，得意而忘象。”“忘象者，乃得意也；忘言者，乃得象也。”[1]最后才能得“道”。站在玄学对立面的哲学家有王充、范缜。王充在《论衡》中，针对“贵无”说，提出世界的本质是物质性的“气”；范缜曾与佛教徒进行论战，著有《神灭论》，主张“形神相即”，“形有则神存，形谢则神灭”。

3. 宋明理学

隋唐时期，儒道释三足鼎立，三者在斗争中互相吸收，都有所发展。比较而言，此时期儒道两家虽各有一批学者，但总的说理论建树不大。如韩愈尽管讲“道统”，以复兴儒学为己任，但着重在政治伦理上做文章，没有触及哲学理论问题。而佛学则闪耀出特有的光华，可以作为这一时期思想的代表。另外，柳宗元、刘禹锡提出的“天人不相与”、“天人交相胜，还相用”，得到了不少儒者的认同，让人们刮目相看。

“理学”实际是宋明时代的儒家学说，因其竭力宣扬儒家的“大道”而又被称之为“道学”。理学的形成受两方面的影响：一是儒学内在的变化，即经魏晋隋唐儒家学者已摒弃了汉儒琐碎章句之学，转向探求儒学的“原道”和“原性”；二是佛教思想的流行，特别是禅宗所宣扬的心性说，给儒学注入了一股新鲜血液，因而在北宋初年便有胡瑗讲“砥砺气节”，孙复讲“经世济人”，他们都强调儒家纲常与天道的一致性，实开“理学”之先河。孙复之学，传于张载（1020～1077），张载以“气”来解释各种事物的生灭变化，主张通过努力获得完美的“天地之性”，“为天地立心，为生民立命，为往圣继绝学，为万世开太平”，具有强烈的经世致用精神。胡瑗之学，传于周敦颐（1017～1073）。周敦颐著有《太极图说》，以“无极而太极”来解释宇宙的生成，而以“中正仁义”为人生之大道。其学说再传于“二程”，即程颢（1032～1085）、程颐（1033～1107）兄弟。二程认为“理”既是宇宙万物的最高原则，也是社会伦理纲常的最高原则，它“在天为命，在人为性”。人与宇宙混为一体，知识和真理只存在于内心，欲明天理，只需识心见性便可。经过二程的努力，理学体系基本建立起来，周、张、二程被称为北宋“理学四大家”。

“为天地立心，为生民立命，为往圣继绝学，为万世开太平。”

理学的集大成者是南宋的朱熹（1130～1200）。朱熹以儒学为

① 《周易略例》。

本，糅合佛学、老庄哲学，建立了一个完整的理学体系。他以“理”和“气”解释宇宙、人生，认为“理”是形而上的绝对真理，“气”是形而下的由“理”派生的具体物质。阴阳二气交合生成金、木、水、火、土五行，五行变化生成气象万千的世界。朱熹认为，理、气相合而成人，气中之理即是人性。他的学说与二程一脉相承，故合称“程朱理学”。

朱熹像

与朱熹同时代的陆九渊（1139～1193）与朱熹有所不同，朱熹主要继承了二程的“理”，认为人性即是真理；陆九渊则主要继承了二程的“心”，认为人心即是真理，断言“宇宙便是吾心，吾心便是宇宙”，强调“心”与“理”合一，认为一切知识和真理都在自己心中。如果说朱熹把理提升到了天上，陆九渊则把理安置于心中，方法不同，归趋是一致的。理学至此，已发展到顶峰。

元代的理学只是“朱学”流变的一个阶段。许衡、刘因、吴澄并称为元代三大理学家。明代的王守仁（1472～1528），创立阳明书院，世称“阳明先生”，进一步发展了陆九渊的心学。认为人生的最高准则是“致良知”，“良知”既是做人的最高道德准则，又是人的道德实践过程，即“知行合一”。他主张“以虚无为本，以寂静为门户，以宇宙万象为轮廓，以日常生活为功用”，认为“天地因我而立，万化因我而出，而宇宙自在我心之中”，从而把中国传统唯心主义哲学发展到了一个高峰。

如果说朱熹把理提升到了天上，陆九渊则把理安置于心中，方法不同，归趋是一致的。

4. 明清哲学

明清之际是我国历史上阶级矛盾和民族矛盾空前激烈的时代，一些汉族知识分子把当时称为“天崩地解”。一些进步思想家开始突破理学羁绊，对封建制度及其思想基础展开了激烈的批判，黄宗羲、王夫之、颜元、戴震就是其中的代表。

黄宗羲（1610～1695），字太冲，号南雷，又称梨洲先生。他学问渊博，著作颇丰，多达 60 种。在哲学上，他认为“盈天地间，皆气也”。反对“理在气先”，认为“理”并不是实体，只是“气”中的条理和秩序，“无气则无理”，气“日新不已”，理也随着不断发展变化。他认为“致良知”的“致”即是“行”，“心即气”，一切事物都需要实践，都有心的作用。在政治上，他深刻揭露封建君主以天下为私有的本质，认为“为天下之大害者，君而已矣”，“天子之所是未必是，天子之所非未必非”[①]。要求“公是非于学校”,“天下之治,不在一姓之兴,而在万民之忧乐”[②]。其思想表现出一定民主色彩。

王夫之(1619～1692),字而农,因隐居衡阳石船山,又称船山先生。他对经史子集无不精研,著作等身,后人辑为《船山遗书》。王夫之的哲学思想丰富而深刻,他对前人尤其是宋明理学提出的问题几乎都进行了重新审视,或引申发挥,或批判匡正,因此,有人说他的哲学是中国古代哲学的终结,是中国古代朴素唯物主义发展的最高阶段。王夫之坚持并发展了唯物论的世界观,认为一切事物的形成都离不开气和理,气是基本的,理是气的秩序。“气者理之依也”,“理在其中”,“气外更无虚托悬空之理”[③]。他主张“天下唯器而已,道者器之道,而气者不可谓道之器也”[④]。规律是事物的规律,不能倒过来说事物是规律的事物。因为总是先有事物而后才有规律,没有事物不可能先有规律。他进而说:“洪荒无揖让之道,唐虞无吊伐之道,汉唐无今日之道,则今日无他年之道者多矣。未有弓矢而无射道,未有车马而无御道,未有牢醴、璧币、钟磬、管弦而无礼乐之道。”[⑤]从而正确说明了存在和意识、事物和规律之间的关系,有力地批判了“天不变道亦不变”和“悬道于器外”的谬论。王夫之发展了物质永恒存在的思想,认为具体事物的形态有“屈伸”、“聚散”、“枯荣”、“幽明”等变化,物质世界本身则是不生不灭的。例如一车木柴燃烧以后,分别化为火焰、烟和灰,其中木者还木,水者还水,土者还土,这些物质因素十分微小,肉眼是看不见的。木柴的形态虽然消灭,构成木柴的物质基素并没有消失,只是转化或扩散了。在认识论方面,王夫之强调人的认识必须符合客观对象,但客观对象并不依赖人的认识而存在,认为“形也,神也,物也,三相遇而知觉乃发”。人的知识是人的感官理性和客观事物共同作用的结果,“耳与声合,目与色合,皆心所翕辟之牖也。合,故相知”。“欲闭内而灭外,使不得合,则虽圣人不能舍此而生知觉。”[⑥]他还进一步论证了

王夫之的哲学思想丰富而深刻,他对前人尤其是宋明理学提出的问题几乎都进行了重新审视,或引申发挥,或批判匡正,因此,有人说他的哲学是中国古代哲学的终结,是中国古代朴素唯物主义发展的最高阶段。

---

① 《明儒学案》卷十。

② 《明夷待访录·原君原臣》。

③ 《读四书大全说》。

④ 《周易外传》。

⑤ 《周易外传》。

⑥ 《张子正蒙注》。

思维离不开感觉，思维的抽象能力是建立在具体的感觉基础上的：“无目而心不辨色，无耳心不知声，无手足而无能指使，一官失用，而心之灵已废矣，其能孤控一心以绌群明而可效其灵乎？”[①]“心之情状虽无形无象，而必依此尝见闻者为影质；见闻所不习者，必不能显其象。”[②]这是对佛教唯心主义“三界唯心”、“万法唯识”的有力批判。王夫之还否定了宋明以来唯心论者对“格物致知”的解释，把“格物”解释为主要靠耳目感官去认识的“学问”功夫，相当于感性认识；把“致知”解释为主要靠内心去认识的思辨功夫，相当于理性认识。他批评说，陆王心学的“知行合一”实际上是“以知为行，则以不行为行”，“销行以归知”；程朱理学的“知先行后”是在知行之间“立一划然之次序”，是“困学者于知见之中”，好比叫女人“先学养子而后嫁”。他认为“知行相资以为用”，即知行互相依赖，互相促进，不能分离；行是知的基础，是起决定作用的主导方面。“行先知后”，“知也者，固以行为功者也；行也者，不以知为功者也。行焉可以得知之效也，知焉未可以得行之效也。行可兼知，而知不可兼行”[③]。“闻见之知，不如心之所喻；心之所喻，不如身之所亲行焉。”[④]就是说，行可以检验知的功效，知却不能代替行，感性认识不如理性认识，理性认识不如亲身实践。在辩证法方面，王夫之认为，一切事物都处在对立统一之中，都处在不停息的运动变化之中。他说：“静即含动，动不舍静。”就是说运动是绝对的，静止是相对的。从这种认识论出发，王夫之提出了事物是不断变化发展的观点，认为有些事物表面上看起来好像没有什么变化(质变)，其实它是不断变化发展的(量变)。人类社会的发展趋势是不断进步的。

“闻见之知，不如心之所喻；心之所喻，不如身之所亲行焉。”

颜元(1635～1704)，号习斋，著有《四存编》、《习斋记馀》等。一生在乡间教书为业。颜元注重实学实用，有比较锐利的批判锋芒。他认为理学空疏，“训诂、清谈、禅宗、乡愿，有一足以惑世诬民，宋人兼之”[⑤]。主张“见事习理”，“身实学之，身实行之”。他对“格物”作出新的解释，认为格物之“格”，“当如手格杀之之格，手格猛兽之格，

① 《尚书引义》。

② 《尚书引义》。

③ 《尚书引义》。

④ 《周易外传》。

⑤ 《习斋记馀》。

乃犯手捶打搓弄之义"①。格物就是"犯手实做其事"。要"致知",必须"亲下手一番",真知必须从实践中得来。这些说法,切实、明快,思想解放的意蕴浓厚。

戴震(1724～1777),字东原,著有《孟子字义疏正》等。戴震在思想史上的突出表现就是"以理杀人"的提出。他认为,"人生而后有欲、有情、有知,三者血气心知之自然也"。因此,理在欲中,"理也者,存乎欲者也"。圣人治天下,应该"体民之情,遂民之欲"②。不幸的是,后世却把"理"作为压制民众正当情欲的工具。他沉痛地指出:"尊者以理责卑,长者以理责幼,贵者以理责贱,虽失,谓之顺。卑者、幼者、贱者以理争之,虽得,谓之逆。……人死于法,犹有怜之;死于理,其谁怜之!"③又说:"其所谓理者,同于酷吏之所谓法。酷吏以法杀人,后儒以理杀人。"④戴震对"理"的批判是深刻而痛彻的,是封建社会行将就木前地主阶级自我批判中发出的最强音。

戴震对"理"的批判是深刻而痛彻的,是封建社会行将就木前地主阶级自我批判中发出的最强音。

第二节 中国传统哲学中的民族精神

中国传统哲学在数千年的独立发展过程中,形成了独具的特质和精神风貌,包含有丰富的民族精神,在维系中华民族生存和发展中起了巨大作用。

一、天人协调精神

天与人的关系是中国哲人普遍关心的问题。中国人说的"天"含义比较复杂,有主宰之天(人格神)、命运之天(天命)、义理之天(天理)、道德之天(天德)、自然之天(苍穹的天空或大自然或外在的必然性)以及宇宙大全之天等等。尽管不同时代不同流派的思想家乃至同一个人在不同场合所说的"天"的意思常有不同,但却一致地将人与天、人事与人道的关系作为探究的目标。中国古代对天人关系的认识主要有四种:

尊天 以孔孟为代表。孔子常称天言命,把"畏天命"看作是君

① 《习斋记馀》卷六。

② 《孟子字义疏证》。

③ 《孟子字义疏证》。

④ 《与某书》。

天与人的关系是中国哲人普遍关心的问题。中国人说的"天"含义比较复杂,有主宰之天(人格神)、命运之天(天命)、义理之天(天理)、道德之天(天德)、自然之天(苍穹的天空或大自然或外在的必然性)以及宇宙大全之天等等。

子应该具有的品格,坚信天赋予自己某种庄严的使命,因而满怀自信,勉力而为,遇到危难也处变不惊。同时,孔子又把天自然化。孟子与孔子的观点近似,也把带有必然性的或无可奈何的事归于天,孔孟对殷周以来的天命论有所因袭,但人格神的色彩已大大消褪,外在的、人力无可奈何的、必然性的意味居于主流,人应该对天尊崇、敬畏,遵天而行,但天毕竟不能主宰一切,社会上的事情还需人自己去做,因此须尽其在我,听天命而尽人事。

顺天 以老庄为代表。老子认为,天就是自然,就是人效法的对象,天的自然无为就应该是人生的准则。庄子进一步把天然与人为尖锐对立起来,认为人类的许多作为造成了对自然本性的戕害,天然是一切幸福的根源,人为是一切痛苦的根源,只有顺天才是唯一正确选择。

胜天 以荀子、刘禹锡为代表。荀子认为自然界的运行有其常规,不以人的意志为转移,人从自然界获得什么样的结果,全看人以什么样的态度去对待。人应该"明于天人之分",不应妄求"知天",而需要着重发挥人的主观能动性,"制天命而用之"[①]。唐代刘禹锡进而提出"天人交相胜"的命题,认为天与人,各有所能,各有所不能。天之胜人,是客观必然性起作用;人之胜天,是主观能动性起作用。[②]

参天 参天思想来源于《易传》。"夫大人者,与天地合其德,与日月合其明,与四时合其序,与鬼神合其吉凶,先天而天不违,后天而奉天时。"[③]"参"这一概念是荀子最先提出的。荀子说:"天有其时,地有其财,人有其治,夫是之谓能参。"天地的造化功能,要靠人的参与才能完成,"参"就是参与天地的变化,通过"清其天君(心),正其天官(眼耳舌鼻等感官),备其天养(裁非其类以养其类)"等等,以"全其天功"[④]。显然,这和彻底征服自然,向自然进军不是一个意思。《中庸》说:"唯天下至诚,为能尽其性;能尽其性,则能尽人之性;能尽人之性,则能尽物之性;能尽物之性,则可以赞天地之化育;可以赞天地之化育,则可以与天地参矣。"参天之说既肯定人是自然

① 《荀子·天论》。
② 《天论》。
③ 《易·乾卦》。
④ 《荀子·天论》。

的产物（“天生之，地养之”），又突出人不同于其他自然物（人是“动物之尤者”、“万物之灵”）；既承认天的客观必然性，又突出人的主观能动性。其着眼点特别强调天人之间的协调发展。人对于天，既不是一味盲从，毫无作为，又不是一味蛮干，为所欲为。参天说的基调是天人协调、天人和谐，它是中国传统哲学天人观的主流形式。

二、入世济世精神

所谓入世精神就是对社会的关注、对人生的关注、对入世的执著精神。中国哲人大都抱着“以其道易天下”的宏愿，或著书立说，授徒讲学，或游说诸侯，从政治国，都具有积极入世的显著特点。司马谈曾说：先秦诸子的思想都是“务为治者也”[①]。班固更进一步指出：诸子十家“皆起于王道既微，诸侯力政，时君世主，好恶殊方，是以九家之术，蜂出并作，各引一端，崇其所善，以此驰说，取合诸侯”[②]。

中国哲人大都抱着“以其道易天下”的宏愿，或著书立说，授徒讲学，或游说诸侯，从政治国，都具有积极入世的显著特点。

儒家上说下教，自任天下之重；墨家“摩顶放踵，利天下而为之”[③]；法家“信赏必罚，以辅礼制”[④]，策略有所不同，其对社会人生的关注并无二致。庄子表面上看似超脱、冷酷，但对人类社会并未忘情，“实际里却深深地透露出对人生、生命、感情的眷恋和爱护”，“在根本气质上，庄子哲学与儒家的‘人与天地参’的精神仍然接近”[⑤]。

先秦诸子的入世精神为后世继承并不断发扬光大。董仲舒的天人三策，王充的“疾虚妄”，王弼、郭象的调和名教与自然，韩愈、李翱的道统说，都与先秦一脉相承。宋明理学虽然侧重谈心性，但其入世精神却是鲜明的。程颐评价其兄程颢说：“周公没，圣人之道不行；孟轲死，圣人之学不传。道不行，百世无善治；学不传，千载无真儒。……先生生千百年之后，得不传之学于遗经，志将以斯道觉斯民。”[⑥]“以斯道觉斯民”的精神与《大学》里讲的“亲（新）民”是一致

① 《史记·太史公自序》。

② 《汉书·艺文志·诸子略》。

③ 《孟子·尽心上》。

④ 《汉书·艺文志》。

⑤ 李泽厚：《中国古代思想史论》，人民出版社1985年版，第190页。

⑥ 《河南程氏文集》卷一一。

的，是理学家们所追求的人生目标。张载说："为天地立心，为生民立命，为往圣继绝学，为万世开太平。"朱熹说："士之所以能立天下事者，以其有志而已。"陆九渊说："宇宙内事乃己份内事，己份内事乃宇宙内事。""吾所明之理，乃天下之正理、实理、常理、公理，所谓'本诸事，徵诸庶民，考诸三王而不谬，建诸天地而不悖，质诸鬼神而无疑，百世以俟圣人而不惑'者也。"

总之，中国哲学讲政治、论社会、谈人生、说道德，是人生哲学、社会哲学、政治哲学、伦理哲学，入世与济世的精神一贯而彰显。

中国哲人的入世心态，决定了其理论思想也必然是入世的。他们虽然讨论宇宙本原、世界本体、人性善恶，但目的却是为了给他的社会政治思想安顿一个哲学根据或理论基础。他们不深究实体，而特重人与天、心与物、己与人、人性与天道等的关系。他们非常热烈地讨论伦理问题，因为他们认为伦理与社会政治密不可分。他们也讨论认识论问题，但其所谓认识，主要是伦理道德的认识及其践履。中国哲学中的辩证法丰富而深刻，但却不是概念的辩证法，而是人生的辩证法。总之，中国哲学讲政治、论社会、谈人生、说道德，是人生哲学、社会哲学、政治哲学、伦理哲学，入世与济世的精神一贯而彰显。

三、理想主义精神

中国哲学不仅注重人伦世务，而且有其"终极关怀"，有对现实的超越。中国哲学既是现实主义的，又是理想主义的；既具有普遍的务实品格（不尚玄虚），又具有突出的理想品格（高于现实）。本质上说，中国哲学对人性、人生、人格、社会、政治乃至人际关系、宇宙秩序的理解，无一不是理想主义的，表现了对完美、完善理想的追求。

理想人格——内圣外王　在现实生活中，许多人没有人格理想，浑浑噩噩，随波逐流。中国哲学认为，这是不足为训的，人生在世，应该有高尚的理想人格——"内圣外王"。

"内圣外王"出自《庄子·天下》篇，但它表述的却是儒家的理想人格。"内圣"指内修或具有圣人之德，"外王"指外施王者之政。早在春秋时期，孙叔豹的"三不朽"之说已见其端倪。[①] 孔子提出"修己以敬"，"修己以安百姓"，"修己以安人"。《大学》的"三纲领"、"八条目"，讲的也是修己和治人两个方面。"明明德"即内圣，"亲民"即

① 孙叔豹曾说："太上有立德，其次有立功，其次有立言。虽久不废，次谓之不朽。"

外王，二者的结合才能达到“止于至善”的境界。儒家修身中的“格物”、“致知”、“诚心”、“正意”属内圣，“齐家、治国、平天下”属外王。儒家以圣人作为最高理想，而以士、君子作为达到圣人境界的阶段性目标。周敦颐讲过一个公式：“圣希天，贤希圣，士希贤。”[①]比较典型地表达了由士（君子）到成贤成圣的内圣之学的过程。从孔子、孟子、荀子到董仲舒、二程、朱熹、陆九渊，无不以圣人自期，以道自任。

“内圣”指内修或具有圣人之德，“外王”指外施王者之政。内圣是外王的基础、出发点和关键所在，外王是内圣的落脚点和归旨。

其实，内圣外王不单是儒家的理想人格，也是各家的共同追求，只是侧重点和具体理解有所不同而已。道家（包括道教）和佛家对内圣之学也多所讲求，某些方面甚至比儒家还要细致、精妙，但有时不免陷于玄虚和神秘。道家的理想人格是“真人”、“至人”、“神人”，其返朴归真、淡泊恬静颇令人神往，但夸张到“堕肢体，黜聪明”，“形如槁木，心如死灰”，则不免矫情。道教的最终目标是成仙——羽化飞升，长生久视，佛教的最终境界是成佛——涅槃，到达极乐世界，这都不免过于神秘，可望而不可及。比较起来，还是儒家的内圣之学更切实，它不像佛、道那样“外天下国家”，而是不离人生日用之常。再者，儒家的内圣与外王是统一的，内圣是外王的基础、出发点和关键所在，外王是内圣的落脚点和归旨。孔子没有做过“王”，但被称为“素王”（不是王的王），因为孔子修《春秋》是代王者立法，订“五经”是代王者立道。近代新儒学提出“返本开新”，“内圣开出新外王”，并以此作为中国文化复兴的道路。所谓“新内圣”，不仅指道德修养，还包括知识能力，“外王”指客观的事功，不仅限于政治方面，而是指一切事业的成功、成果，包括民主科学。二者尽可能地结合，尽量达到最高的境地。这种理想人格在今天也仍有积极意义。

理想政治——仁政王道　孔子提出的仁学理想，已包含有“博施于民而能济众”、“泛爱众”、“为政以德”、“举贤才”等内容，孟子进而发展为系统的仁政学说。孟子首倡“王霸之辨”。“王”指王道，即夏商周先王之道，其特点是以德服人；“霸”指霸道，即春秋五霸之道，其特点是以力服人。孟子说：“以力假仁者霸”，“以德行仁者王”，“以力服人者，非心服也，力不赡也；以德服人者，中心悦而诚服也”[②]。“五霸者，三王之罪人也；今之诸侯，五霸之罪人也；今之大

① 《通书·志学》。

② 《孟子·公孙丑》。

夫，今之诸侯之罪人也。”[①]孟子还说：“争城以战，杀人盈城；征地以战，杀人盈野”的兼并战争的策划者、指挥者们“罪不忍于死。”[②]孟子认为，制民之产，正经界，薄税敛，尊贤重教、与民偕乐是实行仁政的必要手段。

荀子继承和发展了孔孟的仁政思想并在理论上进行了概况和升华：“君者，舟也；庶人者，水也。水则载舟，水则覆舟。”认为“汤武者，民之父母也；桀纣者，民之怨贼者”。“诛暴君若诛独夫。”[③]君主应该作民众的表率：“君者，仪也；民者，景(影)也，仪正而景正。君者，槃也；民者，水也，槃圆而水圆。”[④]荀子所论，增加了现实主义成分，但总体上说仍然是理想主义的。道家也讲仁政，主张“圣人不仁”，“不尚贤”，“为无为”。老子说：“民之饥，以其食税之多。”“师之所处，荆棘生焉，大军之后，必有凶年。”“朝甚除，田甚芜，仓甚虚，服文采，带利剑，厌饮食，财货有余，是谓盗夸。”其在出发点上与儒家并无二致。墨家讲兼爱非攻，反对强凌弱，众暴寡，贵傲贱，富侮贫，主张建立爱无差等的社会，从关心天下治乱，关怀人民疾苦的态度说，也与儒家有一致之处。只有急功近利严而少恩的法家过于偏激，走上了仁政王道的对立面，但法家关于应时变法、赏罚严明等思想则为后世所推崇。

仁政学说表现了对人民苦难的同情，对人民生活的关心，反映了人民大众对改良政治、发展生产、改善生活的渴望，带有浓厚的理想主义色彩，具有很强的人民性，是古代思想的精华。

中国古代思想家描绘过各种各样的社会蓝图，其中最著名的是托名孔子讲的大同世界：“夫大道之行也，天下为公。”

理想社会——大同世界 中国古代思想家描绘过各种各样的社会蓝图，其中最著名的是托名孔子讲的大同世界：“夫大道之行也，天下为公。选贤与(举)能，讲信修睦。故人不独亲其亲，不独子其子，使老有所终，壮有所用，幼有所长，鳏、寡、孤、独、废疾者，皆有所养。男有分，女有归。货，恶其弃于地也，不必藏于己；力，恶其不出于身也，不必为己。是故谋闭而不兴，盗窃乱贼而不作，故外户而不闭。是谓大同。”这里描述的大致是尧舜时代的社会图景，相当于原始共产社会晚期，被充分理想化了。

---

① 《孟子·告子》。
② 《孟子·离娄》。
③ 《荀子·王制》。
④ 《荀子·君道》。

道家也虚构了许多理想社会，诸如“至德之世”、“赫胥氏之国”、“容成氏、大庭氏、伯皇氏、中央氏”等等。这种社会里的人，“结绳而用之，邻国相望，老死不相往来”。“居不知所为，行不知所之。含哺而熙，鼓腹而游。”“其卧徐徐（安闲自由），其觉于于（愚朴无知），一以己为马，一以己为牛”，一派自由安闲的图景，与欺诈龌龊的现实社会恰成鲜明对照。但是，它们毕竟是“无何有之乡”，幻想的成分太重。再者，“人猿相揖别”是人类社会的伟大起点，庄子把人兽不分的“自然”境界说成是人类最美好的时代，实在难于获得人们的认同。

大同世界作为一种社会理想，在历史上产生了持久而巨大的影响，成为许多思想家、政治家乃至农民起义的共同旗帜。近代洪秀全的太平天国理想，康有为的《大同书》，孙中山的“天下为公”，都不同程度地引述了这一思想。毛泽东的《论人民民主专政》，也曾经借用“大同”概念，提出：“经过人民共和国到达社会主义和共产主义，到达阶级的消灭和世界的大同。”大同世界，永远是中国人的一个美丽的梦。

参考书目

1. 冯友兰：《中国哲学史新编》，人民出版社 1989 年版。
2. 张岱年：《中国哲学大纲》，中国社会科学出版社 1982 年版。
3. 任继愈：《中国哲学史》，人民出版社 1979 年版。
4. 肖萐夫、李锦全主编：《中国哲学史》，人民出版社 1983 年版。
5. 杨宪邦主编：《中国哲学史》，中国人民大学出版社 1990 年版。
6. 方克：《中国辩证法思想史》，人民出版社 1985 年版。

思考题

1. 为什么说哲学是文化的核心？
2. 试论孔孟的“仁政”的思想。
3. 孟子性善论的主要内容有哪些？
4. 怎样认识道家的无为哲学？
5. 法家的主要哲学思想有哪些？
6. 怎样看待玄学在中国哲学史上的地位？
7. 试述王夫之的主要哲学体系。
8. 试论中国哲学的精神特征。

[illegible]

认同。

[illegible]

参考书目

1. [illegible]《中国[illegible]》，[illegible]

2. [illegible]，中国社会科学出版社[illegible]

3. [illegible]：《中国古[illegible]》，人民出版社1979年版。

4. [illegible]，[illegible]1988年版。[illegible]

[illegible]

思考题

1. 为什么说[illegible]？

2. [illegible]

3. [illegible]

4. [illegible]

5. [illegible]

6. [illegible]

7. [illegible]

第三章 中国传统宗教

宗教属于意识形态，属于人的灵性世界和精神生活。宗教与人类的生存及人类精神文化的发展息息相关，是一种长期而又普遍存在的社会现象，它渗透在世界各国的历史、文化、政治制度、经济生活、风俗习惯等各个方面。即使在科学技术迅猛发展的今天，它不但没有衰退的迹象，反而仍然发挥着广泛而深刻的社会影响。

宗教是一种历史现象，有它发生、发展和消亡的历史过程。中国五千年的文明进程中，曾经不同程度地流行过佛教、道教、回教、天主教、摩尼教、八卦教等诸多宗教，其中尤以佛、道、回教及天主教等对我国历史发展的影响最为深远。在中国特殊的地理环境、国情民风、文化传统中形成和发展起来的传统宗教，与世界其他国家和地区的宗教相比，有其显著的特征，如包容性、实用性、世俗化、不发达性（始终处于皇权支配之下）等。了解中国传统宗教发展的历史及其特征，对我们深刻认识中华文明，凝聚全国各民族人民与时俱进、再创辉煌具有重要的现实意义。

第一节 中国原始宗教

人类在最初存在的100多万年中，并不相信神，也没有宗教和宗教观念。只有在人类进入原始公社以后即大约旧石器时代晚期，在人的大脑、手和劳动工具日臻完善，人的抽象思维能力逐渐发展，能够有意识地寻求自己和自然界之间的关系以及各种自然现象之间的联系时，才有了原始宗教的萌芽。原始宗教在世界各个地区和各个不同历史发展阶段有着各种不同的形式，但归纳起来不外两种：一种是对与人们生活密切联系的自然现象、自然物或自然力的崇拜；另一种是对臆想出来的，脱离了肉体的灵魂或精灵的崇拜。然而，由于原始宗教是人们无意识的、朦胧的和自发的，所以学术界对它的内涵和表现尚无统一的界定。

恩格斯曾指出：宗教是在最原始的时代人们关于自己本身的自然和周围的外部自然的错误认识。原始人由于生产力水平低下，对自然斗争软弱无力，面对变化莫测、庞大而神秘的世界，常常遇到许多突如其来的、不可理解的现象，如雷电、风雨、做梦、疾病、死亡等，由于对这些自然现象和人自身的生理现象不能正确认识，从而引起恐惧、惊惶和缺乏信心，认为在他们周围存在着一种超自然的神秘力量，这种力量主宰着众生的一切，只有用膜拜、祈祷、祭咒、舞蹈等仪式去影响它们，才能消灾降福，才能使生产和生活顺利进行，这样，就产生了原始宗教观念。

原始宗教的主要表现形式有：自然崇拜、祖先崇拜、生殖崇拜及上帝崇拜等。

原始宗教的主要表现形式有：自然崇拜、祖先崇拜、生殖崇拜及上帝崇拜等。

自然崇拜是以灵魂不死、万物有灵观念为基础而形成的神灵崇拜。在旧石器时代中期的墓葬中，除发现死者的遗骸外，还发现了一些随葬品，包括生产工具和生活用具等。这表明当时的人们认为，人死后会在另一个世界中继续生存，同样需要食物，需要从事生产，这就是灵魂观念萌芽的反映。在我国，早在距今两万年以前的山顶洞人就已开始产生了灵魂观念，考古发现，一些死者周围撒着赤铁矿粉末（红色表示血液），并用石器和装饰品做随葬品。灵魂观念的产生，是由于原始人不能正确认识自身，错误地认为人的感觉和思维活动是由某种神秘的东西——灵魂而引起的。对梦中景象的不理解是灵魂观念产生的重要因素。原始人在梦中看见自己、别人以及已经死去的人在活动，便产生了一种神奇的想象，感到一个人的生命除了肉体之外，还有一个有活力的东西——灵魂独立存在，而用灵魂观念去理解动物的生死、植物的荣枯、四季的更替以及一切自然物和自然现象，就产生了万物有灵观念。早期人类认为，风雨雷电、洪水猛兽、瘟疫动乱都是由"神秘的力量"控制的。他们设想有"一个能够到处渗透的弥漫的本源，一种遍及宇宙的广布的力量在使人和动物有灵性，在人和物里发生作用并赋予它们以生命"[①]。这种神秘的力量是看不见、摸不着的，但它可以寄居在高山大川等自然物上。所以，人们祭祀山川以祈福祛灾。人类对自然界的最大恐惧是日夜的交替，所以世界各民族普遍存在着日神、月神的崇拜。考古资料表明，仰韶文化时期，万物有灵观念和由此而引起的自然宗教祭祀活动已十分盛行。

河姆渡兽纹陶器

图腾崇拜是原始宗教最古老的形式之一，是自然崇拜的主要表现形式。"图腾"一词源于北美印第安人的阿尔昆琴部落，意思是"它的民族"、"它的族类"，反映了氏族群体与某一种实物之间的神秘关系。图腾崇拜主要是由于当时人们的食物来源主要是野生的动物和植物，某种对本氏族的繁衍生存有着重大意义的动物或植物就被联想为本氏族的同类而加以崇拜。某个氏族作为"图腾"而崇拜的动物或植物，被认为是这个氏族的祖先、保护者或亲属，氏族也往往以它来命名。中国古籍中虽然没有"图腾"这个词，但却记载了大量的图腾及图腾崇拜，内容十分丰富。中国的文化古籍和许多古老的民间传说，为研究图腾文化提供了完整、丰富的资料。相传黄帝率熊、罴、豹、虎、貔、貅六兽同炎帝殊死搏斗，这六兽其实就是指以其为各自图腾的六个氏族。《礼记·礼运》说："麟、凤、龟、龙，谓之四灵"，麟、凤、龟、龙，实际都是中国古代的图腾。郭沫若在《关于晚周帛画的考察》中说："凤是玄鸟，是殷民族的图腾"；"龙是夏民族的图腾"。图腾动物一般是禁止捕杀食用的，只有在举行神圣仪式等特殊场合才食用它，而食用图腾动物的肉，被认为是从祖先身上承受某种特殊的力量。

图腾崇拜主要是由于当时人们的食物来源主要是野生的动物和植物，某种对本氏族的繁衍生存有着重大意义的动物或植物就被联想为本氏族的同类而加以崇拜。

祖先崇拜是中华民族的重要特质。所谓祖先崇拜，就是认为祖先的灵魂不灭，自己与祖先有着血缘亲属关系，只要定期祭祀，祖先

① ［法］列维·布留尔：《原始思维》，商务印书馆 1981 年版。

的灵魂就会保佑自己。在原始社会，人类长期过着群婚生活，个人没有明确的血缘亲属，祖先崇拜的对象往往是假想的部族初祖（即图腾），或是有名的部族首领，或者是有功于部族的人，如传说中的黄帝、炎帝、蚩尤、尧、舜、禹、后羿等。这些人生前都是强有力的，原始人认为他们死后的灵魂同样也是强有力的，于是就祭祀这些英雄人物，以祈求他们灵魂的保佑。父系氏族公社之后，在一夫一妻（或多妻）婚制下，出现了个体家庭，从而有了明确的血缘亲属。于是祖先崇拜的重点就转移到了血缘亲属的灵魂上，并形成了一整套与严密的宗法制度相结合的祭祀礼制，对社会的各个方面产生了持久的影响。在礼祀祭法中，"祖"和"宗"都是用来祭祀直系祖先的祭仪名称，后来，祖宗演变为对祖先的一般称呼。在阶级社会里，原始部族崇拜的祖先神，大多随着部族的解体而被遗忘；只有少数有影响的祖先神，靠神话传说流传下来，但已成为神话神，如黄帝、炎帝、蚩尤、尧、舜、禹、后羿等。这些神话神后来被儒家吸收、改造，纳入了古史谱系，从而转化成为超越部族界限的宗教神。如黄帝、炎帝被华夏民族奉为人文之祖而享祀至今，苗族崇拜的始祖盘古，其开天辟地的传说为汉族民众所接受，成为一般民间崇拜的神。

古代帝王祭祀场面

生殖崇拜是祖先崇拜的另一种表现。在恶劣的自然条件、凶猛的野兽以及人类自身疾病的侵害下，原始人的寿命极短，生殖繁衍成为群体生存的关键和迫切需要。一切被认为可以增进生殖力的势力，原始人都极度崇敬，由此，产生了炽热的生殖崇拜。母系氏族公社时期，人们"只知其母、不知其父"，认为妇女在生殖中起主导作用，故而盛行的主要是女阴崇拜。在红山文化（前 5000 ～ 前 3000）遗址发掘出的鼓腹丰臀、乳房硕大的陶

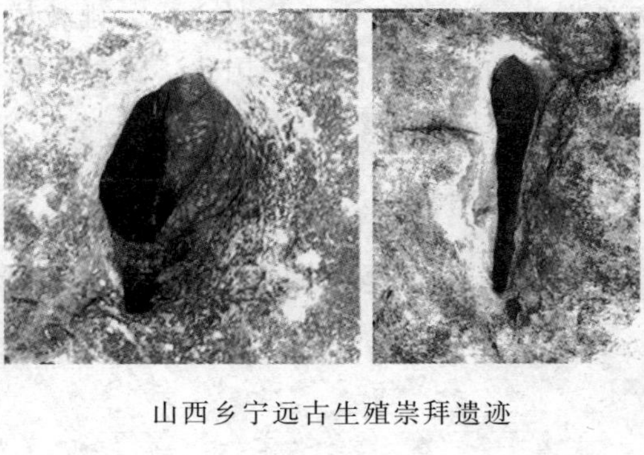

山西乡宁远古生殖崇拜遗迹

原始人的寿命极短，生殖繁衍成为群体生存的关键和迫切需要。一切被认为可以增进生殖力的势力，原始人都极度崇敬，由此，产生了炽热的生殖崇拜。

塑女神像，就是有力的证明。父系氏族社会盛行的则是男性生殖崇拜。石制或泥土烧制的男性生殖器形象——石祖、陶祖，在龙山文化和仰韶文化遗址中多有发现，其范围遍及湘、鄂、陕、甘、晋、鲁、豫等多省。另外在江苏连云港、新疆呼图壁县都发现了大型生殖崇拜岩画。生殖崇拜在中国奴隶社会及封建社会亦长盛不衰。

原始社会在宗教上是多神信仰，进入阶级社会以后，随着国家的统一，逐渐形成了统一的、全能的至上神——天帝。根据甲骨卜辞可以得知，商代统治者认为在天上存在着主宰自然和人类社会的至上神，称之为“帝”或“上帝”。“帝”或“上帝”，被视为商族的祖先神。甲骨文中，“帝”与“天”是通用的。在《尚书·盘庚篇》中，商王盘庚有时称这个至上神为“上帝”，有时为“天”。商王就是承“天命”行使对民众统治权的。在盘庚迁殷(今河南安阳西北)的过程中，曾受到守旧贵族的极力反对，盘庚就借助“天”、“上帝”的名义对他们进行说服：“天其永我命于兹新邑，绍复先王之大业，底绥四方。”[①]商朝的最后一个王纣，自恃有天命保佑，穷兵黩武，荒淫无度，最终被周武王推翻。周代统治者鉴于商亡的教训，虽然承继商代的天帝观念，但同时又认为“天命靡常”[②]，既不可违天意，亦不可逆民心，天命与民众的利益是息息相关的。由此，提出了顺天和敬德保民思想。春秋战国以后，封建统治阶级也借助天帝的旗号来维护自己的统治，从而使得天帝崇拜长期盛行不衰。

第二节　中国传统佛教

佛教创立于公元前 6 世纪的古代印度，相当于我国春秋晚期，距今已有两千五百多年的历史。佛教的基本教义有“四谛”说、“十二因缘”说等。

佛教创立于公元前 6 世纪的古代印度，相当于我国春秋晚期，距今已有两千五百多年的历史。佛教产生后，不断外传，逐渐发展成了具有广泛影响的世界性宗教，成为世界三大宗教之一。佛教传入我国以后，走上了一条独立发展的道路，逐步中国化。佛教对我国古代的思想文化产生了极其重大的影响。

一、佛教原始教义

佛教的创始人是乔达摩·悉达多(前 556～前 486)，被后世信

① 《尚书·盘庚上》。
② 《诗经·大雅·文王》。

徒尊为“释迦牟尼”(意为“释迦族的圣人”),亦尊之为“佛”(佛是“佛陀”的简称,意为“觉悟者”)。乔达摩原是迦毗罗卫国(今尼泊尔境内)净饭王的长子,从小过着养尊处优的宫廷生活,但他有感于世间的诸多痛苦,立志为众生寻求摆脱痛苦的救世真谛。在他 29 岁那年毅然离家修行。六年之后,他于菩提树下静思 49 天,终于觉悟成佛。之后,便在印度北部、中部和恒河中下游等地说法传道,信徒日众,直至 80 岁圆寂。阿育王时代(约前 273～前 236),佛教的影响逐渐超过了婆罗门教、耆那教,被印度定为国教。

释迦牟尼像

佛教的基本教义有“四谛”说、“十二因缘”说等。“四谛”即苦谛、集谛、灭谛、道谛。苦谛称人生充满着各种各样的痛苦,具体说有八种,即生、老、病、死、爱别离、怨憎会、求不得,凡指人生一切皆苦;集谛是说人生痛苦的原因,即在于人有酒、色、财、气等各种“欲爱”;灭谛是说要灭掉人生的痛苦;道谛主要讲通过修行灭掉人生痛苦的八种方法,即“八正道”,包括正见、正思维、正语、正业、正命、正精进、正念、正定。所谓“十二因缘”,是将人生分成由“无明”(无知)到老死十二个环节,这十二个环节因果相连。人生诸多苦难的最根本的原因来自“无明”。只有皈依佛法,才能灭掉“无明”,进入涅槃境界。

大约在公元 1 世纪前后,印度佛教分化出一个新的派别,自称能运载无量众生从生死大河的此岸达到菩提涅槃的彼岸,成就佛果。该派自称为“大乘”(“乘”即乘载、道路),以便与原始佛教“小乘”相区别。大乘佛教主张普度众生,主张参与和干预世俗社会,大乘佛教和小乘佛教的主要区别有以下三个方面:第一,大乘佛教比小乘佛教更具有宗教色彩。小乘佛教只把释迦看作是一个现实的教祖或传教师,而大乘佛教则把释迦视为神通广大、威力无比、大慈大悲、全智全能的最高人格神,为他编造了形形色色的神奇故事。第二,在世界观方面,小乘佛教为客观唯心主义,认为万事万物都是由一些微小元素在一定条件下偶然合成的,因而世界上没有永恒的东西;大乘佛教为主观唯心主义,认为世界上没有任何物质,除去所谓的涅槃世界,其余都是空无的。第三,在修持方法和目标方面,小乘佛教主张求得修持者个人的解脱,主张修“三学”(定、慧、“八正道”);大乘佛教则宣扬大慈大悲、普度众生,把建立佛国净土作为最高目标,主张不必严格禁欲,只要做“布施”的功德就可以了。

公元 7 世纪以后,佛教进入密教时期。密教由大乘佛教、印度教和婆罗门教混合而成，它以高度组织化的咒术、仪礼、民俗信仰为基本特征，大力宣扬口诵真言即咒语（语密）、手结契印（身密）、心现佛尊（意密），三密同时相应，就能“即身成佛”。

佛教的外传路线主要有两条：一是以斯里兰卡为中心向东南亚地区传播，称为南传佛教，以小乘佛教为主。一是以克什米尔、白沙瓦为基地，向大月支、康居、大夏、安息和我国的西域传播，再从中国传入日本、朝鲜、越南等国，称为北传佛教，以大乘佛教为主。

裴松之在《三国志·魏书·乌丸鲜卑东夷传》注引鱼豢《魏略·西戎传》中说，汉哀帝元寿元年（前2），博士弟子景庐受大月氏王使伊存口授《浮屠经》，这是佛教最早传入中国的比较可信的记载。

二、佛教在中国的传播与流布

佛教何时传入我国，说法不一。大体的时间是在两汉之际。裴松之在《三国志·魏书·乌丸鲜卑东夷传》注引鱼豢《魏略·西戎传》中说，汉哀帝元寿元年（前2），博士弟子景庐受大月氏王使伊存口授《浮屠经》，这是佛教最早传入中国的比较可信的记载。另据《后汉书》卷八八《西域传》记载，汉明帝于公元64年，派中郎将蔡愔等18人西求佛法。三年后，携大月氏高僧迦什摩腾、竺法兰，以白马驮佛像、佛经回到洛阳。汉明帝下令在洛阳西门外建白马寺，迦什摩腾、竺法兰等在寺内翻译《四十二章经》。这是中国最早正式建立寺院、造佛像、译佛经的开始。

佛教进入中原后，影响并不大。当时盛行黄老之学及神仙方术，人们误把佛教看成是神仙道术的一种，并未受到士大夫的重视，而统治者一般也采取诸如限制落发出家等手段，故信徒寥寥。到东汉末年，佛教逐渐发展起来并分成了两个派别：安息高僧安世高来华传播小乘佛学；支谶、支谦来华传播大乘般若学，译出大、小品《般若经》等经典。宣扬“诸法性空”，认为世俗认识及其面对的一切现象，均为因缘和合，假而不实，唯有通过般若（智慧）对世俗认识的否定，体认永恒的、真实的、超言绝象的“实相”、“真如”，才能达到觉悟解脱。

北魏石雕——帝后礼佛图

魏晋时期，玄学宣扬“以无为本”，主张名教出于自然或名教即自然。以般若学说为基本内容的大乘空宗，在思想上与玄学多有相似之处，所以受到门阀士族的欢迎，从而得以迅速传播。而佛教学者则用老庄玄学思想来解释佛教教义，以迎合当时上层社会的需要。这样，佛玄交融贯通，形成了两晋时期具有中华民族特色的般若学派。十六国时期，战争连年不断，生灵涂炭，佛教关于因果报应和彼岸世界的宣传，受到下层社会民众的普遍欢迎。同时，佛教也受到官方扶植。在西域高僧佛图澄(232～348)的影响下，后赵允许汉人出家为僧。其弟子道安(313～385)提倡般若空宗，整理汉译佛经，撰《综理众经目录》，提出了解释佛经所应遵循的格式，并为僧侣团体制定了法规、仪式，为以后中国汉族地区寺院制度的形成打下了基础。其另一弟子慧远(334～416)住庐山，除宣传空宗理论外，还组织“白莲社”，宣扬死后可以转生西方“净土”。5世纪初，龟兹(今新疆库东)高僧鸠摩罗什(343～413)来到长安，译出佛经35部300卷。其中，大乘空宗的主要经典《中论》、《百论》、《十二门论》及《法华经》等，对后世影响较大。东晋的法显到印度搜求佛教经律，15年中历尽艰险，游历近30国，回国后撰《佛国记》(亦称《法显传》)，记载了印度及东南亚诸国的历史情况。

南北朝时期，佛教受到了统治阶级的进一步支持和扶植，佛经从大量翻译过渡到深入研究阶段，讲经及著述之风甚盛。南朝各代统治者都崇信佛教，其中以梁武帝为最。他自称“三宝(佛、法、僧)之奴”，四次舍身寺院，并亲自登坛讲经。北朝虽发生过“二武”(北魏太武帝、北周武帝)灭佛事件，但总的来说，大部分时间都是扶植佛教的。与佛教有关的重大事件有大同云岗和洛阳龙门石窟的建造，大量佛经的翻译以及寺院经济的形成。寺院拥有大量土地，除将土地出租或役使依附农民耕种以外，还经营商业、发放高利贷等，拥有强大的经济实力。

云冈古窟大佛

佛教经魏晋南北朝的发展，逐渐在中国扎下根来，成为中国封建社会上层建筑的一个重要组成部分。无论在思想上还是经济上，都为隋唐佛教的鼎盛打下了基础。

隋唐时期，随着佛经的大量翻译和信徒的日益增多，佛教进入全盛期。主要表现在以下三个方面：一是寺院林立，二是僧尼众多，

隋唐时期，随着佛经的大量翻译和信徒的日益增多，佛教进入全盛期。主要表现在以下三个方面：一是寺院林立，二是僧尼众多，三是宗派纷纭。

三是宗派纷纭。隋唐时期，除唐武宗一度灭佛以外，其余时间佛教都是受政府扶持的。隋代有寺院3685所，僧尼23.6万人；唐代则有寺院5万余所，僧尼30多万人。寺院拥有田庄，并有免赋役等特权，是当时一支重要的社会力量。由于寺院经济的发展，佛教僧侣采取了世俗地主宗法制度的传法方式，师父在传授佛法的同时，也把寺产传给嗣法弟子。这样就形成了在佛教理论、寺院经济方面都相对独立的佛教宗派。当时的佛教宗派有：天台宗、三论宗、法相宗、华严宗、禅宗、律宗、净土宗、密宗等，都属于大乘佛教。其中对后世影响较大的是禅宗。

当时的佛教宗派有：天台宗、三论宗、法相宗、华严宗、禅宗、律宗、净土宗、密宗等，都属于大乘佛教。其中对后世影响较大的是禅宗。

天台宗的创始者是浙江天台山僧人智觊(531～597)。因其宗奉《法华经》，故又称为法华宗。此宗认为世界是人心一念的产物，宣扬"一念三千"、"一心三观"和"三谛圆融"，认为世界一切皆空幻无实(空观)，存在者皆为假有或名相(假观)，二者不即不离或相即相离，是万有的本质(中观)。空、假、中三观系于一心，修行者通过体认三者关系，可灭惑证智，达到解脱。

净土宗由唐初的道绰及其弟子善导创立，主要信奉《无量寿经》、《阿弥陀经》，提倡观佛、念佛以求死后灵魂进入西方阿弥陀佛极乐净土，过福寿无边的幸福生活。该宗不提倡广研教乘和静坐专修，宣称只要信愿具足，反复诵念南无阿弥陀佛，临命终时灵魂即可往生西方净土。由于简便易行，不拘形式，因而信徒众多，流传甚广。

法相宗的创立者是玄奘及其弟子窥基。该宗以《瑜珈师地论》、《成唯识论》为主要理论依据。认为世间万物都是精神的产物，所谓"三界(欲界、色界、无色界)唯心，万法唯识"，故又称唯识宗。此宗主张觉悟成佛，进入"佛国"，须经三大无量数劫。由于过于繁琐，故只在唐初兴盛一时，窥基去世后便衰微了。

华严宗由唐初僧人法藏创立，主要信奉《华严经》。因法藏字贤首(一说"贤首"是武则天所赏的赐号)，又称贤首宗。该宗宣扬"法界缘起"论，认为世界上的一切事物和现象都是"一真法界"(真如、法性)的显观。众生之所以轮回于生死苦恼之中，是因为有"亡想"(欲望)，如果能认识法界缘起重重无尽，事事无碍的道理，就可清除"亡想"而达到觉悟。

青海贡萨寺宗喀巴大佛

禅宗的创始人相传是南北朝时来华的南印度僧人达摩。其五世祖弘忍有两大弟子——慧能、神秀。神秀认为："身是菩提树，心如明镜台，时时勤拂拭，莫使有尘埃。"就是说修行是一种艰苦而长期的过程，只有修炼勤苦，不沾染一点儿世俗杂念，才能成佛（"渐悟成佛"）。慧能则认为："菩提本无树，明镜亦非台，本来无一物，何处惹尘埃。"就是说佛在心中，不在心外，只要专心向佛，就能立即成佛（"顿悟成佛"）。神秀的禅系在北方，称北宗；慧能的禅系在南方，称南宗。南宗不重读经、礼佛、静修，寓修道求佛于行往坐卧、搬柴运水的日常生活之中，简单、速成，极具吸引力，故南宗弘传甚盛，很快风行全国。北宗则仅盛一时，不久便衰弱了。唐中叶以后，禅宗逐渐发展成为中国佛教最有势力的宗派。

宋代以后，佛教日益世俗化，逐渐走向衰微。在佛、道、儒的纷争中，为了凝聚力量，佛教各派不得不走上互相融合的道路。元代以后，佛教在西藏的地方形式——喇嘛教在统治阶级的扶植下有了很大发展。唐初，佛教传入西藏，公元8世纪，印度传入的密教、中原传入的大乘佛教与西藏原始宗教——苯教相结合，形成了藏传佛教——喇嘛教。元初，忽必烈封八思巴（1235～1280）为"帝师"，逐步确立了政教合一的统治体制。15世纪以后，宗喀巴（1357～1419）创立的黄教（格鲁派），逐渐成为藏传佛教的主流派。有清一代，这种情况一直没有改变。

宋代以后，佛教日益世俗化，逐渐走向衰微。在佛、道、儒的纷争中，为了凝聚力量，佛教各派不得不走上互相融合的道路。

三、佛教组织与佛教习俗

自南北朝至隋唐，统治阶级为了加强对佛教的管理与利用，逐渐建立起一整套系统的僧尼制度。南朝时期，隶属于鸿胪寺的崇玄署负责管理全国僧尼事务，武则天以后改由祠部（隶属礼部）兼管。僧尼又专门簿籍，政府实行"试经度僧"制度，对合格出家者授以度牒，并免除赋税徭役。唐中叶以后，政府在京设左、右街僧录，各州设僧正，管理僧尼事务。此办法为以后历朝所继承。寺庙内部一般有"方丈"（最高负责人）、"监院"（负责处理寺庙内部事务）、"知客"（负责对外联系）、"纠察"（负责执行佛教的清规戒律）、"维那"（负责庙内的宗教活动）等。规模较大的寺院中还有"首座"等名誉职务。

寺庙内部一般有"方丈"（最高负责人）、"监院"（负责处理寺庙内部事务）、"知客"（负责对外联系）、"纠察"（负责执行佛教的清规戒律）、"维那"（负责庙内的宗教活动）等。规模较大的寺院中还有"首座"等名誉职务。

佛教徒出家的称为"和尚"。魏晋时期，有个名叫朱士行的人，按照印度佛教仪式，正式登坛受戒，一般把他称为中国第一个和尚。

"和尚"要遵守的戒律既多又杂,往往多达数百条。不出家而持一定戒律的佛教徒称为"居士"。"居士"要遵守"五戒":不杀生、不偷盗、不邪淫、不饮酒、不妄语。每年还要到寺院去受八种戒律,称"八关斋",即比"五戒"多了不涂饰及观听歌舞、不眠坐华丽之床、过午不食三项规定。

藏传佛教则往往与政治、经济、军事密切结合,政教一体。寺院在藏民心目中的地位崇高而神圣,寺院组织也更加严密。西藏著名的三大寺(甘丹、哲蚌、色拉)都设有分寺,大寺或宗寺设有若干个"扎仓"(学经单位),"扎仓"下设若干个"康村","康村"以下是"密封",有着严整的隶属系统。宗寺及"扎仓"都设有管理宗教事务的专职人员。佛教寺庙大都拥有土地财产,并兼营商业高利贷,同时享有免赋役特权。

佛教的主要节日有佛诞节、盂兰盆会和成道节。佛诞节又称浴佛节,是纪念释迦牟尼诞生的节日。根据"佛生时龙喷香雨浴佛身"的传说,是日以香水灌洗佛像,施舍僧侣,或者举行拜佛祭祖、赛龙舟以及互相泼水祝福等活动。佛诞节的日期,汉族是夏历四月初八,东南亚国家和我国蒙藏地区是四月十五,傣族及其他少数民族是清明节后第十天。"盂兰盆"是梵语的音译,意为"救倒悬"。传说释迦牟尼弟子目连之母因生前舍不得给游方僧饭吃,死后极苦,如处倒悬。目连向佛求助,佛令其在每年 7 月 15 日以百味饮食供养僧人,使母解脱,由此兴起盂兰盆会。自梁武帝以来,此俗流行极广,除设斋供僧外,还举行拜忏、放焰火、放河灯、焚法船等活动。民间以此日为"鬼节"。传说释迦牟尼在"成道"之前,曾苦修多年,饿得枯瘦如柴,后来一个牧羊女送以乳糜,最终才使他在菩提树下"成道"。佛徒于是日(腊月初八)以米和果物煮粥供佛,称为"腊八粥"。

佛教对中国文化的影响是巨大的,从哲学、道德到文学、音乐、雕塑、美术、民俗、建筑甚至语言等无一不受其影响。宋明理学正是在传统儒学的基础上,吸收了佛教和道教的相关思想以后形成的,佛教教义中的时空无限、体用相印、心性善恶、悲观厌世、因果报应、轮回重生以及对心理作用的细密分析,对中国人的思维方式和认识水平都产生了重大影响。

第三节 中国传统道教

道教是我国土生土长的民族宗教，自东汉中后期形成，距今已有近2000年的历史。道教在中国传统思想文化中占有极其重要的地位。

一、道教的形成

道教的形成经历了一个较长的过程，吸收了众多的思想观念。其主要思想来源于：第一，老庄的道学。道教之“道”就是道家之“道”，道家学派的开创者老子、庄子都崇尚“道”，认为“道”是世界万物的本源，是宇宙运行的总规律，同时又是人生的真谛。然而“道”却是看不见摸不着的。道家这种虚无缥缈的学说，具有很强的神秘化倾向，很容易使“道”演化成具有无限权威的至上神的代名词。西汉初年，黄老无为思想备受青睐。东汉时期，进一步把黄帝、老子神化。道教之所以尊老子为始祖，原因就在于此。第二，原始宗教和民间巫术。中国古代社会中，人们对日月星辰、河海山岳和祖先视为崇拜的神灵，对它们进行祭祀和祈祷，并由此逐步形成了一个天神、地祇和人鬼的神灵系统。殷人认为，卜筮可以决疑惑、断吉凶，巫师可以交通鬼神，为人们祈福禳灾。道教承袭了这种鬼神思想，并将这个神灵系统中的许多神灵作为道教神灵的组成部分。第三，神仙思想和方术观念。神仙崇拜是道教思想的核心。《庄子》和《楚辞》里，就有大量关于神仙的记载，称之为“神人”、“至人”、“真人”或“圣人”，他们“不食五谷，吸风饮露，乘云气，御飞龙，而游乎四海之外”[①]，可以长生不老。战国时期，在燕齐一带出现了鼓吹长生成仙之术的神仙方士。这种神仙方术原无系统理论，后来利用邹衍的阴阳五行学说加以诠证，从而形成了所谓神仙家。秦汉时期的方士声称掌有可以与鬼神往来的“不死之方”，秦始皇、汉武帝都曾痴迷此道，秦始皇时的徐福、韩当、石生、卢生，汉武帝时的李少君、栾大等都宣称东海中有蓬莱、方丈、瀛洲三座神山，上面住着神仙，会造长生不死之药。如果有人按照他们的指点修炼，便可以成仙。神仙方术为后来道教所承袭，神仙方士则衍化为道士。

道教的形成经历了一个较长的过程，吸收了众多的思想观念。其主要思想来源于：第一，老庄的道学；第二，原始宗教和民间巫术；第三，神仙思想和方术观念。

① 《庄子·逍遥游》。

除以上思想来源以外，道教的产生还有以下三方面的因素：

第一，汉代统治思想的神学化。汉代统治者认同“圣人以神道设教而天下服矣”[①]的说法，大力提倡宗教神学和世俗迷信。董仲舒援引自战国以来盛行的阴阳五行学说，重新解释传统儒家经典，创立了以“天人感应”为核心的宗天神学理论。他赋予“天”以政治的、道德的属性，将自然之天人格化，把天说成是有意志、有目的、能支配一切的最高主宰。君主则是受命于“天”的：“德伴天地者称皇帝，天佑而子之，号称天子。”[②]董仲舒还鼓吹神仙方术，创造出一套求雨、止雨的仪式，并亲自登坛祈祷作法。此后，混合宗教神学和庸俗经学而成的谶纬之学逐渐兴起，并成为两汉思想的主流。所谓“谶”，就是假托神意创造的一种预言，源于巫师和方士，“纬”是解释六经的书。汉章帝建初四年(79)，班固编辑的《白虎通义》，实际上就是一部官方神学法典。社会浓厚的宗教神学氛围与鬼神崇拜风气，为道教的孕育提供了合适的土壤与条件。

东汉后期，豪强地主势力膨胀，土地兼并盛行，外戚、宦官交替擅权，政治日益腐败，吏治腐败，社会一片黑暗。大量农民则丧失土地，或变为佃农、雇佣，或沦为流民。苦难的现实生活与逍遥的神仙世界形成了鲜明的对比，人们更加向往神仙世界。

第二，佛教的催化与影响。佛教于西汉末年传入中国，人们把它看作是神仙方术的一种，认为“此道清虚，贵尚无为，好生恶杀，省欲去奢。”[③]把它与当时盛行的黄老之学等量齐观。但是，佛教作为一种已经成熟化了的外来宗教，有自己完整的教义、教规及组织形式，这就给道教的创立提供了重要启示和借鉴，成为道教产生的催化剂。当然，这里必须指出的是，道教的产生，是中国封建社会自身孕育的结果，即使没有佛教这一外来宗教的影响，同样也会诞生，只是时间上迟早的问题。

第三，深重的社会危机。东汉后期，豪强地主势力膨胀，土地兼并盛行，外戚、宦官交替擅权，政治日益腐败，吏治腐败，社会一片黑暗。豪强地主“连栋数百，膏田满野，奴婢千群，徒附万计”[④]。地方官吏“贪残专恣，不奉法令，侵冤小民”[⑤]。大量农民则丧失土地，或变为佃农、雇佣，或沦为流民。苦难的现实生活与逍遥的神仙世界形成了鲜明的对比，人们更加向往神仙世界。自己无法拯救自己的

---

① 《易·观卦·彖辞》。

② 《三代改制质文》。

③ 《后汉书·襄楷传》。

④ 《后汉书·仲长统传》。

⑤ 《潜夫论·务本》。

民众，常常幻想能有一种超人间的力量，来帮助他们改变处境，这个超人间的力量就是神灵。“农桑失所，兆民呼嗟于昊天”，就是对这种期求的真实写照。这样，就广大民众而言，有宗教的需要；对统治阶级而言，他们也想利用宗教来消弭民众的反抗精神。深重的社会危机，使宗教成为社会各个阶层的客观需要。当时农民起义领袖经常利用方术神仙思想发动起义，而这又大大传播了道教思想并直接促成了道教的形成。

二、道教的发展演变

一般来说，一种宗教的产生主要有如下标志：特定的宗教信仰、特定的宗教理论、特定的宗教活动与特定的宗教实体。然而，道教的产生过程具有缓慢、庞杂、交错和松散的特点，因而它的上限不易确定。目前学术界有多种观点，其中以东汉顺帝至桓帝时道教正式形成之说最为普遍。

当时道教有两支：一是张道陵创立的五斗米教；二是于吉等人创立的太平道。据《三国志·魏志·张鲁传》记载，沛国丰（今江苏丰县）人张道陵在顺帝时到蜀郡鹄鸣山（今四川大邑县北）修道，并作《道书》24 篇。规定凡入教者须出五斗“信米”，因此，他创立的道教被称为“五斗米道”。张道陵自称“天师”，故亦称“天师道”。五斗米教尊老子为教主，奉《道德经》为基本经典。张道陵死后，其子张衡、其孙张鲁相继嗣教。张鲁建立了政教合一的地方政权，以鬼道治民，统治汉中近 30 年，史称“民夷便乐之”，朝廷“力不能征”。建安二十年（215），曹操攻伐汉中，张鲁降服。之后，其道众大量北迁，五斗米道遂向北发展至中原地区。

一是张道陵创立的五斗米教；二是于吉等人创立的太平道。

与张道陵创建五斗米教几乎同时，于吉等人在东海（今山东郯城北）创立太平道。顺帝时，琅邪人宫崇向朝廷进献其师于吉所著道书《太平清领书》170 卷，后世称为《太平经》。《太平经》的基本思想来自两汉流行的黄老道家，也吸收了自董仲舒以来的神学目的论和阴阳五行思想，将老子神化，尊老子为“九玄帝君”。在主张辅佐帝王“致太平”的同时，又强烈反对以强凌弱和贫富不均，表现了参与时政的愿望。太平道以“跪拜首过，符水咒说”及为人治病的方式传教，

道教圣地——四川青城山五洞天

对下层民众具有较大的吸引力，因而信奉者日众。东汉末年张角利用太平道组织民众，发动了黄巾军起义，失败后，太平道遭到镇压。

道士葛洪（283～343）博学多才，嗜好神仙导引之法，明确提出了改造民间道教，建立官方道教的主张。

道教的两个主要教派虽然在它的形成初期即遭镇压或吞并，但作为一种宗教信仰，在大江南北地区仍然继续传播，并且在上层社会也拥有了不少信徒。东晋时道教日渐兴盛，建立起了较为固定的教会组织和道教教义理论体系。道士葛洪(283～343)博学多才，嗜好神仙导引之法，明确提出了改造民间道教，建立官方道教的主张。主张把儒家的纲常名教思想吸收到道教教义之中，求仙求长生者不仅要致力于炼丹、服药与内修，还必须讲求忠、孝、和、顺、仁、信，从而做到德行方术双修，创立了道教的丹鼎一系。其著《抱朴子》分内外两篇，共70卷。《内篇》言"神仙方药，鬼怪变化，养生延年，禳邪却祸之事"，属道家本义；《外篇》言"人间得失，世事臧否"，属儒家之道。这一时期，上自王公贵胄下至贫民百姓，信奉道教者日众。南北朝时，官方道教已经形成，道教受到统治阶级的保护和大力扶持。北魏嵩山道士寇谦之吸收儒家学说与佛教经律格式、斋戒及祭祀仪式，改革五斗米道，创立了"北天师道"。寇谦之受到太武帝的宠信，北魏政府为他建立天师道场及道坛，皇帝即位也要登坛受符箓，道教遂在北魏盛行。南朝刘宋时庐山道士陆修静与萧梁时茅山道士陶弘景，吸纳儒佛思想，先后对道教进行改造，主张佛道双修、三教合流，重礼拜、诵经、神思，后世称之为"南天师道"。陆修静编著的《三洞经书目录》是我国最早的道经目录；陶弘景受到梁武帝的宠信，朝廷大事，皆与咨询，时人称之为"山中宰相"①。

隋唐至明代中叶，道教进入全盛时期。教理教义、宗教仪式日益完备，形成了系统的道教哲学体系；在组织上也形成了全国性的管理体制和道官系统。隋朝佛道并重，独轻儒学。唐朝皇室为抬高自己，自称是道教教主老子(李耳)的后裔，并以道、儒、佛排列三教次序。唐高宗尊老子为"太上玄元皇帝"，玄宗时则在各地建玄元皇帝庙，并亲自主持将道教经典汇编为《开元道藏》，甚至科举考试中也有"老子"、"庄子"科。唐代道教宫观的数量、规模不断增扩，道士人数由此激增。当时著名道士的有王远知、成玄英、孙思邈、潘师正、吴筠等。宋代皇室亦尊崇道教，宋真宗尊其祖赵玄朗为道教尊神，加封老子为"太上老君混元上德皇帝"，宋徽宗对道教更是痴迷，

① 《梁书·陶弘景传》。

自称是道君皇帝，于太学置《道德经》、《庄子》、《列子》博士，并亲注多种道书。北宋著名道士有陈抟（著有《无极图》）、张紫阳（主张内丹修炼）等。南宋与金对峙时期，道教分成众多派别。在南宋，主要有以龙虎山为中心的“天师道”、以茅山为中心的“上清派”、以各皂山为中心的“灵宝派”、“神宵派”、“混元派”等；在辽金统治地区，主要有“全真道”、“真大道教”和“太一道”等。南宋以后，南、北天师道逐渐与上清、灵宝等符箓派合流，称“正一道”，与“全真道”成为道教的两大派系。全真道由王重阳于金大定七年（1167）创立于山东宁海（今牟平），以《道德经》、《般若心经》、《孝经》为主要经典，主张三教合一，孝谨、正心、诚意、寡欲，重性命，重修炼，不尚符箓和黄白之术，修道者一般不出家。金末元初，全真道在北方流行极广。元世祖时，王重阳的弟子丘处机应诏赴西域雪山与元世祖论道。元世祖问及“为治之方”，他对以“敬天爱民为本”；问及“长生之道”，他对以“清心寡欲为要”。全真教由此备受扶持，进入全盛期。正一道以《正一经》为主要经典，崇拜神仙，重视画符念咒、降神驱鬼、祈福禳灾，不注重修持，道士可不居观而有婚配。明代，改天师为“正一嗣教真人”，道士邵元节、陶仲文出入宫中，担任要职。

金末元初，全真道在北方流行极广。元世祖时，王重阳的弟子丘处机应诏赴西域雪山与元世祖论道。元世祖问及“为治之方”，他对以“敬天爱民为本”；问及“长生之道”，他对以“清心寡欲为要”。

明代中期以后，由于道教宣扬的长生不死和成仙理论与城市经济特别是商品经济和资本主义萌芽的现实相差太远而逐渐失去了号召力。清朝尊崇藏传佛教，对道教采取抑制政策，从而使道教对上层政治的影响逐渐消失，道教不得不在民间艰难生存，世俗化的倾向越来越明显，再加上频频为农民起义所利用而遭政府封锁，日益衰败下去。

明代中期以后，由于道教宣扬的长生不死和成仙理论与城市经济特别是商品经济和资本主义萌芽的现实相差太远而逐渐失去了号召力。

道教对中国传统思想文化的影响也是深远的。中国古代封建思想结构中，儒、释、道三教为三大精神支柱。在历史上，道教与儒、释既有相互排斥的一面，同时又有相互吸收的一面，尤其是宋代以后，三教合流已成大势。道教自创立以来，对中国古代的政治、哲学、文学、艺术以及医药、化学、卫生保健等各个领域，都产生了重要影响。如道教典籍的汇编《道藏》，包罗万象，丰富无比，现存的明《正统道藏》及《续道藏》总计达 5485 卷，是一部超大型中国思想文化史丛书。道教将内外丹理论与中国传统医学理论相结合，把调息、按摩、导引、行气等养生术纳入医疗技术领域，并把炼丹术作为制药手段，对我国古代的医药卫生体育事业作出了重要的贡献。

三、道教信仰

道教最根本的信仰是“道”，一切教义、教理都是由“道”而产生的。“道”分为“洪元”、“混元”、“太出”三个不同的世纪。道教认为，“道”是虚无之系，造化之根，神明之本，田地之元，是宇宙万物的元始。有了“道”才产生了宇宙，宇宙生出“元气”，“元气”构成天地及阴阳四时，由此而化生万物。

道教所信奉的神既多又杂，中国自古以来传说的神灵几乎都可以在道教中找到。下面，简要加以介绍：

三清　三清指玉清、上清、太清，是道教所信奉的最高尊神。玉清是“天宝君”，也称“元始天尊”，由混洞太无元之清气化生，居清微天的玉清之境；上清是“灵宝君”，又称“灵宝天尊”，由赤混太无元玄黄之气化生，居禹余天的上清之境；太清是“神宝君”，又称“道德天尊”，即太上老君（老子），由冥寂玄通元玄白之气化生，居大赤天的太清之境。此三位尊神统御诸天神。

四御　四御是三清之下的四位天帝。他们分别是：玉皇大帝——总执天道，如同人间的皇帝；中央紫微北极大帝——执掌天地经纬、日月星辰和四时气候；勾阵上宫天皇大帝——执掌北极和天、地、人三才，主持人间兵革；后土皇祇——执掌阴阳，是化育万物之美、山河大地之秀的一位女神。民众普遍信仰的地神为城隍、土地。

此外，道教还尊奉日月之星、四方之神（青龙、朱雀、白虎、玄武）、雷公、风伯、财神、门神、西王母、东王公、赤松子、鬼谷子、张天师、许真君、陈抟老祖、八仙等。

第四节　伊斯兰教

伊斯兰教是世界三大宗教之一，公元 622 年由穆罕默德（约 570～632）创立于阿拉伯半岛。我国旧称“回教”、“天方教”或“清真教”。“伊斯兰”是阿拉伯文的音译，意为“顺从”。

伊斯兰教的基本教义为：信仰安拉（中国也译为真主、胡达）为唯一的神，穆罕默德是安拉的使者；以《古兰经》为基本经典，认为它来自安拉的“启示”，同时它也是伊斯兰世界立法、道德规范、思想学说和社会运动的理论根据。教徒必须遵守宗教义务“五功”，即“念功”（反复念诵“万物非主，唯有真主，穆罕默德是主的使者”）、“拜功”（诵经、祈祷、跪拜等一整套宗教仪式的总称）、“斋功”（每年教历九月，成年男女斋戒一个月）、“课功”（交纳财产税）、“朝功”（教徒如有可能，一生至少去麦加朝觐一次）。

穆罕默德不仅创立了伊斯兰教，而且在麦地纳建立了一个政教合一的政权，统一了阿拉伯半岛。随着其继任者的不断对外扩张，8世纪初，伊斯兰教已发展成为跨欧亚非三洲的世界性宗教。在此过程中，伊斯兰教分裂为“逊尼”和“什叶”两大教派。

伊斯兰教何时传入中国，说法不一。目前，史学界一般把唐高宗永徽二年（651年）大食“遣使朝贡”[①]作为伊斯兰教传入中国的标志。唐时称伊斯兰教为“大食法”，杜环的《经行记》最早记述了伊斯兰教的基本信仰和仪规。唐朝中期，不少阿拉伯、波斯商人纷纷来到中国经商。从陆路来者，多到达新疆、青海、甘肃及陕西西安一带；经海路来者，多到达广州、泉州、杭州、扬州等地。8世纪中叶，唐肃宗曾借大食兵平定安史之乱，平叛后，不少士兵落籍中国。由于宗教与生活习俗的不同，他们多聚居在一起，其后代逐渐形成了中国的“穆斯林”。元代，随着西域等地被蒙古军征服，大量所谓“色目人”（包括回回、畏吾儿等十几个民族）迁到内地，他们绝大部分已信奉伊斯兰教，伊斯兰教由此得到了较大发展。在《元史》和《元典章》中，一般把信奉伊斯兰教的人统称为“回回”。《明史·撒马尔汗传》有“元时回回遍天下”的说法。元朝对伊斯兰教采取了宽容政策，各地普遍建立礼拜寺，还特设回回国子学，进行宗教教育。明代出现了以伊斯兰文化为纽带的穆斯林聚居区——教坊。明清时期，伊斯兰教的传播更为广泛，此时，教徒已经以中国人为主体了，伊斯兰教深入到内地农村，各地建了很多礼拜寺，经堂教育随之兴起。经堂教育，又称寺院教育或回文教育，是中国伊斯兰教历史上的一种私塾式宗教教育。这种教育在清真寺内进行，由阿訇招收若干名学员，传习伊斯兰教的各种经典和功课，用以培养适应中国穆斯林社会生活需要的宗教人才。中国伊斯兰教经堂教育的创始人是明代的胡登洲（1522～1597），授徒百余人，被后人尊称为“胡太师祖”。随着经堂教育的发展与普及，明清时期，涌现出一大批从事翻译、研究《古兰经》等伊斯兰经典的学者，其中，著名的有王岱舆、马注、刘

伊斯兰教何时传入中国，说法不一。目前，史学界一般把唐高宗永徽二年（651年）大食“遣使朝贡”作为伊斯兰教传入中国的标志。

① 《旧唐书·大食传》。

智、马德新、王宽等。他们著述译书，对伊斯兰教的传播及其宗教理论的普及，起了较大的推动作用。

伊斯兰教对我国回、维吾尔、哈萨克、乌兹别克、塔吉克、塔塔尔、柯尔克孜、撒拉、东乡、保安等少数民族的生活习俗、道德观念和文化艺术等都有着深刻的影响。

伊斯兰教徒举行宗教仪式、传授宗教知识的场所叫清真寺，亦称礼拜寺。唐代称“礼堂”，宋代称“祀堂”或“礼拜堂”，元代始有“清真寺”之名，以称颂清静无染的真主。中国清真寺的建筑风格一般为殿宇式，也有尖塔圆顶式，主要有大殿、望月楼、宣礼楼、南北讲堂、浴室等组成。伊斯兰教反对偶像崇拜，故清真寺内不供奉任何偶像，只以花卉、几何图案或阿拉伯文字为饰，不用动物图形，这是伊斯兰教装饰艺术的一个显著特点。我国清真寺组成人员一般为：阿訇（一寺之长）、寺长教、乡老、海里凡（学员）、寺师傅（管理浴室等）等。伊斯兰教在饮食方面具有严格的规定。穆罕默德曾说，一口不洁，废四十日之功。《古兰经》明令禁食之物包括：自死物、血液、猪肉以及未诵真主之名而宰杀的动物，这也是中国穆斯林之所以持畜禽到清真寺请阿訇宰杀后方食用的原因。同时伊斯兰教徒还禁食性情凶恶的禽兽，形状怪异的鱼类，如鹰、枭、鸷、虎、狼、狗、熊、鲨、鲸、鳖龟等。伊斯兰教徒亦禁止饮酒。

我国清真寺组成人员一般为：阿訇（一寺之长）、寺长教、乡老、海里凡（学员）、寺师傅（管理浴室等）等。

伊斯兰教主要有三大节日：开斋节、古尔邦节和圣纪节。“开斋节”是伊斯兰教徒最盛大的节日，我国新疆地区称之为“肉孜节”。按教法规定，凡成年健康的穆斯林在教历九月封斋，每日从拂晓至日落，禁止饮食与房事等，摈弃一切杂念，纯净思想，一心向主。斋月末（29 日）若见新月，则次日即行开斋；若未见新月，则顺延，但一般不超过三天。是日，穆民们都前往清真寺举行会礼，有时也举行一些庆祝活动。“古尔邦节”又称“宰牲节”，于每年教历十二月十日举行。相传“先知”易卜拉欣受安拉的“启示”，要他宰杀其子献祭，以考验其父子对真主是否虔诚。当其子俯首待杀时，安拉派天使送来一只羊代替。为了感念安拉的仁慈，穆民们在每年的这一天举行盛大的会礼，宰牛、羊、骆驼等，互相赠送。新疆哈萨克、塔吉克等族，在这一天还举行叼羊、赛马、摔跤等大型文体活动。“圣纪节”于每年教历三月十二日举行，以纪念穆罕默德诞辰。又传，教历十一年（632 年）三月十二日为穆罕默德逝世之日，故又称“圣忌”。我国穆斯林习惯上将二者合并纪念，俗称“办圣会”。主要有诵经、赞圣、讲述穆罕默德生平事迹和“圣训”等活动。

第五节　民间秘密宗教

民间秘密宗教是指在民间秘密流传而受到封建统治阶级禁止和镇压的宗教。秘密宗教产生于东汉。宋明以后，中国封建社会进入后期，农民反抗封建地主阶级的斗争连绵不断，很多农民起义都以宗教作为组织起义的工具。其中，影响较大的有白莲教、摩尼教、黄天教、红阳教、闻香教、八卦教等。

民间秘密宗教是指在民间秘密流传而受到封建统治阶级禁止和镇压的宗教。影响较大的有白莲教、摩尼教、黄天教、红阳教、闻香教、八卦教等。

白莲教渊源于佛教净土宗，创立者为南宋初年的茅子元，元代以后广为流传。南宋绍兴(1131～1162)年间，茅子元仿效东晋慧远创建庐山莲社之法，在淀山湖(今上海青浦)建立“莲宗忏堂”，自称“白莲导师”，收徒聚众，崇奉阿弥陀佛，持五戒、谨葱乳、不杀生、不饮酒，号“白莲菜”[①]，又称白莲宗。元代以后，此宗混合弥勒信仰，宣扬弥勒降生人间成佛，在龙华树下三度说法度众，信徒在各地纷纷成立白莲社。元代武宗、英宗时遭禁。后又吸收摩尼教的二宗(光明、黑暗)、三际(初际、中际、后际)教义及其明王信仰，认为“光明”终将战胜“黑暗”。明正德(1506～1521)以后，受罗教影响，崇奉无生老母，有“真空家乡，无生老母”八字真言，宣扬无生老母派弥勒佛等神佛下凡，拯救众生回“真空家乡”。此后教派林立，名目繁多，有红阳、净空、无为、西大乘、黄天、弘阳、八卦、天理、罗道等数十种。各派虽互不相属，但因其组织、仪式和活动方式颇多相似，故官方和民间统称之为白莲教。利用白莲教的农民起义很多，著名的有元末韩山童领导的红巾军起义，明天启二年(1622)山东徐鸿儒起义，清嘉庆年间川鄂陕的白莲教大起义等。

摩尼教由摩尼在公元3世纪创立于中亚(伊朗)。此教在祆教二元论的基础上吸收基督教、佛教、诺斯教等思想而形成自己的信仰理论，奉《彻尽方法根源智经》、《净命宝藏经》、《愿经》等为主要经典。其根本教义也是二宗(光明、黑暗)、三际(初际、中际、后际)。崇拜光明王国的主神大明尊，认为其有神位、光明、威力、智慧四种德性，又称“四大尊严”。戒律为三封和十戒，重点是不杀生和禁淫欲。此教唐初传入中国新疆地区，武则天延载元年(694)，波斯摩尼

① 《佛祖统记》卷四七。

教高僧拂多诞到长安传教。宝应元年(762),回纥定之为国教。其后在长安、荆、扬、洪、越、诸州及河南府、太原府都建有波斯人及回纥人使用的摩尼教寺,其徒白衣白冠。唐武宗会昌五年(845)与佛教一起被禁,后转为秘密宗教在民间流行,其教义愈益依附于佛道。利用此教发动的农民起义最著名的是五代时期920年陈州母乙起义和北宋1120年方腊起义。

祆教是公元前6世纪由波斯人琐罗亚斯德创立的,我国史称火祆教、火教、拜火教等。

祆教是公元前6世纪由波斯人琐罗亚斯德创立的,我国史称火祆教、火教、拜火教等。认为世界有善恶两种对立的本原,善端最高神是阿胡拉·玛兹达,代表火、光明、清净、创造;恶端最高神是安格拉·曼纽,代表黑暗、恶浊、不净、破坏、死亡。宣扬善恶报应和末日审判。奉《波斯古经》为经典,以崇拜代表着善和光明的“圣火”为主要仪式。此教于南北朝时传入我国西域,北魏、北齐、北周的统治者都曾带头奉祀,并在鸿胪寺设置祀官。唐时长安、洛阳均建有祆祠,并在祠部设萨宝府管理祆教。当时教徒多为波斯侨民和西域少数民族。唐武宗会昌灭佛时,祆教同时遭禁,后转为民间秘密宗教。南宋以后在中国内地基本绝迹。

罗教又名罗道教、罗祖教、悟空教,由明正德(1506～1521)年间山东即墨人罗清所创。此教与禅宗南宗相近,主张不立文字、不奉佛像、不做佛事、不建寺庙;以“真空”(宇宙初始,无天地、无明、无人物)为宇宙本源,创“真空家乡,无生老母”八字箴言,使人们在精神上得到一定寄托。该教以运河两岸为活动中心,信徒大多为漕运水手。罗教在明万历、清顺治、雍正、乾隆年间屡遭禁止。此教对很多民间宗教,如红阳教、黄天教、大乘教、青帮等都影响甚大。

八卦教又称五荤道、收元教、清水教、天理教、九宫教等,由白莲教演变而来。清康熙年间由山东单县人刘佐臣创立,以八卦作为组织形式,形成“内安九宫、外立八卦”的宗教体系。该教是清代华北地区最重要的民间秘密教派。清中叶的清水教起义和天理教起义,清末的义和团运动,都是利用此教组织发动的。

红阳教全称为混元红阳教,由明代直隶人韩太湖(飘高祖师)创立于万历二十二年(1594)。“混元”是道教所指天地化育生成之前的一种状态;“红阳”一词则是由劫变观念演变而来,所谓三阳劫变,即昔世为青阳,现世为红阳,来世为白阳。红阳教宣称红阳末劫是人类的最大劫灾,飘高祖师此际临凡,降生“寒(韩)门”,就是来拯救东土众生,逃离红阳末劫之灾,登上法船,驶向极乐的“天堂”。红阳教教义接近道教，注重坛场仪式，善作斋醮，以混元老祖为最高神。在直隶、山东下层民众中拥有众多信徒，数百年间，虽屡遭政府镇压，却传承接续，从未中断，直到清末才日见绝迹。

参考书目

1. 卿希泰、唐大潮:《道教史》，中国社会科学出版社 1994 年版。
2. 郭朋:《中国佛教史》，福建人民出版社 1990 年版。
3. 黄心川等:《世界三大宗教》，三联书店出版社 1979 年版。
4. 施宣圆等主编:《中国文化辞典》，上海科学出版社 1987 年版。
5. 阴法鲁、许树安主编:《中国古代文化史》，北京大学出版社 1991 年版。

思考题

1. 简述中国原始宗教的表现形式。
2. 试述佛教中国化的简要历程。
3. 佛教对中国传统文化有何重大影响?
4. 道教是如何产生的?
5. 伊斯兰教的主要信仰和习俗有哪些?
6. 中国历史上主要有哪些秘密宗教?

第四章 中国传统伦理道德

中国传统伦理道德是中国传统文化的重要组成部分，在传统文化结构中占据着核心地位，直接影响着传统文化的其他方面。道德理想、道德观念一直在中国人的心目中占据着优先和特殊的地位。人们不仅把道德的实践视为人生实践的具体内容，而且视为政治上的最终目标。道德人格在社会生活和政治生活中有着无形但却强大的影响，在维系社会秩序方面是一种比法律更为有效的手段。人们往往首先考虑的不是如何遵从国家法律，而是如何在错综复杂的人际关系中履行好自己的道德义务。道德是衡量一切事物或行为的最终依据，是人们追求的终极价值。全面深入地了解和把握传统的道德观念，并对其作批判性的扬弃和创造性的发展，是当代中国人必须面对的课题。

第一节　中国传统伦理思想

一、中国传统伦理思想的基本内容

伦理与道德是两个相互关联的概念。在古代汉语里,“道”本义是指人行的路,后引申出规律、准则等含义。中国古代思想家把“道”作为一个较高的哲学范畴,用它指称事物运动和变化的规律与准则。由于传统中国人大多信奉“天人合一”理论,即认为宇宙、自然的运动变化规律与人世间的规律是一致的。因此,“道”又引申出“人世间的规律”、“人行为应该遵守的基本准则”等含义。“德”即“得”,指作为主体的人对“道”的获得。“道”是事物运动的规律,人应当遵守的准则,获得了“道”,自然也就能妥善地待人接物。因此,“德”就是把人和人之间的关系处理得合适得宜,使得人我双方都有所得。“道”“德”二字连用,成为一个概念,始于《周易》、《荀子》、《庄子》诸书。《荀子·劝学》中言:“故学至乎礼而止矣,夫是之谓道德之极。”可见,那时“道德”这个概念已经有了与今天相近的含义。“伦理”,即人伦之理。据《尔雅》解释,“伦”字的本义是石子投下水后产生的一圈一圈的波纹。传统社会是宗法社会(或谓家族社会),人与人之间的关系,也像这波纹一样,由亲至疏,由近至远,一圈圈外扩。所以,“伦”字又引申出“人与人之间的关系”的含义。这样,从字面意义上说,“伦理”就是人与人之间关系的理论。如何处理人和人之间的关系,如何使得人我关系处于一种合适得宜的状态,实际上是一个道德问题。所以,“伦理”作为一个概念,它的含义是有关道德的理论。自从人猿相揖别,人与人之间的道德关系就产生了。但是,人们对道德问题进行系统的理论思考,则是到了较晚的时候才出现的。有史籍记载的中国传统的伦理思想,最早可上溯到三千年前的殷商时期。到了孔孟时代,传统伦理思想已经形成了较为完备的体系。

“道”是事物运动的规律,人应当遵守的准则,获得了“道”,自然也就能妥善地待人接物。因此,“德”就是把人和人之间的关系处理得合适得宜,使得人我双方都有所得。

由于道德在中国传统文化结构中占据着重要地位,传统思想家们对道德问题倾注了大量心血,因而中国传统伦理思想的内容极为丰富。这些思想观点,几乎涉及到研究人类道德所必须探讨的所有重要问题。限于篇幅,这里只择要介绍一下传统社会的人们对下面几个问题的认识。

1. 人性问题

在传统伦理思想中，人性问题被认为是确立道德准则、道德教育和修养方法的出发点，因此，几乎各家各派都就此提出了自己的看法。这些学说概括起来可以分为三类：第一类是性善论，以儒家的孟子等人为代表。他们认为人的本性是善的，人天生具有“恻隐之心、羞恶之心、辞让之心、是非之心”[①]。人们只要将这一心性本能地、理智地加以推进发挥，如“老吾老以及人之老，幼吾幼以及人之幼”，就可以成为至善之人。第二类是性恶论，以荀子等人为代表。他认为“人之性恶，其善者伪也”[②]。但荀子进一步认为人性虽恶，却人人可以为善。因为人具有动物所不具有的聪明才力，通过后天的教育学习，人可以去恶存善，甚至成为圣人。这两类观点在人性善恶这个问题上存在分歧，但它们有一个共同点，即都重视道德教化的作用，相信人人皆可为善，在政治上强调仁政。第三类是性私论，以法家人物韩非等人为代表。他们认为人性只知道趋利避害，所以只有利害可以驱使人。因此法家主张用严刑峻法来治理社会。

2. 天人关系

对于这个问题，主要有“天人合一”、“天人之分”、“天人交胜”三种观点，其中，“天人合一”的观点占主导地位。“天人合一”观认为人类的道德起源于上天，人道是天道在人间的体现。因此，道德修养就是要效法上天。比如《孝经》说：“夫孝，天之经也，地之义也，民之行也。天地之经，而民则之。”就是说，孝是天地永恒不变的规律，而人民效法天地，所以要孝。

3. 义利、理欲与公私问题

义利论、理欲论、公私论是中国传统伦理学中最为重要的三个问题。它们实际上是论述道德与利益、人的精神追求与物质欲望、社会与个人的问题，是社会和人生理论中的基本问题。这三者虽有内容上的区分，却又相互联系和渗透着。其中，“义”是指道德准则、要求，“利”是指物质利益。同时，因为道德归根结底是经济的反映，“义”在本质上代表着社会整体利益的要求。所以，从这一意义上讲，义利关系同时又是公利与私利的关系。对于义利、公私关系问

① 《孟子·公孙丑下》。

② 《荀子》卷一七。

题，在中国传统伦理思想中，占主导地位的是重义轻利、公利为上的观点。百家争鸣时期，儒家重义轻利，主张以义为上、以义制利。墨家也提倡“万事莫贵于义”[①]。法家虽然认为人人皆存私心，重利轻义，但在公利和私利的问题上，法家强调以赏罚为手段，塞私门，行公义，私利要服从于公利。这样，在把公利放在第一位这一点上，儒、墨、法三家的思想是相通的，这种重义轻利、公利为上的思想，成为以后历代的主导思想。理欲之辨，实际上是义利之辨的深入和发展。宋明理学家认为“理”是天地之根本和法则，而“欲”是万恶的根源；理与欲根本对立，所以要“存天理，灭人欲”。另外，也有一部分思想家如王夫之、戴震等人，肯定了人的物质生活需要的正当性。

在把公利放在第一位这一点上，儒、墨、法三家的思想是相通的，这种重义轻利、公利为上的思想，成为以后历代的主导思想。

4. 道德修养与道德理想

道德修养理论，即如何提高人的道德品质的学说，它包括两个方面：一是指道德教育问题，二是指个人修养问题。我国大多数政治家、思想家和教育家都十分重视道德修养问题，提出了一套内容丰富、独具中国传统特色的道德修养理论和方法。道德理想是道德修养所追求的最高目的，它包括人生目的和意义的探讨以及对理想道德境界的追求。

二、中国传统伦理思想的发展历程

中国传统伦理思想的发展历程大致分为五个阶段。

1. 先秦：草莽初创时期

中华民族有五千年的文明史，也有着五千年的道德传统。传说中的“三皇五帝”时代，就有“德高为天子而率万民”的思想，尧、舜、禹的依次“禅让”，就是道德社会作用的具体体现。史料表明，最晚至殷商时期，人们已开始进行较为抽象和系统的伦理思考。商王盘庚告诫其臣民：“无有远迩，用罪伐厥死，用德彰厥善。”[②]这说明，那个时候的人们已经开始意识到道德的社会作用，并自觉地利用它来调节社会生活。到了周代，统治者更明确地提出了“敬德保民”的理论，认为只有统治者自身修养达到“德”的境界，才能永久地保有对人民的统治权。此外，周代的统治者十分重视“礼”、“乐”的作用，用礼乐把统治阶级的伦理思想固定下来，贯彻于社会生活的各个方

① 《墨子·贵义》。

② 《尚书·盘庚上》。

面,使“礼”成为“道德之器械”。周公旦被称为中国第一位伦理思想家。

在“仁”这一最高原则之下,孔子又提出“恭、宽、信、敏、惠”五个道德准则,认为“能行五者于天下,为仁矣”。

春秋战国时期,诸子百家兴起。儒家、道家、墨家、法家等各派都把伦理思想作为自己学说的重要内容。其中尤以儒家的伦理学说最具影响。孔子的伦理思想,核心是“仁”。“仁”是什么呢?孔子说:“夫仁者,己欲立而立人,己欲达而达人,能近取譬,可为仁之方矣。”[①]“仁”就是将心比心地替别人着想,也就是“爱人”。在“仁”这一最高原则之下,孔子又提出恭、宽、信、敏、惠五个道德准则,认为“能行五者于天下,为仁矣”[②]。此外,孔子还提出了孝、悌、忠、恕、智、勇等一些道德规范。他把“孝悌”视为行仁的起点,把“忠恕”看作为仁的方法。孔子之后,孟子对儒家伦理思想的发展也作出了很大贡献。他提出了“性善论”,认为人天生具有“恻隐之心、羞恶之心、辞让之心、是非之心”,这四心是“人之不学而能”、“不虑而知”的,是“赤子之心”中就已经具备的良知良能,把这四种天性推广发挥开来就是仁、义、礼、智四种基本的道德品质。孟子还进一步认为,仁、义、礼、智具体体现在人与人之间的关系上,就是“五伦”,即“父子有亲,君臣有义,夫妇有别,长幼有序,朋友有信”。此外,孟子还提出了“求放心”、养“浩然之气”等道德修养的理论和方法。继孔孟之后,先秦时期儒家伦理思想的另一位奠基人是荀子。他继承和发展了孔子关于礼的思想。荀子认为人性本恶,所以需要依靠“礼”来限制人的行为,引人为善。道家的伦理思想以“道”为中心。“道”的本质是无为。《老子》云:“大道泛兮,其可左右,万物恃之以生而不辞,功成而不名有,万物归焉而弗为主。”[③]“道”生养万物但不自以为功、自以为主。人应该效法“道”,做到无知、无欲、无为。道家奉行以柔克刚的处世哲学,认为最高的道德境界就是婴儿般天真无邪、无知寡欲的状态。道家的伦理思想作为儒家伦理思想的有效补充,对后世的影响非常深远。墨家以“义”作为最高的伦理道德准则,主张“兼爱”。墨子认为,社会上一切祸乱,皆起于自私自利,只有实行“兼相爱,交相利”,才是解决的办法。那么,怎样才能做到“兼爱”呢?墨子认为:“兼爱”就是“视人之国,若视其国。视人之

墨家以“义”作为最高的伦理道德准则,主张“兼爱”。墨子认为,社会上一切祸乱,皆起于自私自利,只有实行“兼相爱,交相利”,才是解决的办法。

① 《论语·雍也》。

② 《论语·阳货》。

③ 《道德经》三十四章。

家，若视其家。视人之身，若视其身”①。也就是要把彼此的利益视为一体。法家在伦理思想方面，提出了“性私论”，认为“民者固服于势，寡能怀于义”②。主张以政治代替伦理，最后导致了非道德主义。

2. 两汉：大发展时期

秦朝重法轻德，短命而亡。汉代的统治者吸取其教训，开启了中国传统社会两千年的德教传统。西汉武帝时，董仲舒提出了著名的“天人三策”，鼓吹“天人合一”、“君权神授”等哲学伦理思想。董仲舒把“天”说成是一位有意志的人格神。他说，人间的一切，如国家兴亡、灾祸祥瑞，都是上天的有意安排。君主的权力是上天赐予的，他代表上天统治人间。这就是所谓的“天子受命于天，天下受命于天子”③。天高高在上，亘古不变，人必须服从天，所以人民必须听命于君主，不能随意反抗。以“天人合一”和“君权神授”理论为基础，董仲舒又提出了“三纲”、“五常”等伦理规范。汉武帝接受了董仲舒的治国之术，从此儒家思想成为传统社会的统治思想，以“三纲五常”为中心的儒家伦理规范也上升为全社会的道德规范。东汉时期，儒家伦理思想在全社会得到进一步普及。汉建初四年(79)，由汉章帝直接主持，举行了一次大规模的经学讨论会，即白虎观会议。会议记录后由班固整理成书，就是著名的《白虎通义》。《白虎通义》进一步发展了董仲舒的“三纲”学说，并用“六纪”对“三纲”作了补充。白虎观会议的举行和《白虎通义》一书的编辑，使儒学独尊的地位通过政治权力最后确定下来。

汉建初四年(79)，由汉章帝直接主持，举行了一次大规模的经学讨论会，即白虎观会议。白虎观会议的举行和《白虎通义》一书的编辑，使儒学独尊的地位通过政治权力最后确定下来。

3. 魏晋隋唐：变异、融合时期

从魏晋到隋唐，儒家正统的伦理思想经历了一个从衰微到复兴的过程。魏晋之时，玄学取代了两汉经学，占据了思想文化界的统治地位。玄学“贵无”、“贱有”，推崇自然人性，反对两汉繁琐的、压抑人性的道德教条和礼仪程式，主张恣情纵欲、及时行乐。当时士林以放达为时尚，以任性为潮流。阮籍痛悼邻家女、嵇康醉酒打铁奏琴等都传为一时佳话。唐代世风则开阔宏达，儒、道、佛三家思想交相辉映。儒家传统伦理思想从魏晋六朝的衰微中走出，进入了一

① 《墨子·兼爱中》。

② 《韩非子·五蠹》。

③ 《春秋繁露》卷一一。

个融合发展、再度复兴的时期。中唐以后，韩愈等人以继承发展孔孟的“道统”为己任，宣称“吾所谓道也，非向所谓老与佛之道也，尧以是传之舜，舜以是传之禹，禹以是传之汤，汤以是传之文武周公，文武周公传之孔子，孔子传之孟轲”[①]。这个所谓的“道统”就是孔孟的伦理思想、封建伦常等级秩序。

4．宋明：成熟僵化时期

宋明伦理思想界占统治地位的是理学思想。宋明理学是儒学发展到一定程度的产物，它以“理”为最高范畴，认为“理”是宇宙的本体。“宇宙之间，一理而已，天得之为天，地得之为地，而凡生于天地之间者，又各得之以为性。”[②]“理”在逻辑上先于、高于、超越于万事万物，同时又是构成万事万物的本体。因此，朱熹说：“天理流行，触处皆是：暑往寒来，川流山峙，父子有亲，君臣有义之类。”甚至“天理，只是仁义礼智的总名，仁义礼智便是天理之件数”[③]。这样，儒家的父子君臣之道、礼义廉耻之教便与天道自然搭上了关系，任何对这些伦理教条的怀疑和背叛，都是对宇宙、社会乃至自我本身的否定和背叛。传统礼教从此更加神圣不可侵犯了。在高扬“天理”的同时，宋明理学对“人欲”大加挞伐。认为“天理”与“人欲”是根本对立的，“天理存则人欲亡，人欲胜则天理灭”[④]。因此，人要达到较高的道德境界就必须“存天理，灭人欲”。在道德修养问题上，宋明理学强调人们对“天理”的自觉体认，即要求人们的伦理行为不应该是被迫的或者是盲目的，而应该是高度自觉的。为此，宋明理学家给出了一条人们自觉体认“天理”的修身公式，即“古之欲明明德于天下者，先治其国；欲治其国者，先齐其家；欲齐其家者，先修其身；欲修其身者，先正其心；欲正其心者，先诚其意；欲诚其意者，先致其知；致知在格物”[⑤]。宋明理学建立了庞大的以伦理本体为最高范畴的哲学思想体系。它的出现，标志着中国传统伦理思想的发展，进入了成熟乃至僵化时期。

宋明理学家给出了一条人们自觉体认“天理”的修身公式，即“古之欲明明德于天下者，先治其国；欲治其国者，先齐其家；欲齐其家者，先修其身；欲修其身者，先正其心；欲正其心者，先诚其意；欲诚其意者，先致其知；致知在格物”。

5．明末清初：批判反省时期

宋明理学产生之后，在思想领域统治中国长达六七百年的时

---

① 《原道》。

② 《朱子文集》卷七〇。

③ 《朱子语类》卷四〇。

④ 《朱子语类》卷一三。

⑤ 《四书章句集注·大学》，中华书局 1983 年版。

间。其禁欲主义的、反人道的思想成分，严重地束缚和压抑了人们的自然欲望和感情。明末清初之际，随着资本主义萌芽的发展，人文主义思潮涌动，人们开始重新审视“天理”与“人欲”的关系。明末思想家王夫之指出：天理与人欲并不矛盾，天理寓于人欲之中，“饮食男女，人之大共也”[①]。清初思想家戴震指出：“欲者血气之自然”[②]，饮食男女，是人的正当欲望，并不鄙陋污秽。理学家压抑束缚人的正当欲望，正是所谓“酷吏以法杀人，后儒以理杀人”[③]。明末清初的思想家们，充分肯定人的正当欲望，为19世纪末20世纪初的思想启蒙运动奠定了基础。

总结中国传统伦理道德思想，我们可以看到如下特点：第一，中国传统伦理道德与哲学和政治融为一体，伦理道德政治化、实用化的特点显著。第二，中国传统伦理道德具有强烈的血缘关系和宗法特点，忠孝至上，整体利益和服从至上。第三，强调个人的道德修养，重视道德教育和道德感化作用。

第二节　中国传统道德规范

道德是社会群体在生活实践中形成一定共识或价值观的前提下共同遵守的行为准则，是对社会群体秩序和个体生命秩序的深层规范。它通过规章制度、社会舆论表现出来并渗透在大众的风俗习惯、感情倾向和理想信念中，是人们辨别是非、美丑、善恶的标准，是社会得以在一定的秩序中存在和发展的重要前提。广义的道德规范包括道德原则和道德规范。中国传统道德规范是中国传统社会统治阶级倡导的，或者是人们在社会生活中自发形成的各种不同的行为准则。中国传统道德规范是一个源远流长、博大精深、内容丰富的价值体系。准确而周密地归纳这些规范，有很大困难。这里重点介绍几个传统道德的基本规范。

1. 仁

仁是传统儒家重要的伦理范畴，也是传统社会基本的道德规范。孔子对仁有过多方面的论述，并赋予“仁”以丰富的道德内涵。

---

① 《诗广传》卷二。

② 《孟子字义疏证》卷上。

③ 《孟子字义疏证》卷上。

孔子之"仁"有两层含义：第一层含义，"仁"即"爱人"；第二层含义，"仁"是人应该具有的全部道德品质的总称，或者说是人的一种最高道德品质。

孔子之"仁"有两层含义。第一层含义，"仁"即"爱人"。孔子多次指出："仁者爱人"，即一个人必须要有恻隐之心，别人的痛苦和欢乐能在自己心中引起强烈的共鸣。在具体处理人际关系时，孔子强调，仁就是要贯彻忠恕之道。孔子曾对曾参说过，"吾道一以贯之"[①]，忠恕而已。《论语·卫灵公》载：子贡问孔子"有一言而可以终身行之者乎"？孔子答道："其恕乎？己所不欲，勿施于人。"《论语·雍也》载：子贡曰："如有博施于民而能济众，何如？可谓仁乎？"子曰："何事于仁，必也圣乎！尧舜其犹病诸！夫仁者，己欲立而立人，己欲达而达人。"可见，孔子认为践行"忠恕"就是实行"仁"。"仁"从积极的方面说就是"忠"，即"己欲立而立人，己欲达而达人"；"仁"从消极的方面说就是"恕"，即"己所不欲，勿施于人"。总之，仁道就是在与他人发生社会交往时，自己应本着理解、体谅、尊重的心理去对待别人，从而在立己时不至于损人而是立人，在己达时不至于损人而是达人。第二层含义，"仁"是人应该具有的全部道德品质的总称，或者说是人的一种最高道德品质。孔子认为，把"爱人"和"忠恕"贯彻到社会实践中所表现的一切行为都属于"仁"的范畴。在他看来，孝悌就是一种最基本的符合"仁"的行为。因为爱人是要从亲子之爱开始的，而孝悌即是亲亲的表现。孔子说："孝弟（悌）也者，其为仁之本与。"[②]孔子认为人们只要把亲亲之爱推广开去，泛爱众人，就会在各项社会活动中表现出一系列的符合"仁"的要求的行为和品质。《论语·阳货》载："子张问仁于孔子，孔子曰：'能行五者于天下，为仁矣。'请问之。曰：'恭，宽，信，敏，惠。恭而不侮，宽则得众，信则人任焉，敏则有功，惠则足以使人。'"在孔子看来，孝、悌、恭、宽、信、敏、惠、礼、义、忠、诚、勇等道德品质都包含在"仁"的大框架之下，是"仁"德在不同层面、不同场合的具体表现。同时，"仁"又可以看作是人应该具有的一种最高的道德品质。《论语》中常以"仁"为人的最高品质的代名词。如《论语·述而》中说："求仁而得仁，又何怨？""若圣与仁，则吾岂敢？"《论语·卫灵公》中说："无求生以害仁，有杀身以成仁。"这些都是以"仁"为一种最高的道德品质。这种最高品质的根本要求是克制自我，主动顺应社会。所以，孔子说："克己复礼为仁，一日克己复礼，天下归仁焉。为仁由己，而由人乎

① 《论语·里仁》。

② 《论语·为政》。

哉!”①

孔子之后,儒家后学继承并发展了孔子的仁的思想。孟子把“仁”的思想与“为政以德”相结合,提出了“仁政”理论,要求统治者以恻隐之心、不忍人之心来治理国家,制定和实行种种有利于人民群众的政策。董仲舒认为“仁”除了“爱人”“凡爱众生”之外,还应包括“谨翕不争”、“平易和理而无争”。到了宋代,理学家们在继承前人理论的基础上,又进一步认为,“仁是”与“私”相对立的“公”。程颐说:“仁者公也。”朱熹也说:“唯仁然后能公。”

孟子把“仁”的思想与“为政以德”相结合,提出了“仁政”理论。

传统的仁爱思想有一定的历史局限性,但它所提倡的人与人相爱、尊重人的价值、同情人、帮助人等内容,体现了人道主义精神,在今天仍有现实意义。

2. 义

义是一个与“仁”相关,同时又有独立内涵的道德规范。首先,“义”表示“合理性”。所谓“义者,宜也”②,就是这个意思。孔子说:“君子之于天下也,无适也,无莫也,义之与比。”③意思是说:君子对于社会上的事情,没有固定的法式,一切以是否合理为转移,合理性是一切行为的最高原则。孔子认为,作为理想人格的君子,要努力使自身的行为以“义”为转移。《论语·述而》:“德之不修,学之不讲,闻义不能徙,不善不能改,是吾忧也。”这里所谓的“徙义”就是一切以义为中心,惟义是从,即追求行为的合理性。孔子把对待义、利的态度看作从根本上区分君子和小人的分水岭。他认为,人们看见或遇到了合理的事情——义,就应该勇敢地去做;而对于不合理、不义的事情,绝不能做。孔子说:“不义而富且贵,于我如浮云。”④孟子直接继承和发展了孔子关于“义”的思想。在《孟子》一书中,“义”字使用了108次,并经常仁义联用。孟子把“义”作为人的行为准则,提出了“居仁由义”、“舍生取义”的思想。《孟子·尽心上》:“居恶在?仁是也。路恶在?义是也。居仁由义,大人之事备矣。”意思是君子应该以仁为安身立命的根基,以义为行为处世的准则。在《孟子·告子上》中,孟子又通过“鱼和熊掌”的比喻,提出了“舍生取

孟子提出了“舍生取义”的主张,它与孔子的“杀身成仁”共同成为儒家伦理思想的核心价值准则。

---

① 《论语·颜渊》。

② 《礼记·中庸》。

③ 《论语·里仁》。

④ 《论语·述而》。

义”的主张，它与孔子的“杀身成仁”共同成为儒家伦理思想的核心价值准则，对后世社会产生了至为深远的影响。其次，“义”还有“中正”之意。《墨子·天志下》：“义者正也。何以知义之为正也？天下有义则治，无义则乱。我以此知义之为正也。”“曰：义正者何若？曰：大不攻小也，强不侮弱也，众不贼寡也，诈不欺愚也，贵不傲贱也，富不骄贫也，壮不夺老也。是以天下之庶国，莫以水火毒药兵刃以相害也。”先秦墨家“贵义”，并且强调义之所以可贵，是因为它可以“利人”，即利众人、利人类。在这一点上，墨、儒两家的观点有相通之处。他们关于义的论断，对后世均有很大影响。

3. 礼

中国是享誉世界的“礼仪之邦”，“礼”是中国传统精神文化的重要组成部分，是中华民族最重要的美德之一。在中国古代，“礼”这个概念的内涵十分丰富。在伦理思想领域，“礼”一般表示一种社会规范，它包括政治制度、法律规定和道德规范等内容。其次，“礼”还用来专指一种特殊的道德规范——礼让。

“礼”的最初意义是祭祀礼仪。《说文解字·示部》：“礼，履也，所以事神致福也。”在祭祀仪式中，人们往往要按照长幼尊卑的顺序进行某些规定程序，所以后来“礼”就有了区分长幼尊卑次序的意义。后来，商周的统治者将“礼”中的区分长幼尊卑次序这一点强调出来，使“礼”成为表示宗法等级制度的概念。春秋时代，孔子在肯定周代宗法之礼在“经国家，定社稷，序人民，利后嗣”[①]方面的巨大作用的同时，对“礼”进行了大胆的改造。他把以“仁”为核心的伦理要求灌注到“礼”的躯壳之中，使原先属于社会政治范畴的“礼”转化为一个伦理概念。孔子认为，礼的心理基础是仁爱，所以，他说：“人而不仁，如礼何？”[②]意思是说，如果做人没有仁爱之心，那还谈什么礼呢？在孔子思想里，“仁”和“礼”是互为表里的。“礼”是“仁”的外在形式，“仁”是“礼”的本质要求。所以，孔子说：“克己复礼为仁。”[③]意思是抑制自己的私欲，使言语行动思想都合乎礼，就做到了仁。在孔子的思想体系中，“仁”作为伦理道德的最高范畴是无所不包的，同样，“礼”作为“仁”的外在形式是无处不在的。举凡社交

克己复礼为仁，抑制自己的私欲，使言语行动思想都合乎礼，就做到了仁。

① 《左传·隐公十五年》。
② 《论语·八佾》。
③ 《论语·颜渊》。

礼仪、生活标准、政治秩序、风俗习惯，无不包括在“礼”的范围之内。也就是说，“礼”从各个侧面、各个层次、各个角度，细致入微地规定了每个社会成员的地位、责任和义务。孔子多次强调“不学礼，无以立”①，“不知礼，无以立”②，就是要求人们在日常生活中，从外在的一举一动，到内在的思想活动、精神诉求，都要用礼来规范。

“礼”用来专指一种道德规范时，其主要含义是“恭敬谦让”。“礼”首先表现为谦虚谦让。《左传・襄公十三年》：“让，礼之主也。”对人谦让是礼的重要道德内涵。谦让要求为人谦虚，不骄傲自满，不妄自尊大。《左传・昭公二年》：“忠信，礼之器也。卑让，礼之宗也。”其次，礼表现为对人恭敬。《墨子・经上》：“礼，敬也。”有礼之人必尊重他人，理解他人。《管子・心术下》也说：“守礼莫若敬。”《左传・僖公十一年》：“敬，礼之舆也，不敬则礼不行。”最后，谦虚恭敬的目的是追求儒家理想的境界——“和”。《论语・学而》：“礼之用，和为贵。”即礼的应用的最高境界为和睦、和谐。《礼记・礼器》也说：“君子有礼，则外谐而内无怨。”就是说，人们只要谦恭有礼，就能在处理人际关系时，达到内无怨恨争斗，外面和谐安定的境界。

4. 忠孝

“忠”和“孝”是两个关系密切的道德规范，古人往往把它们并称。“孝”是传统伦理的一个极为重要的范畴，《说文解字・老部》云：“孝，善事父母者。从老省，从子，子承老也。”就是说，孝就是擅长于侍奉父母，或者说对父母好。汉代以后，“孝”被看作是一切道德的根本和核心，一个人孝顺与否，成为这个人有德无德的象征。而“忠”就是“孝”的延伸和转换。

陈少梅《二十四孝图之亲尝汤药》

传统孝道的内容十分宽泛，概括说来，可以分为从肉体方面孝顺父母和从精神方面孝顺父母两大方面。其中，肉体方面的孝顺又可以分为三点：第一，养父母之体。孝顺父母首先要赡养父母，让他们吃饱穿暖，甚至吃好穿好。第二，慎重地保护自己的身体。《孝经・开宗明义》：“身体发肤，受之父母，不敢毁伤，孝之始也。”儒家认为，自己的身体，是父母之遗

① 《论语・季氏》。

② 《论语・尧曰》。

体，是父母留在这个世界上的血脉，承担着使父母的血脉得以承传下去的重任。所以，要慎重地保护自己的身体，不使它受到毁坏和伤害。第三，传宗接代。仅仅慎重地保护自己的身体还不够，因为个人的生命是有限的，自己死了之后，父母留在这个世界上的血脉依然要中断，所以传统孝道视传宗接代为一项十分重要的内容。“父母生之，续莫大焉。”[①]“不孝有三，无后为大。”[②]在儒家看来，家庭的功能首推延续男子宗系，完不成这一重任，便是最大的不孝。为了传宗接代，男子可以一再娶妾，甚至停妻另娶。古代律法有“七出”之条，即男子可以合法地休弃自己妻子的七条理由，其中一条就是“无子”。

精神方面孝的内容也可以概括为三点。第一，养志。《孟子·离娄上》记载了孟子这样一段话：“曾子养曾皙，必有酒肉。将彻，必请所与；问有余，必曰‘有’。曾皙死，曾元养曾子，必有酒肉。将彻，不请所与；问有余，曰‘亡矣’，将以复进也。此所谓养口体者也。若曾子，则可为养志也。事亲若曾子者，可也。”这个故事说明，侍奉父母不仅要让他们吃得好，穿得好，还要从细微的地方体察父母的感情，顺随父母的意愿。这就是所谓的“养志”。虽然儒家也强调儿子觉得父亲有不对的地方，可以委婉地进谏。但是父亲如果不采纳，儿子不可强谏，也不能怨恨，还要恭敬他们，不违背他们。[③] 到了后世，这一层孝就发展成了儿子对父亲的绝对服从，即所谓“君叫臣死，臣不得不死；父叫子亡，子不得不亡”。第二，葬祭以礼。就是父母死后要按照礼的要求安葬父母，祭祀父母。这是为了使父母在子孙的祭祀思慕中得以不朽。其中，安葬父母，关键的是要有“哀戚之情”；祭祀父母，关键是要有“恭敬之心”。第三，扬名显亲。《孝经·开宗明义》：“立身行道，扬名于后世，以显父母，孝之终也。”古人认为，孝有大小，服劳奉养只是小孝，扬名显亲，才是大孝。创一番功德业绩，让父母跟着尊贵荣耀，这是最大的孝行。所以，《礼记·中庸》篇说：“舜其大孝也欤！德为圣人，尊为天子，富有四海之内，宗庙飨之，子孙保之。”

立身行道，扬名于后世，以显父母，孝之终也。

① 《孝经·圣治》。

② 《孟子·离娄上》。

③ 《论语·里仁》。

“忠”也有广义、狭义之分。广义的“忠”是指尽力做好份内的事，尽力做好别人托付的事，对别人负责。《论语·学而》：“为人谋而不忠乎？”《论语·子路》：“与人忠。”指的是“忠”的广义。狭义的“忠”专指对君主负责。战国及秦汉以后，随着君主专制政体的确立，“忠”作为一个道德范畴，其地位渐渐上升，成为一个与“孝”相对应的概念。中国传统社会在结构方面的一个突出的特点是“家国同构”，即家庭、家族与国家在组织结构方面具有共同性。家是小国，国是大家。在家庭、家族内，父家长的地位至尊，权力至大；在国内，君王的地位至尊，权力至大。因而，君主专制政权下的思想家们往往以“孝”拟“忠”，把孝亲与忠君统一起来。《孝经》说：“夫孝，始于事亲，中于事君，终于立身。”[1]“君子事亲孝，故忠可移于君；事兄悌，故顺可移于长；居家理，故治可移于官。”[2]这里，事君之“忠”成为事亲之“孝”的自然延伸。臣子孝忠君上，由原来简单的“对君主负责”扩展为孝子事亲所应当做到的一切方面，即“以孝事君则忠”[3]，甚至当尽忠与尽孝发生矛盾时，人们应该舍孝而取忠。

石雕——岳母刺字

5. 诚信

在中国传统的伦理规范系统中，“诚信”通常是两个分立的德目。所谓“诚”就是真实无妄，诚实无欺，表里如一。《中庸》：“诚者，天之道也；诚之者，人之道也。诚者，不勉而中，不思而得，从容中道，圣人也。诚之者，择善而固执之者也。”[4]意思是说，诚是天道运行的规律，人应该效法天道运行，诚实无欺，至公无私。天生而诚的人，做事不费力气，不用心思，从从容容去做，自然能和道理相符，这是圣人。常人想要做到真诚，须要用心择取善道，用心把握善道。“天之道”的“诚”是天地的根本特征，是万事万物运行的基本事实和规律；而作为“人之道”的“诚”就是要效法天地的。所以，朱熹对“诚”的释义是：“诚者，实也。”“诚者，真实无妄之谓，天理之本然

“夫孝，始于事亲，中于事君，终于立身。”“君子事亲孝，故忠可移于君；事兄悌，故顺可移于长；居家理，故治可移于官。”

① 《孝经·开宗明义》。

② 《孝经·广至德》。

③ 《孝经》。

④ 《中庸》20章。

也。"[①]"信"是指在人际交往中恪守自己的诺言，言行一致，表里如一，也含有诚实无欺的意思。故《说文》云："信，诚也。从人，从言。"孔子十分看重"信"，把它作为一种优秀的道德品质和一个人立身处世的基本原则。孔子说："人而无信，不知其可也。大车无輗，小车无軏，其何以行之哉？"[②]一个人如果在人际交往中言而无信，靠欺骗别人生活，就不能在社会上立足；这就如同牛车和马车没有辕上的销子一样，寸步难行。"信则人任焉"，"言忠信，行笃敬，虽蛮貊之邦，行矣。言不忠信，行不笃敬，虽州里，行乎哉"[③]？只有诚实守信才能获得别人的信任，从而与他人建立起良好的人际关系。说话忠诚信实，做事笃敬忠厚，即使到了偏远落后的地区也能行得通；反之，即使在本乡本土也很难行得通。

人而无信，不知其可也。大车无輗，小车无軏，其何以行之哉？

由于诚和信都含有诚实无欺、"真实而无虚伪"的意思，所以二者又可以互释。《说文》："诚，信也。""信，诚也。"有的学者也把"诚信"作为一个复合词来使用或作为一个条目来阐释。《管子·枢言》："先王贵诚信。诚信者，天下之结也。"意思是说，先王最重视诚信，有了诚信，天下各国就结好了。《荀子·修身》："公生明，偏生暗，端悫生通，诈伪生塞，诚信生神，夸诞生惑。此六生者君子慎之，而禹、桀所以分。"以"诚信"为明君与昏君分途，君子必须慎重对待的六种情况。儒家伦理观念中，诚与信是体和用、表和里、本和末的关系。"诚故信。""诚善于心之谓信。"[④]"诚"是主体内在的一种本然状态，"信"则是主体在对象性活动中内在之诚的外化。"诚"是信的思想基础，只有内诚于心，才能外信于人；"信"是诚的具体体现，无信则不足以见诚。因此，"诚则信矣，信则诚矣"[⑤]，诚信不二。

6. 三纲五常

"三纲五常"是君主专制时代统治阶级所提倡的一个道德规范的组合。先秦时期，孔孟等儒家先哲已提出人伦学说。孟子以君臣、夫妇、父子、长幼、朋友这五种关系为"五伦"，认为这是人生所应面对的最基本、最重要的五种社会关系。汉武帝时，董仲舒从"五

---

① 朱熹：《四书章句集注》，中华书局1983年版。

② 《论语·为政》。

③ 《论语·卫灵公》。

④ 张载：《正蒙》。

⑤ 《河南程氏遗书》卷二十六。

伦”中提取出三伦，即君臣、父子、夫妇，明确提出了“三纲”概念。《白虎通义》正式把“三纲”表述为“君为臣纲，父为子纲，夫为妻纲”[①]。“纲”，本义是渔网上的总绳，后引申为起决定、主导、支配作用的部分。“三纲”是指在君臣、父子、夫妇这三对一一对应的关系中，君、父、夫处于主导、支配地位，臣、子、妇处于被支配和服从地位。“五常”即仁、义、礼、智、信五种基本的道德规范。“常”是恒定、根本的意思。“五常”最早见于董仲舒《举贤良对策》：“夫仁、义、礼、智、信，五常之道。”《白虎通义·性情》说：“五常者何也？谓仁义礼智信也。”东汉以后学者常把“三纲”与“五常”合称，遂成习惯性术语。“三纲五常”是中国传统社会最基本的礼教原则。朱熹说：“宇宙之间，一理而已。”“其张之为三纲，其纪之为五常”[②]就是说，宇宙之间，只有一个永恒的规律，这个永恒的规律体现在人间就是“三纲五常”。

宇宙之间，一理而已。其张之为三纲，其纪之为五常。

7. 三从四德

这是一个专门为女子制定的道德规范组合。“三从”，最早见于《仪礼·丧服·子夏传》，指的是：“未嫁从父，既嫁从夫，夫死从子。”《白虎通义》对“三从”作了进一步的解释：“男者，任也，任功业也。女者，如也，从如人也。在家从父母，既嫁从夫，夫没从子也。”“夫者，扶也。扶以人道者也。妇者，服也。服于家事，事人者也。”“四德”最早见于《周礼》，班昭著《女诫》对四德作了诠注：“清闲贞静，守节整齐，行已有耻，动静有法，是谓妇德。择辞而说，不道恶语，时然后言，不厌于人，是谓妇言。盥洗尘秽，服饰鲜洁，沐浴以时，身不垢辱，是谓妇容。专心纺织，不好戏笑，洁齐酒食，以奉宾客，是谓妇功。此四者，女人之大德，而不可乏之者也。”“三从四德”是传统社会中妇女的最高道德规范，是男女不平等的理论基础。

广东梅州清代贞节牌坊遗址

① 《白虎通义·三纲六纪》。

② 《朱文公文集》卷七〇《读大记》。

第三节　中国传统修身之道与理想人格

中国传统的修身之道，就是传统社会中人们进行道德修养的方法和途径。中国传统的理想人格，就是传统社会中人们进行道德修养所要达到的理想品格。所谓"道德修养"，就是社会成员按照一定的道德原则和规范，为了实现一定的道德理想而对自己的品行进行锤炼和陶冶的功夫。传统中国人重视道德的作用，十分强调社会个体的道德修养。

一、传统修身之道

讲究修身是中国文化的优良传统。中国传统道德认为，人决不能仅仅满足于自身已有的道德水准，而是要不断地修养升华，不断地向自身挑战，不断地提升自己的道德情操，这就是孔子所说的"修己"和孟子所说的"修身"、"存养"。孟子所说的"存养"，即"存其心，养其性"。宋明时期，人们又把这种个体修养叫做"涵养"。"存养"或"涵养"的方法很多，包括存心养性、慎独、知耻、节欲、养气等。这些方法又称作"存养功夫"或"涵养功夫"，也就是我们所说的传统中国人的修身之道。这些方法主要是用来培养和保持自己心中的善性，使之发扬光大，其做法是存心寡欲，不受外来物欲诱惑，从而能保持和发挥自己的善心，或者把自己已经丧失的良心重新找回来（"求放心"）。

1. 存心养性

"存其心，养其性，所以事天也。""君子所以异于人者，以其存心也。君子以仁存心，以礼存心。"

存心养性之说最早出于《孟子》。孟子说："存其心，养其性，所以事天也。"[①]又说："君子所以异于人者，以其存心也。君子以仁存心，以礼存心。"[②]孟子把能存心养性，即保养人的道德意识，作为君子的本质特征。把人的道德善心看作是取之不竭、用之不尽的财富，提倡积极地保存、养护它，而不要使之丧失。孟子认为，丧失了道德意识，也就丧失了人的本心（本性）："学问之道无他，求其放心而已矣。"[③]就是说，学问的道理就在于能把丧失了的善心重新找回

① 《孟子·尽心上》。
② 《孟子·离娄下》。
③ 《孟子·告子上》。

来，这就是存心养性的功夫。孟子所要存的心，就是良知，他认为良知是天赋本有的。实际上，存心养性就是要谨守自己的道德良心，时刻警省，不做违背自己良知的事情。所以朱熹说："大抵学问须是警省"[①]，要求人每日自问。王阳明则说："求诸其心何为哉？谨守心而已矣。博学也，审问也，慎思也，明辨也，笃行也，皆谨守其心之功也。"[②]

2. 慎独

早期儒家经典《大学》和《中庸》中都提出了"君子慎其独"的思想。"慎独"是指一个人独自居处的时候也要谨慎地约束自己的内心和行为，防止有违背道德的思想或不符合道德要求的行为。《礼记·中庸》："是故君子戒慎乎其所不睹，恐惧乎其所不闻。莫见乎隐，莫显乎微，故君子慎其独也。"东汉郑玄解释说："慎独者，慎其闲居之所为。"强调君子在闲居独处而他人看不见、听不到自己言行的时候也要特别注意检点自己。宋明理学家十分重视"慎独"的作用，对此探讨甚多。比如朱熹认为，戒慎是对一个人喜怒哀乐情感及思想未发作时的一种警觉，是防患于未然的意思。总之，"慎独"是我国古代哲人提倡的一个十分重要的道德修养方法，它体现了严格要求自己的道德自律精神。

3. 知耻

耻是指羞耻，知耻即有羞耻心。古代思想家把知耻看作"勇"的表现，认为羞耻心是人的道德行为的基础，无耻是人生的大患。因此，古人特别注意培养知耻之心。从孔子的"行已有耻"，到孟子的"人不可以无耻"，知耻成为中国传统道德教育的一个重要起点。虽然古代思想家们在什么最可耻的问题上不一定有一致的意见，但他们对知耻的重视是相同的。如果一个人没有羞耻之心，那就什么坏事也能干得出来。古人还强调，知耻不是耻于"恶衣恶食"，或"言语不能屈服得人"，"意气不能凌轧于人"，而是要"耻其所当耻"，耻于道德修养和道德品质不如人。康有为提出四耻：一耻无志，二耻徇俗，三耻鄙吝，四耻懦弱[③]，值得借鉴。总之，知耻之心是道德自律中的一个重要思想内容，知耻之心是道德自觉的一个重要的思想基

一耻无志，二耻徇俗，三耻鄙吝，四耻懦弱。

① 《朱子语类》卷一二。

② 《王阳明全集》卷七《谨斋说》。

③ 康有为：《长兴学记·学记》。

础。在道德修养中,知耻带有普遍性。

4. 节欲

节欲或称寡欲,即节制欲望,是古人提出的又一个重要的道德修养的准则。老子主张"少私寡欲",孟子认为"养心莫善于寡欲"[①]。秦汉之后,董仲舒、王弼、周敦颐、程颢、程颐、朱熹等则主张"节欲"、"无欲"、"灭欲"。他们或认为物欲能干扰良心的活动,是产生不道德行为的根源;或认为物欲能干扰人们正常的认知活动,导致思想的混乱。因此他们主张以礼或理来节制情欲,认为节欲是一种道德修养活动,是一种锻炼自己意志的功夫。古人的节欲思想中有许多合理的成分,但也过分夸大了物欲的危害性,甚至否定人们正当的物质欲望,带有禁欲主义的倾向,则是不现实的。

5. 磨炼

磨炼即磨炼意志。孔子教育学生在具体事务上锻炼才干,磨炼意志。孟子认为实际事务甚至痛苦境地的磨炼是人担当大任的先决条件,所谓"天将降大任于斯人也,必先苦其心志,劳其筋骨,饿其体肤,空乏其身,行拂乱其所为,所以动心忍性,增益其所不能"[②]。宋明理学提倡"极高明而道中庸",把磨炼作为道德修养的根本途径。中国古代思想家普遍认为,在实践中磨炼比书本所得更真实、更深切。磨炼是既做了实事,又能在其中体验人生,增进修养,"世事洞明皆学问,人情练达即文章"。明清之际,实学思潮兴起,反对空疏讲论,提倡经世致用,给磨炼意志增加了新的内容。明代王廷相说:"习于己而不能达于事者谓之腐儒。""博于外尤贵精于内,讨诸理尤贵达于事。"[③]在实践中磨炼,注重现实、注重实际事物,培养实际能力,造就健全人格,丰富生活阅历,是传统修养方法的精华,值得继承发扬。

"天将降大任于斯人也,必先苦其心志,劳其筋骨,饿其体肤,空乏其身,行拂乱其所为,所以动心忍性,增益其所不能。"

6. 养气

养气之说最早出于孟子。这里的"气"是指一种生理——心理状态。所谓"浩然之气"是指一种道德和情操的精神境界。孟子认为人必须善于养气,才能体会这种状态。"养气"最根本的方法是要不断培养积累自己的道德意识和保持住这种道德意识状态。宋以

① 《孟子·尽心下》。
② 《孟子·告子下》。
③ 《王廷相集·慎言·潜心篇》。

后的儒学家们，又进一步发展了孟子的养气说，提出了气质与变化气质的问题。气质，主要指人的禀性、生理欲望、情感等。宋明理学家认为气质是有善有恶的，所谓变化气质，就是要克服气质中的恶，使之纯归于善。而做到这一点的办法就是“持志”，用“志”（道德理性）来驾驭气质，使气质完全符合道德的标准。“变化气质”说，就其提倡以道德理性来驾驭情欲而言，有着合理的思想成分，但把气质说成有善有恶，是产生恶的根源，又是不符合实际的。应当承认，气质本身无所谓善恶，善恶的观念完全是后天造成的。

二、传统理想人格

中国传统理想人格主要指儒家所推崇的“圣人”人格和“君子”人格。

圣人人格是中国传统伦理道德所追求的最高理想，是道德完美的典范。其具体代表是尧、舜、禹、汤、文、武、周公等人。荀子对圣人有一个经典性的定义：“圣也者，尽伦者也；王也者，尽制者也。两尽者，足以为天下极矣，故学者以圣王为师。”[①]“尽伦”即达到伦理道德境界和践履的极致；“尽制”即达到外在事功的极致，成为政治上的领袖。也就是说，圣人是集“内圣”与“外王”于一身的人，他不仅在道德人格与境界上达到了一个极高的水平，而且又能够将这种道德力量转化为政治上的功业，造福于广大民众。但是，儒家的这种“圣”“王”一体的描绘，只是理论上的美好希望。在社会实践中，“圣”者未必能“王”，“王”者也未必尽“圣”。比如孔子，在道德修养层面足以达至“圣人”的境界，在政治上却常如“丧家之犬”，东奔西突而无法一展抱负。所以，后世儒学渐渐地将“内圣”与“外王”并重转向更多地强调“内圣”，“圣人”人格的示范意义，也渐渐地由“圣”与“王”两个方面，向单纯的“内圣”靠拢。“圣人之道”或者“圣人之心”成为后世探寻、效仿的主要标的。

儒学认为，“圣人之心”在本质上是与宇宙相统一的。圣人在道德修养的过程中，逐渐摒弃了个人的物欲、世俗的好恶、名利的获取，使自我人格逐渐扩大、上扬，最终与天地相齐，因此能在伦理实践中视天下万物、人、我为一体，“仁民爱物”。这就是张载所说的：

① 《荀子·解蔽》。

"民吾同胞，物吾与也。"[①]王阳明也说："夫圣人之心，以天地万物为一体，其视天下之人，无外内远近，凡有血气，皆其昆弟赤子之亲，莫不欲安全而教养之，以遂万物一体之念。"[②]"圣人"与一般之人有天壤之别："圣人大公无我，真天地之气象。后人区区小智自私，昼夜图为，无非一身佚欲之计，宜其气象之鄙陋也。"[③]"圣人"在人格与境界上是"大我"式的存在，故能以"大公"之心处事为人，不汲汲于私利物欲，所以不仅不会落入怨天尤人的境况，而且具有"天地之气象"，身体和精神都处在一种大气磅礴、健康自在的状态中。而一般世俗之人，在人格与境界上多囿于"小我"式的存在，以自我的本能与欲望满足为出发点，去为人处事，因而常陷入不尽如人意、怨天尤人的境况之中。

"圣人大公无我，真天地之气象。后人区区小智自私，昼夜图为，无非一身佚欲之计，宜其气象之鄙陋也。"

"圣人"人格至真至善至美，但在现实生活中却极少有人能够达到。所以，在"圣人"之外，儒家又提出了"君子"这一人格典范，作为人们效法的榜样。"君子"一词最初是贵族的专称，与庶民百姓即"小人"相对。《诗经·魏风·伐檀》："彼君子兮，不素餐兮。"后来，统治阶层的道德素质越来越受到人们的重视，人们开时强调"君子"的道德素养，"君子"渐渐由一个表示身份地位的概念转化为一个表示个人人格素养的概念。秦汉时期，"君子"与"小人"的对应，已经不表示身份地位上的对比，而是表示道德素养的高低。

在"君子"内涵的转化过程中，孔子起了很大的作用。《论语》中，"君子"一词出现 107 次，其中大部分是作为一个表示道德素养的概念出现的。如："人不知而不愠，不亦君子乎！""君子务本，本立而道生。孝悌也者，其为仁之本欤！"[④]"君子喻于义，小人喻于利。"[⑤]"君子坦荡荡，小人长戚戚。"[⑥]"子曰：'质胜文则野，文胜质则史，文质彬彬，然后君子。'"[⑦]那么，"君子"应该具有怎样的道德境界呢？《论语·宪问》中有一个对君子品德较为全面的表述："子曰：'君子道者三，吾无能焉：仁者不忧，知者不惑，勇者不惧。'""仁者不

"人不知而不愠，不亦君子乎！""君子务本，本立而道生。孝悌也者，其为仁之本欤！""君子喻于义，小人喻于利。""君子坦荡荡，小人长戚戚。"

① 张载：《西铭》。
② 《王阳明全集》卷二《传习录》。
③ 薛瑄：《读书录》卷四。
④ 《论语·学而》。
⑤ 《论语·里仁》。
⑥ 《论语·述而》。
⑦ 《论语·雍也》。

忧”就是说君子应当具有“仁者爱人”的情怀、推己及人的精神。孔子认为，“仁”是君子首先应该具备的品格。他说：“君子去仁，恶乎成名。君子无终食之间违仁，造次必于是，颠沛必于是。”孔子多次要求他的学生“志于仁”，“依于人”，“无求生以害仁，有杀身以成仁”。为了达到“仁”的境界，君子应该主动加强自我修养。孔子说：“君子有三戒：少之时，血气未定，戒之在色；及其壮也，血气方刚，戒之在斗；及其老也，血气既衰，戒之在得。”①“知者不惑”就是说，君子应当具有渊博丰富的知识、好学上进的作风。孔子说：“君子不器。”②就是说君子不像一般的器皿一样，只有一种用途，而应该具有渊博的知识，宏富的学问，在诸多方面有所造诣。要做到学问宏富，就必须好学上进。因此，“君子食无求饱，居无求安，敏于事而慎于言，就有道而正焉，可谓好学也已。”③君子在学习上不能贪图安逸，要有刻苦勤奋的精神，以人为师的勇气。“勇者不惧”就是说，君子应当具有见义勇为、坚忍不拔的精神。《论语·宪问》中说“仁者必勇”。孔子认为君子之勇不是盲目的勇猛，而是以“义”为指导的勇，是勇于为仁、勇于为义的勇。孔子的学生子路问孔子：“君子尚勇乎？”孔子答：“君子义以为上，君子有勇而无义为乱，小人有勇而无义为盗。”④君子之勇与小人之勇有本质区别，君子之勇是一种坚持仁德和正义的操守，君子是可以临危受命而又坚忍不拔的人：“可以托六尺之孤，可以寄百里之命，临大节而不可夺也。”⑤

“君子义以为上，君子有勇而无义为乱，小人有勇而无义为盗。”

中国传统道家、佛家也有自己的理想人格。如庄子以“真人”、“神人”、“至人”为理想人格，赋予其某些超人的力量，甚至“登高不慄、蹈火不伤、入水不溺”。老子的理想人格是与自然的原始质朴为一，即所谓“复归于婴儿”。

中国传统修身之道和理想人格，是传统文化的精华，认真研究并创造性地加以继承和发展，对于中华民族的伟大复兴具有重要意义。

---

① 《论语·季氏》。

② 《论语·为政》。

③ 《论语·学而》。

④ 《论语·阳货》。

⑤ 《论语·泰伯》。

参考书目

1. 马敏主编:《中国文化教程》,华中师范大学出版社 1995 年版。

2. 张君劢:《明日之中国文化》,山东人民出版社 1998 年版。

3. 张海鹏、臧宏主编:《中国传统文化论纲》,安徽教育出版社 2001 年版。

4. 谭家健:《中国文化史概要》,高等教育出版社 1988 年版。

思考题

1. 简述儒家和法家的义利观。
2. 孔子的伦理思想包含哪些内容?
3. 概述中国伦理规范的基本内容。
4. 如何认识和评价中国传统修身之道?
5. 论"君子"。

第五章

中国传统礼仪制度

中国素以“礼义之邦”著称于世。礼是中国文化的根本特征与标志，礼仪是礼的具体表现形式。中国古代，礼仪是一整套大到国家政治体制、朝廷法典，小到婚丧嫁娶、待人接物的繁琐、细密、等级森严、包罗万象的文化思想体系和政治体系。到了近代，礼仪的范畴才逐渐缩小到仅指礼节仪式。

礼启始于人的日常行为活动，饮食之礼、婚姻之礼成为人类最早的礼仪。为了调整主、客观矛盾，平衡欲望与条件之间的矛盾而制定的行为法则就是礼。“伏羲以来，五礼始彰；尧舜之时，五礼咸备。” 经过周公制礼作乐，五礼逐渐完备起来，渗透到国家管理和社会生活的各个方面。由儒家学者整理而成的礼学专著——《周礼》、《仪礼》、《礼记》是古代各朝制订礼仪制度的经典著作，被称为“三礼”。清代秦蕙田编著的《五礼通考》，内容翔实，是研究礼学的重要著作。

第一节　中国传统的五礼

一、吉礼

吉礼即祭祀之礼。古人普遍认为，祭祀能给自己带来福祉，是国家的大事，所谓“礼有五经，莫重于祭”①，“国之大事，在祀与戎”②。所以，吉礼成为五礼之首。吉礼的主要内容包括：祭祀天神之礼，指对上帝、日月星辰、司中、司命、风师、雨师的祭祀之礼；祭祀地祇之礼，指对社稷、五帝、五岳、山林川泽、四方百物的祭祀之礼；祭祀人鬼之礼，指对先王、先祖、先圣、先贤的祭祀之礼。

古人普遍认为，祭祀能给自己带来福祉，是国家的大事，所谓“礼有五经，莫重于祭”，“国之大事，在祀与戎”。

1. 祀天

天在古人眼里不仅是自然万物的缔造者，也是社会秩序的维护者。古文献记载，虞舜、夏禹时代已有祭天之礼，称为“类”。殷商时期，天神称“帝”或“上帝”，祀天之礼进一步规范化。周公制礼作乐，使礼日臻完善。周代，天帝的形象被人格化，周王被称为“天子”，作为天的儿子，代表天来统治人民，只有周王才有祭天的资格，其他各级君主虽也崇拜上帝，但只能采取不同形式的助祭。

“圜丘祀天”——是周代祭天的正祭。圜丘是一个圆形的祭坛。古人认为天圆地方，所以建圆形的祭坛祭天，建方形的祭坛祭地。圜丘祀天于每年的冬至日在国都南郊举行，故又称“郊祀”。祀天是我国古代最隆重的政治宗教活动，据秦蕙田《五礼通考》记载，周代祀天有二十多个环节：卜日、择土、斋戒、具陈设、警戒、除道、祭报、出郊、燔燎、作乐降神、迎尸、杀牲荐血、祝号、享牲、送尸、彻告事毕等。这里仅择要介绍其大致过程：祀天之日，天子身着饰有日、月、星、辰、山、龙等图案的衮服，外着大裘，头戴前后垂有十二旒的冕，腰插大圭，于清晨率百官来到郊外。鼓乐声中，天子手持镇圭，面向西方，立于圜丘东南侧，报知天帝降临享祭。然后，由周天子牵着献给天帝的牺牲，把它宰杀，和玉帛等祭品一起放在柴垛上，天子点燃积柴，烟火高高升腾于天，让天帝嗅到气

北京天坛圜丘

① 《礼记·祭统》。

② 《左传·成公十三年》。

北京天坛祈年殿

味，称为“燔燎”，又叫“禋祀”。随后，由活人扮演的作为天帝化身的“尸”登上圜丘，代表天帝接受祭享。待“尸”在盛放玉帛等祭品的礼器前就坐后，先向其献牺牲的鲜血，随后依次献五种质量不同的酒及全牲、大羹（肉汁）、刑羹（加盐的菜汁）、黍稷等。祭毕，天子与舞队同舞《云门》之舞。最后，祭祀者分享祭祀用的酒醴，称为“饮福”，天子把祭祀用的牲肉分赐给宗室臣下，称“赐胙”。

周代郊祀除常规的冬至日祭天外，也有临时性的目的明确的郊祀，如遇建都、征伐等重大事件时。后代祀天之礼大多依周礼而定，少有变通。秦汉时期行三年一郊之礼，而唐时祀天一年四次，祭祀时以神主或神牌位代替了由活人扮演的“尸”，而且后世在祭祀活动中出现了天地合祭的趋势。

祈谷——正月的第一个辛日祭天以祈祷丰年。据《礼记·月令》记载：“孟春之月，天子乃以元日祈谷于上帝。”西汉至魏晋，多将祈谷与圜丘祀天混为一谈。唐制专设祈谷之礼，仪式与圜丘祀天略同。明嘉靖九年（1530）把原来的大祀殿改为大享殿，专门用于孟春祈谷，后又改祈谷之礼于惊蛰之日举行。清仿明制行祈谷礼。

雩礼——是为求雨而进行的祭祀。

雩礼——是为求雨而进行的祭祀。周代的雩礼有两种：一种是每年孟夏举行的常规雩礼，称“大雩帝”，以盛大的舞乐祭祀天帝及山林川泽之神，以求风调雨顺；另一种是久旱不雨时举行的雩礼，举行雩礼时用巫舞而不用乐，气氛严肃，祈祷殷切。西汉雩礼一年两次：“春二月雩，秋八月亦雩，春祈谷雨，秋祈谷实。”隋唐时期，在圜丘行雩礼，如于初祈后十日不雨，则禁民间屠宰，雨足则以酒脯报祀谢神。明初，祈雨无常仪，“春祈雨，冬祈雪，皆御制祝文，躬祀南郊及山川坛”。清顺治年间，始祷雨圜丘。乾隆二十四年（1760），定常雩于立夏日举行，嘉庆以后改在立夏后择吉日举行。

明堂——季秋之月以收获的谷物和牲畜祭祀天帝的礼仪。关于明堂制度，历来争论颇多，一般认为明堂是宣明正教、举行大典的地方，早期功能较多，后来偏重祭祀五帝，作为郊祭的一种补充。“五帝”一般指黄帝（居中，具土德）、太皞（居东方，具木德，主春，亦称青帝）、炎帝（居南方，具火德，主夏，亦称赤帝）、少皞（居西方，具金德，主秋，亦称白帝）、颛顼（居北方，具水德，主冬，亦称黑帝）。明堂祭祀天帝一般重点祭祀与本朝相一致的一帝，同时还要配祀先帝，如汉武帝明堂之享以景帝配祀，东汉章帝以光武帝配祀。

祀日月星辰——日月星辰与人们生产生活密切相关，对日月星辰的祭祀，主要是祈求风调雨顺、五谷丰登、天下太平及长寿。这类祭祀始于周代。相传"祭日于坛，祭月于坎"(《祭义》)，春分之朝祭日，秋分之夕祭月，祭日于东，祭月于西，这是日月的正祭。另外，郊祀天帝常以日月星辰从祀，诸侯觐见天子之礼要到南门拜日，北门拜月；祈年也要祭日月星辰。星辰之祭，主要是指"五星"[①]、"二十八宿"[②]，另外还有众多星象之神，多达数百，如司命主老幼，司中主灾咎，司民主户口，司禄主赏功。

2. 祭地

大地吐生万物，哺育人类，在以农为本的中国古代，土地是人们生活可依赖的唯一的重要的生活资料，人们视土地为人类和万物的母亲，故有"父天而母地"的说法，并把它作为神灵来崇拜。对于统治者来说，土地的占有又是获取政治权力的基础，所以，祭地同祀天一样成为国家典章制度中最重要的内容。

方丘祭地——是祭祀地神的正祭。古文献中的土地神称"地祇"或"社"，祭礼叫"宜"。方丘，即四周环水的方形祭坛，象征四海环绕大地，每年夏至日在国都北郊水泽之中的方丘举行祭地大典。祭地礼仪与祭天礼仪大致相同，只是祭地不用燔燎而用瘗埋，《礼记·祭法》："瘗埋于泰折，祭地也。"即挖坎穴把祭品埋入土中。祭地所用牺牲取黝黑之色，玉为黄琮，取黄色象土、方形象地之意。

四望山川——即祭祀境内的名山大川。《礼记》上说："四坎坛，祭四方也。山林、川谷、丘陵能出云、为风雨、见怪物，皆曰神。"[③]祭祀山林、川泽、丘陵之神，用以祈求丰年。祭祀山川，亲至其地而祭，称为"祭"；因山川距离遥远，远望山川而祭之，则称之为"望"。《通典·礼六》："周制，四坎坛祭四方。"即在国都四郊各建一坛，望祀一方的名山大川。古代的名山大川主要有："五岳"(东岳泰山、西岳华山、南岳衡山、北岳恒山、中岳嵩山)、"四渎"(江、济、河、淮)、"四海"(东海、南海、西海青海湖、北海贝加尔湖)。以血祭祭五岳，以埋坎

古代的名山大川主要有："五岳"(东岳泰山、西岳华山、南岳衡山、北岳恒山、中岳嵩山)、"四渎"(江、济、河、淮)、"四海"(东海、南海、西海青海湖、北海贝加尔湖)。

① "五星"是指东方岁星、南方荧星、西方太星、北方辰星、中央镇星。

② "二十八宿"是指东方苍龙七宿：角、亢、氐、房、心、尾、萁；北方玄武七宿：斗、牛、女、虚、危、室、壁；西方白虎七宿：奎、娄、胃、昂、毕、觜、参；南方朱雀七宿：井、鬼、柳、星、张、翼、轸。

③ 《礼记·祭法》。

清代社稷坛

祭山林川泽。正祭之外，国家遇有大事，如重大军事行动、凶灾变异等，也要举行望祭。

封禅——是古代帝王于泰山上祭告天地的典礼。“封”指在泰山上筑土为坛以祭天，报天之功；“禅”指在泰山下小山（指梁父）上除地，报地之功。“封禅”是古代特别隆重而又难得举行的祭祀天地的大典，只有改朝易代或帝王自认为世治国盛之时才有可能举行。由于这一隆重的典礼要耗费巨大的人力物力，所以，历史上行封禅之礼的帝王屈指可数，有确凿史料记载的封禅帝王只有秦始皇、汉武帝、光武帝、唐玄宗、宋真宗等人。除泰山以外，历史上只有武则天于万岁登封元年(696)登封嵩山，禅于少室。

祭社稷——“社，土地之主也，土地阔不可尽敬，故封土为社，以报功也；稷，五谷之长也，谷众不可遍祭，故立稷神以祭之。”[①]社稷之神最初就是指土地、谷物的神灵，后来出现宗教神话，由传说中的英雄人物来担当。传说共工之子名勾龙能平水土，被称为“后土”，立为社神；厉山氏之子名柱，善植百谷，被称为稷神；周人以始祖后稷为稷神。中国以农业立国，所以历代非常重视社稷。《周礼·春官·小宗伯》：“建国之神位，右社稷，左宗庙。”建国以社稷为先，“社稷”成为国家的代名词。天子诸侯每年春季祭社稷，以祈求丰年，秋季祭社稷，表示报谢。天子社稷坛由五色土组成，中央黄，东方青，南方赤，西方白，北方黑，象征天子拥有天下广土；诸侯则按其方位用一色土，历代沿之。今北京中山公园仍有保存完好的清代社稷坛。

社稷之神最初就是指土地、谷物的神灵，后来出现宗教神话，由传说中的英雄人物来担当。

清代家庙祭祀图

3. 宗庙祭祀

在宗法制度影响下，敬天祭祖成为中国古代社会精神生活的头等大事。周代已确立了宗庙祭祀制度：天子七庙，三昭三穆，与太祖之庙合而为七；诸侯五庙，二昭二穆，于太祖之庙合而为五；大夫三庙；士一庙。所谓昭穆，是指宗庙中位次的排列，始

① 《孝纬经》。

祖以下，父曰昭，子曰穆，依次左右排列下去。对于除始祖之外的渐渐远去的“亲尽”之庙则实行“毁庙”制度，即把远祖的神主移入“祧庙”，藏在石函或专设的房间里，合祭时才拿出来与其他的远近祖先一起进行总祭，称之为“祫祭”。

天子诸侯的宗庙建于中门左侧，大夫则左庙而右寝。昭庙在左，穆庙在右。天子诸侯祭祀宗庙，春曰祠，夏曰礿，秋曰尝，冬曰烝，都在四季的孟月举行，加上夏历十二月的腊祭，每年共五祀，每三年或五年一大祭，称为“禘祭”。秦汉以后，随着私庙制度的逐渐完善，祭祖不再是全国统一的政治行为。南宋以后，随着宗族祠堂制度出现，祭祖活动更加分散和放宽。清代，庶人可以祭父、祖、曾、高四代祖先。

古代祭祀行礼非常严格，有“九拜”之礼：一曰稽拜，二曰顿拜，三曰空首，四曰振动，五曰吉拜，六曰凶拜，七曰奇拜，八曰褒拜，九曰肃拜。稽拜是跪下后两手着地，引头至地，停留一段时间，是九拜中最重的礼仪；顿拜是引头至地，稍顿即起，是拜礼中次重者；空首是两手拱地，引头向地而不着地，是礼拜中较轻者；振动是两手相击，振动其身而拜；吉拜是立拜以后再稽拜；凶拜是稽拜以后再立拜；奇拜是屈一膝而拜；褒拜是回报他人行礼的拜礼；肃拜是俯身行拱手礼。前三种为正拜，后六种是前三种的变通。

古代祭祀行礼非常严格，有“九拜”之礼：一曰稽拜，二曰顿拜，三曰空首，四曰振动，五曰吉拜，六曰凶拜，七曰奇拜，八曰褒拜，九曰肃拜。

4. 其他祭祀

我国古代祭祀名目繁多，除以上三类以外，列入国家祀典的重要祭祀还有：

祀先代帝王——指对传说中的三皇五帝等有功于民者的祭祀。《礼记·曲礼》：“法施于民则祀之，以死勤事则祀之，以劳定国则祀之，能御大灾则祀之，能捍大患则祀之。”汉代始为先代帝王修建陵园，立祠祭祀，后来受享祭的人数越来越多，至清代康熙帝时“凡为天下主，除亡国及无道被杀，悉当庙祀”。于是增祀帝王达 143 人，从祀功臣 40 人。

清雍正帝先农坛亲祭图

祀先圣先师——祭祀先圣先师，初为立学之礼，未有特定之人，汉魏以后逐渐以周公为先圣，孔子为先师。唐朝定孔子为先圣，颜回为先师，唐玄宗赠封孔子为文宣王，祀孔升为中祀。元代，孔子之后袭封衍圣公，天下郡学书院皆修孔庙以时祀之。清同治中，祭孔上升为大祀，礼乐仪注拟于君王；阙里有颜、曾、孟、子思四庙。

籍田与祀先农礼——天子率诸侯于孟春正月祭祀农神并亲自耕田之礼。旨在祈求丰年，寓意重视农耕。

亲桑与祀先蚕礼——天子后妃于仲春二月以少牢祭祀先蚕神，三月朔率内外命妇于北郊，亲桑事，以鼓励蚕桑生产。历代所祀蚕神各有不同，后齐以黄帝为先蚕，后周以嫘祖为先蚕。

高媒之祭——高媒即高母，传说是主宰婚姻与生殖之神，所以敬祖重嗣必祭高禖。周代，天子率妃嫔于仲春二月祭祀媒神。汉武帝年二十九始得太子，于是立媒祠于城南，郊以特牲。

蜡腊之祭——蜡祭指祭祀农业、田猎、畜牧业诸神。按郑玄的说法，天子大蜡有八：先啬、司啬、农、邮表畷、猫虎、坊、水庸、昆虫。后来蜡祭之神逐渐增多，宋代近二百位，包括星辰、岳镇海渎、山林泽丘、四灵五虫等，于是蜡祭成为年终百业报众神之恩、祈来岁诸事之福的大合祭。腊祭，指夏历十二月祭祀先祖之礼。后世把蜡腊合为一谈。

二、嘉礼

嘉礼是和合人际、联络感情之礼。其主要内容有六：一曰饮食，二曰婚冠，三曰宾射，四曰飨燕，五曰脤膰，六曰庆贺。

1. 燕飨之礼

“燕”通“宴”，即宴饮之礼。《周礼》：“以飨燕之礼，亲四方之宾客。”燕飨之礼，是古时王室以酒肉款待宾客之礼。飨礼在太庙举行，虽设酒肉，但并不真的吃喝，牛牲“半解其体”，也不煮熟，不能食用。飨礼规模宏大，重在仪式，用以明君臣之义、贵贱等差；燕礼在寝宫举行，烹狗而食，主宾献酒行礼之后即可开怀畅饮，所以《左传·成公十二年》：“飨以训恭俭，燕以示慈惠。”秦汉以后一般在朝会（正月初一）、圣诞（皇帝诞辰）等所谓大庆、大礼时举行“大宴”。在重要节日如立春、上元、寒食、端午、七夕、中秋、重九等，皇帝也常赐宴，称为“节宴”。“大宴”气氛较严肃，节宴则比较轻松活泼，常在园林楼阁举行。

2. 冠笄之礼

古代冠礼

所谓冠礼，是指男子的成年礼仪。冠礼由氏族社会盛行的成丁礼演变而来。宗法社会中，加冠后就被承认为成年男子，从此有执干戈以卫社稷等义务，同时也就有了娶妻生子等成年男子所拥有的权利。《礼记·冠义》："已冠而字之，成人之道也。……将责为人子、为人弟、为人臣，为人少者之礼行焉。"

据《礼记·曲礼上》，行冠礼的年龄，一般为20岁。加冠在古代是人生一件大事，一般在宗庙里举行，由父或兄主持。冠礼前，要以蓍草占卜，选定加冠的良辰吉日。冠礼时，"宾"（主持人）要给受冠者加三种形式的冠：先加缁布冠（用黑麻布做成），表示从此有治人特权；其次加皮弁（用白鹿皮制成），表示从此要服兵役；最后加爵弁（用葛布或丝帛做成）。加冠后，由"宾"给受冠者取字。

宗法社会中，加冠后就被承认为成年男子，从此有执干戈以卫社稷等义务，同时也就有了娶妻生子等成年男子所拥有的权利。

以上是"士冠礼"，至于天子诸侯行冠礼便不一而论。《左传·襄公九年》记载，鲁襄公十二岁而冠，秦王嬴政二十一而冠。除上述三冠以外，还要加"玄冕"——一种顶上有一块前圆后方的冕板、前后带旒的冠。汉代皇帝的冠礼称"加元服"，有缁布冠、爵弁、武弁、通天冠等四种冠。魏晋时，皇帝冠礼只用"一加"，太子用"再加"，王公士子用"三加"，且冠礼时用音乐伴奏。唐、宋、元、明也都实行冠礼，清代废止。

男子二十而冠，女子十五而笄。古代女子在15岁许嫁时举行的成人礼仪叫"笄礼"。笄礼由女性家长主持，负责加笄的是女宾。女宾将笄者头发绾成发髻，盘在头顶，然后着髻。加笄后也要取字。女子到了20岁，即便仍未许嫁，也要举行笄礼。

男子二十而冠，女子十五而笄。古代女子在15岁许嫁时举行的成人礼仪叫"笄礼"。

3. 宾射之礼

射即射箭。射箭是原始人类征服野兽、抵御外敌的重要手段，后来逐渐演变成以比试射箭娱乐宾客的习俗。周人创制的射礼即起源于上古时代的军事教育，主要有四种：大射、宾射、燕射、乡（飨）射。大射是天子、诸侯祭祀前为选择参加祭祀的贡士而举行的射礼；宾射是诸侯朝见天子或诸侯相会时举行的射礼；燕射是天子与群臣燕息之时举行的射礼；乡射是地方官为荐举贤能之士而举行的射礼，一般与乡饮酒礼同时举行。此四种射礼，仪节繁缛庄重，被

投壶场面画像石

看作是人际交往的重要手段，所谓："以立德行者，莫若射。"[1]射者要目的明确，姿势和谐，容仪进退要合乎礼节，动作要和于乐歌节奏。射礼的目的在于竞技、选士，更重要的是进行等级伦理教育。后世帝王也多行射礼，但其主要目的在于表示重视武备。

如果庭院不够宽敞，不足以张弓比箭，便以"投壶"代替弯弓。主宾手执箭矢，投入壶中为胜。春秋时期，此礼盛行一时。《左传·昭公十二年》记载，晋侯齐侯投壶宴饮，晋侯先投，中行穆子致词说："有酒如淮，有肉如坻，寡君中此，为诸侯师。"一投而中。齐侯投时，执矢祝首："有酒如渑，有肉如陵，寡人中此，与君代兴。"也一投而中。政治风云，隐于笑谈之中。

4. 乡饮酒礼

乡饮酒礼是敬贤尊老之礼，是古代地方行政管理工作的一项重要内容。历代常以乡饮酒礼作为推行教化的手段。

乡饮酒礼是敬贤尊老之礼，是古代地方行政管理工作的一项重要内容。历代常以乡饮酒礼作为推行教化的手段。汉代乡饮酒礼与郡县学校祀先圣先师之礼同时举行。隋代在国子监或地方学校举行。唐代科举取士以后，地方长吏即以乡饮酒礼招待，后代发展为鹿鸣宴。明清时期，乡饮酒礼在孟春正月及孟冬十月举行，并伴有读律令和训诫致词的内容，对民众加强控制的目的更为明显。

5. 贺庆之礼

朝贺之礼主要有改元、岁首、万寿节等。新君即位或有祥瑞，往往改变年号，称为"改元"，要祭告天地，拜谒祖庙，大赦天下。每年岁首，群臣上表拜贺，皇帝宴飨群臣，称为"正会"。东汉以后朝贺礼还增加了"计吏"向中央政府报告当地行政、财政情况的内容。此制为历代沿袭。"万寿节"又称"千秋节"，指帝王诞辰。唐玄宗之前，帝王有纪念诞辰的活动，但并无庆贺典礼，玄宗以后始有帝王诞辰庆贺之典。宋金以后，此仪规模渐增。

① 《礼记·射义》。

三、宾礼

宾礼即接待宾客之礼。《周礼》:“以宾礼亲邦国”,宾礼是用来加强王朝与诸侯国及诸侯国之间联系的礼仪。后世将皇帝遣使番邦、外来使者朝贡、觐见及相见之礼等都归入宾礼。

1. 朝觐之礼

朝觐之礼指诸侯藩国朝见天子的礼仪。诸侯拜见天子,春季曰“朝”,“以图天下大事”;夏季曰“宗”,“以陈天下之谟”;秋季曰“觐”,“以比邦国之功”;冬季曰“遇”,“以协诸侯之虑”。朝觐之礼意在明君臣之义,通上下之情。王畿之内的诸侯,每年四次朝觐,畿外诸侯分为“六服”:侯服、甸服、男服、采服、卫服、要服,从一年一见到六年一见。九州之外谓之藩国,一世一见。但这只是理想,实际上各代并不严格照此执行。

两汉朝觐之礼或一年一朝,或两年一朝,不太讲究君臣礼数。唐宋时,朝觐之礼有皇帝遣使迎劳、戒日、藩主拜见皇帝、皇帝赐宴、藩主奉贽献贡物、皇帝赏赐藩主等一系列繁琐礼节。明清时期,诸王每岁朝觐,但要按嫡庶长幼之序依次分班来京。

2. 会同之礼

会同之礼是四方诸侯藩主一同来朝见天子的礼仪。会同之前,先告祭宗庙、社稷、山川。会同之时,天子先向诸侯三揖行礼,诸侯享献,而后天子率诸侯拜日、盟誓等。礼毕,天子宴飨诸侯,或行宾射之礼。

3. 相见之礼

《仪礼》有《士相见礼》,以士礼为主,记载了士、大夫及庶人相见之礼。秦汉至宋,各朝均无相见礼。宋太祖乾德二年(964)定立群臣相见之礼:下级见上级,按职官分别行礼;途中相见,下级“敛马侧立”等候上级通过,或“回避”分路而行;同级相见,行对拜礼;下级参拜上级,上级官员要答拜,如品级相差较多,则上级无需答拜。明代官员之间行揖礼,公、侯、驸马相见行两拜礼;庶人相见,依长幼行礼,幼者先施礼。清代王公相见,宾主二跪六叩行礼;官员之间再拜行礼,庶人相见行揖礼。

四、军礼

军礼指军队征战、操练之礼。《周礼》所讲的军礼包括“大师之礼”，指召集整顿军队出师之礼；“大均之礼”，指校正户口，调节赋役征收之礼；“大田之礼”，指检阅车马人众，定期狩猎之礼；“大役之礼”，指营建土木工程之礼；“大封之礼”，指整修道路、疆界、沟渠之礼。

1. 征战之礼

古代军队出征，有天子亲征和命将出征两种。天子亲征要“类于上帝”、“宜于太社”、“告于太庙”、“祃于军神”、“軷于国门”。即出师之前，要举行祭告天地、宗庙、军神、军旗、道路等的祭祀活动，以示此次征伐乃受命于天地、祖宗之意，并祈求得到神灵护佑。祭祀完毕，举行誓师典礼，一般是告知出征的目的和意义，整齐军纪，鼓舞士气。如果是命将出征，君王要在太庙召见全军将士，并授节钺于大将以节制全军。

所谓“赏于祖”、“戮于射”，就是指对立功者受赐于祖庙木主之前，违反军令者则在社神木主之前刑戮，表示赏罚公正，鬼神可鉴。

行军作战过程中，要将祖庙的木主和社神木主载于军中，所谓“赏于祖”、“戮于射”，就是指对立功者受赐于祖庙木主之前，违反军令者则在社神木主之前刑戮，表示赏罚公正，鬼神可鉴。军队凯旋，天子要出城迎接，称为“郊劳”。回京后要在太庙、太社祭告天地祖先，献捷献俘。而后是论功行赏，称为“饮至”。如果军队败绩而归，则称为“师不功”或“军有忧”，以丧礼迎接。

2. 检阅之礼

检阅之礼指君主亲自检阅军队训练之礼。春秋战国之际，各国君主就经常检阅军队，《礼记·月令》：“天子乃命将帅讲武习射、御、角力。”《左传·桓公六年》：“秋，大阅，检车马也。”西汉时，一般在郊礼后举行演武检阅之礼。北魏时，检阅制度以南北二军的对抗性演习为主，后齐在演习战阵之法时，还讲究目、耳、心、手、足的训练。唐代讲武之仪于仲冬之月在都门外举行，文武九品以上官员随皇帝前往，同时安排郡县及藩国使者参观，百姓亦可前往观看。唐玄宗先天二年(713)十月，征兵20万于骊山讲武检阅，旌旗连绵50里，长安市属争相前往，道路塞途。宋以后，讲武演习之礼相沿不衰。

3. 田猎之礼

古代之所以把田猎之礼列入军礼，是因为古代田猎是一项具有军事意义的活动。班固说：“王者诸侯，所以田猎者何也？为田除害，上以供宗庙，下以简集士众也。”[①]据《左传》记载，周代四时田

① 《白虎通义》。

猎，春曰“蒐”，夏曰“苗”，秋曰“狝”，冬曰“狩”。田猎须遵守礼规：不捕幼兽，不采鸟卵，不杀孕兽，围猎捕杀要围而不合，留有余地，不能一网打尽。这些礼规对于保护自然界的生态平衡有积极意义。史籍记载的历代国君田猎之事甚多，大多以田猎为嬉者，因淫于田猎而亡国的也不止一人。

4. 马政

马在中国古代不仅是一种社会性的物质财富，而且更主要的是军队装备的必要内容，也是一般政务活动的必要设施，所以历代非常重视养马及与此有关的各项事务，即马政。史书记载，商代已开始设立马政。《周礼》有养马、牧地、执驹、交配、医疗、祭祀等一套完整的制度。据说每年四祭：春祭马祖（房星），夏祭先牧（养马始祖），秋祭马社（马厩之神），冬祭“马步”（害马之神）。秦汉已建立了比较完整的马政机构，九卿之一的太仆即掌舆马之事，下设皇家厩、苑为养马之所，皆由令丞负责管理。明代采历代马政制度之所长，设施甚为完备，皇家用马由御马监管理，军马分国养和民养两种。清代马政分别由上驷院、太仆寺掌管，另有部分马匹分给蒙古各部落放牧，满汉各营及各省驿递塘站用马，则各就其处分而饲养。

五、凶礼

凶礼指用于吊慰家国忧患的礼仪活动。《周礼·春官·大宗伯》说：“以凶礼哀邦国之忧”，即以凶礼表达哀悯之情。凶礼主要有五项：“以丧礼哀死亡，以荒礼哀凶札，以吊礼哀祸灾，以禬礼哀围败，以恤礼哀寇乱。”五项中，以丧礼最为重要，本章第三节有对丧礼的详述，在此不赘。

1. 荒礼

荒礼指自然灾害引起歉收、损失和饥馑后，国家为救荒饿而采取的政治礼仪措施。

《周礼》全面系统地记录了荒礼的内容：“一曰散利，二曰薄征，三曰缓刑，四曰弛力，五曰舍禁，六曰去幾，七曰省礼，八曰杀哀，九曰蕃乐，十曰多婚，十有一曰索鬼神，十有二曰除盗贼。”“散利”是给灾民以救济，主要有周、贷、粜三项措施。周即周济，无偿赈济；贷即借贷；粜即平价卖粮。“薄征”指减免或缓征租赋。“缓刑”即灾荒之时为饥寒所迫容易触犯法律，所以执法应适当宽缓。“弛力”即减免徭役。“舍禁”指允许灾民到国有山林川泽樵采渔猎。“去幾”即放

荒礼指自然灾害引起歉收、损失和饥馑后，国家为救荒饿而采取的政治礼仪措施。

松关卡之征，使各地互通有无，丰凶相救。“省礼”指减省庆贺、祭祀等礼仪或其中的某些仪式。“杀哀”主要指减省丧礼的礼仪规格。“蕃乐”即罢去声乐等娱乐活动。“多婚”即减省婚娶礼仪鼓励婚配，以补充因受灾而减少的人口。“索鬼神”即找出与凶荒有关的鬼神给与祭祀。“除盗贼”即镇压农民暴动或图财害命的盗贼。

2. 札礼、吊礼、禬礼、恤礼

札礼指防治疫病之礼。凶荒之年往往有疾病发生，札礼重在讲及时葬死救病，减少疾病流行。北宋还建有“漏泽园”，埋葬病死者。吊礼是指祸灾发生后的相互慰问之礼。禬礼是指诸侯国由于外来侵略或内部动乱灾祸蒙受经济、财产、人员损失时天子或盟国汇合财货予以救助之礼。恤礼是指天子派使者慰问、存恤之礼。

第二节　中国传统婚姻习俗

古人非常重视婚姻，称之为“婚姻大事”，把婚姻家庭看作是社会的基本单位，看作是处理人际关系的开端，历代统治者则把婚姻看作维护宗法社会财产和权力传承的重要手段。

婚姻是人类繁衍生息的主要方式，是家庭、社会形成的前提和基础。古人非常重视婚姻，称之为“婚姻大事”，把婚姻家庭看作是社会的基本单位，看作是处理人际关系的开端，历代统治者则把婚姻看作维护宗法社会财产和权力传承的重要手段。《周礼》说：“婚者，礼之本也。”《周易·易辞》说：“夫妇者万物之始也，有夫妇然后有父子，有父子然后有君臣，有君臣然后有上下，有上下然后有所错(措)。”

一、中国古代婚姻形态的嬗变

1. 血缘家族

人类之初，聚生群处，“男女杂游，不媒不聘”，处于一种没有任何限制的杂乱婚状态，根本构不成家族、氏族，所以算不上严格的婚姻。人类历史上第一个婚姻形态——血缘家族，又叫“班辈婚”或“兄妹婚”，它排除了祖辈与少辈、父母与子女之间互为夫妻的权利和义务，从而出现了婚姻的第一个禁忌——乱伦禁忌，而同一辈分的男女皆可互相婚配。古代关于伏羲和女娲的神话传说即是实行兄妹婚遗迹的记载和反映。

2. 族外婚

随着人类活动范围的扩大和智力的发展，人们逐渐认识到了同一血缘婚配的害处:“男女同姓,其生不蕃。”[①]于是人们开始抵制血缘婚,先是亲兄弟姐妹之间的婚姻关系被禁止,继而是堂兄弟姐妹,最后连最远的旁系兄弟姐妹之间的婚姻关系也被禁止的时候,人类社会就进入了族外婚阶段,也叫“普那鲁亚婚”,即通婚必须在两个氏族之间进行,甲氏族的所有男子与乙氏族同一辈分的女子均可婚媾。由于婚姻对象不固定,所生子女知其母而不知其父,于是产生了“感天而孕”的神话传说。这一时期的婚姻禁忌是“同姓不婚,恶不殖也”[②]。中国古代媳妇一直称公婆为“舅姑”,即是族外婚的遗迹。

3. 对偶婚

随着族外婚的发展,男女双方均要求保持相对稳定的婚姻关系,于是对偶婚产生了。对偶婚制下,一个男子在许多妻子中有一个主妻,同时他也成为这个女子许多丈夫中的一个主夫。这种夫妻关系仍然比较松散,双方都不能长久地独占对方而可以轻易离异或另找主夫、主妻。子女仍是只知其母不知其父,男女双方地位是平等的。云南纳西族的“阿注婚”就属于对偶婚形式。从本质上讲,对偶婚仍属群婚范畴,但它是团体婚向个体婚的过渡形式。炎帝母亲任姒“游华阳,见神龙首,感生炎帝”,商契母亲简狄吞玄鸟卵生契,周弃姜嫄母亲履巨人迹而感生弃,都反映了当时的婚姻状况。

4. 一夫一妻制

一夫一妻制的确立过程也就是人类社会由母系氏族公社向父系氏族公社转化的过程,其间经历了长期的斗争。一夫一妻制初期,女子抵制出嫁或出嫁后长期滞留娘家,只是有了身孕以后,丈夫才把她接去“坐家”,不准再有外遇。妻子分娩后,丈夫为了夺取子女的所有权,甘愿坐褥,即装作生育的样子坐在床上,接受亲人的祝贺,古代叫“产翁制”。《楚辞·天问》:“伯禹腹鲧,夫何以变化?”屈原的疑惑,就是这种风俗的反映。

一夫一妻制初期,女子抵制出嫁或出嫁后长期滞留娘家,只是有了身孕以后,丈夫才把她接去“坐家”,不准再有外遇。

二、一夫一妻制下的婚姻形式

中国古代,男女婚姻年龄,儒家主张男子三十而娶,女子二十而

① 《左传·僖公六年》。

② 《国语》。

嫁，因为“男三十筋骨坚强，任为人父；女二十肌肤充盈，任为人母”[①]。而墨家则主张男二十而娶，女十五而嫁。从历代实际情况看，男女婚龄一般大致在墨家主张的范围内，但各代、各种身份地位之间又存在较大的差异。

1. 媒妁婚

媒妁婚是指由父母之命、媒人之言而决定婚姻的聘娶婚制。中国古代男女的婚配一般都要通过媒妁介绍，双方父母决定，所谓“父母之命，媒妁之言”。“媒人”就是男女婚姻的介绍人、牵线人，专门“谋和二姓”，分官媒和私媒两种：官媒是国家官吏；私媒多由妇人充当，故俗称“媒婆”。媒妁一般由有威信、受人尊敬的长者担当，他们受男方家长的委托，为男女婚事奔走，以成人之美，两家遇到纠纷时，从中调停。如果婚姻不用媒，便会遭人耻笑，《诗经》上说：“伐柯如何，非斧不克；娶妾如何，非媒不得。”[②]媒妁婚从西周以后成为社会婚姻的主流，故有“天上无云不下雨，地上无媒不成婚”之说。然而，当媒妁作为一种社会职业后，为牟取私利，便经常用花言巧语使两家订立婚约，“之男家曰女美，之女家曰男富”。男女双方的不甚了解往往给婚姻造成许多弊病。中国古代媒妁婚往往单纯以收取聘礼为目的，与买卖婚有不同程度的结合，酿成许多婚姻悲剧。

中国古代男女的婚配一般都要通过媒妁介绍，双方父母决定，所谓“父母之命，媒妁之言”。

2. 收继婚

收继婚又称“转房婚”或“蒸”“报”婚。父亲死后，儿子娶庶母，叫做“蒸”；兄长死后娶寡嫂或叔死后侄儿娶婶母叫做“报”。这种婚制在春秋时期中原地区的统治阶级家庭中较盛行，进入封建时代后，中原的收继婚受到一定限制，但在民间仍有影响，边疆少数民族地区更是经久不衰。《史记·匈奴列传》记载：“父死妻其后母，兄弟死皆娶其妻妻之。”汉统治者与匈奴、乌孙等少数民族“和亲”，那些远嫁异域的汉家姑娘就遇到了转房问题，但最终也只好“从胡俗”。王昭君在匈奴呼韩爷单于死后，又被呼韩爷单于的儿子收继；解忧公主在乌孙也曾四朝三嫁。明代蒙古地区的收继制仍然盛行，蒙古俺答汗的外孙女“三娘子”才貌出众，被俺答汗娶以为妻，俺答汗死后被其子黄台吉收继，黄台吉死后，又被其子扯力克收继。

① 《白虎通义》。

② 《诗经·豳风·伐柯》。

3. 媵妾婚

媵妾婚是宗法制下一夫一妻制的变形，盛行于先秦的贵族阶层。即贵族男子在娶嫡妻时，可同时得到若干陪嫁的"媵"、"妾"。"媵"一般出自嫡妻的妹妹或侄女，嫡妻受宠幸与否，直接影响到"媵"的荣辱，嫡妻被休，随嫁的"媵"也往往随之被休。"妾"一般是买来的，比"媵"的地位低下。后世"媵"、"妾"统称为妾。媵妾婚实际上是上古族外婚与一夫一妻制在奴隶制下的结合，是为了"上事宗庙，下继后世"，确保传宗接代，同时也是特权阶层一夫多妻的借口。秦汉以后，演变为封建帝王的后妃制。

媵妾婚实际上是上古族外婚与一夫一妻制在奴隶制下的结合，是为了"上事宗庙，下继后世"，确保传宗接代，同时也是特权阶层一夫多妻的借口。秦汉以后，演变为封建帝王的后妃制。

4. 入赘婚

入赘婚指男子入赘女家的婚姻形式，是从妻居入赘服役婚的遗留与发展。赘婿婚之家，一般是有女无男，招婿以生孙承继家业或奉老为目的；而男家一般是因为家贫无力为子娶妻，只好让儿子入赘女家为婿。赘婿地位很低，所生子女随妇姓。宋代情况发生了很大的变化，由于"婚姻不问门阀"的影响，一方面，不少人"屈身为赘婿"[①]，争相入赘富裕孀妇之门，另一方面，招引进门的女婿与亲生儿子的地位平等，同样享有财产继承权。

5. 典卖婚

典卖婚是将妻儿作为财产议价典卖给别人为妻妾，典约期满按价赎回，或永远卖给别人。宋元时期江浙一带还流行过租妻制，即将妻子出租，按期限收取租金。这种做法多出于下层社会，乃是因饥馑贫病不得已而为之。

6. 童婚

童婚指男女未成年而结婚，甚至出生前由父母指腹为婚。童婚包括指腹婚和童养媳。《后汉书·贾复传》记载，光武帝因贾复在战斗中身受重伤而大为感动："闻其妇有孕，生女也，我子娶之；生男也，我女嫁之。"到南北朝时，这种畸形婚姻相沿成俗，尽管宋代以后政府屡加禁止，但却收效不大。明代甚至割下母亲衣襟作为指腹为婚的信物。童养媳指收养幼女入门，待成人后给子弟做妻子。秦汉以后，帝王多选贵家幼女入宫，长大后或为帝王嫔妃，或赐予子弟为妻妾。元朝以后，童养媳逐渐从帝王波及到民间，贫困之家把幼女送与有子嗣之家做童养媳，长大后与主人的儿子结婚。清代有的富

① 《续资治通鉴长编》卷四七一。

家子弟甚至孩子未出生，就抱童养媳入门，名为“望郎媳”。童养媳不仅是主家的廉价劳动力，而且还经常受虐待。

7. 冥婚

冥婚又叫鬼婚，指未婚的死者之间结为夫妻，后来发展为活人与死人结婚。这种习俗反映了灵魂不灭的观念和人们对幽冥世界的想象。此俗在先秦时期称“嫁殇”。曹操曾为夭折的爱子曹冲聘甄氏亡女为妻并与之合葬。宋代冥婚大行，未婚男女死后，父母都要为子女托媒说亲，并且出现了专为未婚死亡男女说合联姻以赚取钱财的“鬼媒人”。宋代以后甚至发展为活人与死人结婚。《元史·烈女传》记载，东平杨氏，丈夫死后，夫家想找亡女合骨以成冥婚，杨氏竟自杀与丈夫合葬。《明史·烈女传》也记载了许多已婚女子甚至未婚女子，因男方夭死而自杀以成冥婚的事例。

8. 自由婚

自由婚即男女不受“父母之命，媒妁之言”的限制，完全依照自己的意志结成夫妻。这种婚姻往往通过一些非正常的手段如私奔来实现。西汉司马相如与才女卓文君相知相悦，但卓家阻挠，二人遂连夜私奔至成都。更多的是先偷食禁果，造成既成事实，最后逼双方家长不得不同意。自由婚是封建礼教禁锢、摧残的产物，而那些敢于冲破封建礼教罗网者，往往会得到进步学者的赞美与歌颂。

三、历代婚姻礼俗

“六礼”即“纳采”、“问名”、“纳吉”、“纳征”、“请期”、“亲迎”六道程序和步骤。

婚姻关系是人类社会各种关系中最重要的一种。婚姻关系的形成，包含着许多内容，如婚姻的形式、程序、礼节等。婚礼是社会生活的重要内容。最初的婚姻仪式非常简单，男女互赠礼物就表示婚姻关系确定。从西周开始，上层社会的婚姻被赋予越来越多的政治色彩，原来纯属于男女个体之间的关系被扩大成了重要的社会关系。相关礼仪也日趋完善，逐渐形成了婚姻“六礼”。这“六礼”，牵连着社会和个人，集中地体现了我国社会的伦理道德、价值观念和民间习俗。由于婚礼是覆盖全社会的基本礼仪，后来，“六礼”作为一种法定的婚姻礼制被写进了儒家经典——《仪礼·士婚礼》。“六礼”即“纳采”、“问名”、“纳吉”、“纳征”、“请期”、“亲迎”六道程序和步骤。“纳采”俗称提亲、说媒，男方遣媒向女方提亲，征得女方同意后，男家再请媒人以雁作为贽礼，正式向女家求婚。纳采用雁是取雁随阳气迁居，来去有时，信守不渝之意。“问名”即男方派人询问女方的姓名和出生年、月、日 、时,也就是通常所说的"生辰八字"。"纳吉"是男方得到女方生辰后在家庙进行占卜。若卜得吉兆,乃告会女家,婚事遂定;若得凶兆,则中断婚姻。"纳征"即男方下聘礼,正式订婚。这是"六礼"中关键的一步,一经纳征,双方亲事就会得到社会的承认和法律的保护。"请期"即男家择定迎娶吉日,并征得女方同意。"亲迎"即新郎到女家亲自迎娶新娘,这是婚礼中最重要的一道程序。"六礼"是古代贵族婚姻缔结过程的主体程序,民间的士庶婚姻并非刻板地照此执行,通常简而化之,择要而行。

清《点石斋画报》——迎亲图

先秦时期,人们以迎女为迎阴气至家,所以必夜行,车服尚黑,执烛前往,故婚礼"不乐不贺"。新娘被迎进家门后,新郎新娘设宴共食,期间有"共牢"、"合卺"之仪。牢指祭祀的牺牲,通常是一头小猪;卺指瓢,古代一匏分为二瓢。"共牢"是新郎新娘共吃祭祀后的同一盘肉;"合卺"是新郎新娘各持一瓢对饮美酒。两汉之际始有贺婚习俗,男婚女嫁,亲朋故交一般都要执礼前来祝贺,主人设酒款待。魏晋南北朝时期,因为战乱,婚礼往往从简,甚至皇太子婚礼也省去"亲迎"礼,一般人家仅以拜堂了事。

"共牢"是新郎新娘共吃祭祀后的同一盘肉;"合卺"是新郎新娘各持一瓢对饮美酒。

隋唐时期,婚姻开放,礼俗纷杂,除传统"六礼"以外,还吸收了一些少数民族的婚俗,主要有"卜蒂安帐"、"下婿"、"催妆"、"障车"、"拜堂"、"合髻"、"弄妇"等仪式,使唐人婚礼更显隆重热烈、丰富多彩。"卜蒂安帐"即在堂前设置青布幔,称为"青庐"或"百子帐",目的是迎新娘到此交拜。新郎一行到女家门前,要受女方家属的戏弄,口头戏弄甚至扑打,称为"下婿"。为了表示女家对女儿的惜别,喜车启程后,又有"障车"之仪,故意组织新娘离开。唐中期以后,此俗为乡里无赖利用,成为他们发财的手段。"拜堂"有三项:拜天神地祇,拜高堂父母,夫妻互拜。"合髻"是新郎新娘各剪下一缕头发用彩线系在一起。男女宾客不分长幼,争食饯果相戏,专门给新娘出难题,甚至拉曳牵捏新娘以为吉利,称为"弄妇",即后世的"闹洞房”。

宋代商品经济发达，金钱财贿充斥于婚姻关系确定的各个环节。草帖、正帖互换过程中，不仅要写明男女双方的姓名、排行、生辰及父祖的官职封号，男家还要写明聘礼数目，女家则要列具随嫁资装田产。有的还要于园圃、酒楼“相亲”，如果男方相中，便将一根金钗插于女子发髻上，叫“插钗”；如果不中意，则送彩缎二匹，称为“压惊”。相亲以后，依次下定礼、聘礼、财礼，都非常丰厚。据《梦粱录》记载：一般品官定礼要送珠翠、首饰、金器、匹缎、茶、饼、羊、酒等；男方聘礼要备“三金”：金钏、金镯、金坠，女方则送嫁妆。婚礼前一天，男家到女家“催妆”，送些冠被花粉供女子打扮；女家则到男家“铺房”，以女家准备的帐幔、被褥等把新房铺设一新。亲迎用“花担子”（花轿），新娘在鼓乐声中上轿，进门后要“跨马鞍”。新郎“高坐”（坐于床上之椅）后，夫妻同牵“同心结”拜堂。第二天，新人拜尊长亲戚，新郎到女家“拜门”。

元代婚礼按照朱熹《朱子家礼》进行，有“纳采”、“纳成”、“亲迎”三项，后来为强调家长主婚权力，增加了“议婚”一项，并把上古“同牢”、“合卺”改称“专席”，即新郎新娘专席就饮。

明清时期，贵族婚礼基本按照朱子成法，民间婚俗各具特色。北方地区，婚姻的确定一方面要靠“父母之命，媒妁之言”，另一方面还要看换帖卜算的结果，“猪配猴不到头”、“兔见蛇如刀割”、“女大一泪涕涕”、“女大三抱金砖”等常常左右婚姻成败。“换帖”之后，在通过“相亲”、“过财礼”、“送嫁妆”、“迎亲”，婚姻始告大成。

清《石头记新评》——宝玉成亲拜天地

《清俗纪闻》——合卺

四、关于离婚问题

离婚在中国古代又称“出妻”、“休妻”、“绝婚”、“来归”等，古代虚伪片面的一夫一妻制下，离婚是男子的特权，女子在婚姻破裂时只能被动地被休弃。先秦时期，丈夫遗弃妻子可以不受限制。秦汉以后，虽有限制，但也是从维护“男尊”、“夫权”和父系传承的角度加以规定的。汉代《大戴礼记·本命》记载了休妻的七条理由：“妇有七去：不顺父母（此指公婆）去；无子去；淫去；妒去；有恶疾去；多言去；窃盗去。”并解释说不顺父母因其逆德，无子为其绝后，淫为其乱族，妒为其乱家，有恶疾为其不可与共粢盛（备祭祀供品），口多言为其离亲，窃盗为其反义。女子触犯其中任何一条，都可以被丈夫名正言顺地赶回娘家，甚至父兄可代子弟出妻，门生朋友也可代为出妻，致使许多恩爱夫妻遭离异。南朝刘瓛妻王氏，在墙上钉钉，有尘土落在隔壁婆姑的床上，婆姑随即以不顺舅姑之名出之；东汉应顺见好友许敬家贫无子，便替他停妻再娶；汉丞相陈平早年游手好闲，其嫂曰：“有叔如此，不如无有”而被其兄休掉；武帝时酷吏朱买臣之妻早年因嫌家贫而改嫁他人。魏晋至唐，妇女纷纷为人格自由和家庭幸福而进行抗争，抵制、干涉丈夫纳妾，因而许多人被冠以“悍妇”、“妒妇”而遭休弃。“七出”之条，就像套在妇女头上的紧箍咒，逼迫她们逆来顺受，谨小慎微，以免遭休弃厄运。为了维护社会的稳定，“七出”之外古代还有“三不去”的规定，即：有所娶无所归（没有娘家可归），不去；与共更三年丧（为公婆守丧三年者），不去；先贫贱后富贵，不去。具备三条之一者，虽犯“七出”也不得休。“七出”、“三不去”之条开始只是在家庭（族）礼教范围内实行，到了唐代，“七出”、“三不去”进入法律范畴。此外，唐律在解除婚姻方面还增加了“义绝”、“和离”条款。“义绝”一词最早见于《白虎通义·嫁娶》，如果丈夫“悖逆人伦，杀妻父母，废绝纲纪，乱之大者也，义绝，乃得去也”。“义绝”作为强制离婚的法律规定始于唐代，且不再限于夫杀妻之父母，而是包括夫或妻对对方的父母、祖父母、兄弟、外祖父母等的侵犯（殴打、詈骂和伤害）。“和离”始见于唐代《唐律·户婚》，在“诸犯义绝者离之”条后规定：“若夫妻不相安谐而和离者，不坐。”和离需由丈夫签“放妻书”。后代循唐例，也称“和离”，为“两愿离婚”。唐律还规定，妻子没有犯“七出”或“义绝”的情况而被休的，丈夫要受到惩罚。宋元明清以来的离婚律令，基本沿袭唐律。

汉代《大戴礼记·本命》记载了休妻的七条理由：“妇有七去：不顺父母（此指公婆）去；无子去；淫去；妒去；有恶疾去；多言去；窃盗去。”

为了维护社会的稳定，“七出”之外古代还有“三不去”的规定，即：有所娶无所归（没有娘家可归），不去；与共更三年丧（为公婆守丧三年者），不去；先贫贱后富贵，不去。

中国封建社会前期，封建礼教的束缚不严，离婚与再嫁尚不被认为很不光彩。先秦，离婚之风盛行。“为人妇而出，常也；其成居，幸也。”[1]汉初丞相陈平之妻就是一个“五嫁夫辄死”[2]的寡妇 。随着宋明理学的兴起，对女性贞节要求越来越严，由女性主动提出离婚和再嫁就越来越不为社会所容。明太祖朱元璋曾下令：“民间寡妇，三十以前亡夫守制，五十以前不改节者，旌表门闾，免除本家差役。”《大清会典》则规定：三十以前守寡，至五十以前不改节者，谓之“节妇”；殉夫或拒奸致死者，谓之“烈妇”、“烈女”；未婚夫死，闻讯自尽或哭往夫家守节者，谓之“贞女”。对于再婚改嫁者则给予惩罚：杖一百。

第三节　中国传统丧葬习俗

“丧”指哀悼死者的礼仪，“葬”指处置死者遗体的方式。中国古代的丧葬制度包括埋葬制度、丧礼制度、丧服制度，等级分明，形式极其复杂，其中许多内容有国家法典规定，还有许多内容在民间相沿成俗。

一、埋葬习俗

原始社会初期，人们并没有丧葬意识，那时，死者的尸体被弃之于原野和山谷，而“他日过之，狐狸食之，蝇蚋姑嘬之，其颡有泚，睨而不视”[3]。进入氏族社会以后，血亲关系相对明确，人们经常梦见死去的亲人仍在生产和生活，于是人们相信人死后灵魂不会死，会到另一个世界去生活，而且具有生人不具备的神秘力量。于是人们逐渐形成对死人的崇拜，开始有意识地埋葬亲人并对尸体加以保护。丧葬习俗由此产生。母系氏族初期，人们一般把自己居住的山洞深处作为公共墓室，以土覆盖尸体，在尸体上撒上赤铁矿粉屑，并以工具及简单装饰品作为随葬品。随着生产工具的进步，到了新石器时代，掘地土葬逐渐成为普遍的葬法，有单人葬、同性多人葬、母子合葬及专门埋葬儿童的瓮棺葬。原始社会末期，出现了一男一女

① 《韩非子・说林上》。

② 《史记・陈平列传》。

③ 《孟子・滕文公上》。

合葬、一男二女合葬，男子仰身直肢，女子侧身屈肢。进入阶级社会以后，丧葬习俗逐渐礼仪化。西周时期，传统丧葬仪制已经定型。

古时坟和墓是有区别的。墓又叫茔，指埋棺之处；坟又叫冢，指埋棺之处地面上堆积而成的土丘。郑玄曰："墓为兆域，今之封茔也。……土之高者曰坟。"《礼记·檀弓上》："古也墓而不坟。"《易·系辞下》也说上古墓葬"不封不树"，上古时代墓于地平，并不起坟、种树以设标记。据文献记载，中原地区的土丘坟出现于春秋时期，孔子的葬地就是土丘坟。土丘坟一经出现，便很快流行起来，而且坟头的高低大小，种树的多少成为死者生前身份的一种标志。战国时期，起坟植树成为普遍现象。秦汉以后，坟墓等级越加分明。唐宋元明清的典章对不同品官和庶人的墓地大小、高度都作了具体规定：

古时坟和墓是有区别的。墓又叫茔，指埋棺之处；坟又叫冢，指埋棺之处地面上堆积而成的土丘。

等级	唐朝		宋朝		明朝		清朝	
	大小（方步）	高度（尺）	大小（方步）	高度（尺）	大小（方步）	高度（尺）	大小（方步）	高度（尺）
公侯					100	20		
一品	90	18	90	18	90	18	90	18
二品	80	16	80	16	80	16	80	16
三品	70	14	70	14	70	14	70	14
四品	60	12	60	12	60	12	60	12
五品	50	9	50	10	50	10	50	8
六品	20	7	40	8	40	8	40	6
六品以下	20	7	20	8	30	6	20	6
庶人	20	7	18	6	30	6	9	4

在各类墓葬中，帝王的坟墓规模最为宏大，占地之广、封土之高如同山陵，所以称之为"陵"或"山陵"。据测，汉高祖长陵（在今陕西咸阳市窑店）底部东西 162 米，南北 132.3 米，高 31.94 米；武帝茂陵（在今陕西兴平县南）底部边长 231～234 米，高达 46.5 米。古代的封土以方形为贵，下大上小，整个坟丘

秦始皇陵

像是一个被截去顶部的方锥体，又像一个倒着置放的斗，考古学者称之为“覆斗”。高大的方丘坟经雨淋风蚀易损毁，所以自五代起，帝王的坟丘逐渐改为圆形或半圆形。从明代开始，帝陵的封土正式变方为圆形，称之为“宝顶”，又称“独龙阜”，其上满栽树木，以求郁郁葱葱、佳气笼罩的神秘感。

在各类墓葬中，帝王的坟墓规模最为宏大，占地之广、封土之高如同山陵，所以称之为“陵”或“山陵”。

坟墓的地下部分是墓穴，称为“圹”，有竖穴、横穴之分。竖穴是从地面一直往下挖掘而成的土坑，横穴是先掘到地下一定深度，再横向掏挖而成。秦汉以前一般为竖穴土坑墓和墓椁室，平民墓没有椁室，只有一个土坑竖穴。大约从战国晚期起，出现了用大块空心砖砌筑的墓室。由于这种用空心砖筑成的洞室墓，颇适应于一夫一妻制下的夫妻合葬，所以很快流行开来，西汉时期尤为盛行。汉魏之际，中原和关中地区出现了一种用小型砖建筑的墓，称为“砖室墓”。三国时乌程人吴逵家中父母兄嫂等 13 口人在灾荒之年饿病而死，他和妻子九死一生侥幸存活，而家徒四壁，已成赤贫。吴逵夫妻白天给人当雇工，晚上伐木烧砖，经过一年的辛苦，终于修筑了多座砖室墓，埋葬了全部亲属。这说明即使是贫家小户，也尽力以砖室墓埋葬亲人。当时还有一种雕刻着画像的石室墓，后世称为“画像石墓”。入唐以后，官僚贵族多施绘壁画于墓室。

马王堆三号汉墓

古代墓地建筑主要有寝、祠堂、墓碑和神道。寝是用来供墓主灵魂起居，继续享受生前生活的建筑。早期的寝一般坐落于墓室之上，秦汉以后往往设于墓侧。祠堂是用来祭祀死者的，祠堂中除了祭祀的场所外，还有供上墓族人休息和祭后宴饮的地方，往往建成有几进房屋的大院落。南宋以后，祠堂多不建在墓地。墓碑最初是下葬时用来悬棺的，有木质、石质之分。西汉中期以后，有人把石制的碑立在墓前，既不埋于墓中，也不在下葬后撤除，而是在石碑上刻下墓主的官爵姓名，从而成了墓碑。帝王及贵族的墓碑有碑首（又叫碑额）、碑身、碑座（又叫趺座）组成，碑文以介绍墓主家世生平事迹及颂扬墓主功德的长篇文字为主。庶人之墓碑一般只有碑身，只刻有“亡故显考（妣）某某府

明十三陵神道

君之墓”类字样。神道是帝王贵族墓前竖向的甬道，神道两侧排列有石雕人像、动物像和传说中的神兽像等。

古代墓地建筑主要有寝、祠堂、墓碑和神道。

盛放死者遗体的器具称作“棺”。《说文》：“棺，关也，所以掩尸。”最早的棺是新石器时代瓦制的瓮棺，商代以后才用木棺，周时形成棺椁制度。《荀子·礼论篇》有“天子棺椁七重、诸侯五重、大夫三重、士再重”的说法。由《礼记·檀弓上》考知，天子为五棺二椁，诸侯为四棺一椁或三棺二椁，大夫为二棺一椁，士为一棺一椁。棺是一层一层套在一起的，中间没有空隙，棺或套棺之外隔较大的空隙再加一层，就叫做椁，棺椁之间的空隙用来置放随葬品。大型墓葬中的木椁一般是用长方木卯榫相扣，直接安放在墓室内，不仅规模巨大，而且同墓室一样，故称椁室。由于用料太多，汉代以后椁室制度不再行世。

古代埋葬死者，还要随埋大量的随葬品。最初的随葬物品都是死者生前使用过的武器、工具以及少量陶制生活用品和简陋的装饰品。商周时期厚葬习俗逐渐形成，帝王显贵纷纷用一些能显示其身份地位的专用品及大量的生活资料和珍奇玩好之物随葬，大到车马小到金玉珠玑、货币、玺印、简册、丝绸、衣物无不尽有。安阳殷墟的妇好墓随葬的各种青铜器 210 多件，玉器 750 多件；成都发掘的战国船棺墓中，随葬品有数以百计的陶器、漆器、竹木器、青铜器，其中包括相当数量的艺术珍品；长沙马王堆一号汉墓的墓主是一个封邑仅 700 户的列侯夫人，随葬品也数以千计。至于古代帝王陵墓，更是一座座地下宝库。秦始皇陵“宫观百官、奇器珍怪，徙藏满之。令匠作机弩矢，上具天文，下具地利。以人鱼膏为烛，度不灭者久之”[①]。汉代规定，新君即位一年，即以天下贡赋三分之一“充山陵”。厚葬之俗，由此可见一斑。

马王堆三号汉墓棺椁

二、丧礼习俗

丧礼指殡殓死者、举办丧事、居丧祭奠等的种种礼节仪式。古人把办理亲人特别是父母的丧事看作是极为重要的大事，很早就形成了一套严格的丧礼制度。同样是死，不同身份等级的人，叫法上就截然不同。《礼记·曲礼下》：“天子曰崩，诸侯曰薨，大夫曰卒，士曰不禄，庶人曰死。”丧礼的差别就更大了，总的说来有五六十种，非

同样是死，不同身份等级的人，叫法上就截然不同。《礼记·曲礼下》：“天子曰崩，诸侯曰薨，大夫曰卒，士曰不禄，庶人曰死。”

① 《史记·秦始皇本纪》。

常复杂。主要分为初终、入殓、下葬三个步骤。

1. *初终*

古代讲究"寿终正寝"、"善终",所以将死之人要居于正室。死者亲属要守在周围,"属纩以俟绝气"。"纩"是质地很轻的丝绵新絮,用以放在临终者口鼻上察验是否还有呼吸。如确已断气,则由家人拿着死者衣服,朝着幽冥世界所在的北方,高呼死者的名氏,呼唤死者回来,叫"复",俗称"招魂",意为挽回死者作最后的努力。"复"后,再验纩,确已断气,则开始哭丧。之后用"复"的衣服为死者穿上,然后用殓巾覆盖尸体,叫做"幠殓"。在尸体东侧设酒食,供死者鬼魂饮用,明清时称"倒头饭"。死者家属退去华丽衣饰,着素服,开始居丧。

同时派人向死者上级、亲友报知死讯叫"报丧",后世则以讣告形式发出。亲友闻讯前来吊唁,并赠送死者衣被,称"致禭",死者家属要陪哭,并跪拜答谢。在堂前西阶树一旗幡,上书"某某之柩",目的是让人知道死者是谁,叫"铭旌",旗幡长短标明死者身份。用烧热的洗米水为死者洁身,并为死者修剪头发、指(趾)甲,叫"沐浴"。沐浴之后,要在死者口中放入珠、玉、米、贝等物,称"饭含"。《白虎通义·崩薨》载:"所以有饭含何?缘生食,今死,不欲虚其口,故含。用珠宝物何也?有益死者形体,故天子饭以玉,诸侯饭以珠,大夫以璧,士以贝也。"周制天子饭黍含玉,诸侯饭粱含璧,大夫饭稷含珠,天子之士饭粱含贝,诸侯之士饭稻含贝。唐代皇帝饭粱含玉,三品以上官员饭粱含璧,四、五品饭稷含碧(绿玉),六品以下饭粱含贝。明代规定五品以上饭稷含珠,九品以上饭粱含小珠,庶人饭粱含钱。在堂前庭中设一块木牌,暂时代替神主,叫"设重",晚上在堂上和庭中燃烛,称"设燎",以便于死者亡灵享用供品。

以上这些初终礼仪须在一日之内完成。

入殓分"小殓"和"大殓"。"小殓"是指为死者穿上入棺的寿衣。

2. 入殓

入殓分"小殓"和"大殓"。"小殓"是指为死者穿上入棺的寿衣。小殓之前,先把各种殓衣连同亲友所致之禭全部陈列开来。平民通常在死后次日举行,诸侯五日小殓,天子七日小殓。古代衣服有里曰"复",无里曰"单",小殓用的所有寿衣必是夹衣、绵衣,小殓时所有参加者都要不停地号哭,以示悲痛至极。小殓后用衾被裹尸,用绞布收束。周制国君用锦衾,大夫用缟(白色细绢)衾,士用缁(黑色布)衾。清代一、二品官员殓衾用绛色,三、四品用黑色,五品用青色，六品用绀（深青透红）色，七品用灰色。民间殓衣多用绸子，以福佑后代多子多孙，忌用缎子，因其谐音“段子”，恐致“断子绝孙”。

大殓指死者入棺仪式，一般在小殓次日举行。这是死者与亲人最后一别，所以仪式非常隆重。入棺前要为死者着衣祭奠，小殓时着常衣，大殓时着官服，女子则凤冠霞帔。主人主妇在执事人的帮助下，铺席执衾，亲自奉尸入棺。民间习俗，要在棺底铺上一层谷草，然后再铺一层黄纸，乞求死者灵魂能够高高地升入天堂。要用黄绫绣花棉褥，俗叫“铺金”，褥子上绣海上姜牙、八仙过海等图案，目的是超度死者的灵魂升天成仙。盖棺时儿女应在场，如死者为女子，要等娘家人与之告别后，方可盖棺。棺内还要放金银铜钱等，富家讲究死者左手执金，右手握银，而穷人就只好放些铜钱了。盖棺之后，再次祭奠。已盛尸之棺称“柩”，停柩称“殡”。此后，死者家属分别按血缘关系的远近穿着不同等级的丧服，叫“成服”。

大殓指死者入棺仪式，一般在小殓次日举行。

3. 下葬

下葬是指埋葬死者的礼仪。《礼记》载：“天子七日而殡，七月而葬；诸侯五日而殡，五月而葬；大夫、士、庶人三日而殡，三月而葬。”秦汉以后，平民三五天后就下葬。墓地是死者的最终归宿，墓地的选择是埋葬死者的头等大事。墓地要选在地势宽广，山清水秀的地方，以使死者安息地下，庇佑子孙。下葬前一天，先举行“迁柩”仪式，即把灵柩迁入祖庙停放。第二天，灵车启行，前往墓地，叫“发引”，后世称“出殡”。发引队伍由丧主带领，边哭边行，亲友执绋（牵引柩车的绳索），走在灵车之前，富贵之家仪仗繁多，乐队前导，旗幡高树，明器浩荡，纸钱飘飞，僧尼道士随行念经。出丧队伍经过之处，亲友可设“路祭”——搭棚祭奠。

灵柩到达墓地后，先行祭奠，然后由孝子执锹挖土，众亲友打墓穴。打好墓穴后，在墓穴的底部铺垫两根竹子或者剥了皮的光滑小衫树，把灵柩推进墓穴后再抽掉。下柩时家属男东女西肃立默哀。灵柩安放平稳后，主人及亲属痛哭，并抓起泥土扔向灵柩上，叫做“添土”。最后，筑土成坟。下葬完毕，丧主还要“反哭”、“虞祭”。西汉以后，受佛教的影响，又有“做七”和“百日”的习俗，每逢七天一祭，以“五七”为重。至 100 天，家人再次对死者进行祭奠。至此，丧礼基本结束。

除土葬外，云南普米族实行“火葬”，南方一些少数民族还流行“崖葬”，西北地区的藏、土、羌、拉祜等族流行“天葬”，东北和蒙古地区则有树葬、风葬风俗。

以上是流行于中原汉族地区的“土葬”。由于自然条件和人文因素的差异，各地区各民族葬法不尽相同。除土葬外，云南普米族实行“火葬”，认为火葬可以把人带入光明世界。唐宋时期，受佛教影响火葬也曾一度盛行。南方一些少数民族还流行“崖葬”，选择悬崖绝壁的崖洞安葬死者。悬棺葬也是崖葬的一种形式，即利用绝壁上的天然平台(也有人工打凿的)放置棺木。西北地区的藏、土、羌、拉祜等族流行“天葬”，又叫“鸟葬”，即把尸体割碎，让鹰啄食，食尽为吉利，不尽则不吉。东北和蒙古地区则有树葬、风葬风俗。

三、丧服

为了表示孝意和哀悼，丧家必须穿戴丧服。丧者服饰与服丧时间严格区别血缘亲疏和男女之别，体现了宗法等级观念和男尊女卑的观念。两千多年来，汉族的孝服虽然有所变异，但基本上保持了《仪礼·丧服》规定的五服之制，即斩衰、齐衰、大功、小功、缌麻。

两千多年来，汉族的孝服虽然有所变异，但基本上保持了《仪礼·丧服》规定的五服之制，即斩衰、齐衰、大功、小功、缌麻。

1. 斩衰

斩衰是最重的丧服，适用于诸侯为天子、臣为君、子为父、未嫁之女为父、妻妾为夫、父为长子，服期三年。之所以服丧三年，是因为“子生三年，然后免于父母之衽怀”。服丧期间，饮食起居还有一套繁琐的规定。秦汉以后，随着宗法制度的瓦解，父为长子服丧不再实行。明清二代，规定子女为母也服斩衰。

衰是麻质上衣，斩是不加缝缉之意。斩衰裳粗劣简陋，用以表示服者的哀痛之深。后世常用麻布片披在身上，故有“披麻戴孝”之说。除外，还有“苴绖”(麻布带，在腰称腰绖，在首为首绖)、“苴杖”(后世俗称哭丧棒)、“菅屦”(草鞋，后世以白布覆履代替)等。

2. 齐衰

齐衰是第二等丧服，用本色粗生麻布制成，断处缉边。齐衰有三个等级:父卒为母、母为长子服丧三年;父在为母、夫为妻、男子为伯父兄弟、以婚女为父母、媳妇为公婆、孙男孙女为祖父母服丧一年;男子为曾祖父母服丧五个月，为高祖父母服丧三个月。

3. 大功

大功为丧服第三等，是用熟麻布制作的，质料比“齐衰”用料稍细。指男子为堂兄弟、未嫁的堂姐妹、已嫁的姑母及姐妹，女子为夫之祖父母、伯叔父母，为兄弟的丧服。服期九个月。

4. 小功

小功为丧服第四等，是用较细的熟麻布制作的。指男子为从祖父母、堂伯叔父母、未嫁祖姑堂姑、已嫁堂姐妹、兄弟之妻、从堂兄弟、未嫁从堂姐妹、外祖父母、舅母、姨母，女子为妯娌、夫之姑母、姐妹等的服丧。丧期为五个月。

5. 缌麻

缌麻是最轻的丧服，是用细熟布做成的。指为族曾祖父母、族祖父母、族兄弟、外孙外甥、表兄弟、岳父母的丧服。服期三个月。

参考书目

1. 秦永洲:《中国社会风俗史》，山东人民出版社 2000 年版。
2. 阴法鲁等:《中国古代文化史》，北京大学出版社 1989 年版。
3. 张岂之:《中国传统文化》，高等教育出版社 1994 年版。
4. 谭家健:《中国文化史概要》，高等教育出版社 1988 年版。

思考题

1. 简述中国传统“五礼”的基本内容。
2. 中国古代的救荒措施主要有哪些?
3. 简述中国古代的主要婚姻形式。
4. 唐宋婚礼对后世有何影响?
5. 简述中国古代厚葬习俗的兴盛与衰弱。

第六章 中国传统衣食住行

衣食住行属于行为文化的范畴，是指人们在日常的社会生活中约定俗成的、习惯性的行为方式或行为模式。中国历史悠久，幅员辽阔，民族众多，衣食住行在各个时期、各个地区、各个民族、各个阶层不仅各有特色，而且相互渗透、相互影响、相互借鉴，形成了丰富多彩的、具有浓郁民族风情的行为文化。传统衣食住行具有鲜明的民族、时代和地域特色，反映了独特的民族传统，是中国传统文化的重要组成部分。

第一节　中国传统服饰

中国服饰的历史源远流长。距今一万多年以前的山顶洞人，已经开始使用骨针缝制兽皮遮体蔽身，还以石子、兽牙等串成链状，以为装饰。这说明最迟在旧石器时代晚期，中华先民的衣着穿戴，在防寒御暑的基础上，已经具有了装饰自己、美化生活的意蕴。

我国地域广阔，民族众多，南北气候差异巨大，这就决定了古代的衣饰文化客观上存在着空间的差异。同时，中国古代服饰受礼教和封建道德规范所限制，在特定的时间内，服饰是人们守礼尊规的一种表现，反映着当时政治、经济、文化、习俗、审美、宗教等社会形态。尤其是随着历史的发展，以服饰来突出人们的政治、社会等级地位这一功能愈加突出。

服饰从总体上可分为上、中、下三个部分，即首服：冠、冕、巾，身服——上衣下裳，脚服——鞋和袜。

一、冠、冕、巾

冠、冕、巾古代称头衣，也就是现在的帽子。"冠，贯也，所以贯韬发也"；"巾，谨也。二十成人，士冠，庶人巾"[①]。古时的冠、冕、巾有着显明的等级差别，男子二十，行成人礼，贵族戴冠，而庶人则只在头上裹头巾，这种仪式称为"冠礼"。

古时的冠、冕、巾有着显明的等级差别，男子二十，行成人礼，贵族戴冠，而庶人则只在头上裹头巾，这种仪式称为"冠礼"。

冠是贵族的头饰，古代的冠并不像现在的帽子，而只有很窄的冠圈，戴起来像一根带子，套在发髻上，冠圈上有冠架，从前到后，复

秦兵马俑长冠　汉木俑高冠　晋陶俑峨冠　唐代文官陶俑梁冠　宋代玉冠　明代镶宝石金冠

① 刘熙：《释名·释首饰》。

汉代皇帝的冕

在发顶上。冠的作用主要是把头发束住,同时也是一种装饰。冠圈两旁有缨,在颌下打结,使冠固定,缨打结后余下的部分垂在颌下,起到装饰作用。

冠同时也是身份、官阶以及官职的象征。如汉代文官戴的黑布冠叫进贤冠,武官戴的叫惠文冠。进贤冠前部高耸,后面倾斜,外形似斜三角形的跛足小板凳,前有梁,梁的多少代表身份的高低。又如唐代文官一、二、三品戴三梁冠,四、五品戴两梁冠,五品以下戴一梁冠。

冕是天子、诸侯、卿大夫在典礼、祭祀等重大场合所戴的首服,所谓"冠冕堂皇"。

冕是天子、诸侯、卿大夫在典礼、祭祀等重大场合所戴的首服,所谓"冠冕堂皇"。但在冕的形制、施画的图案上,却按照礼法的规定,各有差异。汉代冕的形制是:广七寸,长一尺二寸,前圆后方,朱绿里,玄上,前垂四寸,后垂三寸。其中,皇帝为"系白玉珠为十二旒;三公诸侯七旒,青玉为珠;卿大夫五旒,黑玉为珠"[①]。后世均沿袭汉冕形制而略有变化。

西汉玉武士头像

巾最初是地位低微、无冠的庶民成年后的首服。巾原来是挂在身边用来擦东西、擦汗的,后来人们把它一物两用,裹在头上当作帽子,于是头巾有了专门的名称,叫做帻。这种帻的颜色通常是黑色的或青色的。从秦开始唯庶人服巾的传统礼制被打破。《后汉书·舆服志》云:"秦雄诸侯,乃加其武将首饰为绛袙,以表贵贱。"入西汉后,"上下群臣贵贱皆服之"。自皇帝至庶人,皆可服巾。不同身份的人戴不同的巾,所服巾的颜色也有所不同,文吏戴青帻,武吏戴赤帻,卑贱者戴绿帻。巾的用法:用一幅纱或绢包在头上,两端在脑后打成耳状结,文官长耳,武官短耳。右图为西汉时期的头戴平上帻的武士头像。

魏晋南北朝时期,上自天子下至庶人,皆喜服帻,文人服之表示风流,武将服之为之方便。不过,此时头巾的裹法有所变化,开始向后裹,两角在脑后自然下垂。后来又戴成四方,两个巾角系结下垂,称为"幞头"。

唐代幞头示意图

① 《后汉书·舆服志》。

唐代巾的形制变化很大，把桐木片夹于纱内，使顶高起，称为“幞头”。裹幞头时额前打两结，脑后扎成两脚，自然下垂。后来又取消前面的结，又用铜、铁丝为干，将软脚撑起，成为硬脚。唐代幞头盛行，上至帝王贵族，下至一般百姓甚至妇女都戴幞头。唐时皇帝所用幞头硬脚上曲，人臣则下垂。五代渐趋平直。

至宋，幞头以藤织草巾子作里，用纱作表，再涂以漆，称为“幞头帽子”，可以随意脱戴。其式样有直角、局脚、交脚、朝天、顺风等，身份不同，式样也不同。皇帝或官僚的展脚幞头、两脚向两侧平直伸长，身份低的公差、仆役则多戴无脚幞头。因幞头所用纱罗通常为青黑色，故也称“乌纱”，后代俗称为“乌纱帽”。

宋代硬翅幞头（乌纱）

二、上衣下裳

上古时代，中国人上衣多为交领斜襟，但南北又有差别：其一，长城以南的古代中原人尚右，习惯上衣襟右掩，称为右衽；而长城以北的北方民族尚左，衣襟左掩，是谓左衽。右衽传统和左衽传统，成为古代中原人和周边诸族在衣饰文化上的显著区别。其二，中原人上衣宽大，北方游牧民族上衣窄小。为了便于游牧骑射，北方民族的衣袖不似中原人那样宽大，而是裁制得窄小便利，是谓“箭袖”。其三，中原人服饰为上衣下裳制。裳者，裙也，男女皆通服。而北方民族的鞍马生涯则不便穿裙，因此，胡服的下衣是长裤。由于“胡服”在现实生活中比中原传统服饰更为实用便利，因此，中原人便纷纷仿效胡服。战国时期赵武灵王的“胡服骑射”，已经成为中国文化史上的千载佳话。

春秋战国之交，出现了一种上衣下裳相连的服装——深衣。深衣剪裁独特，衣与衫相连，制作时上下分裁，中间有缝连接，以曲裾沿身体缠绕数层，将身体全部遮掩，深邃而严密，身份越高的人，曲裾缠绕越多。深衣一经出现，便迅速流行起来。从战国至汉朝，上自百官，下至平民，都以深衣为常服。

深衣紧裹身体，行动不便，又浪费布料，西汉初年，改革深衣，深衣的曲裾越来越短，男式只略后掩，女式缠绕半圈，比原来宽松了许多，逐步解开深衣的束缚。汉武帝时期，曲裾式的深衣演变的直裾式长袍。这种宽松式的服装很快流行，成为家庭中男女通用的便服。袍服的样式以大袖收口为多，穿着舒适，逐步取代了深衣，成为西汉时期的时尚的服饰。

贵族及百官则根据爵位和品位的高低，分别着紫、绯、绿、青四色服。所谓“三品以上服紫，四品五品服绯，六品七品以绿，八品九品以青”。

商朝玉人俑

西汉深衣木男俑

西汉短曲裾女绵袍

魏晋时期，政治经济动荡不安，社会风气消极低迷，士大夫阶层追求“对酒当歌，人生几何”的享乐主义，沉沦于颓废的生活方式。这种风气反映在人们的衣冠服饰上就是宽衣博带，上自王公大夫，下至贫民百姓，都以大袖宽衫为时尚。男子穿衣敞胸露臂，衣服披肩，追求轻松、自然、随意；女子服饰则长裙拖地，大袖翩翩，饰带层层叠叠，优雅而飘逸。

由于长期战乱，南北方的广大民众迫于离乡背井，出现了多民族杂居的生活状态，民族大融合的趋势也改变了单一的文化和生活习俗，少数民族服饰深受汉族影响，北朝贵族，不再跃马弯弓，而是峨冠博带，琴棋书画，一派汉族士大夫形象。汉族穿着也深受北方民族服饰的影响，特别是便服明显地呈现出胡化的趋势。

南北朝时期博衣宽袖的陶俑

隋唐时期，国家统一，社会稳定，经济发展，民族交往频繁，中外文化交流融会，从而使精神和物质的双重产物——服饰，无论是统治阶级制定的服制——品色服，还是民间流行的服饰——胡服，都呈现出兼容并蓄、绚丽清新的特色。这一时期官服制度趋于完善，以黄色为尊，从此黄色成为皇帝的专用色，黄袍也成了皇帝的化名。贵族及百官则根据爵位和品位的高低，分别着紫、绯、绿、青四色服。所谓“三品以上服紫，四品五品服绯，六品七品以绿，八品九品以青”①。男子穿着上，最流行的是一种受胡服影响而产生的圆领袍衫，上至皇帝，下至百官士庶皆以之为常服。除圆领以外，它还有右衽、宽腰、博袖的特点，是当时太平盛世时尚的一种折射。

唐代官员的服饰

女子穿着上，款式之众多，装饰之纷纭，变化之多端，达到了一个新高峰。受西域少数民族和波斯等国的胡服影响，唐代妇女通行小袖长裙服装。长裙多是用两色绫罗拼合，形成间道裥褶效果，向上束至胸部，外服短袖衫，有绣带双垂。盛唐时的妇女还喜欢穿半臂和披帛，半臂即马甲，披帛原出于波斯，是将一块轻薄的纱帛搭在肩上，为一种装饰佩戴物，更能显出女性的婀娜。此外，还出现了被封建礼教视为伤风化的袒领服装，袒领服表现了唐代妇女对美的大胆追求。有诗为证：“粉胸半掩疑晴雪，醉眼斜回小样刀。”②“日高邻女笑相逢，慢来罗裙半露胸。莫向秋池照绿水，参差羞杀白芙蓉。”③

宋代服饰更趋自然适意。官服服色等级与唐朝相同，面料以罗为主，款式以大袖长袍为主。宋代还沿袭唐代官服的佩鱼制度，有资格穿紫、绯色官服的官员都须在腰间佩挂“鱼袋”，袋内装有金、银、铜制成的鱼符，以区别官品。

宋太祖像

宋代官员的日常便服，主要是小袖圆领衫。一般百姓多穿交领或圆领的棉麻布长袍，还穿一种以粗布或麻布做成的“短褐”，这是一种身狭袖小的短身上衣。平民衣服只许染黑白两种颜色，其他颜色不可以使用。女装多为上身窄袖短衣，下身长裙。通常在上衣外面再穿一件对襟的长袖小褙子，很像现在的背心，褙子的领口和前襟，都绣上漂亮的花，裙子较唐朝的窄。其他日常服饰还有上身的襦、袄、衫等，下身有裤，腰间有围腰、腰巾，另外还有贴身内衣、抹胸、裹肚等。

唐代戴笠帽骑马女俑

---

① 《唐会要》卷三一。

② 《全唐诗》卷六五一。

③ 《全唐诗》卷七七一。

元朝服饰形式上有蒙古本民族的，也有仿效汉族的。值得一提的是，在质地面料上的变化。元朝以前，面料一直以丝、麻、皮、毛为主，随着棉花种植的扩大，棉布成为元朝主要的面料。明代恢复了汉族传统，衣服样式仿效唐宋，以袍类为主。当时的官服在袍衫前有一块方形刺绣图案，称为“补服”，文官图案为飞禽，武官图案为猛兽。官阶品位用袍衫颜色和图案来区分。平常穿的圆领袍衫则凭衣服长短和袖子大小区分身份，长大者为尊。自汉以来，官服以紫色为贵，但明朝皇帝姓朱，以朱为正色，《论语》上说：“恶紫之夺朱也”，于是，紫色在明朝官服中被废除。妇女服装款式上主要有衫、袄、霞帔、褙子、比甲、裙子等。服饰用色方面，平民妇女只能衣紫、绿、桃红及各种浅色调，以免与官服正色相混；劳动者只许用褐色。贵族妇女重要场合多穿红色大袖袍子，日常穿的是短衫长裙，腰上系着绸带。

清代男式便装

清朝是我国服装史上变化最大的一个时代。清初，以暴力手段推行剃发易服政策，按满族习俗统一男子服饰。1652 年，钦定《服色肩舆条例》颁行，从此废除了具有浓厚汉民族色彩的冠冕衣裳。明代男子一律蓄发绾髻、着宽松衣、穿长统袜、浅面鞋；清时则薙发留辫，辫垂脑后，穿瘦削的马蹄袖箭衣、紧袜、深筒靴。但官民服饰依律泾渭分明。清代官服主要品种为长袍马褂。马褂为加于袍的外褂，因起源于骑马短衣而得名，其特点是前后开衩、胸前缝制方形石青色补子（亲王、郡王用圆补）。补子的鸟兽纹样和等级顺序与明朝大同小异。皇帝有时还赏穿黄马褂，以示特别恩宠，受此影响，其他颜色的马褂遂在官员士绅中逐渐流行，成为一般的礼服。清代女装，汉、满族发展情况不一。汉族妇女至康熙、雍正时期还保留着小袖衣和长裙等明代款式；乾隆以后，衣服渐肥渐短，袖口日宽，再加云肩，花样不断翻新；到晚清时都市妇女已去裙着裤，衣上镶花边、滚牙子，一衣之贵大都花在这上面。满族妇女着“旗装”，梳旗髻（俗称两把头），穿“花盆底”旗鞋。至于后世流传的所谓旗袍，长期主要用于宫廷和王室，至清代后期，旗袍才为汉族贵妇所仿用。还有一点，早期旗袍是宽宽大大的，后来才变得腰身紧束。旗袍外面加上一件“坎肩”（背心），成为晚清最为时尚的女装。

旗袍外面加上一件“坎肩”（背心），成为晚清最为时尚的女装。

总之，汉民族服装的特点主要为宽袍大袖，由于受到少数民族服饰短衣窄袖的影响，于是中国历史上服装的沿革，便在宽袍大袖、长裙丝履和短衣缚裤、窄袖革靴两方面不断摇摆。

三、鞋、袜

夏商时期，出现了用草和动物皮制成的鞋。周代，人们用麻、葛编织鞋子，称为“屦”，即麻鞋。春秋时期，木制的“屐”、丝制的“履”又相继出现。战国时期，北方少数民族穿鞋的习俗传入中原，丝织品缝制的鞋子开始在士大夫中流行。南北朝时，南方仕宦穿丝履，北方人则足蹬短靴，称为“胡履”。此后，皮靴丝履就成为古人穿用的主要足衣种类。

南朝时期的便鞭——丝履

和衣服一样，古代鞋履也受礼的制束。在各种鞋履之中，最为贵重的鞋子叫“舄”。舄是古代君王后妃及公卿百官朝祭时所穿的一种鞋子。通常以葛布或皮革等材料为面，夏天用葛，冬天用皮。周礼规定，君王后妃及公卿百官所穿之舄，在不同场合，必须用不同的颜色，而且必须和穿着者的冠服相配。君王、诸侯所用舄色，有赤、白、黑三等，以赤色为上；后妃命妇所用舄色，有玄、青、赤三等，以玄色为上。[①]舄和一般鞋履的不同之处主要在鞋底，普通鞋底多为单层，而舄底则为两层，上层用布底，下层则另用木料做成一个托底。

舄的出现，大约在商周时期，其等级是和当时礼服制度相适应的。战国以后，其制一度失佚，到了汉魏时，则重新恢复。当时，“显宗遂就大业，初服旒冕，衣裳文章，赤舄絇屦，以祠天地”[②]。从唐代开始，百官朝服弃舄用靴。《旧唐书·韦斌传》记：“（韦）斌天性质厚，每朝会不敢离立笑言，尝大雪在廷者，皆振裾更立，斌不徙足，雪甚几至靴，亦不失恭。”这是当时官吏着靴上朝的实例。不过在祭祀时，仍然要穿舄，而不能用靴。从唐人杜佑所编《通典》等书中还可以看到，唐代帝王侍臣在最隆重的祭祀场合仍穿“赤舄”，而后妃陪祭则用“青舄”，与古制稍有不同。宋代沿袭唐制，祭服用舄，朝服用靴。北宋曾一度改制：祭服用舄，朝服用履。不久又恢复靴制。[③]辽、金及后来的元代，也都以舄为祭履。元代之舄形制考究，在前朝的样式基础上，又在舄首加上了玉饰，并在舄帮上饰以花纹。明代

---

① 参见《周礼·天官·屦人》。

② 《后汉书·舆服志》。

③ 《宋史·舆服志》：“靴，宋初沿旧制，朝履用靴。政和更定礼制，改靴用履。中兴仍之。乾道七年，复改用靴。”

不仅祭祀用舄,朝会也可用舄。入清以后,帝王百官及后妃命妇祭祀朝会都穿靴子,舄制被废。

古人有入门脱鞋的习惯,所以袜子在上层社会中是很重要的。

古人有入门脱鞋的习惯,所以袜子在上层社会中是很重要的。古代的袜子称为"足衣"或"足袋",是用皮革、丝帛缝制的,式样像一只布袋,一般有一尺来高,袜口缝有带子,用来把袜子系在腿上。据考证,夏朝已出现最原始的袜子。从长沙马王堆一号西汉墓中出土的两双绢夹袜来看,均为整绢裁缝而制成,缝在脚面和后侧,底上无缝。袜筒后开口,开口处附有袜带。到三国时,袜子才由自夏代沿袭而来的三角形变成丝线编织成的脚形,与现在的袜形相似。

汉代皇帝的赤舄

丝绸之路上出土的汉代丝袜

第二节　中国传统饮食

远古人类"茹毛饮血",食物都是生吃的。从利用自然火到人工取火,人类经历了漫长的过程。火的使用,为热食、熟食提供了条件。随着农业的产生和发展,古代先民的饮食逐步丰富,各式各样的食具也随之产生,从而形成了独特的中国传统饮食文化。

"食在中国。"孙中山在《建国方略》中说,"中国近代文明进化,事事皆落人后,唯饮食一道之进步,至今尚未文明各国所不及。"林语堂在《吾国吾民》中说:"西方人对待吃,仅把它看作是给机器加油,而中国人则视为人生至乐。""民以食为天",中国人认为,吃饭是天大的事,没有比吃饭更重要的了。

一、中国古代饮食特征

1. 地区差异显著,各具特色

自古以来,中国先民的主要生活区域——黄河流域和长江流域,以发达的农业著称。因此,中国人的传统饮食习俗是以植物性食料为主,即以"五谷"为主食,辅之以各种蔬菜,外加少量肉食。形成这一习俗的主要原因是中原地区以农业生产为主的经济形态。

中国幅员辽阔，由于地域、物产、民族、习俗和宗教信仰等的不同，各地饮食习惯有很大差异。南方主产稻米，以大米为主食；北方主产黍、稷、粟、麦、菽，以杂饭为主食；而西北、北方少数民族则是以肉食和乳酪为主的饮食习俗。中国在汉代已形成南、北两大饮食系统，为以后汉族的饮食习俗，奠定了基本的格局。北人嗜葱蒜，喜盐口重；蜀湘嗜酸辣；粤人嗜淡，口轻；江浙嗜糖，喜甜食。在此基础上，逐渐形成了鲁、川、粤、苏四大菜系。

北人嗜葱蒜，喜盐口重；蜀湘嗜酸辣；粤人嗜淡，口轻；江浙嗜糖，喜甜食。在此基础上，逐渐形成了鲁、川、粤、苏四大菜系。

2. 以热食、熟食为主

这与中国文明开化较早和烹调技术的发达有关。中国古人认为："水居者腥，肉臊，草食即膻。"[①] 热食、熟食可以"灭腥去臊除膻"。中国人的饮食历来以食谱广泛、烹调技术的精致而闻名于世。史书载，南北朝时，梁武帝萧衍的厨师，一个瓜能做出十种式样，一个菜能做出几十种味道，烹调技术的高超，令人惊叹。大约从魏晋起，逐渐形成了煮、烹、煎、炮、炸、卤、糟等一系列的烹饪技术，并有了专门记载烹饪技术的书籍，如《食经》、《崔氏食经》等书。唐宋时期，随着经济的发展和对外交往的扩大，域外客商带来的异域食品，进一步丰富了中国饮食。食品制作讲求营养与观赏并重，主食以小麦、稻谷、粟（小米）为主食，猪、羊、牛、鸡及各类蔬菜为副食，鹿、熊、鳖、鱼、虾则常见于贵族宴席上。在不同的阶层中，食物的配置比例不尽相同，肉食在贵族饮食中占较大比重，因此古代有称贵族为"肉食者"之语。

3. 聚食制饮食方式

聚食制的起源很早，从许多文化遗存的发掘中可见，古代炊间和聚食的地方是统一的，炊间在住宅的中央，上有天窗出烟，下有篝火，在火上做炊，就食者围火聚食。这种聚食古俗，一直沿袭至后世。聚食制的长期流传，是中国重视血缘亲属关系和家族家庭观念在饮食方式上的反映。

聚食制的长期流传，是中国重视血缘亲属关系和家族家庭观念在饮食方式上的反映。

4. 重视饮食礼仪

由于宗法观念和等级制度的影响，中国人十分注重以饮食活动来区别君臣、尊卑、长幼。中国饮食礼仪在宴会上的反映最为明显，邀客用请柬，客人来后敬茶、敬酒；宴会桌的规格要与客人地位身份相称；入席时，以长幼、尊卑、亲疏、贵贱排座次等等，是宴会礼仪中

① 《吕氏春秋·本味》。

的首要环节。

二、主、副食

新石器时代，人类就开始了农业种植与畜牧业生产，食物来源既有野生的动植物，也有经人工培育种植的稻、粟、黍等粮食作物和人工驯养的猪、羊、牛、鸡、犬等家畜。当时对谷物粮食只能进行脱粒、碾碎等简单的加工，食品加工不外乎蒸、煮两种方法，即将碾碎的粮糁放入鼎、鬲、釜等炊具中和水而煮，或将粮糁糅成饭团、面饼置入甑、甗中顺汽而蒸，粥羹类软食与饼团状干食就构成了新石器时代的主要成品食物。另外，当时已经栽培的白菜、芥菜类蔬菜瓜果成为辅助食品，但主要是通过生吃或切碎后加粮而蒸、煮之后食用。当时肉食在整个食谱中占有很大份额，对肉食的加工多以较粗的切割和直接烧烤为主。

夏商周时期是中国饮食文化的成形时期，以谷物蔬菜为主食。粮食作物有麦、稻、稷、黍、粟、菽等"五谷"，蔬菜有芹、芥、韭、笋等二十余种，瓜果有桃、李、枣、杏、梨、橘等数十种，家禽家畜有猪、马、牛、羊、犬、鸡等"六畜"。稷就是现在的小米，又称谷子，为五谷之长，好的稷又叫黄粱；黍是大黄黏米，仅次于稷；粟是脱粒的黍；麦是大麦；菽是豆类，当时主要是黄豆、黑豆。麻即麻子，又叫苴。南方还有稻，古代稻是糯米，普通稻叫粳秫，周以后中原才开始引种稻子，属细粮，较珍贵。

秦汉时期是中国饮食文化的丰富时期。随着汉与西域的交流，西域大量食物种类如石榴、芝麻、葡萄、胡桃、西瓜、甜瓜、黄瓜、菠菜、胡萝卜、茴香、芹菜、胡豆、扁豆、苜蓿、大葱、大蒜等被引入内地，大大丰富了中国人的饮食生活。东汉时期，淮南王刘安发明豆腐，物美价廉，可做出许多种菜肴，使豆类的营养得以充分发挥。1960 年河南密县发现的画像石上就有豆腐作坊。东汉以前，人们食用的都是动物油，东汉时期植物油出现，有杏仁油、奈实油、麻油等。南北朝以后，

新疆阿斯塔那唐墓中出土的饺子、馄饨和面卷

植物油的品种增加，产量增加。

唐宋是中国古代饮食文化的成熟期，烹饪分工细密，菜肴品种繁多。南方是产米区，以稻米为主食，北方是产麦区，以麦制品为主食。面食成为人们的主要食品，常见的有面饼、面条、馒头、馄饨、饺子、面卷等。馒头在唐朝多作为祭祀时摆设的食品。随着南北运河的疏通，稻米大规模北运，北方食用稻米的人渐多，主要品种有"青粳饭"、"团油饭"、"王母饭"等，都是贵族席上的主食。另外，配有佐料的雕胡饭、米粥等仍然是百姓日常食用的。肉食以牛、羊、猪、鸡等为主。唐人喜欢打猎，鹿肉等野生动物是上乘美味。贵族的餐桌上还有骆驼、虾、熊、蟹、羊、猪、牛等。水果有葡萄、甘蔗、枣、石榴、橘、瓜、梨、桃、樱桃、荔枝等。

宋朝南北饮食习俗有明显的差别。除了南北主食的差异外，还有河南菜、浙江菜的差别。宋代城市饮食业相当发达，南食店、北食店、素食店、川食店等星罗棋布，馄饨（饺子）、馒头（发面饼）、包子、烧饼、油饼、油条等种类繁多。各地又出现了许多特色菜肴，像江西临军（今樟树市）的黄雀，两浙江阴军（今属江苏）的河豚，福建兴化军（今莆田）的子鱼都是"天下第一"，"东坡肉"更是依仗苏轼的大名流传千古。

明清是中国传统饮食文化的高峰期，在唐宋食俗的基础上，混入满蒙习俗，饮食结构有了很大变化：菰米已被彻底淘汰，麻子退出主食行列改用榨油，豆料也不再作主食，成为菜肴，黄河流域小麦的比例大幅度增加，马铃薯、甘薯、玉米、番茄、辣椒、向日葵、花生、花菜等从美洲或南洋引进，鲁、川、粤、苏四大菜系各具特色，"满汉全席"代表了清代饮食文化的最高水平。

明清是中国传统饮食文化的高峰期。"满汉全席"代表了清代饮食文化的最高水平。

三、传统饮品

中国古代饮品主要有汤、酒、茶。

汤在古代称为羹，比今天人们所说的汤要浓些，它是菜肴兼饮料的食品，人们日常佐餐下饭都用它。隋唐以后，羹逐渐被汤所取代，并逐渐演变为现在的汤。

酒是古人最喜好的饮品。中国酿酒的历史十分久远，夏朝即开始用粮食酿酒，商纣王甚至"以酒为池"。因为早期的酒主要是米酒，耗费大量的粮食，所以唐朝以前多实行禁酒政策。汉朝法律明确规定："三人以上无故群饮酒，罚金四两。"[①]曹操虽爱饮酒，但因连年饥荒，也采取禁酒措施。随着经济的发展粮食充足，酒禁不断放宽。唐代以后，烈性酒（蒸馏酒）开始出现，酒的品种日益增多：醴，相当于今天的糯米甜酒，又称酎；经多次酿制而成的烈酒叫醇。唐朝把百姓饮酒看作是政和民乐的事情，酿酒业迅速发展起来。用葡萄自然发酵的原理，采用了不加曲酿造葡萄酒的技术，表明中原葡萄酒酿造技术已相当成熟。中国古代人们凡遇节日、宴宾、婚丧嫁娶等活动，都要饮酒。中国传统文化与酒有不解之缘，古代的哲学、文学、艺术、科技、风俗等，无一不渗透着酒的影响。饮酒还成了许多诗人、艺术家进行艺术创作时捕捉灵感的手段，李白斗酒诗百篇，怀素醉时写狂草，酒成为美化人生与生活、兴奋人的精神、激发艺术创造力的得力物品。

中国传统文化与酒有不解之缘，古代的哲学、文学、艺术、科技、风俗等，无一不渗透着酒的影响。

茶具有兴奋、解倦等作用，是备受中国人喜爱的一种饮品。古人称茶为"荼"，早期饮茶方式为"羹饮"。传说，周武王伐纣时，西南少数民族就供奉过茶，茶叶何时成为真正的饮料，目前尚存争议，但是至少到了东汉末年和三国时期，茶叶就已经被饮用。据《太平御览》卷八六七引《广雅》记载："荆巴间采茶作饼，成以米膏出之。若饮先炙令赤，捣末置瓷器中，以汤浇覆之，用葱姜芼之。其饮醒酒，令人不眠。"可见茶之最早进入饮食，当在东汉和三国时期。但还不是单纯的饮品，只用来解渴或佐餐，饮食兼具。唐时茶称为"茗"，由于陆羽及其《茶经》的提倡和引导，人们在茶中的添加物才逐渐减少，茶才慢慢地变成单纯的饮品。隋唐时期饮茶风气流行，种茶叶的地域由最早的巴蜀扩展到长江流域和西南、华南地区。随着茶叶产地的扩大和产量的提高，饮茶习俗也有了很大变化，以茶叶煮汁解渴变为细煎慢品式的艺术，陆羽将修身养性的理论引入茶道，认为饮茶是一种精神享受，饮茶者在煎饮的过程中，可以达到澄心静虑及美的享受。故而唐朝上至帝王，下至士大夫、文人都以饮茶品茗为时尚。

宋代，各地茶肆兴起，饮茶风气普及大江南北，民户家家都备有茶茗，客来敬茶，成为习俗，人们不但讲求沏茶的方法、泡茶的艺术，而且讲究茶的质量以及茶

宋代瓷制茶具

① 《史记·文帝本纪》。

具的精美。当时，茶叶已与米、盐等一样，成为生活必需品，甚至北方党项族、契丹族也离不开茶了。士大夫更是将饮茶融入琴棋书画等高雅的活动之中，大大提高了饮茶的文化品位，同时也影响了黎民百姓的饮茶习惯，由此形成发达的茶坊文化。宋代的茶坊布置幽雅，茶具精美，四处张挂名人书画，有乐师、歌女卖艺，具有浓厚的文化气氛。

明清时期，茶叶品种更加丰富，制茶工艺更加精细，茶成为地无南北、家无贫富的生活必需品，所谓："开门七件事，柴米油盐酱醋茶。"

明清时期，茶叶品种更加丰富，制茶工艺更加精细，茶成为地无南北、家无贫富的生活必需品，所谓："开门七件事，柴米油盐酱醋茶。"

四、古代炊食具

新石器时代的炊食具基本是陶器，主要有灶、鼎、鬲、甗、鬶、甑、釜、斝；食具主要有盆、盘、钵、罐、瓮、壶、瓶。在商周时期，炊食具形态和功能出现了分化，鼎、釜、盘、盆等继续使用并有所发展，鬶、甗被淘汰，簋、簠、敦、盂、盒、豆等器具出现，进食具箸匕类开始形成固定的组合与功能。箸即筷子，《礼记》曰："饭黍无以箸。"说明当时已经使用筷子进食。

原始社会时期的饮食具

商周时期的炊食具

秦汉至南北朝时期的炊具是以灶为核心的复合烹饪器。灶的功能和形态多样化，既有日常的不可移动的垒砌灶，也有专供温食、行军使用的小型金属灶；既有单火孔灶，也有适合煮、蒸、温水的多火孔灶。灶上所用炊具是釜和甑，盛食和进食的器具有碗、盘、盆、罐及勺、箸等。铁质炊食具替代了青铜炊食具，瓷器在汉代发展成熟并在魏晋时期大量进入炊食具领域，动物油脂的广泛使用促成了铁锅"炒"这一最具中国特色的烹饪方式的发明。

由隋唐到明清，食具中的瓷器、金银器、漆木器都是技术与艺术的结合体。因此，这一时期的炊食具也就成了不同审美情趣和社会心态的表现手段。一日三餐的吃饭习惯在唐宋时期得到最终确立，以铁器为炊具、以瓷器为食具已成为明清时期的普遍现象。

秦汉至魏晋时期的饮食具

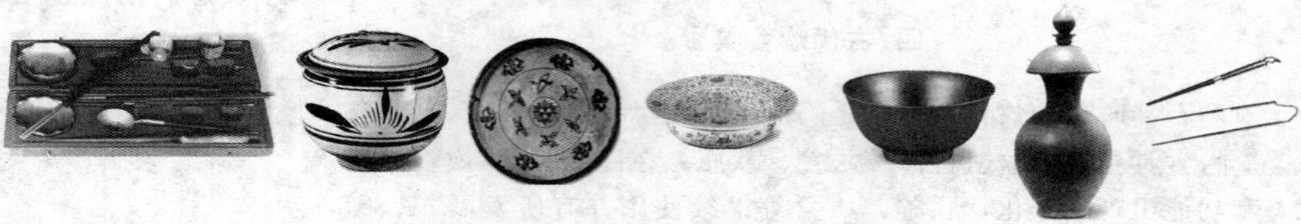

隋唐至明清时期的食具

第三节　中国传统建筑

中国古代建筑类型包括民居、宫殿、城邑、陵墓、庙宇寺观、石窟、塔、馆、园林等，其中民居住宅和宫殿建筑最具代表性。

中国古代建筑是中国古代文明的结晶，它反映了古代科学技术和艺术成就。中国地域辽阔，民族众多，古代建筑具有鲜明的民族与地区特点。中国古代宗教、哲学、等级观念和伦理纲常对中国传统建筑有着重大的影响。

中国古代建筑类型包括民居、宫殿、城邑、陵墓、庙宇寺观、石窟、塔、馆、园林等，其中民居住宅和宫殿建筑最具代表性。

一、民居

原始社会初期，人们居住的是洞穴、树巢，所谓："昔者先王未有宫室，冬则居营窟，夏则居橧巢。"①《韩非子·五蠹》："上古之世，人民少而禽兽众，人民不胜禽兽虫蛇，有圣人作，构木为巢，以避群害，而民悦之，使王天下，号之曰有巢氏。"母系氏族公社繁荣时期，北方是半地穴式建筑，南方是干栏式建筑。

半坡原始居民的房屋遗址及复原图

① 《札记·礼运》。

干栏式建筑示意图

考古发现，距今约六七千年的半坡和河姆渡原始居民，已经完全掌握了建屋建房技术，河姆渡原始居民在建造干栏式房屋时，甚至使用了卯榫固定横梁、企口拼接木板的工艺。

周秦汉的民居已具有庭院的形式。最外面是大门（院门），门内或门外有"屏"，即萧墙。贵族的大门一般三开间，中间一间为明间，安装门扇，左右的暗间叫"塾"，是弟子读书的地方。门内为"庭"，即院子，在宫廷则叫"朝"。庭中多植树，槐树为王公大臣的象征。再往里是"堂"，为行礼之所，不住人。堂后是"室"，门口叫"户"，偏东；窗户叫"牖"。室的两旁再盖房子叫"房"。隋唐时期，一般民居都是土木结构的。宋代，农村人户多住草房，城市居民多住瓦房。明清以后，四合院似的民居成为北方居民的主要形式。

典型的四合院以木构架房屋为主，在南北向的主轴线上建正厅或正房，正房前面左右对峙建东西厢房。长辈住正房，晚辈住厢房，妇女住内院，来客和男仆住外院，这种内外有别、尊卑有序、等级分明的居住方式，充分体现了传统伦理观念。大型的"四合院"如著名的山西王家大院，则沿纵深方向增加院落，各院落之间以厅相连，但每个院落的正房中心定在中轴线上。规模更大的四合院，则增加平行的几组轴，在厢房位置辟通道开门相通，形成跨院横向发展。这种院落适于几代同堂的大家族，对外不开窗，面向内院，院内栽花植木，居住环境安静闲适。

典型的四合院以木构架房屋为主，在南北向的主轴线上建正厅或正房，正房前面左右对峙建东西厢房。

王家大院鸟瞰

王家大院中的一院

王家大院的木结构及梁雕

四合院院门

门头上的砖雕

大院

正房室内

后花园

陕北窑洞

江南民居

云南傣族民居

西北民居主要是窑洞。其建造方法是在黄土崖壁上挖出拱洞，再在洞口装上门窗，冬暖夏凉，适合当地气候干燥少雨、冬季寒冷、木材较少的情况。西南地区气候炎热，空气潮湿，民居住宅多采用下部架空的干栏式建筑，下部空敞部分作为牲畜和堆积杂物之所，上层前为廊及晒台，后为堂屋与卧室。这种住宅通风防潮，又防止虫蛇和野兽的侵害。江浙民居多依水而建，沿河道两岸延伸，临水设码头联系水陆交通。夹河道而成的长街曲折而行，成为村镇的公共中心，两边排列着宗祠、作坊、店铺、茶馆、酒肆。其中孕育着一种安适、质朴的文化境界。历史名镇——浙江周庄，是江南民居的典型代表。

少数民族住宅更是别具一格、各有风采，如蒙古族的蒙古包，西藏、青海、甘肃及四川等地藏族的碉房，新疆吐鲁番、喀什等地区的土坯房等。

二、宫殿

古代宫殿不仅宏大而且精致，它所反映的是一个时代建筑艺术及其技术的最高成就。早在商周时期，我国就出现了制度严谨的宫殿建筑群，如考古发现的河南安阳朝歌宫殿遗址、湖北武汉盘龙城宫殿遗址、陕西扶风宫殿遗址等。秦朝的阿房宫是中国早期宫殿建筑的代表。《史记·秦始皇本纪》记载：它“东西五百步，南北五十丈，上可坐万人，下可建五丈旗，周施为阁道，自殿下直抵南山，表南山之巅以为阙”。规模宏大，建造瑰丽，可惜被项羽付之一炬。汉代长安的长乐

唐代大明宫含元殿复原图

宫、未央宫、建章宫，洛阳的北宫、南宫，隋朝的仁寿宫，唐朝的大明宫、兴庆宫以及辽金元时期的也都极为恢弘壮丽，但也都毁于战火。保留至今的仅有明、清两代的宫殿：一是北京的明、清故宫，二是沈阳的清故宫。北京的明清两代的皇宫——紫禁城故宫是中国现存最大、最完整的古建筑群，它也是中国现存最宏伟壮丽的古代建筑群。其四周有高大的城墙和宽深的护城河，自明永乐十八年(1420)建成后，至今已有580年的历史。故宫经历了明清两代24个皇帝的统治和居住，直到1924年末代皇帝溥仪出宫，才结束了作为帝王禁城的历史，并于1925年成为故宫博物院。

北京的明清两代的皇宫——紫禁城故宫是中国现存最大、最完整的古建筑群，它也是中国现存最宏伟壮丽的古代建筑群。

故宫太和殿

故宫占地面积72万多平方米，殿宇廊屋九千余间，建筑面积约15万平方米。故宫建筑布局继承了古代帝王皇宫前朝后寝的传统格局，分作“前朝”和“内廷”两部分。前朝以太和、中和、保和三大殿为中心，东西分列文华、武英两殿，是皇帝日常朝会和举行庆典的地方。内廷以乾清宫、交泰殿、坤宁宫为中心，两旁分列东、西六宫，其后又有御花园，为皇帝处理日常政务和后妃、皇子们居住、游乐、礼佛敬神之处。在中轴线的两侧慈宁宫、寿安宫、皇极殿、养性殿等，是专为皇太后、太上皇等养老的宫殿。整个紫禁城的建筑，金碧辉煌，灿烂绚丽。故宫的四个城角都有精巧玲珑的角楼，建造精巧美观。整个故宫建筑，布局统一，主次有序，规模宏大，形体壮丽，建筑精美，空间丰富多变。

三、古代建筑特点

1. 以木构架梁柱式为主的结构方式

中国古代建筑为梁柱式结构，以木材为主，由立柱、梁、椽等主要构件组成，各个构件之间以榫卯相结合，构成富有弹性的框架。

建筑风格主要由其建筑结构决定。中国古代建筑为梁柱式结构，以木材为主，由立柱、梁、椽等主要构件组成，各个构件之间以榫卯相结合，构成富有弹性的框架。这种结构的优点是承重与围护分工明确，屋顶重量由木构架来承担，外墙起遮挡阳光、隔热防寒的作用，内墙分割室内空间；特别是“斗拱”的结构形式，有利于防震、抗震。斗拱的位置在柱子与梁和其他构件的交结处，它的作用不仅有加大加长结点的接触面、增强抗震能力，而且还有装饰作用。

2. 对称平面布局

古代建筑多以“间”为单位构成单座建筑，再以间组成庭院，进而再组成各种形式的组群。就整体而言，重大建筑大都采用均衡对称的方式，主体建筑建造在中轴线上，围绕主体建筑，以庭院为单元沿纵轴线与横轴线进行设计，借助建筑群体的有机结合和烘托，使主体建筑显得格外宏伟壮丽。民居则大多采用“因天时，就地利”的灵活布局方式。

3. 彩绘雕饰丰富多彩

中国古代建筑以它优美柔和的轮廓和变化多样的形式而引人注目，其丰富多彩的彩绘和雕饰更是令人赞赏。彩绘具有保护、装饰、象征和标志等作用，可以防风化剥蚀、防潮、防虫蛀等。彩画多出现于内外檐的梁构、斗拱及室内天花等处，构图构件形状密切结合，绘制精巧，色彩丰富，而在一些华丽雄伟的建筑物屋顶上，也装饰着人物、飞禽、走兽和各种形式的图案花纹。雕饰是中国古代建筑艺术的重要组成部分，包括墙壁上的砖雕、台基石栏的石雕、金银铜铁等建筑饰物。北京故宫保和殿台基上的一块陛石，雕刻着精美的龙凤花纹，重达 200 吨。雕饰内容丰富，主要有人物、神佛故事、飞禽、走兽、花鸟、鱼虫等等，体现出传统建筑的艺术性。

4. 与环境协调统一

中国古代建筑注重天地合一，即人与自然环境的协调统一。建筑是人们饮食起居、工作活动的场所，故而应与周围大自然的环境相融合达到协调。中国古代建筑师在规划设计和施工时，十分注意周围环境，对周围的山川形势、地理特点、气候条件、林木植被等等，都认真进行调查研究，使建筑布局、形式、色调等与周围的环境相适应。同时也注意一个建筑与另一个建筑之间、一个建筑组群与另一个建筑组群之间的配合协调。

5. 宗教、哲学和等级观念的影响深刻而广泛

以等级而言，从屋顶的颜色（黄色、琉璃瓦为帝王专用）、屋脊上的装饰物（品级越高脊兽越多）、基座的高度（帝王 25 尺，平民 1 尺）以及房屋的开间、进深（帝王 9 间，5 进深）等等都有严格的区分。

第四节　中国古代的交通工具

中国是世界上最早发明交通工具的国度之一。早在原始社会，先民们为了出行方便，就已经开始制造和利用代步工具了。从《史记·夏本纪》中大禹治水"陆行乘车，水行乘舟，泥行乘橇，山行乘辇"的记载可见，夏代之时已经出现了适应于不同用途的交通工具。随着交通工具的发明，人们的交往程度和范围大大拓宽，从而促进了各地文化的交流。

商代车马坑及马车复原图

中国古代的交通工具主要有车、船、轿等。

一、车

相传，最早的车子是由夏代的车正奚仲发明创造的。甲骨文、青铜器铭文中，都有"车"字。商代，已将马车作为战车用于征伐阵战和出行田猎。商汤正是凭借着"革车三百乘"，一举打败了夏桀王而建立商王朝。西周至春秋战国时期是我国古代独辀车发展的鼎盛时期。当时的独辀车由舆、轮、辕、衡、轴、轭等部件组成，坚固豪华，性能优越，结构合理，做工精巧，已经达到近乎完美的程度，不仅是王公贵族出行的代步工具，而且也是战争中的主要"攻守之具"[①]。

秦铜马车

秦汉时期，作为战争工具的车，退出了历史舞台，成为纯粹的交通工具。

秦汉时期，作为战争工具的车，退出了历史舞台，成为纯粹的交通工具。秦朝统一了原来各国不同的车轨和车舆，车的制造工艺更加精良，乘坐更加舒适。1980 年在秦始皇陵西侧的车马坑，出土了两辆彩绘铜车马，其中一辆是仿照秦始皇出行的专用车——"安车"制造的。安车的设计精妙，圆形车盖象征天，方形车厢象征地，三十辐的车轮象征日月的光芒；一名驭手操控，四匹马拉动，车厢宽敞，两面有窗，主人可坐可卧，十分舒适。汉代，独辀车为双辕车取代。除各种形制的马车外，牛车、编舆、板舆和小辇等也盛行起来。当时，

汉代青铜马车

① 《六韬·虎韬·军用第三十一》。

南人乘车，北人骑马，骆驼也被人们驯化为代步工具。

魏晋南北朝时期，牛车为主要陆行工具，乘牛车不仅不再是低贱的事，反而成为时尚。

魏晋南北朝时期，牛车为主要陆行工具，乘牛车不仅不再是低贱的事，反而成为时尚。上至皇帝、达官贵族，下至平民百姓，均乘牛车。牛车根据等级分八牛、四牛、二牛、一牛等。上等牛车宽敞高大、装棚施幔，车厢内铺席设几，可任意坐卧，这对于养尊处优、肆意游荡的门阀士族是最合适不过的了。

洛阳出土的北魏铜牛车

随着与西域文化经济交往的增多，骆驼大量用于骑乘与驮运。宋代出现了载货的大车——“太平车”。《清明上河图》中隋唐时期，车子是官员们参与重大典礼时采用的代步工具，按礼制和等级分为玉辂、金辂、象辂、革辂、木辂等，别以不同的颜色和饰纹，马的颜色也与之相配。然而，人们喜欢骑乘而不喜坐车，马、驴、牛等成了主要的交通工具。就有四马拉的太平车，二牛驾辕的棚车和前后两人驾把、一驴牵引的独轮车等。明清时期，载物的骡车叫大车或敞车，因为用一或二骡挽行，又称“骡车”。人乘坐的车为小车，因其有棚子、围子，形如轿子，因此习惯上称之为“轿车”。清代还出现了挂帆的独轮车，利用风力节省人力。

战国时期青铜器上的“水陆攻战”纹饰

二、船

最早出现的水上交通工具是筏子和独木舟。筏子是一种用树干或竹子排扎在一起的扁平状工具。独木舟是用独根树干挖成的小舟。商代出现了木板船，商代甲骨文的舟字写作“𠂤、𠂤、𠂤”，意为用数块木板组装的木板船。

春秋战国时期，船应用于战争。其结构和性能均比民用船只优越。从战国青铜器上的“水陆攻战”纹饰中，可以了解当时战船的大致结构：船体窄长，分上下两层，下层三四个佩带短剑的划桨手，身体前弓，正奋力操桨划船；上层则站立四五个击鼓、射箭、挥戈剑的武士，正与对方格斗。

汉代造船业进一步发展，船只类型多、规模大，行船动力、系泊设施完备。其中，楼船最能反映汉代造船的技术水平。

宋代海船复原图

隋唐之际,内海航运和远洋海运都较以前有了不小的进步,江南造船业尤为繁盛。当时,将船舱用隔舱板隔成数间,予以密封,称为水密舱。此结构大大提高了船舶的抗沉性能,增强了船体的抗压能力。这种技术是中国对世界造船技术的一大贡献。宋元时期,鼓励海上贸易,客观上推动了造船业和航海技术的飞速发展。此时,凡有水可通的地方,大都依靠船舶运载,漳州、泉州、福州等地都有大型的官私造船基地。一些官办船场,年造船都在二三百只以上,有的甚至达千只以上,据《宋史·食货志》载:宋太宗时,"诸州岁造运船……三千二百三十七艘"。当时内河航行的河船已能载重万石,而且普遍采用了水密舱结构。指南针的广泛运用,大大提高了航海能力。

最早出现的水上交通工具是筏子和独木舟。春秋战国时期,船应用于战争。

明代造船规模大、种类多,运输船有大小黄船、快船、江汉课船、八橹船、满篷梢、摆子船、三吴浪船等等,海船有遮洋船、封舟等等,战船有战座船、巡座船、哨船、连环船、子母舟等等。船舶主要有沙船、福船、广船和鸟船。至此,我国古代四大航海船型全部出现并定型。明代郑和率船队先后七次远航西洋,出使亚非 30 多个国家,所乘坐宝船的造船技术和航海能力都是当时世界一流水平的。宝船"长四十四丈四尺(约合 150 米),阔一十八丈(约合 60 米),中船长三十七丈,阔一十五丈"[①]。

明清两代统治者多次实行海禁,使我国原有的造船和航海技术水平急速下降。至鸦片战争以后,中国内河与沿海航运权落入外人手中,中国的造船和航海也从此一蹶不振。

郑和宝船复原模型

三、轿

轿是古代独特的代步工具。据《尚书·益稷》记载,轿在夏代已出现。1978 年河南固始侯古堆一座春秋战国时期的古墓陪葬坑中发掘的

① 《郑和家谱·下西洋船舶条》。

木质舆轿，由底座、边框、立柱、栏杆、顶盖、轿杆和抬杠等部分组成，其底座呈长方形，顶盖仿四面起坡的房顶形式，前开小门供乘坐者出入，轿杆捆绑在底座边框上。

“舆轿”一词始于汉代，当时又有“竹舆”、“编舆”等名字。汉舆轿呈长方兜形，有抬杠，但没有帷幔和顶盖，乘轿者“席地而坐”。魏晋南北朝时期的轿又称为“肩舆”、“平肩舆”。其中八人肩抬的称“八扛舆”，轿身较大，可同时乘坐两人。八扛舆是一种高等肩舆，当时只有皇亲王公才能乘坐。民间通用板舆，其形制较为简陋，以一块方木板固定在两根杠上，由两人一前一后抬行，乘者屈膝或盘腿坐在板上。

唐朝时舆轿的种类更多。皇帝所乘谓之“步辇”，王公大臣所乘称为“步舆”，妇女所乘，则称“檐子”，又作“担子”，民间通用的板舆又称“舁床”。

唐朝时舆轿的种类更多。皇帝所乘谓之“步辇”，王公大臣所乘称为“步舆”，妇女所乘，则称“檐子”，又作“担子”，民间通用的板舆又称“舁床”。与前代不同，轿夫抬轿以襻带系挂杠端，挂于肩头，双手下垂提杠而行，因舆轿齐腰高，又称为“腰舆”。阎立本所画《步辇图》是目前所见最早的皇帝乘坐的步辇的形象。上层妇女乘坐的檐子以竹篾编扎而成，其形制已接近后世的轿子。《册府元龟》载：“唐文宗时，妇人本来乘车，近来率用檐子，事已成俗。”

步辇图

宋代轿子大兴。轿子为全遮式，轿身呈立体长方形，用篾席围遮，盝帽式顶盖，四角上翘，左右开窗，门扉施帘。轿内置放高脚椅座，乘轿者由“席地而坐”变为“垂足而坐”。轿杆皆固定于轿身中部，既保持重心稳定，又便于轿夫起放。宋代，乘轿者已不限于王亲贵族，平民也多乘轿。迎亲嫁娶也用轿子，俗称“彩轿”、“喜轿”、“花轿”或“彩亭”等。

明代轿子有“显轿”与“暖轿”之分。显轿也叫“凉轿”，民间称“山轿”，即一把大靠椅，两旁扎有竹竿，椅下设有踏脚板，不施帷幔，多与盖罗伞相配用，类似四川地区流行的“滑竿”。暖轿和宋代的轿子相似，只是盝帽式顶盖为略呈四面坡形，四角不上翘，顶尖饰宝瓶。皇帝坐轿其顶髹红漆，称红板轿，故而凡轿皆禁髹红漆。

宋代轿子示意图

清朝礼制繁缛而森严，乘轿也不例外。皇帝的轿子称“舆”，分礼舆、步舆、轻步舆和便舆四种。礼舆是最尊贵、最庄重，也是最豪华的御轿，皇帝只有在祭天和祀祖时乘坐；步舆为皇帝巡游皇城内时乘坐的显轿；轻步舆为皇帝到皇城以外狩猎、巡视乘坐的显轿；便舆则是时刻伴随皇帝身边的小轿，皇帝在宫廷、园囿随时乘坐。王公大臣皆备有显轿、暖轿各一。当时，四人以上抬的轿通称为“大轿”，二人抬的轿俗称“小轿”。亲王的轿子是银顶、黄盖、红帏，外罩鹦鹉绿呢，四面置纱窗，悬珠穗，轿夫八人。郡王的乘轿为红盖、红帏，轿夫亦八人。两王之轿，俗称“八抬大轿”。汉人文官自大学士以下至三品以上，轿用银顶、皂盖、皂帏，在京轿夫四人，出京轿夫可八人。四品以下，轿用锡顶、皂盖、皂帏，轿夫二人。无官职的富人或平民所乘的民轿，皆是黑平顶、皂帏的二人抬小轿。

第五节　中国传统节日

传统节日是一个民族或国家的历史文化长期积淀凝聚的结晶，反映了民族的传统习惯、道德风尚和宗教观念，寄托着整个民族的憧憬，是千百年来一代代岁月长途中欢乐的盛会。中国的传统节日形式多样，内容丰富，每一个节日都有其历史渊源、美妙传说、独特情趣和深厚的群众基础，是中华悠久历史文化的一个组成部分。

我国传统节日主要有春节、元宵节、清明节、端午节、七夕节、中秋节、重阳节等。

我国传统节日主要有春节、元宵节、清明节、端午节、七夕节、中秋节、重阳节等。

一、春节

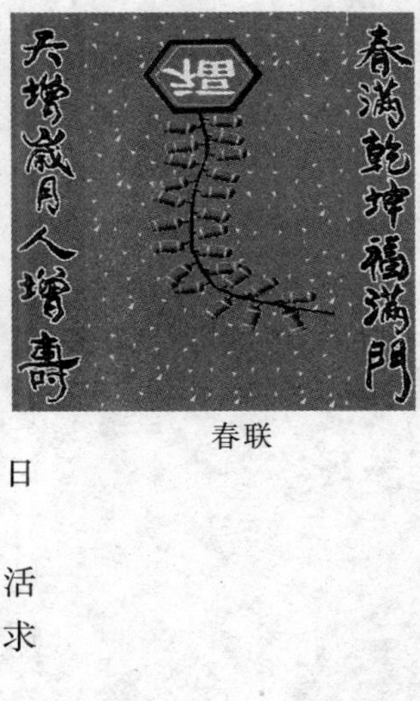

春联

农历正月初一叫春节，俗称“过年”。这是我国民间最隆重、最热闹的一个传统节日。春节起源于殷商时期年头岁尾的祭神祭祖活动。正月初一作为古代官方法定岁首，乃汉武帝时代编订的太初历所规定。今天的春节节日面貌基本上形成于宋代，那时春节成为自腊月廿三祭灶至正月十五元宵节，持续一个月左右的综合性的节日。正月初一古称元日、元辰、元正、元朔、元旦等，俗称“大年初一”，到了民国时期，改用公历，公历的 1 月 1 日称为元旦，把农历的一月一日叫春节。

春节期间，我国的汉族和大多数少数民族都要举行各种庆祝活动，这些活动大多以祭祀神佛、祭奠祖先、除旧布新、迎禧接福、祈求丰年为主要内容，主要有：

扫尘　民间把农历腊月二十三日叫做“迎春日”，也叫“扫尘新春扫尘有"除陈布新"的含义，其用意是要把一切穷运、晦气统统扫出门。这一习俗寄托着人们破旧立新的愿望和对辞旧迎新的祈求。

日"。是日清早，祭完"灶王爷"后，家家户户开始掸尘扫房子。据《吕氏春秋》记载，尧舜时代就有春节扫尘的风俗。按民间的说法，因"尘"与"陈"谐音，新春扫尘有"除陈布新"的含义，其用意是要把一切穷运、晦气统统扫出门。这一习俗寄托着人们破旧立新的愿望和对辞旧迎新的祈求。每逢春节来临，家家户户都要打扫环境，清洗各种器具，拆洗被褥窗帘，洒扫六闾庭院，掸拂尘垢蛛网，疏浚明渠暗沟，到处洋溢着欢欢喜喜搞卫生、干干净净迎新春的欢乐气氛。

贴春联 春联也叫门对、春贴、对联、对子等，它以工整、对偶、简洁、精巧的文字描绘时代背景，抒发美好愿望，是我国特有的文学形式。每逢春节，无论城市还是农村，家家户户都要精选一副大红春联贴于门上，为节日增加喜庆气氛。春联起源于"桃符"。相传有一座鬼山，山上有一棵覆盖三千里的大桃树，树梢上有一只金鸡，每当清晨金鸡长鸣的时候，夜晚出去游荡的鬼魂必赶回鬼山。鬼山的大门坐落在桃树的东北，门边站着两个神人，名叫神荼、郁垒。如果鬼魂在夜间干了伤天害理的事情，神荼、郁垒就会立即发现并将它捉住，用芒苇做的绳子把它捆起来，送去喂虎，因而天下的鬼都畏惧神荼、郁垒。于是民间就用桃木刻成他们的模样，放在自家门口，以避邪防害。后来，人们干脆在桃木板上刻上神荼、郁垒的名字，认为这样做同样可以镇邪去恶。这种桃木板后来就被叫做"桃符"。到了宋代，人们便开始在桃木板上写对联，一则不失桃木镇邪的意义，二则表达自己美好心愿，三则装饰门户，以求美观。后来，人们在象征喜气吉祥的红纸上写对联，新春之际贴在门窗两边，用以表达人们祈求来年福运的美好心愿。

在贴春联的同时，一些人家要在屋门上、墙壁上、门楣上贴上大大小小的"福"字。"福"字指福气、福运，寄托了人们对幸福生活的向往，对美好未来的祝愿。为了更充分地体现这种向往和祝愿，有的人干脆将"福"字倒过来贴，表示"幸福已到"、"福气已到"。民间还有将"福"字精描细做成各种图案的，图案有寿星、寿桃、鲤鱼跳龙门、五谷丰登、龙凤呈祥等。

贴门神 为了祈求一家的福寿康宁，一些地方的人们还保留着贴门神的习惯。据说，大门上贴上两位门神，一切妖魔鬼怪都会望而生畏。在民间，门神是正气和武力的象征，古人认为，相貌出奇的人往往具有神奇的禀性和不凡的本领。他们心地正直善良，捉鬼擒魔是他们的天性和责任，人们所仰慕的捉鬼天师钟馗，即是此种奇形怪相。所以民间的门神永远都怒目圆睁，相貌狰狞，手里拿着各种传统的武器，随时准备同敢于上门来的鬼魅战斗。由于我国民居的大门，通常都是两扇对开，所以门神总是成双成对。唐朝以后，除了以往的神荼、郁垒二将以外，人们又把秦叔宝和尉迟恭两位唐代武将当作门神。相传，唐太宗生病，听见门外鬼魅呼号，彻夜不得安宁。于是他让这两位将军手持武器立于门旁镇守，第二天夜里就再也没有鬼魅骚扰了。其后，唐太宗让人把这两位将军的形象画下来贴在门上，这一习俗开始在民间广为流传。

唐朝以后，除了以往的神荼、郁垒二将以外，人们又把秦叔宝和尉迟恭两位唐代武将当作门神。

剪窗花、挂年画　为表达喜庆之情，人们还喜欢在窗户上贴上各种剪纸——窗花。窗花不仅烘托了节日气氛，也集装饰性、观赏性和实用性于一体。剪纸在我国是一种很普及的民间艺术，千百年来深受人们的喜爱，窗花以其特有的概括和夸张手法将吉事祥物、美好愿望表现得淋漓尽致，将节日装点得红火富丽。

春节挂年画在我国城乡也很普遍。年画是我国的一种古老的民间艺术，反映了人民朴素的风俗和信仰，寄托着他们对未来的希望。浓墨重彩的年画给千家万户增添了许多兴旺欢乐的喜庆气氛。年画也起源于"门神"，随着木板印刷术的兴起，年画的内容已不仅限于门神之类单调的主题，而变得丰富多彩，在一些年画作坊中产生了《福禄寿三星图》、《天官赐福》、《五谷丰登》、《六畜兴旺》、《迎春接福》等精典的彩色年画，以满足人们喜庆祈年的美好愿望。我国有三个年画重要产地：苏州桃花坞、天津杨柳青和山东潍坊。

年画

守岁　大年三十称"除夕"，除夕守岁是最重要的年俗活动之一。守岁之俗最早记载见于西晋周处的《风土志》：除夕之夜，各相与赠送，称为"馈岁"；酒食相邀，称为"别岁"；长幼聚饮，祝颂完备，称为"分岁"；大家终夜不眠，以待天明，称曰"守岁"。"一夜连双岁，五更分二天"，除夕之夜，全家团聚在一起，吃过年夜饭，点起蜡烛或油灯，围坐炉旁闲聊，等着辞旧迎新的时刻，通宵守夜，象征着把一切邪瘟病疫照跑驱走，期待着新的一年吉祥如意。这种习俗后来逐渐盛行，到唐朝初期，唐太宗李世民写有"守岁"诗："寒辞去冬雪，暖带入春风。"

燃爆竹　传说"年"是一种为人们带来坏运气的恶兽。年一来，树木凋敝，百草不生；年一过，万物生长，鲜花遍地。"年"如何才能宋代王安石贺年诗："爆竹声中一岁除，春风送暖入屠苏；千门万户曈曈日，总把新桃换旧符。"

过去呢？需用鞭炮轰，于是有了燃鞭炮的习俗。中国民间有"开门爆竹"一说，即在新的一年到来之际，家家户户开门的第一件事就是燃放爆竹，以哔哔叭叭的爆竹声除旧迎新。火药是中国的四大发明之一，爆竹是中国的特产。爆竹亦称"爆仗"、"炮仗"、"鞭炮"，放爆竹可以创造出喜庆热闹的气氛，是节日的一种娱乐活动。宋代王安石贺年诗："爆竹声中一岁除，春风送暖入屠苏；千门万户曈曈日，总把新桃换旧符。"

蒸年糕、包饺子　年糕因为谐音"年高"，再加上有着多种多样的口味，几乎成了家家必备的应景食品。年糕多为黄、白两色，象征着黄金、白银，寄寓新年发财的意思。过年的前一夜叫团圆夜，离家在外的游子都要不远千里万里赶回家来，全家人要围坐在一起包饺子过年。和面的"和"字是"合"的谐音；饺子的"饺"和"交"谐音，"合"和"交"又有相聚之意，所以用饺子象征团聚合欢；饺子还有更岁交子之意，非常吉利，此外，饺子因为形似元宝，过年时吃饺子，也带有"招财进宝"的吉祥含义。一家大小聚在一起包饺子，话新春，其乐融融。饺子馅有肉、蛋、海鲜、时令蔬菜等多种，正统的饺子吃法，是清水煮熟，捞起后以调有醋、蒜末、香油的酱油为佐料蘸着吃。也有炸饺子、烙饺子(锅贴)等吃法。

拜年　大年初一，人们都早早起来，穿上最漂亮的衣服，打扮得整整齐齐，出门去走亲访友，相互拜年，恭祝一年大吉大利。拜年的方式多种多样，有的是同族长带领若干人挨家挨户地拜年；有的是同事相邀几个人去拜年；也有大家聚在一起相互祝贺，称为"团拜"。由于登门拜年费时费力，后来一些上层人物和士大夫便使用拜贴相互投贺，由此发展出来后来的"贺年片"。拜年时，晚辈要先给长辈拜年，祝长辈人长寿安康，长辈可将事先准备好的压岁钱分给晚辈。据说压岁钱可以压住邪祟，因为"岁"与"祟"谐音，晚辈得到压岁钱就可以平平安安度过一岁。

春节的热烈气氛不仅洋溢在各家各户，也充满各地的大街小巷，一些地方的街市上还有舞狮子、耍龙灯、演社火、游花市、逛庙会等习俗。这期间花灯满城，游人满街，热闹非凡，盛况空前，直要闹到正月十五元宵节过后，春节才算真正结束了。目前，春节已经成为整个中华民族的最隆重的传统节日。

二、元宵节

元宵

农历正月十五夜，是我国民间传统的元宵节，又称“上元节”、“灯节”。正月十五闹元宵，将从除夕开始延续的庆祝活动推向又一个高潮。元宵之夜，大街小巷张灯结彩，人们赏灯，猜灯谜，吃元宵，成为世代相沿的习俗。

元宵赏灯始于东汉明帝时期。明帝提倡佛教，听说佛教有正月十五日僧人观佛舍利、点灯敬佛的做法，就命令这一天夜晚在皇宫和寺庙里点灯敬佛，令士族庶民都挂灯。以后这种佛教礼仪节日逐渐形成民间的盛大节日。该节经历了由宫廷到民间、由中原到全国的发展过程。隋唐时发展成盛大的灯市。唐玄宗时的开元盛世，长安的灯市规模很大，燃灯五万盏，花灯花样繁多，皇帝命人做巨型的灯楼，广达 20 间，高 150 尺，金光璀璨，极为壮观。唐朝大诗人卢照邻曾在《十五夜观灯》中这样描述元宵节燃灯的盛况：“接汉疑星落，依楼似月悬。”到宋元时期，京都灯市常常绵延数十里。灯会的时间，汉朝只限于正月十五一夜，唐玄宗延长到三夜，到明朝规定从正月初八一直持续到正月十七。唐朝灯会中出现了杂耍技艺，宋代开始有灯谜，明朝又增加了戏曲表演。灯市所用的彩灯，也演绎出“橘灯”、“绢灯”、“五彩羊皮灯”、“无骨麦秸灯”、“走马灯”、“孔明灯”等等。大多有限定的格式和奇巧的要求，巧立名目，妙意横生。

元宵赏灯始于东汉明帝时期。元宵节吃元宵的习俗始于宋朝。

元宵节吃元宵的习俗始于宋朝。意在祝福全家团圆和睦，在新的一年中康乐幸福。元宵即“汤圆”，以白糖、玫瑰、芝麻、豆沙、黄桂、核桃仁、果仁、枣泥等为馅，用糯米粉包成圆形，可荤可素，风味各异，可汤煮、油炸、蒸食，有团圆美满之意。除此以外，元宵节的活动还有耍龙灯、耍狮子、踩高跷、划旱船、扭秧歌、打太平鼓等。

三、清明节

清明是我国的二十四节气之一。清明一到，气温升高，正是春耕春种的大好时节，故有“清明前后，种瓜种豆”，“植树造林，莫过清明”的农谚。由于清明与寒食的日子接近，而寒食是民间禁火扫墓的日子，渐渐地，寒食与清明就合二为一了。清明之日不动烟火，只吃凉的食品，源于纪念春秋时代晋国“士甘焚死不公侯”的介子推，后逐渐发展成为祭祖扫墓、踏青郊游、荡秋千、放风筝、拔河、斗鸡等富有浓郁民族风情的节日。

清明节扫墓是一项重要活动。扫墓时，人们要携带酒食果品、纸钱等物品到墓地，将食物供祭在亲人墓前，再将纸钱焚化，为坟墓培上新土，折几枝嫩绿的新枝插在坟上，然后叩头行礼祭拜。唐代诗人杜牧的诗《清明》“清明时节雨纷纷，路上行人欲断魂。借问酒家何处有？牧童遥指杏花村”，写出了清明节的特殊气氛。中国人还有清明踏青、荡秋千、蹴鞠、放风筝等习俗。

四、端午节

赛龙舟

农历五月初五，是中国民间的传统节日——端午节。端午也称端五、端阳、重五等。关于端午节的由来，说法甚多，诸如：纪念屈原说、纪念伍子胥说、纪念曹娥说、起于三代夏至节说、恶月恶日驱避说、吴月民族图腾祭说等等。其实，端午的起源，是中国古代南方吴越民族举行图腾祭的节日，比屈原更早，但千百年来，屈原的爱国精神和感人诗词，已广泛深入人心，故人们“惜而哀之，世论其辞，以相传焉”，因此，纪念屈原之说，影响最广最深，中国民众把端午节的龙舟竞渡和吃粽子等，与纪念屈原联系在一起。

端午节的习俗有：女儿回娘家，挂钟馗像，迎鬼船、躲午，帖午叶符，悬挂菖蒲、艾草，游百病，佩香囊，备牲醴，赛龙舟，比武，击球，荡秋千，给小孩涂雄黄，饮用雄黄酒、菖蒲酒，吃五毒饼、咸蛋、粽子和时令鲜果等。

五、七夕节

民间习俗，七夕坐看牵牛织女星。

在我国，农历七月初七的夜晚，天气温暖，草木飘香，这就是人们俗称的七夕节，也有人称之为“乞巧节”或“女儿节”，这是中国传统节日中最具浪漫色彩的一个节日，是古代女子最为重视的日子。

民间习俗，七夕坐看牵牛织女星。在晴朗的夏秋之夜，天上繁星闪耀，一道白茫茫的银河横贯南北，银河的东西两岸，各有一颗闪亮的星星，隔河相望，遥遥相对，那就是牵牛星和织女星。相传，在每年的这个夜晚，是天上织女与牛郎在鹊桥相会之时，抬头可以看到牛郎织女的银河相会，或在瓜果架下可偷听到两人在天上相会时的脉脉情话。织女是一个美丽聪明、心灵手巧的仙女，凡间的妇女便在这一天晚上向她乞求智慧和巧艺，也少不了向她求赐美满姻缘，所以七月初七也被称为乞巧节。

女孩们在这个充满浪漫气息的晚上，对着天空的朗朗明月，摆上时令瓜果，朝天祭拜，乞求天上的女神能赋予她们聪慧的心灵和灵巧的双手，让自己的针织女红技法娴熟，更乞求爱情婚姻的姻缘巧配。过去婚姻对于女性来说是决定一生幸福与否的终身大事，所以，世间无数的有情男女都会在这个晚上夜深人静时刻，对着星空祈祷自己的姻缘美满。

六、中秋节

每年农历八月十五日，是传统的中秋佳节，其隆重程度仅次于春节。这时是一年秋季的中期，所以被称为中秋。在中国的农历里，一年分为四季，每季又分为孟、仲、季三个部分，因而中秋也称仲秋。八月十五的月亮比其他几个月的满月更圆，更明亮，所以又叫做“月夕”、“八月节”。此夜，人们仰望天空如玉如盘的朗朗明月，自然会期盼家人团聚。远在他乡的游子，也借此寄托自己对故乡和亲人的思念之情。所以，中秋又称“团圆节”。

每年农历八月十五日，是传统的中秋佳节，其隆重程度仅次于春节。这时是一年秋季的中期，所以被称为中秋。

中秋月饼

中秋节有悠久的历史，古代帝王有春天祭日、秋天祭月的礼制，早在《周礼》一书中，已有“中秋”一词的记载。后来贵族和文人学士也仿效起来，在中秋时节，对着天上又亮又圆的一轮皓月，观赏祭拜，寄托情怀，这种习俗就这样传到民间，形成一个传统的活动。一直到了唐代，这种祭月的风俗更为人们重视，中秋节才成为固定的节日，《唐书·太宗纪》便有“八月十五中秋节”的说法。这个节日盛行于宋朝，在北宋京师，八月十五夜，满城人家，不论贫富老小，都要穿上成人的衣服，焚香拜月说出心愿，祈求月亮神的保佑。南宋，民间以月饼相赠，取团圆之义。有些地方还有舞草龙、砌宝塔等活动。明清以来，中秋节的风俗更加盛行，许多地方形成了烧斗香、树中秋、点塔灯、放天灯、走月亮、舞火龙等特殊风俗。

中秋节的传说是非常丰富的，嫦娥奔月、吴刚伐桂、玉兔捣药之类的神话故事流传甚广。中秋节吃月饼民间传说则与朱元璋起义联系在一起。当时，中原广大人民不堪忍受元朝统治阶级的残酷统治，纷纷起义抗元。朱元璋联合各路反抗力量准备起义。但朝廷官兵搜查得十分严密，传递消息十分困难。军师刘伯温便想出一计策，命令属下把藏有“八月十五夜起义”的纸条藏入饼子里面，再派人分头传送到各地起义军中，通知他们在八月十五日晚上起义响应。到了起义的那天，各路义军一齐响应，起义军如星火燎原。很快，徐达就攻下元大都，起义成功了。消息传来，朱元璋高兴得连忙传下口谕，在即将来临的中秋节，让全体将士与民同乐，并将当年起兵时以秘密传递信息的“月饼”，作为节令糕点赏赐群臣。此后，“月饼”制作越发精细，品种更多，成为馈赠的佳品。以后中秋节吃月饼的习俗便在民间流传开来。

今天，月下游玩的习俗，已远没有旧时盛行，但吃月饼、设宴赏月仍很盛行。人们把酒问月，庆贺美好的生活，或祝远方的亲人健康快乐，和家人“千里共婵娟”。

七、重阳节

“九”定为阳数，九月九日，日月并阳，两九相重，故而叫重阳，也叫重九。

农历九月九日为传统的重阳节。因为古老的《易经》中把“六”定为阴数，把“九”定为阳数，九月九日，日月并阳，两九相重，故而叫重阳，也叫重九。古人认为这是个值得庆贺的吉利日子，并且从很早就开始过此节日。庆祝重阳节的活动多彩浪漫，一般包括出游赏景、登高远眺、观赏菊花、遍插茱萸、吃重阳糕、饮菊花酒等活动。

九九重阳，早在春秋战国时的楚辞中就已提到。屈原的《远游》里写道：“集重阳入帝宫兮，造旬始而观清都。”这里的“重阳”是指天，还不是指节日。三国时魏文帝曹丕《九日与钟繇书》中，则已明确写出重阳的饮宴了：“岁往月来，忽复九月九日。九为阳数，而日月并应，俗嘉其名，以为宜于长久，故以享宴高会。”晋代文人陶渊明在《九日闲居》诗序文中说：“余闲居，爱重九之名。秋菊盈园，而持醪靡由，空服九华，寄怀于言。”这里同时提到菊花和酒，大概在魏晋时期，重阳日已有了饮酒、赏菊的做法。到了唐代，重阳被正式定为民间的节日。唐代诗人王维有“独在异乡为异客，每逢佳节倍思亲。遥知兄弟登高处，遍插茱萸少一人”的名句。到明代，九月重阳，皇宫上下要一起吃花糕以庆贺，皇帝要亲自到万岁山登高，以畅秋志，此风俗一直流传到清代。

九九重阳，因为与“久久”同音，九在数字中又是最大数，有长久长寿的含意，况且秋季也是一年收获的黄金季节，重阳佳节，寓意深远。今天的重阳节，被赋予了新的含义。1989 年，我国把每年的九月九日定为老人节，传统与现代巧妙地结合，成为尊老、敬老、爱老、助老的老年人的节日。

参考书目

1. 沈从文:《中国古代服饰史》,陕西大学出版社 2004 年版。

2. 王学泰:《华夏饮食文化》,中华书局 1993 年版。

3. 王利华:《中国烹饪史略》,江苏科学技术出版社 1987 年版。

4. 王玉哲:《中国古代物质文化》,高等教育出版社 1990 年版。

思考题

1. 简述汉唐衣、裳的特点。

2. 试述古代饮食的主要特征。

3. 怎样看待中国的茶文化?

4. 秦汉以来中国民居是怎样演变的?

5. 中国传统建筑的特点有哪些?

6. 简述古代行具。

第七章 中国传统文学艺术

中国传统文学和艺术植根于传统文化的肥沃土壤中，是中国传统文化中最重要的部分之一，体现了中国传统文化的特质和精要所在。从文学体裁角度划分，中国传统文学有四个重要的组成部分，即诗词、散文、小说、戏剧。中国是诗的国度，亦是文的国度，中国传统文学中，这两种体裁的地位是不言而喻的。小说虽一向被认为是文学之末流，但自明清以来特别是近代以后，它同社会生活、时代精神的重要关系已得到公认，它在文学领域中的正统地位已得到确立。作为世界最古老三大戏剧（古希腊戏剧、印度梵剧、中国戏曲）之一，中国戏曲有自己鲜明的民族特色，也是中国传统文学不可或缺的组成部分。

中国传统艺术源远流长，内容丰富而深遂，形式多样而纷繁，美术、书法、音乐、戏剧、舞蹈……可谓美不胜收。传统艺术是中国古代人民劳动和智慧的表现，体现了我国古代人民独特的生活观念和思想追求，也反映了我国古代人民高超的艺术追求和审美能力，是中国传统文化宝库的重要组成部分，为繁荣华夏文明作出了巨大贡献。

第一节　中国传统文学

一、诗词

中国诗歌发展至今已有了3000多年的历史。在中国文学体裁中，它产生最早，发展也最为完备。中国传统文学史上，涌现了众多的优秀诗人，创作出了不可计数的优秀诗篇。

远古时期，在劳动中人们已开始了诗歌的创作，那就是与原始人生产、生活密切相关的原始歌谣，如相传为黄帝时代所作的《弹歌》："断竹，续竹；飞土，逐肉。"八个字简单明了地道出了原始人完整的狩猎过程。另在《礼记》、《尚书》等文献中，我们也可见到一些关于原始人占卜、祭祀及娱乐生活的歌谣。

中国诗歌的光辉起点是《诗经》。《诗经》约成书于公元前6世纪，是我国第一部诗歌总集。它收录了西周初年到春秋中叶约500年间的诗歌，共计305篇，分为风、雅、颂三部分。"风"即《国风》，是从十五个地区采集的民间歌谣，共计160篇；"雅"分为《大雅》、《小雅》，大多为宫廷宴饮的乐歌，共105篇；"颂"为《周颂》、《鲁颂》、《商颂》，主要为宗庙祭祀的乐歌，共计40篇。《诗经》内容广博，有关于古代农牧生产场景的描写，有写战争及徭役之苦的，有写婚姻爱情的，还有记载周部族发展情况的，形象地再现了当时的社会历史面貌，关注国家及人民命运，标志着我国传统文学现实主义的开端。《诗经》的艺术表现手法主要有三种："赋"指铺陈直叙，"比"即比喻，"兴"即起兴，这三种手法都对后代诗坛起了重要的影响。

代表中国诗歌另一创作传统——浪漫主义传统创作的源头是楚辞。楚辞本是战国时兴起于楚地的一种诗歌样式，它经过屈原等人的创造发展而成为一种独特的艺术形式。楚辞主要代表诗人是屈原(约前339～前278)，他是我国文学史上第一个伟大的诗人，开创了诗歌由集体到个人创作的新纪元。屈原的作品有《离骚》、《九歌》、《九章》等，其中长达2400多字的《离骚》叙写自己"忠而被谤"的悲剧命运，体现了诗人"九死而犹未悔"的强烈的爱国主义精神，它是我国诗歌史上第一篇宏伟壮丽的抒情长诗，也是一篇浪漫主义的力作。

中国诗坛历来"风骚"并举。"风"是指《诗经》中的《国风》，"骚"指楚辞中的《离骚》，这实际上是指由《诗经》和楚辞所开创的现实主义与浪漫主义创作传统。

中国诗坛历来"风骚"并举。"风"是指《诗经》中的《国风》，"骚"

指楚辞中的《离骚》，这实际上是指由《诗经》和楚辞所开创的现实主义与浪漫主义创作传统。

汉魏六朝时期是中国诗歌的发展时期，此时诗歌创作由民歌向文人诗转化，出现了中国诗歌史上第一个文人创作高峰。汉代乐府民歌成就较高，其中代表文人五言诗最高成就的《古诗十九首》显示了诗歌文人化后的实绩，其艺术成就一向受到推崇，被称为"千古五言之祖"[①]。魏晋时较为有名的诗人有曹操、曹植等"建安七子"，他们的诗歌因慷慨悲凉的情怀与刚健清新的艺术风格和谐统一而被称为"建安风骨"，显示了魏晋独特的时代风貌。

苏六朋的太白醉酒图

六朝成就较为突出的诗人有两位：一为开创田园诗派的陶渊明，他的《归园田居》等诗歌自然真淳，其追求真与善的崇高思想更为人所敬仰；一为开创山水诗派的谢灵运，他的诗理与景、景与情的结合自然恰当，直接为稍后的鲍照、江淹、谢朓等人的山水诗开启了先声。

唐代是中国诗歌的鼎盛时代，唐诗题材丰富，流派众多，思想性和艺术性都高度成熟。唐代不仅有李白、杜甫、白居易这样的世界性大诗人，还有王维、李贺、杜牧等一大批各具风格的优秀诗人。唐代诗人的作品流传至今的就有 55000 多首，许多名篇家喻户晓。民谚有云："熟读唐诗三百首，不会吟诗也会吟。"足见唐诗在人民心目中的地位。

唐诗繁荣的高峰是盛唐时期，此时诗坛影响较大的派别有二：一个是以王维、孟浩然为代表的山水田园诗派，他们的作品以质朴自然的语言表现了田园之乐和优美的山村景色，创造出一种单纯和谐的美；另一个是以高适、岑参等为代表的边塞诗派，他们的诗歌写出了唐代边塞壮观的自然景象，也表达了人民热爱和平、反对侵略的愿望，鲜明地体现了盛唐时代积极进取的时代精神。

盛唐最伟大的诗人有两个。一是"诗仙"李白。作为一个天才诗人，李白兼有儒生、侠客、隐士、酒徒等类型人物的气质和行径。他的诗浪漫主义风格显著，进取精神与

① 王世贞：《艺苑卮言》。

颓废情结交织在一起，思想复杂而又有奇特的想像力，个性风格极其鲜明。其代表作《静夜思》、《将进酒》、《梦游天姥吟留别》等脍炙人口，被广为传扬。二是“诗圣”杜甫。杜甫亲历了唐朝的由盛转衰，亲眼目睹了“安史之乱”的全过程，“生逢乱世，流离漂泊”，坎坷的经历造就了他沉郁顿挫的诗风。其代表作《丽人行》、《春望》、“三吏”、“三别”等为历代所传诵。诗人能敏锐地体验到“朱门酒肉臭，路有冻死骨”的乱世图景，寄托了诗人忧国、忧民的情怀，无论在内容上还是在形式上，都把中国诗歌的现实主义传统推到了一个新高峰。

唐代诗人的作品流传至今的就有 55000 多首，许多名篇家喻户晓。民谚有云：“熟读唐诗三百首，不会吟诗也会吟。”

中唐诗歌的代表人物是白居易。他关心民生疾苦，将诗歌与现实政治和人民生活密切结合，倡导了新乐府运动。其代表作《卖炭翁》、《长恨歌》、《琵琶行》传扬四海，在诗坛影响较大。

晚唐时期，词这种特殊的诗体得到了发展，出现了以温庭筠、韦庄为代表的花间词派和以南唐后主李煜、冯延巳为代表的南唐词派。他们多借助富有特征的景物构成某种意境来表现个人的情思。

唐代是诗歌的黄金时代，宋代则是词的繁盛时期。北宋词坛主要经历了三个阶段：第一阶段为柳永等创作的婉约词，多写市井人物尤其是妓女的生活。第二阶段为以苏轼等为代表的文人词，词风多侧重奇逸高旷、疏宕洒脱，被称为豪放派。苏轼的代表作《念奴娇·赤壁怀古》在词坛地位很高，堪称千古绝唱。第三阶段为周邦彦等人的词，他们的词作多侧重艺术技巧，善于锤炼字句，词风典重雅丽。李清照是两宋之交最重要的女词人。由于特殊的生活经历，她的词风格前后变化很大：前期风格清丽秀雅，以《如梦令》(常记溪亭日暮)为代表；后期则抒发了个人与时代的不幸，如著名的《声声慢》。南宋爱国词人辛弃疾承继了苏轼的豪放词风，运用非常奇伟的物景、意象，表现出一种宏伟的气魄和雄奇的意境。

宋代不仅是词的盛世，诗歌创作也取得了巨大的成就。北宋中期，欧阳修等一批诗人在吸收前人成果的基础上，出于“融出新意”的目的，掀起了诗风革新运动，主张诗歌生活化、散文化。此后，苏轼进一步将宋诗表现形式及内在容量推向最高境界。苏轼一生命运多舛，诗作丰富，且创作视野开阔，诗风豪放飘逸，被后人称为“别开生面，成一代之大观”[①]。苏轼门人黄庭坚等开创的江西诗派更

苏轼一生命运多舛，诗作丰富，且创作视野开阔，诗风豪放飘逸，被后人称为“别开生面，成一代之大观”。

① 赵翼：《瓯北诗话》卷五。

加求新求变，侧重用典，表意曲折，自成一家，为维护宋诗在唐诗外别立一宗作出了重要贡献。南宋诗人首推陆游。他一生做诗近万首，语言精练，题材广阔，尤其是他的《示儿》、《书愤》等诗，爱国之情，跃然纸上。与陆游同为中兴四大诗人的杨万里，创作师法自然，独创了“诚斋体”。他的诗以灵动多变的艺术形式表现出万物的自然存在和作者感受，令人耳目一新。范成大所作的反映农村生活的田园诗，在内容形式上成就也颇高。南宋末诗人中文天祥虽诗作不多，但影响却很大。其诗中体现的“人生自古谁无死，留取丹心照汗青”的爱国之志，向我们展示了诗人光彩照人的精神世界。

苏轼像

几千年的发展，使中国诗歌形成了自己独特的艺术特征：第一，轻叙事，重抒情。第二，注重形式美。第三，追求含蓄之美。第四，关注人生，强调诗歌的社会功能。

元代诗歌中散曲成就较高。散曲是一种可以合乐的长短句，是少数民族民歌和北方民族融合的产物，从体裁上它大致可分为小令与散曲。元散曲的代表作家有关汉卿、马致远、张可久等。

明清诗歌受唐宋诗影响很大，作家流派众多。著名的有以李东阳、李攀龙等为首的倡导复古的前后七子，有以王世祯为首的神韵派诗人，还有台阁体、茶陵派、性灵派等派诗人。

近代以来，国家内忧外患，诗人龚自珍批判封建专制危机、呼唤改革，希望统治者“不拘一格降人才”。词人黄遵宪更是提出“诗界革命”的口号，呼唤政治改良，期望国家富强，随后梁启超、严复等纷纷响应，他们的诗作对资产阶级改良运动产生了积极的影响。

几千年的发展，使中国诗歌形成了自己独特的艺术特征：

第一，轻叙事，重抒情。“诗言志”，中国诗歌一开始便强调其抒情特征，缺少希腊《荷马史诗》那样鸿篇巨制的史诗作品。《毛诗序》说：“诗者，志之所之也，在心为志，发言为诗。情动于中而形于言，言之不足故嗟叹之，嗟叹之不足故永歌之。”由此可见，古人更注重诗歌创作的情感一面，创作诗歌皆为真情之表露。中国诗歌有现实主义与浪漫主义两大传统，但即使是现实主义作品，也大多体现了作者的主观情绪，诗人或发泄不满，或哀叹民生，或赞美自然，缺乏史实描绘。

第二，注重形式美。中国诗歌的创作一直注重外形上的整齐，如《诗经》多用四字句，经汉魏逐渐向五言和七言发展，至唐代则成熟为外形绝对工整的绝句和律诗，宋以后的诗则基本上遵从了唐诗的这种规范。作为表意文字，中国语言词语有自身的特点，如一字一音，有声调等，这使诗人在进行创作时自觉对语言进行锤炼，注重音节的变化，从而形成了自己一套独特的规律，如押韵、平仄、对仗等，这使诗歌语言抑扬顿挫，声调和谐，富音乐美。中国诗歌的这种音乐美也与中国诗歌的产生渊源有关系。中国诗歌与音乐本是同源，诗歌大多来自民歌或宫廷乐歌，如《诗经》中的作品。诗与乐在中国传统文化中是逐步分化的，因此乐的因素必然在诗歌创作中起着重要影响。

第三，追求含蓄之美。中国诗歌特别注重诗意含蓄，追求言外之意，让读者在品味中领悟“画外之音”。诗论家叶燮说：“诗之至处……寄托在可言不可言之间，其指归在可解不可解之会。”[①]托物言志、借物抒情是中国诗歌重要的表现形式。古代诗论中也提出了一系列与之相配的概念，如意境、意象等。中国诗歌的这种间接性美也与中国儒家文化所要求的谦逊的内敛型人格有关。

第四，关注人生，强调诗歌的社会功能。中国传统社会中，儒家思想一直占主导地位。由于自孔子以来的儒家学者多重视诗的社会功用价值，中国诗歌在长期发展中始终与社会政治生活关系密切。建安诗歌多忧患意识，辛弃疾词中多强烈的爱国精神。各朝各代的诗人都有或反映国家兴衰、或反映民生疾苦的诗。中国诗歌中虽也有一部分写个人生活或体验，但我们仍可感受到诗人所处时代人们的情感和精神风貌。

二、散文

中国传统文学形式中，散文在不同时期有不同的内涵和外延。唐宋时，散文专指和骈文相对的散体文章，而现代概念中，散文则是指文学史上除诗歌、小说、戏剧外的所有文学性文章。我们在这里所指的是现代意义上的散文概念。

出现于商周时代的甲骨刻辞和铜器铭文，是目前我们所能见到的最早可以称为散文的材料。这些虽均属简单的应用型文学，但其文字表现力已显示了较高的水平。我国散文的真正开端是《尚书》，它是有关商周时期历史的文献纪录，已有了一定的文学性。春秋战国时期是我国散文发展的一个重要时期，这一时期出现了以《春

春秋战国时期是我国散文发展的一个重要时期，这一时期出现了以《春秋》、《左传》、《国语》等为代表的史传散文和《论语》、《孟子》、《庄子》等诸子百家散文。

① 叶燮：《原诗·内篇下》。

秋》、《左传》、《国语》等为代表的史传散文和《论语》、《孟子》、《庄子》等诸子百家散文。《春秋》语言极其精练简约。《左传》在历史事件的叙写中发展了作者的想象,并显示了极高的艺术技巧。《战国策》则注意了细节刻画,部分内容还有夸张的成分。《晏子春秋》以晏子基本事迹为线,尽情展开了想象。以上史传散文都已有了纯文学的特征。诸子百家散文为了宣传自己的主张的需要,特别注意文章的表达技巧和语言表现力,思维表达极为清晰,同时他们在表述时也注意运用形象性描述性语言,希望引起读者的兴趣。《论语》是简要记录孔子及其弟子言行的一部书,内有许多至理名言,语言表述精练准确,读来令人感觉自然亲切。《老子》一书则有了更多的哲学思辨性。《孟子》主要阐释了孟子的"仁政"思想,文章气势恢宏,有雄辩力量,且论辩中特别突出了论辩者的情感与口气,文章故事化。《庄子》宣扬了庄周清静无为的思想,借助大量的寓言,虚构色彩明显,想象丰富而奇特,语言运用极为自由。此外,《荀子》、《韩非子》等也是中国早期论说散文的重要代表。

汉代的文学体裁首推汉赋。汉赋讲究富丽的辞采、恢宏的气势和夸张的描写,塑造豪华壮丽的景象,以迎合统治者好大喜功的需要。汉赋收尾时虽有时也有讽谏之意,但由于"颂"与"讽"比例失调,往往为统治者所忽视。西汉时期汉赋的代表作家有司马相如、扬雄等。司马相如的《上林赋》和《子虚赋》假托子虚、乌有先生和亡是公三人的对话,夸说天子上林苑的宏大和天子游乐生活的壮观和靡丽,表现了汉代宏伟阔大的时代精神。扬雄模仿司马相如《子虚赋》、《上林赋》创作了《甘泉赋》、《羽猎赋》等作品,目的是为了歌功颂德,但词句上更加华丽。东汉致力于汉赋创作的重要作家有班固、张衡等。班固的《两都赋》和张衡的《二京赋》更加夸张,气势更为宏大,但仍是西汉赋的继续,没有自己明显的风格。

汉代文学史上最重大的事件是《史记》的完成。司马迁(前 145～前 90)的《史记》共 130 篇,分为"本纪"、"世家"、"列传"、"表"、"书"五部分,对汉以前中国历史进行了全面的考查,表彰了历史上贡献巨大或卓异的人物,还注意探讨天人关系及历史发展规律,内容阔大,叙述清晰,体现了作家非凡的概括力。作者在叙事上第一次以人为中心,在人物描写上非常成功。虽是一部历史著作,但其文学价值亦属非凡,无怪乎鲁迅先生称之为"无韵之《离骚》"。另外,司马迁的《报任安书》是中国散文史上第一篇正面自抒胸臆的作品，也是一篇非常优秀的散文。

西汉后期和东汉时期，论说散文和叙事散文成为文学的主流。论说文章主要为奏疏、诏令等，也有扬雄《法言》一类的专题性文章。叙事散文则仍以历史内容为主。如《汉书》记载了整个西汉的史事，在写作上追求文献价值，审美色彩减弱。由《汉书》始，文学与历史分流。

唐朝中期，适应时代政治与思想斗争的需要，韩愈、柳宗元等人掀起了一场声势浩大的古文革新运动，刘禹锡、白居易、樊宗师等也为之摇旗呐喊。韩愈等人极力主张“文以载道”，强调创作的政治目的。韩愈的代表作有《师说》、《柳子厚墓志铭》等。柳宗元的山水游记散文较有名气，“永州八记”之一的《小石潭记》就是其代表。晚唐五代，古文衰落，骈体复兴，文章走向了文字游戏，创作者思想受到束缚。宋代重文轻武，文坛再次掀起古文革新运动。宋初代表人物为柳开、王禹偁，他们反对形式主义，倡导平易自然的文章。古文革新运动至鼎盛期，是以欧阳修为首的，包括苏轼、苏辙、苏洵、王安石、曾巩等为骨干的一批古文家的出现。他们关注现实世界，好发议论，创作了大量平易通畅的散文，以自身的努力把中国散文推进到了成熟期。上述六人与韩愈、柳宗元并称为“唐宋八大家”。

古文革新运动至鼎盛期，是以欧阳修为首的，包括苏轼、苏辙、苏洵、王安石、曾巩等为骨干的一批古文家的出现。

南宋散文基本上沿袭北宋，但更强调爱国思想，议论性更为发达。如文天祥的《指南录后续》、辛弃疾的《美芹十论》等。与宋并存的金散文也有一定的成就，著名的散文家有张若虚、元好问等。

明代八股取士，严重影响了散文的发展，明中期出现了“前后七子”的诗文复古运动。其代表人物为李东阳、李攀龙等，他们主张学习古人法式，推重秦汉散文。与“前后七子”主张观点对立的是主张师法唐宋的“唐宋派”，他们的代表人物是王慎中、唐顺之等。随着资本主义的出现，明后期文坛出现了抒发自然人性和主体个性的思潮。李贽提出“童心说”，认为文章应抒写人性。受李贽影响，出现了袁宏道兄弟三人的公安派，他们提出“独抒性灵”的主张，文章写作追求“韵”、“趣”。晚明时期，有较高审美价值、语言活泼自然的小品文出现，其集大成者首推张岱。

有清一代，“桐城派”在文坛上最为显赫。方苞、刘大櫆和姚鼐被并称为“桐城三祖”，他们主张文章形式应该服从内容，道德与文章应该完美统一。

作为一种重要的文体，散文兼有实用性与审美性双重特质；散文直接参与社会活动，又有很强的工具性，如史传散文、碑刻悼文等，其出现都是出于实用目的。散文写作进入个人生活领域，抒发个人心志时，也是一种纪实性文学作品；散文同时又是一种艺术品。作家在创作中力求层次清晰，顺畅自然，这使古代散文在形成过程中一直在自觉不自觉地追求形式美和意境美。以上几点，共同形成了我国古代散文的审美性价值。

三、小说

长期以来，小说在传统文学中一直处于末流地位，独立时间较晚。

长期以来，小说在传统文学中一直处于末流地位，独立时间较晚。但纵观传统文学史，先秦两汉的《尚书》、史传散文、诸子散文等作品中早已有了小说因子，特别是在一些杂史别传中体现更为明显，因此，先秦两汉时期可以说是中国古代小说的萌芽期。

魏晋南北朝时期社会动荡不安，佛道兴盛，记录宗教神话传说的志怪小说和关注个人的志人小说得以发展。志怪小说的代表作是干宝的《搜神记》，它内容广博，神仙术士、鬼怪事、怪异传说无所不包。其他较有影响的志怪小说还有《列异传》(曹丕著)、《神仙传》(葛洪著)、《幽明录》等。志人小说的代表作是刘义庆的《世说新语》。书中主要涉及了帝王将相、魏晋名士，重在挖掘人物个性特征，关注个人的发展，体现了魏晋时代“文学自觉”这一重要特征，但大多缺乏主动的虚构。

唐代小说的主要形式为传奇小说。传奇小说在志怪小说的基础上吸收了史传散文中杂史别传的艺术表现手法，形成了自己“文备众体，可以见史才、诗笔、议论”[①]的独特风格，标志着我国文言小说进入了成熟阶段。署名为王度的《古镜记》是现存最早的唐传奇。唐传奇中较为有名的作品有元稹的叙写张生与崔莺莺爱情故事的《莺莺传》、白行简叙写妓女李娃与荥阳公子爱情故事的《李娃传》以及沈既济的《枕中记》和李公佐的《南柯太守传》等。

宋元时期由于商品经济繁荣，城市娱乐业迅速发展，说书行业兴起。说书艺人讲说故事的底本或文字记录，称为“话本”。由于说书服务对象多为市民阶层，因此，宋元话本在内容上多反映市民心态，满足市民需要，题材有婚姻爱情类、侠义公案类、神话类等。爱情小说有《碾玉观音》、《闹樊楼多情周胜仙》，公案小说有《错斩崔

① 赵彦卫:《云麓漫钞》。

宁》等。在形式上,宋元话本语言讲究浅显自然,讲究情节性,有固定的程式,如入话、头回、正话、篇尾。

中国小说发展至明清时代达到极盛,出现了新的小说形式——长篇章回小说。长篇小说以其深邃的思想,丰富生动的故事情节,性格鲜明的人物形象,充分显示了其文学艺术价值与社会功用价值,并使小说的地位得到极高的提升。《三国演义》、《水浒传》、《西游记》、《红楼梦》被公认为中国小说的四大名著,另外,《金瓶梅》和《儒林外史》也体现了很高的艺术价值。

长篇小说以其深邃的思想,丰富生动的故事情节,性格鲜明的人物形象,充分显示了其文学艺术价值与社会功用价值,并使小说的地位得到极高的提升。

罗贯中的《三国演义》是我国古代历史演义小说的代表作,它集中描绘了东汉末和三国时期封建割据势力之间错综复杂的政治、军事和外交斗争,揭示了动荡不安的社会现实。这部小说成功地塑造了众多栩栩如生的历史人物,其中有狡诈奸险的曹操、宽厚仁爱的刘备、忠义诚信的关羽、神机妙算的诸葛亮、嫉恶如仇的张飞等,“一人有一人性格,各有不同,写来真是好看”[①]。同时,这部小说也成功地写出了许多军事战斗及外交斗争场景,如赤壁之战、群英会等,这些都为现代政治外交及军事斗争提供了有益的借鉴。

施耐庵的《水浒传》取材于民间传说的水浒故事,描写了梁山泊108位好汉被压迫而走上反抗道路的故事。《水浒传》揭露了封建统治的黑暗,赞扬了农民的反抗精神,成功地塑造了一批形象鲜明的传奇式英雄形象,如宋江、林冲、鲁智深、武松等。书中有明显的忠君思想,体现了中国传统文化精神的两面性。

吴承恩的《西游记》取材于民间流传的孙悟空大闹天宫与唐僧西天取经的故事,成功地刻画了一个大胆的叛逆者形象孙悟空,歌颂了勇于向最高统治者挑战、敢作敢为、不屈不挠、顽强斗争的精神,也体现了一定的民主思想。人物刻画上栩栩如生,人性、神性和动物性的高度和谐统一,非常符合人物的特殊身份。但其中的一些因果轮回、善恶报应观念,则是应该注意鉴别的。

《红楼梦》是我国古代长篇小说的杰出代表,作者曹雪芹“披阅五载,增删五次”,花费了十年心血。此书以宝黛爱情为主线,通过对贾王史薛四个家族兴衰的描述,揭示了封建统治阶级的腐化堕落。贾宝玉大胆地否定男尊女卑观念,关注女性命运,不求功名利禄,希望得到真正的爱情,是一个大胆的反叛者;林黛玉任性自然,

① 毛宗岗:《读三国志法》第三十五回评语。

孤高自傲，多愁善感；王熙凤心狠手辣，工于算计；其他众多女性形象也是血肉丰满、个性鲜明，绝无雷同。

作者署名为兰陵笑笑生的《金瓶梅》以西门庆的发迹暴亡为中心，写出了封建家庭内部的生活糜烂和作风败坏，充分暴露了明后期社会的黑暗。这部小说写日常生活和世态人情，为长篇小说创作打开了一个新局面，但也有过多的色情描写，造成了恶劣的影响。明代吴敬梓的《儒林外史》是我国讽刺小说的代表作，塑造了众多个性鲜明的儒生形象，揭露了科举制度的弊端，否定了读书做官的人生道路，在小说史上有划时代的意义。

明清长篇小说中影响较大的还有历史演义小说《新列国志》、《西汉演义》，神魔小说《封神演义》、《绿野仙踪》，人情小说《玉娇梨》、《醒世姻缘传》，讽刺小说《镜花缘》等。

除长篇小说以外，明清时期也有许多优秀的短篇小说。蒲松龄的《聊斋志异》大大拓展了文言小说的社会功能，是我国文言小说发展的顶峰。经冯梦龙编订整理的"三言"(《警世通言》、《喻世明言》、《醒世恒言》)是我国古代白话短篇小说的顶峰。此外，凌濛初的"二拍"(《拍案惊奇》、《二刻拍案惊奇》)和陆人龙的《型世言》也较为有名。

中国古代小说由于受儒家美善观念的影响，多关注现实人生，表现人民群众的理想愿望，突出了其社会功能，这是中国小说的重要特征。

中国古代小说由于受儒家美善观念的影响，多关注现实人生，表现人民群众的理想愿望，突出了其社会功能，这是中国小说的重要特征。

四、戏剧

戏剧是一种综合性的艺术，剧本在其中扮演着极为重要的角色。中国早期戏剧多为口头文学，很少有书面文学，直到宋代杂剧出现才有了书面语言——剧本。与宋杂剧有承继关系的金院本流行于当时的妓院中，其内容以调笑为主，故事性较强。

元杂剧的出现，标志着中国戏曲的成熟。元杂剧在金院本基础上形成。题材广泛，剧目繁多，有写爱情婚姻的，有写清官断狱的，有写英雄豪杰的，有写伦理道德的。目前见于记载的剧目就有700多种。杂剧的繁盛与众多作家的努力是分不开的，当时出现了众多的作家，有记载的就有200多人，名气较大的有被称为"元曲四大家"的关汉卿、马致远、白朴、郑光祖和以一部《西厢记》而享誉文坛的王实甫等。

《西厢记》记述了张生与崔莺莺为追求自由爱情而勇敢地反抗封建礼教，最终有情人终成眷属的故事。内中成功地刻画了崔莺莺、张生、红娘等形象，人物性格和戏剧冲突高度完美统一，显示了高超的艺术水平。

关汉卿前后写有杂剧60余种，如《窦娥冤》、《救风尘》、《望江亭》、《拜月亭》、《单刀会》、《蝴蝶梦》等，其中《窦娥冤》写一个无依无靠的女子窦娥在含冤被杀时不屈从于命运，指天斥地，表现出了强烈的反抗意识。白朴写有《梧桐雨》、《墙头马上》、《东墙记》等。马致远的《汉宫秋》写汉元帝时王昭君的宫廷爱情及出塞生活，优美、凄婉，技巧一流。近人王国维评价说："写情则沁人心脾，写景则在人耳目，述事则入出其口。"郑光祖的《倩女离魂》写王文举与张倩女的爱情故事，爱情悲剧与浪漫主义色彩交织在一起，具有很高的艺术水平。此外还有纪君祥的《赵氏孤儿》及康进之、高文秀等人的水浒戏等。

《窦娥冤》插图

元代戏曲除杂剧外，还有南戏。南戏即南曲戏文，是出自南方民间的歌舞小戏，于南宋初年在温州一带形成，元末逐步定型。南戏内容多以爱情婚姻为主，影响较大的有四大传奇剧《荆钗记》、《白兔记》、《拜月亭记》、《杀狗记》以及标志南戏成熟的《琵琶记》等。

明代，随着昆曲的发展而出现了大量的传奇剧本，产生了吴江派、临川派和双美派等流派。吴江派代表人物沈璟主张语言通俗，重视音律，作品《红蕖记》成就较高。临川派代表人物汤显祖主张戏曲要言情，代表作为《牡丹亭》。双美派兼具吴江派与临川派的双重特色，比较优秀的作品有周朝俊的《红梅记》、高濂的《玉簪记》等。《牡丹亭》写的是柳梦梅与杜丽娘的爱情故事。两人因梦生情、相恋而至死，后又死而复生，终得团聚。作者在作品中强调了男女之情，肯定人性，肯定个性追求，无疑是对封建理学的反叛。由于文采出众，情节感人至深，一时家传户诵，据传曾有人为之断肠而死，其艺术魅力由此可见一斑。

明代，随着昆曲的发展而出现了大量的传奇剧本，产生了吴江派、临川派和双美派等流派。

清代传奇戏的创作者多为明末入清的作家，这些剧作家主要分为三类：一是苏州派作家群，其代表人物有李玉、朱佐朝等。他们多熟悉市民生活，了解人民苦痛，作品有强烈的反封建意识和爱国意识。重要剧作有李玉的《清忠谱》、《占花魁》等。苏州派作家的创作语言通俗,雅俗共赏,在形式上把文戏与武戏合一,也为昆曲艺术开创了一条新路。二是风情喜剧作家,其代表作家是李渔。李渔的《笠翁十种曲》多写才子佳人爱情故事,肯定自由婚姻,体现了反封建思想和民主意识。三是一些诗人作家,如吴伟业、尤侗等,作品偏重抒情,不适于表演。清中叶,由于花部地方戏的兴起,传奇戏逐渐衰落。

昆山腔传奇发展至清康熙年间,出现了两部名剧:洪昇的《长生殿》和孔尚任的《桃花扇》。《长生殿》以厚重的笔墨叙写了唐明皇、杨贵妃的爱情故事,表现了作者对纯真专一爱情的赞美。全剧共五十出,兼用现实主义和浪漫主义的创作手法,塑造出了李隆基、杨玉环等个性丰满的人物,且音律精妙绝伦。因《长生殿》丰富的思想意义和高超的艺术水准,洪昇被后人评为"近代曲家第一"①。孔尚任是孔子六十四代孙,《桃花扇》以明代复社文人侯方域与秦淮名妓李香君的爱情故事为主线,概括了明亡前夕发生在南京的政治和军事斗争。作者意在总结南明王朝历史,作为后代之借鉴,内中流露出强烈的爱国情感。作为历史剧,《桃花扇》在历史史实和艺术真实上处理得恰当自然,有很高的艺术成就。

中国剧本创作在长期发展中形成了自己独特的艺术追求和特点:第一,喜剧形式,追求大团圆结局。第二,内容上宣扬儒家传统精神,多塑造儒家理想的人物性格。

适应戏剧这种高度综合性的艺术的要求,中国剧本创作在长期发展中形成了自己独特的艺术追求和特点:

第一,喜剧形式,追求大团圆结局。与西方戏剧有很大不同,中国古代戏曲中少有悲剧。戏曲的结局,总是让恶的、丑的失败,好的、善的胜利,这也反映了古人坚信善恶有报的乐观主义精神。才子佳人爱情故事虽历经波折,最终却能有情人终成眷属,如《牡丹亭》等;公案剧即使蒙冤深厚,也能终被昭雪,如《十五贯》等;即使被称为元曲四大悲剧之一的《窦娥冤》,窦娥死后,其誓言尽得实现,使恶行受到警戒,亦属团圆式结局。

第二,内容上宣扬儒家传统精神,多塑造儒家理想的人物性格。儒家思想推重仁、义、礼、智、信,重群体而轻个人,中国古典戏曲基本上都符合上述儒家精神。中国戏曲重写意,所创造的人物往往是对现实人物的理想化,性格缺少复杂性,特征比较单一。如南戏《琵琶记》中的赵五娘,是孝的典范,孔尚任《桃花扇》中的李香君性格忠贞不贰,意志坚定。

① 焦循:《剧说》。

第二节 中国传统艺术

一、绘画

早在原始社会，先民们就开始了绘画创作。考古资料表明，仰韶文化彩陶和龙山文化黑陶在装饰与造型上已达到了较高的水平。彩陶的图案有鱼、鹿、鸟、兽、植物、人体等，已经初步具备了人类捕捉对象的特征，造型简洁，给人以生动活泼、自由流动的审美享受。黑陶以造型为主，别致秀美，庄重肃穆，纹饰雕刻更为简洁，自觉创作的特征更为明显。传说，黄帝时期的大臣史皇“善画”，可谓中国第一个画家。

战国时期，以毛笔为工具、绘画于绢帛之上的中国画终于诞生了。这种以彩墨线条勾勒为主的技法奠定了传统绘画的基础。

商周时期，宫廷及其他建筑上已经有了壁画等绘画作品，而最能体现当时绘画水平的还是青铜器。商代青铜器造型庄重、典雅、古朴，民族特色显著，其纹饰有饕餮、夔龙、凤、虎、云雷等，造型奇诡，结构精巧华美。其代表作为司母戊大方鼎，四面都饰有龙形图案，鼎耳及鼎足上都有兽头装饰，图像逼真，风格庄重，充分体现了当时的造型艺术水平。

战国时期，以毛笔为工具、绘画于绢帛之上的中国画终于诞生了。这种以彩墨线条勾勒为主的技法奠定了传统绘画的基础。目前，发现的最早的帛画是 1949 年和 1973 年在长沙楚墓发掘出土的《人物龙凤帛画》和《人物御龙帛画》。前者为一女性合掌而立，细腰长裙，身姿优美，空中一龙一凤飞舞翱翔；后者为一束冠佩剑男性持缰驾龙在空中飞驰，表现的都是向往神仙乐土的愿望。

人物龙凤帛画

秦汉时期，统治者大规模修建宫室皇陵，建筑绘画得以迅速发展。相传阿房宫内的装饰画奇美无比，可惜已不可见。咸阳秦宫殿遗址上的壁画，有人物、车马、建筑等。陕西秦始皇陵出土了大批彩塑兵马俑，形象十分逼真，气势格外壮观，在让我们体会到秦代的伟大功业的同时，也直观地感受到了秦代造型艺术的卓越成就。

汉代绘画中，壁画占有显著地位。当时的宫殿、宗庙祠堂、官衙、住宅、墓室等，几乎均有壁画。麒麟阁、云台功

洛神赋图

臣像就是其中的代表，分别画了西汉宣帝时 11 位功臣和东汉明帝时 28 位功臣。现存长沙马王堆汉墓出土的汉代帛画，长 2 米，“T”型结构，用工笔重彩画天上、人间、地狱三界，构思奇特，图案复杂，色彩明快，技巧超群，显示了较高的艺术水平。汉代已出现了为王室作画的专业画师，其中较为名的是毛延寿。相传他曾为王昭君作画，在王昭君出塞事件中扮演了一个不光彩的角色。另外，在今山东、河南、江苏发现的大量汉画像砖(石)，造型生动、古朴，真切地反映了当时人们的生产生活。

魏晋南北朝时期的绘画成就主要表现在：(一)以佛教为主要内容的绘画增多。(二)绘画理论著作出现，如顾恺之的《画论》、《魏晋胜流画赞》，南朝谢赫的《画品》等。(三)山水画成为独立的画派。三国时东吴画家曹不兴技巧一流，精细逼真。相传他在画屏风时误落墨点，遂挥笔改成苍蝇，孙权看了竟挥手去赶。他擅作巨幅画像，曾在 50 尺的素缣上画人物，尤擅画佛像，被称为“佛画之祖”。这一时期影响较大的画家还有“六朝三杰”顾恺之、陆探微、张僧繇及北朝的曹仲达等。梁朝的顾恺之(约 346～407)，东晋无锡人，士族出身，才华横溢，有才、画、痴“三绝”之称。其画特别注重刻画人物的内心世界，注重人物的眼睛，“以形写神”，标志着我国宗教画与人物画的成熟，被称为“自苍生以来未之有也”。代表作有《洛神赋图》、《女史箴图》。《洛神赋图》成功地刻画出多愁善感的曹植和美丽的洛水女神，与曹植的《洛神赋》的诗意契合无间，恰当妥帖。刘宋时期的陆探微善画名士肖像，所画人物面型清瘦，笔力刚劲，犹如刀割。萧梁时期的张僧繇也善画人物 ，用笔简练，概括力强。曹仲达以画佛像著称，所作人物衣衫下垂，有“曹衣出水”之称。

顾恺之特别注重刻画人物的内心世界，注重人物的眼睛，“以形写神”，标志着我国宗教画与人物画的成熟，被称为“自苍生以来未之有也”。

唐代绘画进入全面繁荣时期。唐代绘画内容阔大，宗教画、人物画、山水画、花鸟画各体皆备。唐代有稽可查的画家就有 400 多人，大画家、传世佳作层出不穷。人物画方面，敦煌莫高窟有唐代洞窟 247 个，内中壁画人物众多，形态逼真，各具特色，令人叹为观止。画家有阎立本、吴道子、张萱、周昉等。阎立本的《历代帝王图》描绘了13个帝王的形象，个个形象鲜明，体现了其高超的艺术技巧；《步辇图》记录了唐文成公主与松赞干布的联姻史实，具有重要的艺术价值和史学价值。吴道子是个产量颇高的画家，据说他一生画了300多间屋子的壁画，且绝无雷同，被后世尊为“画圣”。他独创了一种被称为“莼菜条”的线型，使线条有强烈的立体感，极富表现力。他以富于粗细变化的手法来表现长裙飘带、衣袖宽大的丝绸衣服，世人称为“吴装”或“吴带当风”。但可惜的是他的作品流传下来的仅有摹本《送子天王图》。张萱、周昉皆以画贵族仕女著称，所作仕女仪态端庄，身材丰腴，闲适优雅，色彩艳丽。张萱的代表作是《虢国夫人游春图》，周昉的代表作是《挥扇仕女图》。

芙蓉锦鸡图

山水画代表人物有隋朝的展子虔，世人称其画有“咫尺千里之势”，代表作《游春图》是我国现存最早的山水画。唐代的李思训、王维、张璪也都以画山水著称。李思训作画以细笔勾勒，然后着色，色彩明快，被称为“青山绿水”。王维不但善诗，还开创了水墨写意画法，不施色彩，常题诗句，被称为“诗中有画，画中有诗”。张璪能两手握笔同时作画，所作多为“藏树枯木”。花鸟画代表人物有薛稷、边鸾、刁光胤等，以画仙鹤、孔雀、鹰鹊、花竹为主，画面细致富丽，具有贵族情调。

墨葡萄图

宋代设立专门的画院，广泛罗致画师，这有力地推动了绘画的发展，使宋代成为我国绘画发展的鼎盛时期。由于商品经济发达，宋代人物画倾向于风俗的描写，倾向于表现阔大的社会生活。风俗画中最有名的是张择端的《清明上河图》。该画为长达528厘米的巨制，描写了宋首都汴梁（今开封）的繁华景象。画中收入了汴河两岸数十里的风光，至大至微处都把握得很好。宋代最发达的是山水、花鸟画，著名画家有李公麟、梁楷、郭熙、米芾、马远、刘松年、崔白等。李公麟的《游放图》、梁楷的《泼墨仙人》都堪称绝世佳作。另外，宋徽宗赵佶也是一个卓越的画家，他的《芙蓉锦鸡图》精妙生动，形神兼备。

元代文人画发展到极致。文人画“以形写神”，肇始于王维，后经苏轼、米芾等倡导而大兴，元代成为绘画的重要形式。元代山水画有著名的“元四家”倪瓒、黄公望、王蒙、吴镇，皆以泼墨山水著称。另外，赵孟頫在元代画坛也享有很高的地位，他画的山水、花草画也有很高造诣。当时，花鸟画中的梅、兰、竹、菊“四君子”画十分流行。

宋代设立专门的画院，广泛罗致画师，这有力地推动了绘画的发展，使宋代成为我国绘画发展的鼎盛时期。

明代绘画多因袭前人，缺乏独创性。较有名气的有浙派画家戴进，华亭派董其昌，吴派唐寅、文征明、沈周、仇英，他们都善作山水画。徐谓的大写意花鸟画洒脱、大气，独树一帜，其中代表作有《墨葡萄》等。清代画家有“清六家”王时敏、王鉴、王翚、王原祁、吴历、恽素平；“清四僧”弘仁、髡残、朱耷、原济；“扬州八怪”郑燮、李觯、黄慎、金农、高凤翔、汪世慎、罗聘、闵贞等。除文人绘画外，明清时民间木版画盛出，出现了河北杨柳青、山东潍坊、广东佛山等有名的年画中心。

中国绘画被称为“国画”，与西方绘画存在很大差异，有自己鲜明的民族艺术特色。第一，遗貌取神，写意传神。第二，采用散点透视方法。第三，布局精心，自然和谐。

中国绘画被称为“国画”，与西方绘画存在很大差异，有自己鲜明的民族艺术特色。第一，遗貌取神，写意传神。中国画不求仅仅形似，而强调传达出物体的内在精神，如山水的气势、人物的精神气质、花鸟的灵动等。第二，采用散点透视方法。中国画家在作画时多采用多个视点观察物体，这使画面容量扩大，体现了中国艺术极强的概括力。第三，布局精心，自然和谐。画家善于处理画中各物体之间的关系，主次、虚实、轻重、有无等都把握得恰如其分，相互协调，体现了谐和之美。

二、书法

书法是我国特有的艺术瑰宝。世界文字中，只有中国的文字没有停留在符号意义上，而有自己独特的审美价值。传说，汉字由黄帝时期的仓颉创制。陶器发明以后，人们在器皿上刻画的符号叫“陶文”，但不成熟。

殷商时代，刻在甲骨上的卜辞、铭文文字已开始注意以美的方式安排结构，字与字注意平正、稳定，照顾到整体的章法布局，正反对贞，体现了对称的美。西周的钟鼎文又叫“金文”，较之甲骨文，点画圆浑，结构工整，表明此时的人已开始注意文字的笔画和结构。西周时还出现了大篆体，相传为周王室的太史籀所作，故而又称“籀文”，其字体已摆脱了象形因素，笔画也更为挺拔工整。

秦朝李斯创制小篆，成为通用的公用书体，秦末赵高狱吏程邈创制隶书，书写更为简便。汉代以隶书为主，其笔画粗细均匀，字体均衡，有对称之美。汉代法令规定，上书的文字必须工整清晰。由此可见，那时人对书写已引起注意。

书法发展至汉末魏晋，出现了以书法为纯艺术的书法家。东汉时期的张芝擅写草书，被尊为“草圣”。他的草书随意潇洒、精密拙厚，相传他为习书法将一池塘的水都染黑了。蔡邕独创“飞白书”，即写字时笔画中故意露出丝丝白道，如枯笔写成。三国时魏国钟繇不仅擅长行书、草书，还创制了楷书。其书法“高古纯朴，超妙入神”，深得后世书家称赞。东晋王羲之博采众家之长，创造出笔法内敛、俊秀飘逸的行书体，被后人称为“书圣”。《兰亭叙帖》代表了他书法的最高水平，对后人影响很大。其子王献之在行草方面也有不菲的成就。北魏的楷书结构繁密、刚猛有力，后世称“魏碑体”。大批追求“为艺术而艺术”的书法家的出现，标志着我国书法艺术的成熟。

兰亭叙帖

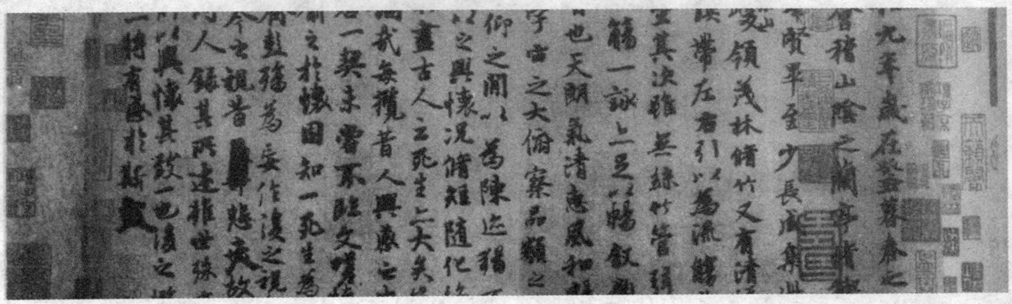

唐代科举设有“书学”一科，极大地促进了书法艺术的发展。唐代书法名家辈出，“初唐四杰”欧阳询、虞世南、褚遂良、薛稷，皆以楷书见长。欧阳询书法结构严谨、劲拔平正，端庄遒劲，世称“欧体”，传世作品有《九成宫醴泉铭》、《皇甫诞碑》等。虞世南用笔内刚外柔、遒劲有力，代表作是《孔子庙堂碑》。褚遂良笔致内敛、摇曳多姿，代表作有《孟法师碑》、《雁塔圣教序》等。薛稷“用笔纤瘦，结字疏通”[①]，代表作是《信行禅师碑》。孙过庭则是著名的草书家和书法理论家，著有《书谱》，对唐以前的书法艺术进行了总结。唐中期的书法家有张旭、怀素、李邕、颜真卿等。张旭和怀素以狂草书著名，张旭的名作有《晚复帖》，怀素的《自叙帖》、《苦笋帖》是其草书精品。李邕善写行草，代表作是《叶有道碑》。颜真卿精楷书，用笔雄浑、粗拙、肥厚，内含筋骨，代表作有《多宝塔感应碑》、《颜勤礼碑》

唐代书法名家辈出，“初唐四杰”欧阳询、虞世南、褚遂良、薛稷，皆以楷书见长。唐中期的书法家有张旭、怀素、李邕、颜真卿等。唐后期的书法家有柳公权、张彦远等。

① 《广川书跋》。

等。唐后期的书法家有柳公权、张彦远等。柳公权的楷书棱角分明，骨力劲健，代表作有《玄秘塔碑》、《神策军碑》等。因颜、柳二人书法风格明显，造诣颇高，后人把他们的书法并称为“颜筋柳骨”。五代时有名的书法家为杨凝式，他学习王羲之、颜真卿和柳公权极为成功，被苏轼称为“有二王颜柳之余”。但他又不拘于前人，删繁就简、破方为圆，个性强烈。他传世的作品有《夏热帖》、《韭花帖》等。

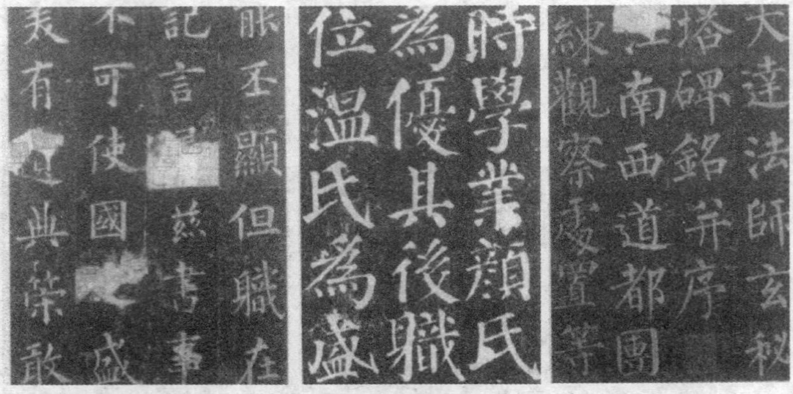

欧阳询《九成宫醴泉铭》　颜真卿《颜勤礼碑》　柳公权《玄秘塔碑》

宋代行书盛行，书法成为文人士大夫普遍爱好的一门艺术。宋代书法家有“北宋四家”苏轼、黄庭坚、米芾、蔡襄。苏轼写字以中锋运笔，字体有流动之美，作品有《赤壁赋》、《黄州寒食帖》等；黄庭坚的书法既洒脱又稳重，名作有《松风阁诗》等；米芾写字“八面出锋”，潇洒自如，变化多端，极富韵味，世称“米颠”，传世作品有《苕溪帖》等；蔡襄工楷、行、草、隶四书，常以散笔作草书，且“飞白”，世称“散草”或“飞草”。宋徽宗赵佶虽然不是一个称职的皇帝，却是一流的书法家。他创制的“瘦金体”影响深远，他下令编成的《宣和书谱》整理并保存了前代书法作品。

元代书法走向复古，书法家们努力复活各种古书体，缺乏创新。元代书法代表人物是赵孟頫，他擅长篆、隶、楷、行、草各体书法。其楷书笔力沉着而妩媚动人，被称为“赵体”。

明初书法以“三宋”（宋克、宋璲、宋广）为代表，他们都擅长小楷。明中期书法以“吴门三家”（祝允明、文征明、王宠）为代表，祝书重在奇，文书在雅，王书疏逸，他们是明代书法中兴的代表。明后期书法代表人物首推董其昌，用笔瘦劲湿润，极富变化。邢侗的书法造诣也很高，时有“南董北邢”之说，其作品在高丽“与黄金同价”。

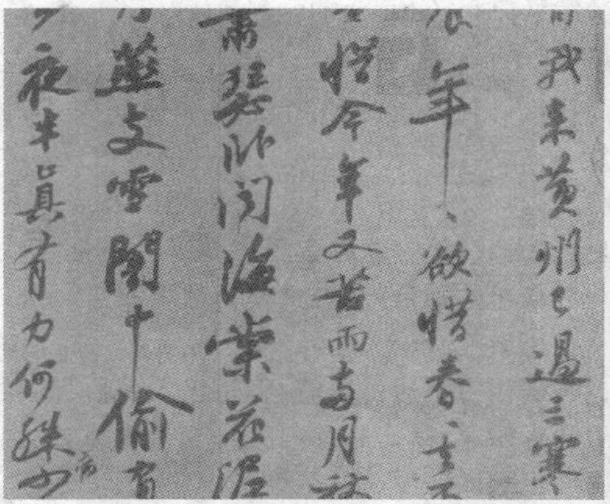

苏轼的《寒食诗帖》

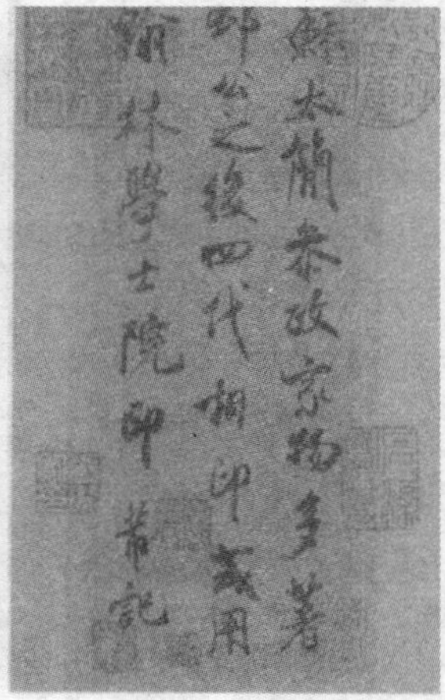

米芾的《参政帖》

清代书法基本上沿袭明代。清初王铎和傅山都善写长条幅的草书，章法错落有致，笔力刚健。乾嘉以后，“馆阁体”、“碑学”盛行，字体乌黑、光洁、均匀，呆板、单一，严重阻碍了书法艺术的发展。敢于追求自我特色的书法家有“扬州八怪”中的金农和郑板桥。金农写字剪去毛笔的尖毫，如用刷子写字，其字方整而风格明快，被称为“漆书”。郑板桥的隶书综合了楷、隶、草的特色，自称为“六分半”。

汉字形体先后经历了甲骨文、金文、小篆、隶书、楷书等字体的变化，出于书写的方便，还出现了行书和草书。中国书法艺术体现了我们文化精神中的“中和之美”，不仅讲究用笔，如有侧锋、中锋等，还讲究字体结构，注意字形上下、左右、大小、疏密的和谐自然。同时注重章法，讲究字间距、行间距的合理安排，力求产生最佳的艺术效果，这都显示了我国书法艺术独特的艺术追求。

汉字形体先后经历了甲骨文、金文、小篆、隶书、楷书等字体的变化，出于书写的方便，还出现了行书和草书。

三、音乐

中国音乐与舞蹈艺术形式相伴相生。《尚书·尧典》：“帝曰：‘夔！命女典乐，教胄子。’……诗言志，歌永言，声依永，律和声，八音克谐，无相夺伦。夔曰：‘於！予击石拊石，百兽率舞。’”在这种混合艺术形态中，音乐是处于从属地位，正如《礼记·乐记》所言：“诗言其志也，歌咏其声也，舞动其容也。三者本于心，然后乐器从之。”在中国音乐的长期发展中，音乐始终没有能作为一种以己为中心的艺术。汉有乐府民歌，隋唐有歌舞，宋元有词曲杂剧，音乐一直作为它们发挥作用的必备因素。

音乐虽没有独立，但其给人的审美作用早已引起人们的注意。

新石器时代出现的陶埙已经具备五声音阶。相传，虞舜时有《韶》乐，孔子称赞其“尽美”、“尽善”，甚至听之入迷，“三月不知肉味”。商代，人们已经掌握了十二律乐律知识，周代，我国最早的乐理著作——《乐记》诞生。据说当时已经有70多种乐器。据《周礼》记载，周时的乐舞由大司乐掌管，当时有名的音乐有《云门大卷》、《大夏》、《大武》等。这种音乐主要是为宫廷宴饮服务的，被称为雅乐。与之相对的则是俗乐，主要指地方民歌。周时楚地音乐较为发达，并在风格上有较大差异，既有被认为是高雅音乐的《阳春》、《白雪》，也有被认为是通俗乐的《下里巴人》等。春秋时期的伯牙是一位杰出的音乐家，其作品有《高山》、《流水》。战国时期的乐器除了编钟以外，还有箫、琴、竽、筝等。

秦汉时期有了专门的音乐机构“乐府”，专门负责收集和整理民间音乐。这一时期音乐主要分为鼓吹曲和相和歌。

秦汉时期有了专门的音乐机构“乐府”，专门负责收集和整理民间音乐。这一时期音乐主要分为鼓吹曲和相和歌。鼓吹曲主要用于仪礼等比较正式的场合，其中吸收了许多少数民族的乐歌。相和歌源于各地民歌。此时中国各民族间接触增多，音乐也开始相互融合发展。如胡地乐器笳、角传入中原，西域的横吹、琵琶、鼓、笛等亦进入中原，这些乐器与中原乐器逐渐有了组合，对中国音乐的发展作出了巨大的贡献。

魏晋时期，在汉相和歌的基础上，出现了以平、清、瑟三调为主的清商乐。其中，平调相当于今fa调式，清调相当于sol调式，瑟调相当于la调式。音乐理论和音乐演奏全面发展，嵇康的琴曲《广陵散》、桓伊的《梅花三弄》、祢衡的鼓曲《渔阳三挝》都是名篇佳作。南北朝时期各民族间进一步融合，出现于江苏一带的吴歌、流行于今湖北江西一带的西曲、北方的相和歌与清商乐之间相互学习借鉴，产生了清商曲。

战国曾侯乙墓出土的编钟

隋唐时期，掌管音乐的机构叫太乐署、鼓吹署。隋音乐共分为九部，至唐则发展为十部，如宴乐、西凉乐、高丽乐等。这些音乐既有民乐，又有宫廷乐，既有少数民族音乐，又有来自国外的音乐，可谓兼收并蓄，反映了我国传统艺术很强的兼容力以及适应能力。隋唐时期的万宝常、祖孝孙、王长通、唐玄宗都是有名的音乐家。当时有名的乐曲有《春江花月夜》、《霓裳羽衣曲》等。

宋代民间音乐大盛，音乐更多适合民间娱乐需要，随处可见的城市“勾栏”、“瓦舍”之中，词曲歌乐此起彼伏。大批的民间艺人，不断对民间音乐进行创作或再创作，为音乐的发展作出了重要的贡献。

明清时期，官方组织人力研究乐理曲谱，成果显著。康熙时的《律吕正义》不但记载了五线谱，还记载了欧洲音乐知识。随着昆曲、京剧、汉剧、湘剧、川剧、黄梅戏等地方戏的兴起，音乐的功能更为突出。

四、戏曲

中国戏剧艺术的形成，经历了一个漫长的发展阶段。汉代的“百戏”，可谓中国戏剧的滥觞。隋唐时代的踏摇娘和参军戏标志着中国戏曲的成熟。踏摇娘表现的是苏中郎因落魄而酗酒的事，内中有故事、有唱文、有舞蹈，已具备了戏曲的各种因素。唐代参军戏中，被戏弄的角色称为“参军”。参军戏任意取材，意在对某种事物加以调笑。演员讲究化妆，有了鼓和管弦伴奏，且结合了歌舞，已发展成为有故事、有科白、有歌舞的戏曲了。

中国戏剧艺术的形成，经历了一个漫长的发展阶段。汉代的“百戏”，可谓中国戏剧的滥觞。隋唐时代的踏摇娘和参军戏标志着中国戏曲的成熟。

宋代城市娱乐场所“瓦舍”中各种表演伎艺兴盛，给戏剧注入了各种艺术因素，在此基础上，杂剧形成。宋杂剧特指扮演人物和故事的戏曲演出，一般分为四段，角色的划分更加讲究，内容上多以滑稽调笑为主。

杂剧发展至元代，在形式上更为成熟：一般每本四折，正好表现出一个故事发生、发展、高潮、结局的全过程；每折一个宫调，且每个宫调内用七八支以上的曲调；角色划分明显，有了生、旦、净、末各角色；由一人主唱，且包含有各种动作念白。在人物刻画上，元杂剧已有了丰富的个性化的人物形象，形成了自己独特的一套手法。

元末明初，“南戏”与民间曲调和语言结合，声腔演变为海盐、余姚、弋阳、昆山四种。明中期，江西乐师魏良辅吸收其他几种声腔和北曲的特点，改革了昆山腔，将管乐、打击乐、弦乐合奏，声调优美婉转，表现力极强，深为大众所欢迎，从而使昆山腔风行全国。

自清中叶起，弋阳腔、秦腔、徽调、汉调、山西梆子、柳子腔等地方戏曲先后来到北京，在北京戏曲舞台上竞相争艳、各逞其能。在百花齐放的环境之下，各戏曲艺术种类间相互学习、相互借鉴，终于诞生了一种博采众长、深受大众喜爱的新剧种——京剧。

京剧是中国的三大国粹之一，它是在徽戏班的基础上，广泛吸收了秦腔、昆曲、汉调等剧种的长处，并结合了北京语音之后形成的新的戏曲艺术表现形式。

京剧是中国的三大国粹之一，它是在徽戏班的基础上，广泛吸收了秦腔、昆曲、汉调等剧种的长处，并结合了北京语音之后形成的新的戏曲艺术表现形式。在京剧的形成过程中，许多的表演艺术家为之作出了重要的贡献。如以抑扬婉转、流畅动听的京剧唱腔而闻名的“汉派”代表人物余三胜，以善唱高亢激越、平稳宽亮的高腔和惯用京字而独树一帜的“京派”领袖张二奎，有“老生泰斗”之称的程长庚，有京剧小生“开山之祖”称号的徐小香等。

京剧形成后，以其卓越的艺术表现能力很快为统治者所赏识，并且于光绪年间进入“盛世”。此时，一大批优秀的表演艺术家活跃于京剧舞台：谭鑫培、汪桂芬、孙菊仙等擅演老生，俞菊笙、黄月山等擅演武生，梅巧玲、余紫云等专长旦角。

清末，随着西方文化的传入，京剧为适应社会的需要而进行了改良。其改良的内容主要有以下几个方面：第一，重视京剧的社会功用价值，顺应现实要求。京剧有巨大的受众，因此，一些思想比较进步的戏曲艺术家们开始注意发挥京剧的教育作用，写作了大量的讽刺现实的作品，多反映人民的不满和统治者的腐朽。第二，革新观念，提高艺人社会地位。传统社会里，戏曲艺人地位极其低下，这对艺人人格是一种很大的伤害，也对艺术的发展造成很不利的影响。这一时期，一些戏曲表演艺术家和戏剧活动家联合起来，提出重视艺人社会地位、尊重艺人人格等倡议。第三，妇女演员出现，妇女可以进戏园。封建统治者出于“风化”的考虑，不允许妇女从事戏曲表演，随着资产阶级民主思潮的影响和妇女地位的提高，出现了一些著名的女性戏剧表演艺术家，如恩晓峰、小兰英等，由此打破了京剧舞台“男演女”的旧例，丰富了戏剧表演艺术，推动了京剧艺术的进一步发展。20世纪以后，经过一代代京剧艺术表演家的艰苦探索，传统京剧艺术不断发扬。

京剧脸谱

五、舞蹈

舞蹈是表现人们情感的一种重要的艺术形态，情之所至，手舞足蹈，是很正常的行为。作为中国传统文化重要的组成部分，中国舞蹈一直与音乐、诗歌共为一个艺术表现整体，三者是不可分离的。

早在原始社会，就出现了舞蹈，但主要是人们对狩猎、农耕等劳动行为的模仿。相传出现于黄帝时的《弹歌》，即完整地再现了原始人的狩猎过程。后来，由于受人们自然崇拜及神灵崇拜等观念的影响，为祈求神灵保护自己，帮助实现自己或他人的愿望，人们的舞蹈又有了强烈的宗教气息。同时，原始人再现战争取胜后的欢愉和向异性求爱也多用舞蹈的形式。

商周以后，出现了专门从事舞蹈的人员。此时，舞蹈也有了雅、俗之分。雅主要指宫廷乐舞，俗则是指民间乐舞和宗教舞蹈。周代，宫廷舞舞者多持鸟羽或兵器，以显示君主的高尚德行或国家的强大，这种舞重在起教化作用，维护当时的宗族礼法，如有名的《大夏》、《大武》等。春秋战国时期，各诸侯国宫廷内流行的则多是享乐性的乐舞，所以孔子说这一时期"礼崩乐坏"。

秦汉时期，舞蹈已成了宴饮、游乐不可或缺的一部分。如《史记》中所记，鸿门宴上，项庄选择舞剑的借口便是"军中无以为乐"。汉代乐府中集合了大量的优秀的艺术家，专供达官贵人享乐。为满足欣赏的需要，舞蹈也开始和其他艺术形式如武术、杂技等结合，特别是和少数民族舞蹈结合，不断在内容和形式上改进和丰富自己。

唐代是我国舞蹈发展的鼎盛时期。开放意识使唐代舞蹈获得了极大的发展。此时仅舞蹈名称就有上百个，如马舞、健舞、字舞等。不仅有汉族的舞蹈，还有来自异域的舞蹈，如来自西域的《胡腾》、《胡旋》等舞当时就非常有名，据说曾遍及全国各地。除独舞外，唐代还出现了大型舞蹈，如《霓裳羽衣舞》，白居易还为之曾专门写过一篇《霓裳羽衣歌》。当时著名的舞蹈艺术家有杨玉环、李可及、公孙大娘等。优秀节目和艺术家的出现，表明舞蹈作为一门艺术形态已开始了自己的独立发展。另外，当时民间流行以足踏

唐代是我国舞蹈发展的鼎盛时期。开放意识使唐代舞蹈获得了极大的发展。

敦煌莫高窟唐代壁画《舞乐图》

西安唐代墓室壁画《红衣舞女图》

地的踏歌，多人在一起表演，气势非常壮观。

宋元明清时期，由于戏曲的发展，舞蹈失去了自己的独立性，成为戏曲的重要组成部分。同时，由于明清时期封建统治者更加注意对人民思想的控制，善于表达自己性情的舞蹈自然受到了压制。虽然舞蹈在民间也表现了自己顽强的生命力，出现了如秧歌、划旱船、耍龙灯等舞蹈形式，但舞蹈作为一个独立部分，除一些少数民族地区外，已很少有独立的表演和创作。

参考书目

1. 田广林主编:《中国传统文化概论》,高等教育出版社 1999 年版。
2. 刘蕙孙:《中国文化史述》,文化艺术出版社 1997 年版。
3. 张岂之:《中国传统文化》,高等教育出版社 1994 年版。
4. 谭家健:《中国文化史概要》,高等教育出版社 1988 年版。

思考题

1. 中国古代诗歌的艺术特征有哪些?
2. 简述唐诗、宋词、元曲的重要作者、作品。
3. 简述中国古代绘画的主要成就。
4. 唐代书法艺术成就有哪些?
5. 京剧为什么被称为中国的国粹?

第八章 中国传统科学技术

英国科学史学家贝尔纳说：“中国许多世纪以来，一直是人类文明和科学的巨大中心之一。” 英国著名的中国科技史学家李约瑟也指出：“中国在公元 3 世纪到13世纪之间保持了一个西方所望尘莫及的科学知识水平。”辉煌的古代科学技术，是中国五千年文明史上的一枝璀璨的奇葩，是我们先辈天才和智慧的结晶；数以千计的传统科技成就与发明，为人类文明的发展作出了卓越的贡献，是世界科学宝库中灿烂的明珠。

中国传统天文、医药、数学、农学、地理、物理、化学、生物等领域的成就以及众多的科技发明都曾在当时世界上处于领先地位；其中天文、医药、数学以及伟大的四大发明，成就最为突出，对中国乃至世界文明进程产生了深远的影响。

第一节　中国传统天文历法

我国传统天文学是伴随着农业文明的产生而出现的。由于传统农业和自然界的四时交替、日月循环的自然节奏有着天然的密切关系，推动了中国传统天文学的早熟和辉煌。这主要表现为对天象观测与认识的不断发展和与农业息息相关的天文历法的日臻完善。

一、天象观测与认识的不断发展

中国古代先民很早就积累了丰富的天象知识。郑州大河村遗址出土的陶片，有太阳、月亮和星座的彩绘纹饰，印证了远古先民对天文现象的认识。传说尧舜时期就有了“观象授时”的专职人员。《左传》引的《夏书》记载了夏代发生在房宿位置上的一次日食，这是世界上最早的一次日食记录。商代甲骨文有岁星（今木星）、火星等星名，此外还有大量有关风、云、雷、雨、雪、霜等气象记录。《诗经》中记载的周幽王六年（前776）的一次日食，是世界上最早的一次有明确时间的日食记录。《春秋》记载了从鲁隐公三年（前720）到鲁哀公十四年（前481年）的37次日食，其中32次已证明可靠。公元前613年，周史官还观测到“有星孛入于北斗”，这是世界上关于哈雷彗星的最早记录。据考古专家论证，古代中国人确定天体及星相位置的二十八宿①体系大概诞生于春秋中期。湖北随县出土的战

《左传》引的《夏书》记载了夏代发生在房宿位置上的一次日食，这是世界上最早的一次日食记录。

此衣箱由曾侯乙墓出土，箱盖正中绘有北斗，环绕北斗依次书写二十八宿的全部名称和四象中的苍龙、白虎。将二十八宿与北斗相配，是中国黄河流域所独有的现象。证实了至迟在公元前5世纪，中国已经形成了完整的二十八宿体系。

① 是参照月亮的运行和恒星的周期，将黄道和赤道带的星空划分为二十八个部分，并用二十八个名称命名的星空划分体系，以确定天体的相对位置。

浑天仪示意图

国前期曾侯乙墓中的一具漆衣箱，箱盖上绘有二十八宿天文图像。二十八宿的划分和应用是我国古代天文学研究的一项重大成就。战国时期，齐人（一说是鲁人或楚人）甘德的《天文星占》和魏人石申的《天文》，合称《甘石星经》，测定了黄道附近约 120 个恒星的方位，这是世界上最早的星表，可惜已经失传。

汉代天文学有了很大的发展，关于天象的记录非常丰富。《史记·天文志》和《汉书·天文志》都详细记载了周天星座的部位和对一些行星的观测。《汉书·五行志》记载，成帝河平元年（前 28），“日中有黑气，大如钱，居日中央”。这是世界上有关太阳黑子的最早记录。当时，关于天体结构曾出现三种不同说法，即宣夜说、盖天说和浑天说。宣夜说已失传。盖天说以《周髀算经》为代表，认为天像一个盖笠，地像一个复盘。浑天说则认为天和地都是圆的，天在外，像蛋壳，地在内，像蛋黄。东汉著名天文学家张衡总结了过去和当时的自然科学成果并亲自进行观测，写出了天文学著作《灵宪》，比较准确地说明了月光和月亮盈亏朔望的道理。他认为“月光生于日之所照”，月食是由于“蔽于地”所致。《灵宪》中还比较精确地记录了在中原地区能经常见到的星数 2500 个，这在当时是非常难得的。在浑天说的基础上，张衡发明了利用水力转动的天文仪器——“浑天仪”。浑天仪据说是用铜铸成浑象（即天体仪），球面上标出黄道、赤道（相交成 24 度角）、南极、北极，并刻有二十八宿及其他星座，用漏壶的水力推动，每天回转一周，非常巧妙。

魏晋时期天文历法的重大成就之一，是发现了“岁差”。晋代以前人们尚不知岁差，认为太阳从冬至到下一个冬至，总是在某一个固定点上，即太阳走完了一周年，也就走完了一周天。东晋虞喜发现冬至点实际上是缓慢移动的，一周年不等于一周天，周年与周天间之差叫岁差。祖冲之根据自己的观测计算，证实了岁差的存在，这是世界天文史上的首创。

隋唐时期是我国天文学发展的辉煌时期，在实际观测与计算、天文仪器的制造方面都取得了突出的成就，其中贡献最大的是唐代天文学家张遂。从唐玄宗开元十三年（725）开始，他率领一个科学考察队到河南滑县、俊仪、扶沟和上蔡实地观测天文自然现象，实测滑县、汴州（开封）、许州（许昌）、豫州（汝南）一线纬度，得出子午线长一度为 351.27 唐里。这个数据，虽然与近代科学数据有差距，但在当时的观念中已包含了有关地球大小的意义，是我国古代天文学

张遂得出子午线长一度为 351.27 唐里，是我国古代天文学上的一个创举。

上的一个创举。天文仪器制造方面，李淳风设计的“浑天仪”，结构复杂而精密，表里三重，可以测量天体经纬、日月星辰。张遂与梁令瓒等创制的“黄道游仪”（测量星辰经纬度的天文仪器）和“铜浑仪”等，用“以考七曜行度，互相证明”[①]。唐人已发现恒星也是移动的，而西方直到18世纪初英人哈雷才提出恒星自行的观点。

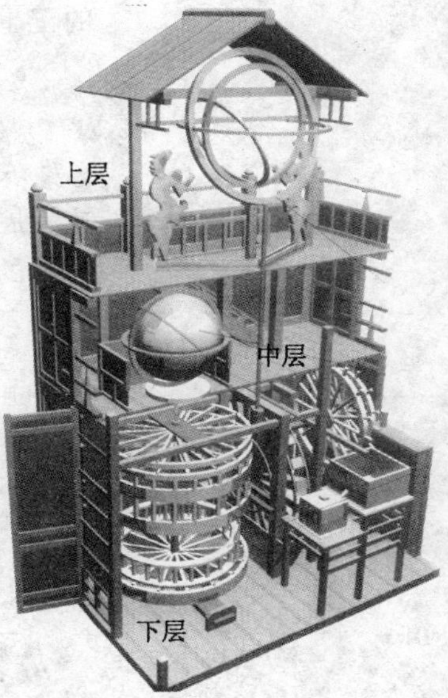

水运仪象台透视图

宋元时期，天文学成就也很突出。宋代曾进行过五次大规模的天文观测，第四次是在宋神宗元丰年间（1078～1085）进行的，曾将观测结果绘成星图，后来又刻石保存。此碑刻有恒星1434颗，还画出银河的界线，现存于苏州。通过天文观测，宋人还发现了4颗超新星，其中最重要的是1054年出现在天关星附近的“客星”。元祐元年（1086），苏颂、韩公廉奉命重制浑仪，两年后制成新型的天文仪器——水运仪象台（俗称天文钟）。他把浑仪、浑象和报时装置组合在一起，上下分三层，总高约12米，上层是放置浑仪的观测室，中层放置旋转的浑象，下层是报时钟和动力装置，以水力推动，通过变速与转动装置，使三部分仪器运作起来。其制作之精妙、结构之复杂、功能之齐全堪称世界之最。元代著名科学家郭守敬（1231～1316）不仅精通天文、算术和水利，而且在天文学方面也取得了显著的成就。他创造和改进了简仪等13种天文仪器，主持了全国26个地区的天文观测，在大都建立了司天台，积累了宝贵的天文观测资料。

李约瑟：“中国人在阿拉伯人之前，是全世界最坚毅、最精确的天文观测者，并在很长一段时间（约公元前5世纪至公元10世纪）几乎只有中国人的记事可供利用。”

明清时期，设有国家天文台——“钦天监”，总掌天文观测。今北京建国门内的古观象台，始建于明正统七年（1442），台上有大型铜铸天文仪器，台下为紫微殿、漏壶房、晷影房等附属建筑，功能十分齐全。

对于中国古代杰出的天文成就，李约瑟曾感叹道：“中国人在阿拉伯人之前，是全世界最坚毅、最精确的天文观测者，并在很长一段时间（约公元前5世纪至公元10世纪）几乎只有中国人

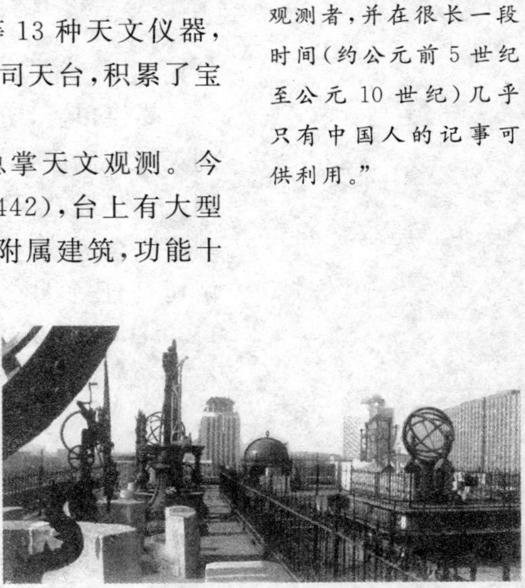
北京古观象台

① 《旧唐书·一行传》。

的记事可供利用。”①

二、历法修订的日臻完善

农业生产的需要和天象观测的不断进步，促进了传统历法的快速发展。相传夏代就有《夏时》，大概就是夏代的历书。成书于战国时代的《夏小正》，可能也是取材于夏代的历法。商代有了较完善的历法，以太阴（月）之圆缺一次为一月，大月 30 天，小月 29 天；以太阳之温凉寒暑嬗变一次为一年，闰月调整阴阳之差，即用三年一闰、五年再闰、十九年而七闰之法，全年平均为 365.25 日；平年 12 个月，闰年 13 个月，年终置闰，叫做十三月。商朝后期又出现了年中置闰，两个七月或八月，此为阴阳合历。商人又用干支记日，即以十干和十二支交相组合成六十个单位，以一个单位代表一日。当时人们还把一个月分为三旬。成书于战国末年的《吕氏春秋》中已有冬至、夏至、春分、秋分、立春、立夏、立秋、立冬等八个节气，《左传》中有两次冬至日（当时叫日南至）的记录，一次在鲁僖公五年（前 655），一次在鲁昭公二十年（前 522）。可见，当时已能准确地推算出冬至的日期。

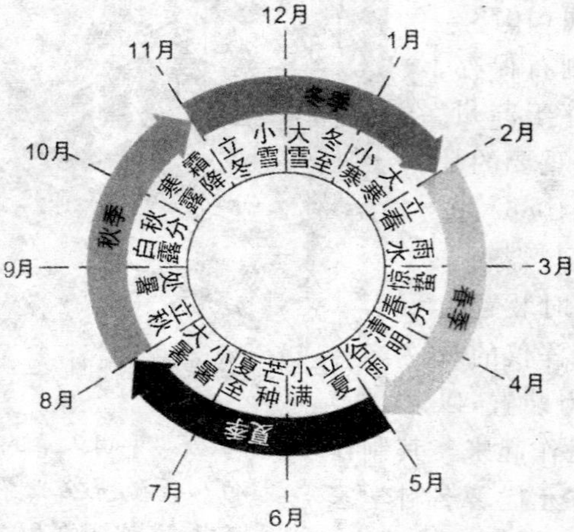

二十四节气图

秦汉以后，历代统治者都十分重视历法修订，组织人力根据新的天文观测成果，不断调整修改。西汉初年，根据《淮南子·天文训》记载，适应于农业耕作的二十四节气名称已经齐全，且与现在的顺序完全一致。由《汉书·律历志》可知，汉武帝太初元年（前 104）由司马迁等人参与改订的《太初历》，规定一年为 365 天又 335/1539 日，一月为 29 又 43/81 日，十九年置七个闰月。这是我国保存下来的第一部完整历法。魏晋南北朝时期祖冲之修订的《大明历》，第一次将“岁差”运用到历法中，定一回归年为 365.24281481 天，与近代科学测定日数相差不到 50 秒。唐代张遂于开元十五年（727）编成闻名中外的《大衍历》，根据日影实测来确定历法，纠正了前代历法中的许多错误，准确率超过了前代诸家历书，所谓“推步之

① 王国忠：《李约瑟与中国》，上海科普出版社 1992 年版，第 258 页。

法，至大衍备矣”[1]。

宋代是颁行历法最多的朝代，先后颁行了18部历书，对指导农业生产起到了重要作用。元代著名科学家郭守敬根据大量的实地观测资料，编订了新历法《授时历》，推算极为精确，一年为365.2425天，同地球绕太阳一周的实际时间只差26秒，同目前国际通用的公历（即格里哥里历）的一年周期相同，但要早于它三百年。

元代著名科学家郭守敬编订了新历法《授时历》，推算极为精确，一年为365.2425天，同地球绕太阳一周的实际时间只差26秒。

明清时期，引入西方的天文地理观念。明崇祯皇帝时，在徐光启主持下，聘任德国传教士汤若望等，按“地球”和地理经纬概念，重新制定历法，但未施行。清初，汤若望出掌钦天监，制定《大清时宪历》。康熙时，通过实际测验，比较新、旧历法的优劣，确认了《大清时宪历》的准确性，并正式颁行。

第二节 中国传统医药学

拥有几千年历史的中医药学，是中国文化大花园里的一枝奇葩。中医与京剧、国画一起被誉为“三大国粹”，其独特的辩证治疗方式在世界医药领域占有重要地位。

一、中医学的发展

我国医药学有悠久的历史。商代甲骨文上记载了许多疾病的名称。《周礼·天官》把医师分为内科（疾医）、外科（疡医）、饮食卫生科（食医）三类。大概从西周以来，王廷里就设置了专门的医官。据《左传》记载，春秋时期秦国有名为医和、医缓的名医，医和提出了“六气”（阴、阳、风、雨、晦、明）与疾病的关系，奠定了后来形成的风、寒、暑、湿、燥、火“六气”病理学说的基础。战国时期的民间医生扁鹊（本名秦越人）总结出望、闻、问、切的诊断方法，精通内、儿、妇产、五官等科的医疗技术，运用针灸、按摩、手术、汤药等方法治疗疾病，被誉为“神医”。据传他一次路过虢国，虢国太子患了一种“尸蹶症”（类似现在的“休克”或假死），他以针灸、熨帖和汤剂合并治疗，把虢太子救活，当时人们称他有“起死回生”之术。

秦汉时期，中国的完整医学体系已经建立起来。虽然它披着阴

① 《畴人传·一行传》卷一六。

阳五行色彩的外衣，但对人的生理现象、病理现象和治疗方法的解释，则包含着辩证观点。西汉时期的《黄帝内经》是秦汉以前医学临床实验的经验总结，是我国现存的最早的一部重要医学著作。《内经》总结出脏腑经络学说和病因学说，记载了我国最早的人体解剖的知识，提出了初步的血液循环的概念，奠定了中医学的理论基础。《内经》包括《素问》和《灵枢》两部分。《素问》写的是病理现象和治疗原则，《灵枢》记述了针灸法。西汉时期的淳于意（仓公）是当时有名的大医学家，《史记・扁鹊仓公列传》记载了有关他的20多例医案，有患者的姓名、里居、病状、所用药方、诊病日期等等，是我国现存最早的医案。东汉时期的张仲景（150～219）又名张机，河南南阳人。他精心研究医学，并搜集大量医方，写出了《伤寒杂病论》。《伤寒杂病论》包含《伤寒论》和《金匮要略》两部分内容。《伤寒杂病论》是我国第一部论述多种外感热性病的专著。《金匮要略》以介绍内科杂病为主，同时涉及妇科、外科等疾病。张仲景总结出中医诊断病因的"四诊"（望、闻、问、切）、"八纲"（阴阳、表里、虚实、寒热）等一整套辨证原则，以及包括汗、吐、下、和、温、清、补、消等治疗方案，被后世誉为"医圣"。东汉末年的华佗（安徽亳县人）是一位外科专家，因为关羽刮骨疗毒而名声大噪。他作麻沸散（麻醉剂），使患者失去知觉，大大减轻了病人的痛苦。他还发明了使创口迅速愈合的药膏，并模仿虎、鹿、熊、猿、鸟等动作创造了"五禽之戏"，用来强身祛病，实际上是古代的健身体操，在保健医学史上具有很高价值。

张仲景总结出中医诊断病因的"四诊"（望、闻、问、切）、"八纲"（阴阳、表里、虚实、寒热）等一整套辩证原则，以及包括汗、吐、下、和、温、清、补、消等治疗方案，被后世誉为"医圣"。

魏晋之际的王叔和，对脉理有深入研究，著有《脉经》一书，对24种脉象的状态及其症候进行了阐述，保存了许多珍贵的医学资料，奠定了我国古代脉学的基础。与王叔和同时的皇甫谧将秦汉以来针灸学的成就加以整理，并结合自己的临诊经验写成我国古代第一部针灸专著——《甲乙经》，详述了人体的生理、病理变化，厘定了当时的输穴总数和部位，并详细介绍了针灸操作的各种方法。从晋到宋的一些著名针灸著作，基本上是在《甲乙经》基础上加以发挥而来的。晋代葛洪在医学上也有很大成就，他先编有《金匮药方》，后从中择出实用部分著为《肘后救卒方》，书中对某些病的病因、症状和疗法阐述甚详，对某些传染病也有一定认识，如书中说患肺痨病的人"死后复传之旁人，至乃灭门"。

隋唐中医学有了长足发展。医疗分科方面，当时已有内科（脉经）、针灸、妇婴、痈疽、金疮、耳眼五官等科目。疾病鉴别方面，对痘疹、霍乱、麻风、鼠疫、肺结核、疟疾、痢疾等传染病都能作出正确的诊断。隋唐300多年里，据不完全统计，医学著作不下100多种。隋代名医巢元方的《诸病源候总论》和唐代名医孙思邈(581～682)的《千金方》、《千金翼方》就是其中的代表。《诸病源候总论》是中国历史上第一部病因病理学巨著。书中对病因、症状方面的分类鉴别达到了很高的水平，对传染病、寄生虫病、伤寒、麻风等都有精确的论述。《千金方》、《千金翼方》首次列举了妇女、幼儿疾病，创造了脏病、腑病的分类系统，建树颇多。

宋代太医院设有大方脉、小方脉、风科、产科、眼科、口齿咽喉科、针灸科等九科。王惟一是北宋中叶一位学识渊博、技术精湛的针灸学家。他总结前代针灸经验，在铜匠的协助下，铸造了两具针灸铜人模型，并撰《铜人腧穴针灸图经》，详细记载了人身上的359个穴位的名称和666个针灸点。陈言著《三因极——病源论》，许叔微著《脉法图》，对病理学和诊断学的发展作出了很大的贡献。宋慈的《洗冤录》是世界上最早的法医学著作。金元时期医学界有刘完素(寒凉派创始人)、张子和(攻下派代表)、李杲(补土派代表)、朱震亨(主张滋阴降火)四大医家。

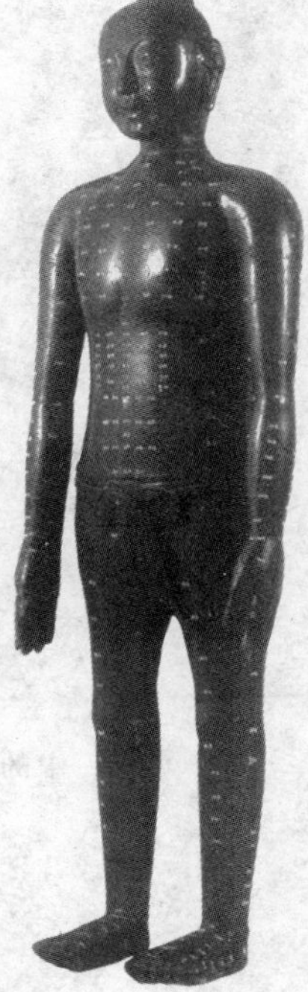

针灸铜人

中医学在明代进入鼎盛时期。其中，最大的成果是瘟疫论的提出和人痘接种的成功。明代瘟疫肆虐，严重危害人们的健康。明末吴有性著《瘟疫论》，指出传染病是由“戾气”引起的，传染方式一是空气，二是与患者接触，这是传染病学上的重大突破。天花大约于公元2世纪从外国传入中国，明中期在安徽民间肆虐。民间医师在实践的基础上，发明了人痘接种法：取少许天花患者的痘浆，植入健康儿童的鼻孔内，使其感染轻度天花而获得免疫力。这是世界免疫学的一大跃进。人痘接种法发明以后，很快便传播到世界各地，包括俄国、土耳其、英国及美洲等，一百多年后，直至18世纪末，英国医生琴纳才在种人痘的基础上，成功改用牛痘接种。

中医学在明代进入鼎盛时期。其中，最大的成果是瘟疫论的提出和人痘接种的成功。

二、药物学的成就

中药学和中医学相伴而生，随着中医理论、诊断和治疗的发展，中药学也在不断进步。神农氏尝百草发明中药以后，经过一代又一代中国人的不断探索，中草药成为数千年里中国人治病的主要方式。河北藁城台西商代遗址出土的植物种仁，包括桃仁、杏仁、郁李

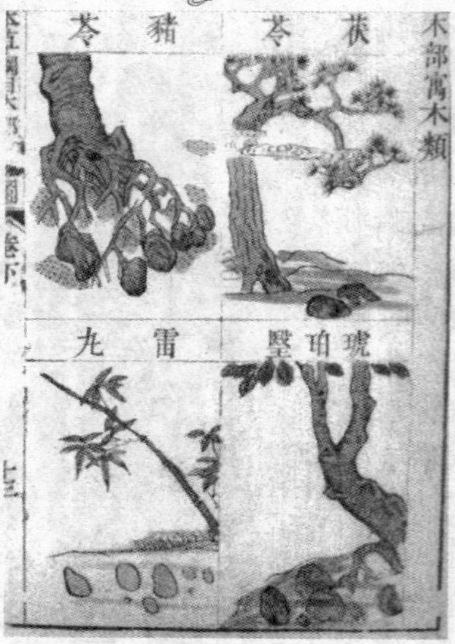

《本草纲目》中的插图

仁等就是用来治病的。河北满城西汉中山靖王刘胜墓出土的医疗用具中，已有制药专用的"医工"铜盆、铜药匙、铜滤药器及医疗器械金针、银针等。东汉时期编成的《神农本草经》，共收药物 365 种，其中植物药 252 种，动物药 67 种，矿物药 46 种。书中对药物的性能、用途、加工作了具体说明，加工类型有汤、散、膏、醴等。唐代孙思邈在药物学方面更是成就斐然。他的《千金方》记载了 800 多种药物，大大丰富了传统中药宝库，后世尊称他为"药王"。唐高宗时，政府组织编写的《唐本草》，收录药物 899 种，是世界上第一部由国家编定的药典，比欧洲早 800 多年。

我国药物学的集大成者是明代杰出的药物学家李时珍。李时珍（1518～1589），字东壁，号濒湖，湖广蕲州（今湖北蕲春）人，出生于世代行医之家。李时珍毕生以行医为业，四方行医、采集和考察药物历 30 年之久，查阅医药图书 800 多种，积累了丰富的理论和实践经验。他对过去的《本草》反复研究，一一加以辨正、整理，经过三次修改，于万历六年（1578）著成《本草纲目》一书。全书共 52 卷，190 多万字，收录药物 1892 种，其中新增的药物 374 种，对每种药物的形状、气味、性能、功效都作了详细说明，还附有插图 1100 多幅。《本草纲目》是对我国传统医药学的一次全面总结，在世界药物学史上占有重要地位。

《本草纲目》是对我国传统医药学的一次全面总结，在世界药物学史上占有重要地位。

第三节　中国传统数学

中国古代数学与生产活动密切相连。在土地丈量、城墙修筑、河渠开挖等生产实际的需要中，中国数学逐渐发展起来。

一、十进位制、筹算与珠算

我国是世界上最早使用十进位制记数的国家之一。商代甲骨文中对一、十、百、千、万各有专称，都以十进位，可对十万以内的自然数进行计算。西周时，"数"为"六艺"（礼、乐、射、御、书、数）之一，数学已发展为独立的学科，当时人们已初步掌握了加减乘除四则运算的方法，并能把数学运用于生产实践，如数量的计算、距离的测量、土地面积及土方工程的计算等等。

春秋战国时期，数学已广泛用于生产、生活、军事等各个领域。为提高运算速度与准确率，人们发明了一种简便的运算工具——“算筹”。算筹以小竹棍或用木、骨、象牙、铜等材料制成，记数方法分纵、横两种摆法，个位数、百位数与万位数是纵，十位数与千位数是横，零是空格，通过移动、重新摆放算筹进行计算。算筹的发明，开创了人类用工具进行数学运算的先河。

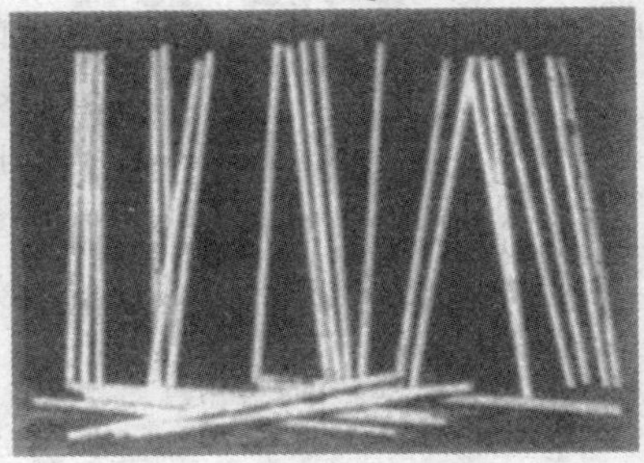

陕西旬阳出土的象牙算筹

在筹算的基础上，一种更为快捷的运算方法——“珠算”应运而生。所谓珠算，就是运用算盘，进行加减乘除和开方等计算的方法。宋代谢察微所著《算经》称：“算盘之中”，“脊是盘中横梁隔木”，已经与现代通行的算盘形制相似了。宋代的《盘珠集》和《走盘集》均属珠算专著。珠算的发明，是我国古代人民对世界文明的又一重大贡献。

二、勾股定理与圆周率

所谓珠算，就是运用算盘，进行加减乘除和开方等计算的方法。珠算的发明，是我国古代人民对世界文明的又一重大贡献。

勾股定理是中国最早发现的。大约成书于公元前1世纪的《周髀算经》，记载了先秦时期的数学成就，开篇就以西周时期商高回答周公问题的形式，提出“故折矩以为勾广三，股修四，径隅五”，即勾3股4弦5，这是勾股定理的一个特例。接着，又在陈子回答荣方的问题中提出“以日下为勾，日高为股，勾股各自乘，并而开方除之，得邪至日（太阳到观测者的距离）”，即 $a^2+b^2=c^2$，这是勾股定理的普遍形式。《周髀算经》中测量太阳高远的陈子测日法，是勾股测量术的发展，也是重差术的先驱，比起西方“测量之祖”泰勒斯测量金字塔的成就是毫不逊色的。

我国还最早计算出圆周率的精确值并发明了割圆术。汉代以前，我国一般采用“周三径一”即 $\pi=3$，较粗疏，误差较大。魏晋之际，杰出数学家刘徽发现“周三径一”是圆内正六边形周长与直径的比值，进而创立了割圆术，为计算圆周率和圆面积建立了严密的理论和完善的算法，即由圆内接正六边形算起，以逐渐增加边数的方式，算出正12边形、正24边形、正48边形、正96边形……的面积，使算出的面积与真正的圆的面积逐渐接近。刘徽在《九章算术注》中指出：“割之弥细，所失弥少。割之又割，以至于不可割，则与圆合体而无所失矣。”通过上述方法，刘徽算圆周率值是3.1416。南齐大数学家祖冲之，对数学、天文历法、机械制造都有很深造诣，他在前人成果的基础上，经过自己艰辛的实践，创造性地发展了圆周率的计算，求出圆周率在 3.1415926 和 3.1415927 之间，是世界上第一个将圆周率推算到小数点以后第七位的人。他还用两个分数来表示圆周率，355/113 称为密率，22/7 称为约率，作上下两限来规定数值的有效范围。这个密率比欧洲人早 1000 多年，故被人称之为“祖率”。

三、《九章算术》

《九章算术》约成书于公元 1 世纪，系统地总结了西周至秦汉时期我国数学的重大成就，是中国古代数学体系形成的标志。

《九章算术》约成书于公元 1 世纪，系统地总结了西周至秦汉时期我国数学的重大成就，是中国古代数学体系形成的标志。

《九章算术》把应用计算分为方田、粟米、衰分、少广、商功、均输、盈不足、方程和勾股等九大类别，包括了分数四则运算、正负数加减法则、联立一次方程解法、二次方程解法等。“方田”是关于土地面积的计算方法，包括正方形、矩形、三角形、梯形、圆、环等面积的计算公式，以及弓形面积和球冠表面积的近似公式，同时涉及分数的四则运算法则、约分、通分、求最大公约数等。最大公约数称为“等数”，求两个数的最大公约数要“以少减多，更相减损”，这种方法与欧几里得的辗转相除法是相同的。“粟米”主要讲各种粮食交易折算的比例问题。所用方法称为“今有术”，即在成比例的四个数中，从三个已知数求第四个数的算法。在欧洲，这种算法称为“三率法”，但却是 15 世纪的事情。“衰分”是比例分配问题，主要是按等级分配物资或按一定标准摊派税收。“少广”讲的是已知正方形面积或正方体体积反求边长，即开平方和开立方的方法，是世界上最早关于开平方和开立方法则的记载。“商功”主要是各种立体体积的计算，运用于营筑城垣、开凿沟渠、修造仓窖等土木和水利工程实际。另外，对长方体、棱柱、棱台、圆柱、圆锥、圆台、楔形体等也给出了正确的体积计算公式。“均输”是平均赋粟和徭役问题，包括如何按人口多少、物价高低、路途远近等条件，合理摊派税收和民工等，涉及正比、反比、复比例、连比例、等差级数等数学方法。“盈不足”属于盈亏类问题和算法，通过两次假设取值求出未知数，其原理与现在求高次代数方程和超越方程近似解的线性插值法是相同的。在中世纪的欧洲，这种方法叫做“双设法”或“契丹算法”（契丹即指中国）。“方程”讲的是多元一次联立方程组（线性方程组）问题及解法，用算筹表示多元一次联立方程组，类似于由方程组各系数构成的矩阵，其解法与中学代数中的消元法基本相同。古希腊和印度也有过一些特殊的联立方程组解法，远不如方程章的算法完整。而在欧洲，同类问题的提出比中国晚一千多年，直到16世纪才有了加减消元法。“方程”中还引入了负数概念，提出了正负数加减运算法则：“同名相除，异名相益，正无入负之，负无入正之；其异名相除，同名相益，正无入正之，负无入负之。”负数的出现，反映出对意义相反数量的正确理解，实现了数的一次新扩充。“勾股”主要内容是勾股定理的应用和简单测量问题，其中包括勾股容方和勾股容圆问题以及二次方程的解法。总之，《九章算术》作为历代进行数学教育的重要课本，是中国古代数学流传最久、影响最大的一部数学代表作，对日本、朝鲜、越南、印度、阿拉伯和欧洲数学的发展也产生了相当大的影响。

四、其他成就

唐代算学家王孝通著有《缉古算经》，提出三次方程式的正根解法，对中国古代代数学上的方程式论有卓越贡献。宋代数学家秦九韶著有《数书九章》，创立“大衍求一术”，即联立一次同余式解法，在世界数学史上占据重要的位置，直到18世纪，被欧美整数论家称为“中国剩余定理”。宋代数学家杨辉著有《详解九章算法》，创造了“垛积术”，即数学中的高阶等差极数的公式，将二项式系数的解法画成三角形，用图表示出来，后人称为“杨辉三角”，欧洲直到1656年才有类似的“巴斯噶三角”，比我国晚了近400年。金代数学家李冶著有《测圆海镜》和《益古演段》，对“天元术”即解一元高次方程进行了系统的论述，使中国代数学中增乘开方法发展到比较完善的阶段。元代数学家朱世杰著有《四元玉鉴》，把“天元术”发展为“四元术”，即解高次方程时，先将四元式消成三元三式，再消成二元二式，最后化解为一元一式，对古代数学的发展贡献显著。

宋代数学家杨辉著有《详解九章算法》，创造了“垛积术”，用图表示出来，后人称为“杨辉三角”，欧洲直到1656年才有类似的“巴斯噶三角”，比我国晚了近400年。

清代数学研究呈现出一股热潮，康熙本人就精通数学，在他的主持下，由数学家梅文鼎及其孙梅瑴成、陈厚耀、何宗周、明安图等合编的《数理精蕴》，是一部总结性著作，相当于清代中国的数学百科全书。明安图还著有《割圆密率捷法》，不仅证明了“圆径求周”、“弧背求通弦”和“弧背求正矢”三个公式，而且还推导出另外六个新的公式，即“弧背求弦”、“弧背求正矢”、“通弦求弧背”、“正弦求弧背”、“正矢求弧背”、“矢求弧背”，总称为“割圆九术”。

第四节　中国传统科技发明

在日常生产生活实践中，我们的先辈创造了数以千计的科技发明，大大推动了社会的进步。被称为“四大发明”的造纸术、印刷术、火药和指南针以及陶瓷、丝绸等就是其中的代表。

一、四大发明

纸的发明是中国人对世界文化发展的伟大贡献。

造纸术　纸的发明是中国人对世界文化发展的伟大贡献。文字发明之后，我国古代用作书（刻、铸）写文字的材料很多，如龟甲兽骨、青铜器皿、绢帛、竹木等等。竹木简等太笨重，不易携带，绢帛虽轻便，但太昂贵。文化发展和传播，要求更轻便更廉价的书写材料。西汉时期在普遍使用竹、木简的同时已有了纸的创造。先是丝絮制成的纸，后来制造了植物纤维纸。西安灞桥汉墓、新疆罗布泊和居延的汉代烽燧遗址，都发现麻类纤维制成的纸。东汉和帝时，尚方令蔡伦改进了造纸方法，采用树皮、麻头、旧布和破鱼网等为原料，经过浸泡、切碎、洗涤、浸灰水、蒸煮、舂捣、打浆、抄纸、晒干、压平等工序（如图），造出了质量更好的植物纤维纸，非常便于书写，时称“蔡侯纸”。唐朝时，造纸术传到朝鲜、日本和中亚各国，又经阿拉伯传往欧洲，结束了欧洲传统使用羊皮书写的历史，对世界文化的传播起了巨大的促进作用。

蔡侯纸制造工序示意图

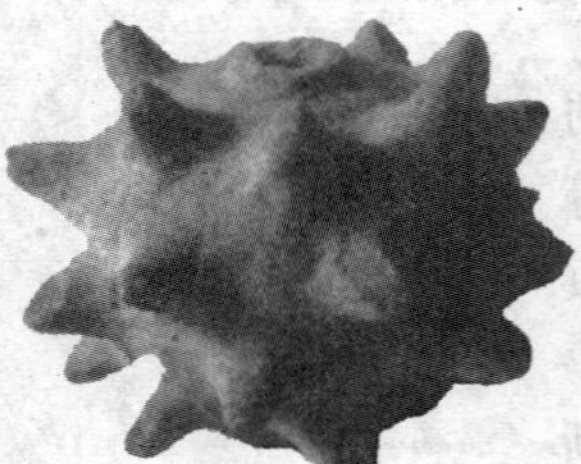

蒺藜陶弹

火药　中国是火药的故乡，也是世界上最早使用和生产火药兵器的国家。火药的成分是硝石、硫磺和木炭，是我国古代炼丹家在炼制丹药的过程中发明的。早在秦汉时期，方士们就已开始炼制“金丹”，魏晋时期，炼丹活动更为兴盛。在长期炼丹的过程中，炼丹家们逐渐认识到，点燃硝石、硫磺、木炭的混合物，会产生猛烈的燃烧和爆炸。当人们掌握此类混合物的特性并有意识地加以利用时，火药就被发明了。以上述混合物制作的火药呈黑色，故称“黑色火药”。唐初名医孙思邈在《丹经内伏硫磺法》一书中已明确记载了火药的性能及制作方法，这是人类掌握的第一种爆炸物。

唐代末年，火药始用于军事。早期的火药武器主要是燃烧型的火箭、火球等。宋元时期，火药已广泛应用在军事上。北宋出现了爆炸型的火器和发射型的突火枪、火铳等。宋仁宗时，曾公亮奉敕编《武经总要》一书，对火药武器的名称、用法和配方均作了详细的记载，其中包括火药鞭箭、毒药、烟球、蒺藜火球、铁嘴火药、霹雳火球等。

中国是火药的故乡，也是世界上最早使用和生产火药兵器的国家。

北宋末年，宋军利用火药的爆炸性能，用纸筒装石灰和硫磺制成“霹雳炮”，点着后先升空，再落下爆炸，石灰烟雾四散，用以迷蒙敌方人马。金军以铁壳制作炸弹，称为“震天雷”。“蒺藜陶弹”为地雷的雏形之一，内装火药，上有小孔留出引信，爆炸时陶棱角飞出，杀伤力极大。南宋时，发射型的管形火器——“突火枪”问世。枪身用竹筒制作，填入火药和铁沙，利用火药燃烧、爆炸时大量气体所形成的反作用力，将铁沙射向敌方。此类原始管形火器虽很简单，却是近代枪炮的前身。后来，竹筒被金属所取代，元代的火铳即属早期的金属管形火器。火铳之类的武器原先并无枪与炮的区分，为了使用轻便，造得小些，称为便枪；为了增强威力，造得大些，便称为炮。这一使用上的差别，后来导致了枪和炮的不同发展方向。迄今发现的最早的金属管形火器是甘肃武威出土的西夏铜火炮。明代时，不仅有单级火箭，还有多级火箭。下图是名为“火龙出水”的明代多级火箭模型，有两级推进器，射程可达二三里。

火药的制造方法，在南宋时由海上传至阿拉伯。蒙古西征时，又由中亚传到欧洲各国，从而改变了欧洲历史的进程。美国学者德克·卜德在其《中国物品西传考》中曾说：“如果没有火药，世界也许会少受点痛苦，但另一方面，中世纪欧洲那些穿戴盔甲的骑士们可能仍然在他们有护城河围绕的城堡里称王称霸，不可一世，而我们的社会可能仍然处在封建制度的奴役之下。”

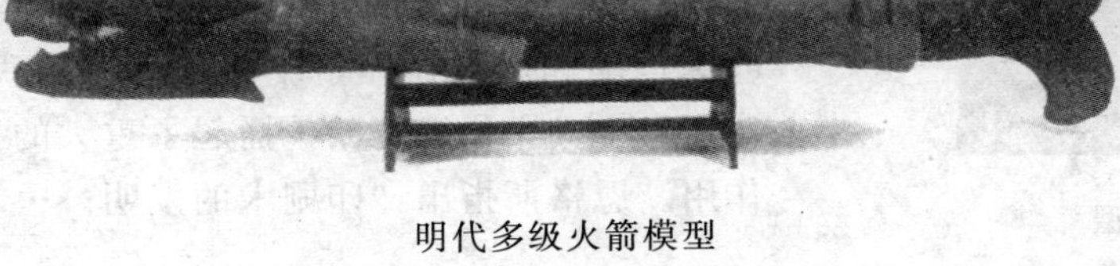

明代多级火箭模型

萝轩变古笺谱

印刷术 被称为人类“文明之母”的印刷术是我国古人对世界文明的又一卓越贡献。印刷术诞生前，图书的流传，只能靠抄写，效率极低，又易出错。约在唐代初年，人们受图章捺印、石刻捶拓等图文复制方法的启示，发明了雕版印刷术。雕版印刷的方法是：先选梨树、枣树等质地细密、适宜雕刻的木材制成木板，将需要印制的书稿图文在木板上反刻成凸出的字画，然后在上面涂上墨，覆上纸，再用刷子轻匀揩拭，揭下纸，即印成正的文字、图像。目前已发现多件七八世纪时的早期雕版印刷品。刻印于868年的《金刚经》卷，为现存最早的雕版印刷品，经卷宽约24厘米，长约491.5厘米，卷首为佛像，后面是经文，卷末印有“咸通九年四月十五日”字样。整部经卷，刀法娴熟，印制精美，墨色浓厚均匀，字画清晰鲜明，已达到很高的工艺水平。雕版印刷在发展中还演化出双色乃至多色的套印工艺，技艺精湛、风格独特的彩色印刷是我国印刷史上的辉煌成就。印制于明代天启年间(1621～1627)的《萝轩变古笺谱》，堪称精美绝伦的艺术品。

刻印于868年的《金刚经》

宋代印刷业进入全盛时期，不仅雕版印刷了大量经、史、子、集，而且在雕版印刷工艺的基础上，发明了活字印刷术。活字印刷术由北宋杰出的发明家毕昇创制，是一种更快捷、更先进的印刷术。毕昇用胶泥制成单字块，用火烧烤，使之坚硬，做成字模排列在铁板框里，再用松香、蜡等加热熔化固定字模，然后涂墨印刷。这是排版印刷的开始，它既经济又快捷，堪称人类印刷史上的空前革命。元代王祯又发明了木活字和转轮排字架，使得拣字、排字、印刷都得以完善。其后又有了锡活字、铜活字，极大地促进了中国印刷事业的发展。19世纪末，中国印的书超过了世界其他地区印书的总和。

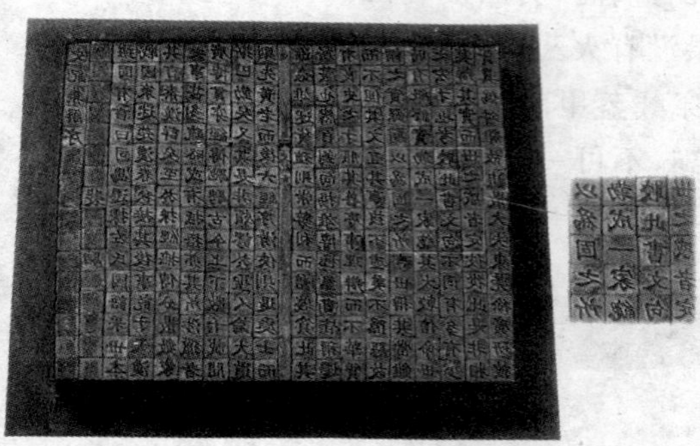

毕昇泥活字版模型

中国的印刷术于唐代传到日本和朝鲜，元朝时印刷术传入欧洲，后来成为欧洲宗教改革运动和反封建斗争中两把有力的武器，对资本主义文化思想的传播起了重大的推动作用。恩格斯指出：“印刷术的发明……不仅改变了只有僧侣才能读书写字的状况，而且也改变了只有僧侣才能受较高级教育的状况。”①

指南针　早在战国时期，人们已认识到磁性物体指示南北的特性，并用天然磁石制成世界上最早的指向仪器——“司南”。司南在历史上曾使用了很长时间，右图是今人复原的汉司南模型。它以天然磁石琢磨成勺形，勺底制成平滑球面，放在刻有方位的方形铜“地盘”上，使用时轻转勺柄，待静止下来，勺柄便会指向南方。

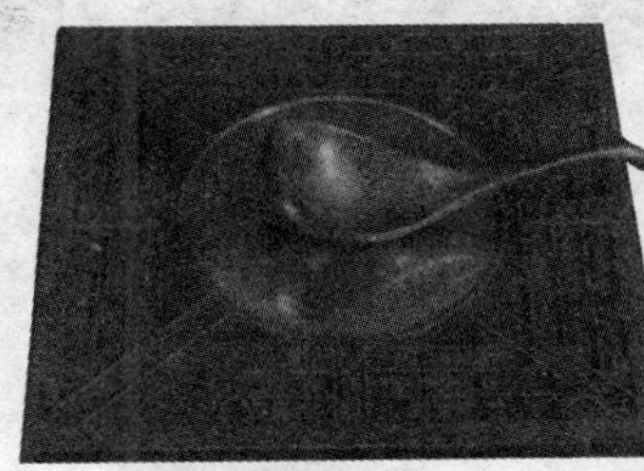

汉司南模型

北宋时期，人们用天然磁石摩擦钢针，使钢针成为带有磁性的磁针，由于磁针的磁性较强，指向准确度较高，使用也较简便。用磁针制作的“指南针”很快被应用于军事、生产、航海、日常生活、地形测量等许多方面。当时的指南针大致有四种装置形式：一是将磁针贯穿灯芯浮在水上，二是将磁针架在碗沿上，三是将磁针架在指甲上，四是用丝缕将磁针悬挂起来。右图为北宋缕悬法指南针和水浮法指南针的模型。南宋时期，人们又将指南针与方位盘连成一体，创制出更具实用价值的“罗盘”。使用指针与定位相结合的“罗盘”，根据指南针在方位盘上的位置作出精确定向，是指南针发展史上的一大飞跃。

指南针对航海事业起了重大的推进作用。北宋末年，航海中遇阴雨大雾，已用指南针辨识航向；南宋以后，不论阴晴，都使用指南针来导航。约 12 世纪末，指南针经阿拉伯人传到欧洲，并有所改进，为后来欧洲航海家开辟新航路，实现环球航行提供了重要条件。

北宋时期的指南针

二、丝绸与陶瓷技术

丝绸　中国是世界上最早饲养家蚕和织造丝绸的国家。相传黄帝时嫘祖教民养蚕缫丝。1958 年在浙江吴兴钱山漾新石器遗址中发现有半个蚕茧化石、纺坠、管状骨针等，说明至少在四五千年前，我们的祖先就掌握了养蚕、缫丝、织绸的技术了。夏、商、周时期丝织技术已趋于成熟，大约在西周后期诞生了多彩织物——锦，由于其织制难度大而成为古代最名贵的丝

① 《马克思恩格斯全集》第 7 卷，人民出版社 1972 年版，第 391 页。

汉代素纱衣

织品之一。春秋战国时期，丝织业已相当发达。1982年在荆州战国墓中出土了保存相当完好的绢、锦、罗、纱、绣、绦等各种丝织品，不仅种类繁多，而且色泽绚丽，可谓中国古代丝织宝库。

秦汉时，栽桑、养蚕、缫丝、丝织已普遍成为农民的家庭副业。汉武帝时，年征绢帛高达500万匹。当时的丝织品种类繁多，质地细腻，图案精美达到了极高的水平。新疆罗布淖尔出土的“长寿明光锦”，以暖色调将图案花纹衬托得绚丽奔放，更加突出了“长寿明光”的祈福之意。长沙马王堆汉墓中出土的一件素纱衣，薄如蝉翼，重量还不到一两。唐天宝年间(8世纪中叶)，每年征收的绢达740余万匹，宋元祐元年(1066)的丝绸高达2400万匹。绢、绫、锦、罗、纱等五花十色，争妍斗奇。

公元前1世纪，罗马恺撒大帝穿着中国丝绸袍去看戏，顿时轰动整个剧场，人人翘首观望，欣羡不已。

精美的丝绸通过西汉开辟的“丝绸之路”被大量运往西域，再从西亚转到欧洲各国。轻柔华美的丝绸被欧洲人看作光辉夺目的珍品，若谁穿上丝绸衣服，就会有“绝代豪华”之感。公元前1世纪，罗马恺撒大帝穿着中国丝绸袍去看戏，顿时轰动整个剧场，人人翘首观望，欣羡不已。

陶瓷 陶瓷也是中国历代相沿的重要传统工艺品。新石器时代，我们的祖先就已学会用黏土制作各种陶器生活用具。商代“原始青瓷”出现，从此，陶器和瓷器便分道独立发展。瓷器与陶器相比，有耐用、清洁光亮之优点，与早于它出现的青铜、金银等制品相比，取材容易，工艺简单，且烧制出的成品自有千种风流、万般神韵，故一经问世，备受青睐。

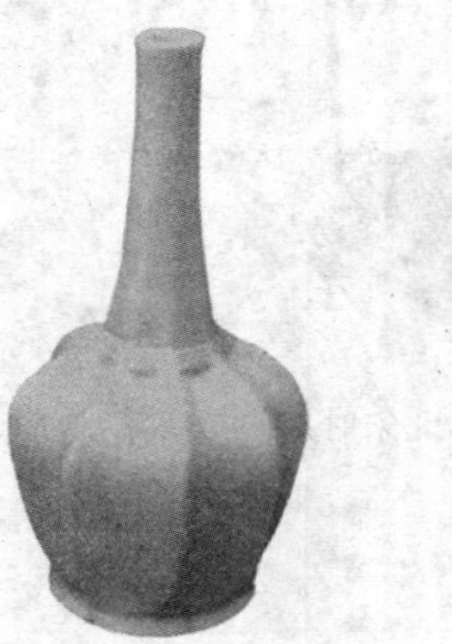

越窑瓷瓶

秦汉时主要烧制青瓷。唐朝烧瓷技术、规模、质地、品种都大大超过前代，南方有越窑青瓷，北方有邢窑白瓷，素有“南青北白”之称，各成体系，相映生辉。青瓷如冰似玉，被誉为“千峰翠色”，白瓷润泽洁白，“类银似雪”，堪称唐代瓷品中的双璧。左图是1987年陕西扶风法门寺出土的被誉为“青如天，明如镜，薄如纸，声如磬”的越窑瓷瓶。宋代是我国瓷业蓬勃兴盛的时期，定、汝、官、哥、钧五大名窑争奇斗妍。此外，磁州窑是民窑艺术的代表，花纹体裁反映了大量的民俗生活，明洁纯朴的白地黑花瓷瓶是其特产；被誉为“瓷都”的景德镇烧制的明澈温润、白中泛青的影青瓷更是誉满天下，青花瓷玉肌青骨，淡雅娴静。

明清青瓷工艺精巧，异彩纷呈，达到了炉火纯青的境界。景德镇无论是工艺技术还是生产规模都堪称全国第一。景德镇瓷器中的斗彩，是一种釉上彩和釉下青花的结合，是彩瓷技术的一次飞跃，宝石红、霁蓝等则是单色釉瓷器珍品。

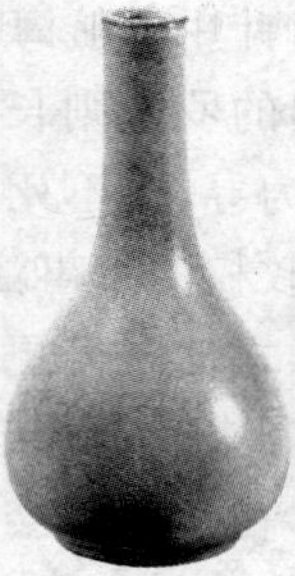

官窑青釉瓷瓶

钧窑玫瑰紫釉尊

磁州窑白地黑花瓶

中国自古就是一个极富创造性的国家。至少明代以前，从世界范围的生产和科技情况来看，属于中国首创的项目数量之多、水平之高，是当时任何国家所无法比拟的。据统计，明以前，世界上的重大科技发明约计 300 项，其中属于中国的便有 175 项，占总数的 57％以上，而其他各国总共只占 43％。

但是，中国传统科技也有其固有的不足之处：

第一，过分地注重实用性。中国古代科技具有鲜明的“务实”传统，各领域的研究均为实用而开展。例如传统天文学，无论是历法的制定，还是星宿的观测记录，均为占卜天象和“授民以时”之需，其精确程度只要满足农业社会的需要，这又必然阻碍天文学进入逻辑推理与科学抽象的殿堂。数学更是偏于算术和代数，计算的内容与方式都与当时社会生产密切相关，如《九章算术》中 246 个应用题及一般解法都凸现出实用性。李约瑟说：“从它的社会根源来看，它与官僚政府组织有密切联系，并且专门致力于统治官员所要解决的问题，土地丈量、谷仓容积、堤坝和河渠的修建、税收、兑换率——这些似乎都是最重要的实际问题。‘为数学而数学’的场合极少。”①

明代景德镇瓷器精品

① 李约瑟：《中国科学技术史》，科学出版社 1975 年版，第 8 页。

被马克思称为"预告资本主义社会到来"的四大发明也是大一统社会的需要,指南针用于航海固然曾为中国创造了领先世界的航海壮举,但由此造出的罗盘则长期地用于"看风水"、选茔地。火药最初是在炼丹家们为寻求"不死之药"的炼丹术中无意发明的,后来虽也用于巩固国家政权的军事活动,但仅满足于"代矢石之施","作鼓角之号","通斥堠之信",而更主要的是用于鞭炮和焰火,以清脆的响声和绚丽的光彩来装饰封建社会的升平景象。中国古代科技这种明显的实用性,在人类社会早期对推动生产力的发展和科技进步,无疑起了积极作用,但是偏重功能和实用就必然会轻视对自然作抽象理性的研究。这种对自然只求利用、不求改造的顺乎自然属性的特点,也就注定了中国古代科技不可能进入更高层次,建构起独立的科学体系。

第二,突出直观经验性。在科学诞生的最初时期,人们对自然界的认识往往靠直觉和猜测顿悟来实现。早熟的中国古代科技,不仅别无例外地烙上了这一印痕,而且一直伴随了两千年,以致最终严重地阻碍了中国近代科技的产生与发展。中国传统的哲学思想,无论是儒学还是道派,都主张反观内省的直觉主义认识论,忽视对客观事物作具体深入的逻辑分析和系统的科学实验,只求其然而不求所以然,停留于表面而不求甚解,含有很强的主观臆测性。如传统天文学几千年来,一直停留在直觉观察阶段,而没有形成逻辑推理与抽象科学体系,以致在气象观察方面,人们最信奉的就是老农的谚语这种经验性的知识,而很少有过自觉的理性的探索。古代数学过分注重与实际相结合,发展了两千多年仍没有形成自己的逻辑体系。恩格斯说:"一个民族想要站在科学的最高峰,就一刻也不能没有理论思维。"①然而,这正是中国传统科技的致命弱点。中国传统科技的这些特征无疑是导致中国近代科技落后的重要原因。

恩格斯说:"一个民族想要站在科学的最高峰,就一刻也不能没有理论思维。"

参考书目

1. 杜石然等:《中国科学技术史稿》,科学出版社 1982 年版。
2. 程裕祯:《中国文化要略》,外语教学与研究出版社 1998 年版。
3. 张岂之:《中国传统文化》,高等教育出版社 1994 年版。

① 《马克思恩格斯选集》第 3 卷,人民出版社 1972 年版,第 886 页。

思考题

1. 中国古代在天文历法方面取得了哪些世界领先的成就？

2. 简述传统中医学的基本发展历程。

3.《九章算术》解决了古代哪些数学问题？

4. 中国古代四大发明对近代西方文明有何影响？

第九章 中国传统教育、科举

中国古代教育历史悠久，源远流长，在世界教育史上占有重要地位。经过历代教育家的不断探索与实践，形成了比较完整系统的教育制度、教育机构和丰富深刻的教育思想，构成了中国传统文化不可或缺的重要组成部分。可以说，正是中国古代辉煌灿烂的教育成果，才使传统文化得以不断延续和发展，成为其薪火相传、继往开来的桥梁，塑造和形成了中华民族独有的精神品格和民族心理。

科举是中国古代独特的选官制度。通过分科考试从读书人中选拔治国之才，这在当时无意识为意可取的方式。中国古代科举制度的悠久历史于不断完善，为近现代中国各级各类考试提供了很多有益的借鉴。

第一节 中国传统教育

一、形式多样的教育机构

中华民族具有重视教育的优良传统。中国古代教育的起源，可以追溯到原始社会。最初的教育与生产劳动密切相关，传说伏羲、神农、黄帝、尧、舜等，都亲自教人如何劳动和生存。《易传》记载："古者包牺氏……结绳而为网罟，以佃以渔……包牺氏没，神农氏作，斫木为耜，揉木为耒，耒耜之利，以教天下。……神农氏没，黄帝、尧、舜氏作，通其变，使民不倦，神而化之，使民宜之。"[①]《尚书·舜典》记载，早在虞舜时即设官学，管理教育事务，舜命契为司徒"敬敷五教"，即负责父义、母慈、兄友、弟恭、子孝五种伦理道德教育；命夔"典乐"，即负责音乐和诗歌教育。

1. 不断发展完善的官学

进入阶级社会以后，独立的教育机构——官学产生。早在夏朝，就有了学校，"夏后氏学在上庠"[②]，"序，夏后氏之序也"[③]，"夏曰校"[④]。对此，孟子解释说："庠者，养也；校者，教也；序者，射也。"[⑤]殷商时代，学校已有大学、小学之分，"殷人养国老于右学，养庶老于左学"。"右学，大学，在西郊；左学，小学，在国中王宫之东。"[⑥]西周时期，教育机构进一步完善，学校分国学（中央官学）和乡学（地方官学）两类。天子所设大学叫"辟雍"，各诸侯国所设大学叫"泮宫"。天子所设大学规模较大，分为五学，辟雍居中，四周分别设东、西、南、北四学。在地方上，25 家为闾，闾有塾；500 家为党，党有庠；3500 家为州，州有序；12500 家为乡，乡有校。这些官学对入学的学生有严格要求，一般来说，只有贵族子弟和有极少数"国直俊选"才能入国学，平民子弟一般只能入乡学，至于下层的奴隶子女，

西周时期，教育机构进一步完善，学校分国学（中央官学）和乡学（地方官学）两类。天子所设大学叫"辟雍"，各诸侯国所设大学叫"泮宫"。

① 《易传·系辞下》。
② 《礼记·礼仪》。
③ 《礼记·明堂位》。
④ 《汉书·儒林传序》。
⑤ 《孟子·滕文公上》。
⑥ 《礼记·王制》。

根本没有入学的资格。春秋时期，随着周王室的衰微，出现了“天子失官，学在四夷”的局面，各诸侯国纷纷兴办教育。

严格地说，以传授知识、研究专门学问为主要内容的最高学府，应始于汉武帝创立的太学。

汉代官学亦分为中央和地方两类。中央官学主要是大学，地方官学即所谓郡国学校。大学的初始形式虽然产生于周代，但严格地说，以传授知识、研究专门学问为主要内容的最高学府，应始于汉武帝创立的太学。太学的教师为“五经博士”，其领袖叫“仆射”，东汉改名“祭酒”。西汉平帝元始四年(4)始为太学学生建校舍，能容纳万人，规模巨大。东汉太学学生最盛时曾达三万多人，京师形成了太学区。当时明确规定，郡国设学，县邑设校，乡设庠，聚(自然村)设序。这样，从中央太学到郡国学、校、庠、序的封建教育体系就正式形成了。汉代学校制度为后来学校制度的发展和完备奠定了基础。

魏晋南北朝时期，长期的封建割据战争以及复杂的阶级矛盾，使官学处于时兴时废、若有若无的状态。总的说，这个时期的官学是衰颓的，只有个别朝代和个别地区的学校短期内比较发达。晋代分为国子学和太学两种，前者限五品以上的贵族子弟入学，内设祭酒 1 人，博士 1 人，助教 10 余人；后者为平民子弟所设，立博士 19 人。南北朝时期，学校教育以北朝为盛。北魏太学也设五经博士，学生为州郡所派。南朝宋文帝时，在京师设立四学：儒学、史学、玄学、文学，称之为“四学制”，打破了儒学一统教育的状况，这对后世专科学校的设立及分科教学制度的发展具有特别重要的意义。

北京国子监牌坊(建于元大德十年)

唐代教育复兴汉代教育的传统，同时又继承魏晋以来学校教育的成果，并全面地加以发展，使学校教育达到了新的高峰，建立了从中央到地方完备的学制体系。中央设国子监，国子监具有双重性质，既是大学，又是教育行政管理机构，下设国子学、太学、四门学、律学、书学、算学，统称“六学”。国子学设博士 5 人，直讲 4 人，五经博士 2 人，学生 300 人；太学设博士 6 人，助教 6 人，学生 500 人；四门学设博士 6 人，助教 6 人，直讲 4 人，学生 1300 人。此外，门下省设弘文馆，东宫设崇文馆，即所谓的“二馆”；尚书省祠部设崇玄馆，太医署设医学，太卜署、司天台、太仆寺等都有自己的所属学校。京都学、都督府学、州学、县学等地方学校通设经学、医学两类。

宋元明清时期，大抵沿袭唐代学校体制。京师设有国子监及贵族学校，地方则设有府州县学。地方学校规模大小不等，彼此之间不相统属。至清代，地方学校已发展到1700余所，学校体制已相当完备。

2. 经久不衰的私学

春秋战国时代，随着奴隶制度的崩溃，赖以生存的官学一度衰落，“学在官府”的局面被打破，社会对新型文化的教育需要为私学的产生创造了契机。当时，产生了一批学识渊博、充满智慧的私学大师，如孔子、墨子、孟子、荀子等，他们不仅留下了《论语》、《墨子》、《孟子》、《荀子》等教育经典，而且提出了系统的教育思想。其中以孔子创办的私学规模最大，影响最为深远。正是由于孔子开一代风气之先河，才打破了官学垄断学校教育的传统格局。私学的产生使学校教育开始走上官学、私学并存的二元轨道，私学在教学方法、教学体制等方面形成了自己的特点，这在中国教育史上是富有建设性意义的一步。

正是由于孔子开一代风气之先河，才打破了官学垄断学校教育的传统格局。

汉代接受私学教育的人，同样可以出仕，于求官无碍，因此，当时经师私讲之风日盛，学生人数远远超过太学，甚至有压倒官学之势。相当于太学的，由经师大儒自立“精舍”、“精庐”等开门授徒；相当于小学的，称为“学馆”、“书馆”、“书舍”等。汉代凡未从政、或罢官还乡、或未得博士称号的经学大师，都从事私人讲学，收徒教授，人数多达上千人。东汉有名的经师马融教养诸生数千；郑玄学五经，门徒常千人；西汉著名经师大儒董仲舒致仕以后，在家收徒讲学，著书立说。

魏晋南北朝战乱不息，官学若有若无，大批学人不能进入中央或地方学校读书、执教，私学应时而兴。三国时期，既有像“书舍”这种相当于蒙学的学校，也有由名师开办的私人学校。两晋名儒聚徒授业，生员常达数百乃至上千。南北朝时期，不少私学大师不慕荣利，绝意仕途，潜心钻研学术与收徒讲学。

隋唐时期，官学繁荣，私学亦颇兴旺，名师大儒聚徒讲学之风依然盛行。隋代儒师王通的弟子遍及各郡国，唐初有名的卿相皆出其门下；唐代颜师古以考定五经著名，在未显达时便“以教授为业”；韩愈研习古文，以独孤及、梁肃之徒游学，锐意钻研，遂成一代文豪；柳宗元被贬柳州，江南的士人不远千里皆随其师法，而入其门者多为名士。

白鹿洞书院

宋代以后，除书院以外，乡村私立的蒙学也非常普遍，其中家塾是最普遍、最方便的教学形式。蒙学教材多是字书，著名的有《三字经》、《百家姓》、《千字文》、《千家诗》等，流传广远，影响很大。

中国古代教育一直存在着官学和私学两大系统。由于私学能够在一定程度上体现自由讲学的精神，能和社会上新兴的学术思潮、文化思潮保持密切的联系而促进了中国古代教育的发展。私学的产生和发展，打破了“学在官府”、官学教育垄断的格局，改变了政教合一、官师合一的状况，使教育活动开始从政治活动中相对独立出来，开始了学校教育独立化的过程，在学术传授、教学方法等方面形成了自己的显著特点。

3. 后起之秀——书院

书院之名始于唐代。唐玄宗开元六年(718)，唐皇室的藏书、校书之所，被称之为“丽山修书院”、“集资殿书院”，并不是聚徒讲学的地方。真正具有聚徒讲学性质的书院起源于南唐时期的庐山国学，即著名的白鹿洞书院的前身。北宋初年，讲学之风勃兴，书院成为著名学者授徒讲学、培养门生的重要场所。著名的有江西庐山的白鹿洞书院、湖南衡阳的石鼓书院、河南商丘的应天府书院、湖南长沙的岳麓书院、河南登封的嵩阳书院和江苏江宁的茅山书院。

岳麓书院

南宋是书院的兴盛时期，其数量之多、规模之大、组织之严密和制度之完善，堪称空前。据统计，宋代共建书院173所，南宋占136所。南宋书院的突出表现，就是它建立了一整套严密的组织制度，在教学上形成了鲜明的特色，对后来的书院产生了深远影响：(一)教学活动与学术研究相结合。当时书院的主持人或主讲大都是著名的学者，书院的讲学是在学术研究的基础上进行的，而教育教学活动的开展，又有利于学术研究成果的传播和深入发展。(二)教学实行“开放”政策，学生可不受地域和学派的限制，允许学生中途易师。对于外来的学生，书院设专人接待，这比一般学校的关门办学和门户之见要进步许多。不同学派、门派的学者可往来问学“讲会”，进行学术交流，不同思想可出现在同一书院的讲坛上，体现了一定的“争鸣”精神。(三)教学中注重问难辩论。当时的书院一般以学生个人读书钻研为主，重在自己理解，教师只对学生的疑难作解答或分别指导，以培养学生的自学能力和独立研究问题的习惯。(四)书院中师生关系融洽，师生之间情意深厚，尊师爱生的传统体现得尤为突出。

嵩阳书院

明清两代，书院教育得到空前的发展。明朝中期，湛若水和王阳明大兴讲学之风，丰富了“讲会”制度，有力地推动了书院的发展。据不完全统计，明代书院达 1500 所以上。但是，自由讲学与封建专制是矛盾的，封建政府力图扼制自由讲学之风，围剿所谓“异端”“邪说”，多次用残酷的手段大规模地摧毁书院。明朝中后期相继出现了四次毁院行为，其中最严重的一次是在明熹宗天启五年(1625)发生的对东林党的大残杀。当时宦官魏忠贤不仅残酷杀害东林党人，而且下令“拆毁天下书院，首及东林”[①]。演出了中国古代教育史上一幕悲剧。同时，自元代至清末，官方对书院的控制日趋严格，加强了财政、思想上的监督，允许书院推举学生参加科举考试，使官学、书院、科举逐步一体化，书院从民办逐步纳入官办，失去了书院的本来特色。清雍正十一年(1733)，清政府正式下令官办书院，从此，书院开始从僻寂幽静的山林向中心城市发展，各省城相继建立了书院，直隶保定的莲池书院便建于此时。

东林书院

① 《明史·东林书院志》。

直到1901年，清政府下令将书院改成学堂，书院这种教育形式才在经历1000余年后结束了其历史使命。

清代书院虽然已官学化，但由于政府的允许和经费有所保证，学生有参与科举考试的出路，其发展又大大超越前代。在清政府统辖的19个省区中，书院遍及城乡。直到1901年，清政府下令将书院改成学堂，书院这种教育形式才在经历1000余年后结束了其历史使命。

4. 各式各样的专门学校

中国最早的专门学校是东汉的鸿都门学。汉灵帝光和元年(178)创办了一所专门研究文学艺术的学校，因校址设在京城洛阳的鸿都门而称为“鸿都门学”。该校专门招收一些没有名望的贵族子弟，其教学内容为辞赋、小说、尺牍、字画等，学生毕业后可以封官拜爵。它的设立突破了“独尊儒术”政策，把学校的概念从单学儒家经典扩大到非经典的教学，为后来特别是唐代的各种专门学校的设置开辟了道路。

唐代，出现了律学、书学、算学、医药学、兽医学、天文学、音乐学等门类多、范围广的实用学科学校。以医学为例，分为医学、针灸、按摩三个专业。医学包括五科：体疗(相当于内科，7年制)、疱肿(相当于外科，5年制)、少小(相当于小儿科，5年制)、耳目口齿(相当于五官科，2年制)、角法(拔火罐等疗法，2年制)。针灸教学生了解经脉和穴位，熟悉各科症候，掌握九种针法的运用。按摩教授学生消息引导的方法，学会治疗风、寒、暑、湿、饥、饱、劳、逸等8种疾病，还兼习正骨术。药学和药园设在一处，教学生识别各种药材、掌握药材的种植和收采储存制造等项技术，教学理论结合实际，注重实习，培养学生的动手能力。这种实用学科学校的建立，比西方早1000年左右。令人惋惜的是，这种优良的传统未能很好地发扬光大，后来甚至出现了停滞和倒退现象，对中国古代科学技术的传播和传统文化的发展未能发挥更加积极的作用。

二、内容丰富的教学原则和方法

中国古代产生了无数著名的教育家，从孔子、墨子、孟子、荀子，到朱熹、王守仁，犹如群星般灿烂耀眼。他们留下了许多极有价值的教育思想，在今天仍闪烁着智慧之光，富有启迪意义。

尊师爱生　成功的教育活动往往离不开和谐融洽的师生关系，因此中国古代一直延续了“尊师爱生”的优良传统。大教育家孔子最懂得爱护学生，他能够不顾“贫贱”、“富贵”地招收一切愿学之士，以一颗真诚的爱心善待每个学生，甚至对“难于言”的“互乡”之人，孔子也能不厌其烦地给予热情的教育。孔子认为：“人洁己以进，与其洁，不保其往也。”①他不仅注重学生的学问道德进步，而且十分关心他们的日常生活，弟子有病不忘探望问候，学生有难则主动设法帮助。孔子这种伟大的人格力量和对弟子的真诚爱护，很自然地赢得了弟子对他的尊敬和爱戴。孔子逝世时，学生们悲痛欲绝，甚至有些人多年为其守丧。

孔子首开“尊师爱生”之气，此后的教育家相沿成习，逐渐熔铸成中国传统教育的优良传统。一般说来，教师能够真诚地献身教育学术事业，热爱和关心学生成长，履行“传道、授业、解惑”的教育职责，即能得到学生的真正尊敬。至于教育家本身教学风格的差异，则无关大局。如：程颢教人亲切自然，常能让弟子有“如坐春风”之感；而程颐素有严毅之风，弟子拜访，见老师瞑目静坐，则恭恭敬敬地立于门外，以至雪积尺余，留下了“程门立雪”的佳话。在这里，学生对老师的尊敬实际上源自其伟大的人格力量和献身学术教育的可贵精神。

启发诱导　教学作为教师与学生共同参与的双边活动，教师不能不考虑到学生的积极反应和主动配合。中国古代著名教育家十分重视观察和研究学生的心理活动，并在适当的时候启发其心智，比较成功地运用了启发式教学。

孔子的教学从不急于灌输给学生什么，而是引导他们怎么学习，并善于利用各种场合和时机去激发学生开动脑筋，积极思考。孔子曾经说：“不愤不启，不悱不发，举一隅不以三隅反，则不复也。”②朱熹注云：“愤者，心求通而未得之意。悱者，口言而未能之貌。启，谓开其意。发，谓达其辞。”就是说，如果学生在学习过程中未能达到“愤”、“悱”的心理状态，教师则不宜越俎代庖，只有在学生心愤口悱的情况下，教师才能启而发之，以收到举一反三之效。孔子的启发性教学并非只存在于学生心愤口悱的时候，而是存在于整个教学过程之中，利用各种方式去激发学生的灵觉心智。例如：创造自由活泼的气氛，提供平等谈话的机会，运用幽默风趣的语言艺术等。有时候，孔子将自己置于“空空如也”的角色，在与学生共同

“不愤不启，不悱不发，举一隅不以三隅反，则不复也。”

① 《论语·述而》。

② 《论语·述而》。

讨论中采用“叩其两端”的方法，去激发学生的积极思维。他说：“吾有知乎哉？无知也。有鄙夫问于我，空空如也，我叩其两端而竭焉。”[①]这与苏格拉底在教学中所采用的“产婆术”[②]有异曲同工之妙。《学记》曰：“君子之教，喻也。道而弗牵，强而弗抑，开而弗达。道而弗牵则和，强而弗抑则易，开而弗达则思。和易以思，可谓善喻矣。”要求教师在教学中注意让学生自己去积极主动地开动脑筋，自己去寻找和发现真理。

因材施教 为了更好地调动学生的学习主动性和积极性，教师必须对每个学生的个性心理特征了如指掌，以便因材施教。大教育家孔子最懂得因材施教的教学法。有一次，子路问孔子：“听到一个好的主意，是不是马上行动呢？”孔子答：“有父兄长辈在上，应该先请教他们才是，怎么好匆忙行事呢？”过了一会儿，冉求也问：“听到一个好的注意，是不是应该马上行动呢？”孔子答道：“对，应该马上行动。”作为旁观者的公西华便疑惑起来，特别问孔子：“为什么对同样的问题，您的回答不同呢？”孔子说：“求也退，故进之；由也兼人，故退之。”[③]显然，因材施教的关键在于对情况各异的学生必须有充分的了解，而后才能给予不同的诱导。孔子说：“视其所以，观其所由，察其所安。”[④]就是教师平时要注意考察学生如何待人接物，观察如何为学做人，这样才能及时把握住学生的心理和思想状况，从而在教学中最大限度地调动学生的学习热情和天赋潜能。又如：同样问“仁”，孔子答司马牛说：“仁者，其言也讱。”而答颜渊则说：“克己复礼为仁。”[⑤]这是因为颜渊的学习程度较高而答以较深的理论，而对“多言而躁”的司马牛则是规劝他为仁需从最基本的容貌辞气做起。正如程颐所说：“孔子教人，各因其材，有以政事入者，有以言语入者，有以德行入者。”[⑥]

循序渐进 作为教学上的一个重要原则，循序渐进是中国古代教育家在教学实践中逐渐领悟出来的。从教学理论上讲，循序渐进

① 《论语·子罕》。

② 苏格拉底反对把知识直接告知学生，主张用反诘的方法使之自相矛盾，引导学生自己思考，自己得出结论。

③ 《论语·先进》。

④ 《论语·为政》。

⑤ 《论语·颜渊》。

⑥ 《二程遗书》卷一八。

必须考虑到教材难易程度、编排逻辑和学生接受能力的一致性，且在教学上需注意由浅入深、又近及远、由具体到抽象的层层推进原则。孔子在教学中就善于掌握循序渐进的原则精神。这一点曾给弟子留下深刻印象。颜渊曾深有感触地说："夫子循循善诱人。博我以文，约我以礼，欲罢不能。"① 对学生来说，学习只能是积累渐进，因为"不积跬步，无以至千里；不积小流，无以成江海"②。《学记》把循序渐进的"教"和"学"形象地概况为"不陵节而施"和"学不躐等"两种情况，为后代教书育人提供了很好的范式。朱熹说："圣贤教人下学上达，循循有序。故从事其间者，博而有要，约而不孤，无妄意凌躐之弊。"③ 为了使学者便于理解和操作，朱熹进而把"循序渐进"列入"读书法"，指出"读书之法，莫贵乎循序而致精"。

古代教育家不仅把"循序渐进"当作教学原则，也常常视之为修养方法。程颐曾说："气须是养，集义所生。积集既久，方能生浩然气象。人但看所养如何，养一分，便是一分；养得二分，便生二分。"

学思结合　学与思是一对矛盾的统一体，离开思考的学习只能是知识的堆砌，而脱离学习的思考则无异于虚妄的空想。古代教育家很早就认识到这个道理，主张将二者结合起来。孔子说："学而不思则罔，思而不学则殆。"即是说，只学习而不思考，必然消化不良而无益；只思考而不学习，必然流于空幻而有害。孔子关于学思关系的见解成为后代教育家共同遵守的原则。孟子就非常重视思。他说："心之官则思，思则得之，不思则不得也。"④ 在他看来，不重视思考的学习免不了要上当受骗，强调："尽信《书》，则不如无《书》。"⑤

孔子说："学而不思则罔，思而不学则殆。

为了使学习不至于陷于片面，古代教育家十分重视培养学生的怀疑精神，以提高学生独立思考的能力。宋代书院讲学，师生之间往来论辩是习以为常之事。朱熹就特别强调读书致疑的重要性，"读之又读，而于其无味之处益致思焉，至于群疑并兴"⑥。认为："如其可取，虽世俗庸人之言有所不废；如有可疑，虽或传以为圣贤

① 《论语·子罕》。

② 《荀子·劝学》。

③ 《朱文公文集》卷五三。

④ 《孟子·告子下》。

⑤ 《孟子·尽心下》。

⑥ 《续近思录》卷一一。

之言，亦须更加审择。”[①]正是这种读书致疑的优良传统，推动了中国传统教育理论和学术文化思想的不断递进和发展。王夫之说："学而有碍于思，而学愈博而思愈远；思正有功于学，而思之困则学必勤。”认为把学与思紧密结合起来，才能保证学生学业的真正进步。

“君子博学于文，约之以礼，亦可以弗畔矣。”

由博返约 “博”与“约”也是一对矛盾的统一体，没有精约的广博是不得要领的，而离开广博作基础的精约则是不可靠的。古代教育家对此都有足够的认识。孔子一方面倡导博闻多见，另一方面又强调在适当的时候要由博返约，对所闻所见能够“一以贯之”。他说：“君子博学于文，约之以礼，亦可以弗畔矣。”[②]孟子更是明确地指出：“博学而详说之，将以反说约也。”突出了博学与精约的逻辑关系，强调在“博”的基础上融会贯通，并回归于“约”。宋明理学家也十分重视博学与精约的关系，朱熹曾说：“博文工夫虽头项多，然于其中寻将去，自然有个约处。”朱熹本人就是一个百科全书式的学者，但他的博学并非杂学，而是博而有约，最终要返回到伦理本位上来。他常常把博求万物而不知返约于人伦日用者，斥之为“游骑无归”。

温故知新 “温故”和“知新”同样是学习上常遇到的一对矛盾统一体，处理得当方能有所长进。《论语》的第一句话即是：“学而时习之，不亦说乎！”表达了孔子对日常学习和温习学业的极端重视。孔子还说：“温故而知新，可以为师矣。”朱熹解释说：“温，寻绎也；故，旧闻也；新者，今所得。言学能时习闻，而每有新得，则所学在我。而其应不穷，故可以为人师。”[③]在这里，古代教育家实际上是提倡一种务实创新的教风和学风。离开“时习旧闻”的刻意求新，则不免有虚夸之嫌；泥守旧闻而不思创新，则必然沦为记问之学。朱熹还巧妙地把“温故知新”所蕴涵的求新创造精神，凝炼成一个著名的诗句：“问渠哪得清如许，为有源头活水来。”

身体力行 中国传统教育以伦理本位为主旨，儒学教育家所提倡的教育思想最终都必须落实到人生实践中。从这个意义上说，身体力行既是教师进行德育所要遵循的重要原则，又是学生开展学习

① 《朱文公文集》卷三一。

② 《论语·雍也》。

③ 《朱子语类》卷二四。

所完成的必要环节。孔子素来反对“巧言令色”，认为夸夸其谈不能躬身实践的做法是读书人的最大毛病。他强调君子应该以言过其实为耻：“君子耻其言而过其行。”[①]衡量一个学生的道德水准，不能只听其所说的，而应该“听其言而观其行”[②]。那些言行一致、表里如一的人才是正人君子。荀子则认为，学习不能仅仅停留在“入乎耳，出乎口”的表层阶段，而应该由“问”、“见”、“知”，最后上升到“行”的阶段。他说：“不闻不若闻之，闻之不若见之，见之不若知之，知之不若行之，学至于行而止矣。”[③]《中庸》继承和发展了这一思想，把学习过程表述为“博学之，审问之，慎思之，明辨之，笃行之”。这个概括基本上成为后代为学教人的基本准则。朱熹说：“学之之博未若知之之要，知之之要未若行之之实。”王夫之也说：“方学、问、思、辨之时，遇着当行，便一力急于行去，而不可曰吾学、问、思、辨之不至，而一之异日。若于五者第一容缓，则莫如行。”[④]

“博学之，审问之，慎思之，明辨之，笃行之。”

教学相长　“教”和“学”是相辅相成的，师生可以通过教学这个实践活动来达到相互促进、共同提高的目的。古代教育家在这个方面也树立了典范，给后人以很深的启迪。《学记》对“教学相长”有一段精辟的论述：“学然后知不足，教然后知困。知不足然后能自反也，知困然后能自强也，故曰教学相长也。”就是说，学生经过学习实践后，才能发现自己知识水平的不足；教师经过教学实践之后，才知道自己教学能力的局限。学生发现自己的不足，方能反省自己并加倍努力以提高学习水平；教师知道自己的局限，便要督促自己并加强学习以提高教学艺术。在这里，教师和学生是平等的，都是通过教学这面镜子发现自己的不足。一个高明的教师从不自以为是，往往把再学习当作提高自己教学艺术的前提，并十分重视向学生学习。孔子说：“学无常师。”又说：“三人行，必有我师。”这充分表明他对学习和再学习的谦虚精神。有一次，孔子在与子夏一起讨论学问时，感到受到弟子的启发，感慨道：“起予者，商也。”[⑤]韩愈说：“闻道有先后，术业有专攻。”“弟子不必不如师，师不必贤于弟子。”

韩愈说：“闻道有先后，术业有专攻。”“弟子不必不如师，师不必贤于弟子。”

---

① 《论语·宪问》。

② 《论语·公冶长》。

③ 《荀子·效儒》。

④ 《读四书大全说》卷三。

⑤ 《论语·八佾》。

第二节　中国古代科举制度

科举制度是中国历史上延续时间最长的选官制度，在为封建国家发现和选拔人才方面起到了独特的作用。

一、科举以前的选官制度

中国古代的治国之道，主要依靠两条：一是尊贤，一是选士。"贤"是指有道德的人。"士"是指有见识有才干的人。

中国古代的治国之道，主要依靠两条：一是尊贤，一是选士。"贤"是指有道德的人。"士"是指有见识有才干的人。两条实际上是一条：选用人才。历史上有作为的政治家，大都懂得礼贤下士和任贤选能；相反，那些低能的政治家则一味地排斥异己和嫉贤妒能。班固说："治国之道，本在得贤。得贤则治，失贤则乱。"[①]《礼记》记载了周代的选官情况："大乐正论造士之秀者，以告于王，而升之司马，曰进士。司马辩论官材，论进士之贤者，以告于王，而定其论。论定，然后官之；任官，然后爵之；位定，然后禄之。"[②]可见，人才和官禄是结合在一起的。但在春秋战国以前，由于奴隶主贵族把持政权，官吏的选拔主要实行"世卿世禄制"，即奴隶主贵族凭借血统关系，子孙世代做官，国君不能随意任免。选士做官只是一种辅助手段而已。到了春秋时期，由于社会政治经济文化的发展和阶级关系的变化，士的数量越来越多，士的作用也越来越重要，到管仲为相的齐桓公时代，已形成"士、农、工、商"四个阶层，士居第一。各国为了政治和军事上的竞争，纷纷招贤纳士，如燕昭王筑黄金台广招贤才；贵族和士大夫们为了提高自己的威望，纷纷开门养士，孟尝君、信陵君、春申君、平原君各养士数千人。

由秦及汉，进入封建集权时代，统治阶级需要大批为它效命的人才。当时的选官办法有两种：一是察举，二是征辟。所谓"察举"，就是由公卿、列侯和地方郡守等高级官员经过考察把所谓品德高尚、才干出众的人才推荐给朝廷，由朝廷授予他们官职。察举的对象主要是官府的属吏和地方学校的学生，察举的科目有"贤良方正"（能直言极谏者）、"秀才"（才能优秀的学生）、"孝廉"（孝敬廉洁者）、"明经"（通晓经义者）等。对被举荐的人员，朝廷有时要进行考试，

---

① 班固：《白虎通义》。

② 《周礼·王制》。

方法是由皇帝提出政治或经义方面的问题，称为“策问”。然后把这些问题按难易程度分为甲、乙等科，有被举荐者抽选对答，称为“射策”或“对策”。董仲舒就是汉武帝即位那年(前140)察举的百余名贤良方正之一，以古今之道对策被录用。被荐之外，也可以自荐。历史上有名的滑稽大王东方朔就是靠自荐和善辩，获得汉武帝信任留侍左右的。所谓“征辟”，就是由皇帝和官府直接聘请有名望的人来做官。“征”，是由皇帝来聘请，“辟”是由官府来聘请。扬雄以文才闻名当世，被汉武帝直接召用为郎中；科学家张衡最初被汉安帝征用为“郎中”，后升为太史令。此外，汉代还实行所谓“任子”制度，即担任“二千石吏”(郡太守)以上的官员，任期满三年以后，可以保举自己的子弟三人任“郎官”，史书里所说的“少以父任为郎”，指的就是这种任官制度。苏武就是由父亲保举做官的。西汉的选官制度尽管为朝廷选拔了不少有用之才，但也暴露了一些弊端：首先是选拔的范围有限，多为官僚和富豪子弟；其次是以财产为入选标准，所选未必都是贤才，正如歌谣所说：“举秀才，不知书；举孝廉，父别居。”曹操看到了这种弊端，颁布“求贤令”，提出了“唯才是举”的用人思想。魏文帝曹丕当政时，采用礼部尚书陈群的建议，制定了“九品官人法”，又称“九品中正制”，将被选者分为上上、上中、上下、中上、中中、中下、下上、下中、下下九等，通过对朝廷任命的“中正官”的品评，按等录用。曹魏后期，九品中正制逐渐发生了变化，中正官由豪门贵族把持，选取标准以门第为重，于是出现了“上品无寒门，下品无士族”的现象，选官制度沦为门阀制度的工具。到南北朝时期，豪门士族子弟只凭自己的显贵门第，就可以“平流进取，坐至公卿”。

二、科举制的产生与发展

科举就是分科举人、分科选拔人才之义。隋开皇七年(587)，隋文帝废九品中正制，采用考试的方法选拔官吏。开皇八年(588)以“志行修谨”(有德)和“清平干济”(有才)两科选拔人才。大业三年(607)，隋炀帝设立“进士科”，以考试策问取仕。进士科的设立，标志着科举制的真正开始。科举制的实施，是中国古代用人制度的历史性变革。因为它彻底破除了魏晋以来以门阀高低作为取士标准的腐朽制度，打破了由豪门士族把持国家政权的政治格局，为广大中小地主阶级的知识分子提供了参政的机会，并由此壮大了中小地

大业三年(607)，隋炀帝设立“进士科”，以考试策问取士。进士科的设立，标志着科举制的真正开始。

主阶级的政治力量,成为此后千余年封建统治的政治基础。

唐代继承、发展和完善了隋代开创的科举制。科举分两类:一是常科,二是制科。"常科"就是每年举行的考试,设立的科目不下几十种,常见的有秀才、明经、进士、明法、明字、明算、史科等,但以应考明经、进士两科的人数最多,其中又以进士科考试最受尊崇,报考的人数最多,录取也最严格。"制科"是皇帝临时设立的科目,也叫"特科"。参加常科考试的考生大体有两种:一种是中央及地方学校的学生,称为"生徒";另一种是不在学校的读书人,可以向所在的州、县报名,经州、县考试合格后到京城参加考试,这些人称为"乡贡"。常科考试最初由吏部主持,有吏部考工员外郎任主考,后因考工员外郎位卑望低,唐玄宗时改由礼部侍郎主持,因此也叫"礼部试"。考试地点起初在京城长安,中唐以后有时也分别在长安、洛阳两都举行。考试时间在每年春季。考试的内容和录取标准,各科并不相同。以进士科为例,规定"试时务策五道,帖一大经(《春秋》和《礼记》)。经策全通为甲第,经策通四为乙第"。所谓"时务策"就是经邦治国之时事政治。所谓"帖经",就是背写经文,即由主考官任选经书一页,遮盖左右两边,中间只露一行,另剪纸为帖,遮盖数字,让考生背写出来,全对即全通。唐高宗时,又加试杂文两篇(即一诗一赋),以测试考生的文采。诗的题目和韵脚都有极严格的限制,题目前冠以"赋得"二字,这类诗很难做好。后来,凡是先有题目而后有诗的,也冠以"赋得"二字。白居易的《赋得古原草送别》,即是后一种情况。至于制科考试,通常都由皇帝亲自主持,考试内容和录取标准,全凭皇帝之兴。

考试合格被录取称为"及第"、"擢第"、"登第"、"登科",考不上叫"落第"。进士及第就叫"进士第",第一名叫"状元"或"状头";新科进士互称"同年",他们都是主考官的"门生"。及第以前,他们的身份都是平民,称为"白衣"或"布衣";及第以后,就算有了出身,具备了做官的资格。礼部考试合格后,还要经过吏部的选试,才能授予官职。选试包括身(容貌)、言(言谈)、书(书写)、判(表达)四个方面。选试的科目也分"博学宏词"和"拔萃"等。前者主要测试文章论述,后者主要测试司法判词。唐代文学家柳宗元即是在考中进士后因前者授"集贤殿正字"(负责校勘典籍的官员);而白居易却是在中进士后以后者授予"秘书省校书郎"(也是负责校勘典籍的官员)之职。新进士先要到杏园去举行宴会,由两名年少英俊的进士采集

武则天当政期间,改革科举制,创立"殿试"(皇帝亲自出题考试)、"武举"(通过考试选拔军事人才)和"南选"(在文化比较落后的西南地区开科取士),对科举制的发展起到了重大推动作用。

名花点缀盛宴，称为“探花使”，宴会则称为“探花宴”。所以诗人孟郊在中进士后写诗道：“昔日龌龊不足嗟，今朝旷荡恩无涯。春风得意马蹄疾，一日看尽长安花。”随后到慈恩寺塔（即今大雁塔）下题名，称为“题名会”或“雁塔题名”，以求流芳百世。如白居易于贞元十六年（800）考中进士，同榜进士 17 人，白居易年龄最小，时 29 岁，因此做诗道：“慈恩塔下题名处，十七人中最年少。”武则天当政期间，改革科举制，创立“殿试”（皇帝亲自出题考试）、“武举”（通过考试选拔军事人才）和“南选”（在文化比较落后的西南地区开科取士），对科举制的发展起到了重大推动作用。

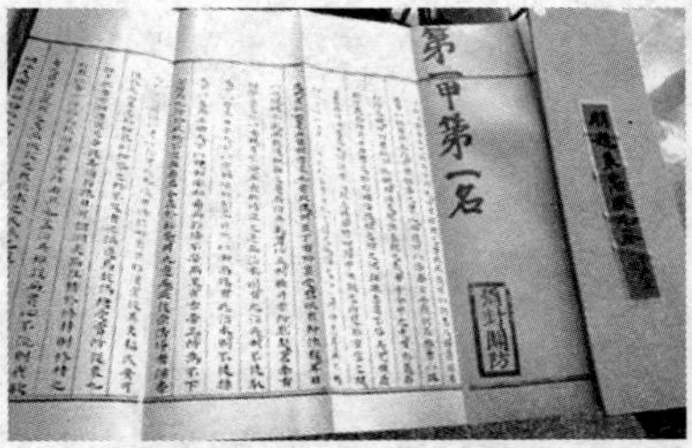

明朝状元赵秉忠的试卷

宋代科举制有三大特点：一是主考官直接由皇帝任命，加强了皇帝对科举考试的控制，使其人才的选拔更能符合统治者的心愿。二是皇帝主持最高一级的考试成为定制，由皇帝决定录取的名次，被录用者称“天子门生”。宋太宗时把殿试录取的进士按三等发榜，称为“三甲”：第一甲由皇帝赐以“及第”名义，第二甲赐以“出身”名义，第三甲赐以“同出身”名义，三甲都可直接授官。王安石变法期间，实行“三舍法”，把国子监的学生分为上舍生、内舍生、外舍生三个等级。在校考试成绩优秀的，外舍生可以升为内舍生，内舍生可以升为上舍生。如果考到上舍上等，就可以直接授官；考到上舍中等，可以直接参加殿试；考到上舍下等的，可以参加京城的省试。由于理学在宋代的发展，宋代的科举选官特别注重对考生理学的考查。

明清两代科举的正式考试也分为院试、乡试、会试、殿试四级录取，考试内容以八股为主，每级考试都严密而繁琐。

明清两代科举的正式考试也分为院试、乡试、会试、殿试四级录取，考试内容以八股为主，每级考试都严密而繁琐。院试要经过三次考试，即县试、府试、院试，合称“童生试”。参加考试的人，不论年龄大小，一律称为“童生”，这三次考试及格以后，就叫“生员”，也叫“诸生”、“庠生”，俗称“秀才”。有了秀才的资格，才能参加乡试。县试是由知县主持的考试，考期多在每年的二月。参加考试的童生先要向本县衙门礼房报名，填写姓名、籍贯、三代履历，并且还要由同考的五个童生连环作保，称为“童子结”，此外还要本县秀才的廪生（由政府按时发给生活补贴的生员）作保，称为“廪保”，保证不是冒籍、匿丧，保证出身清白，不是娼优皂

清朝金榜

隶的子孙，才能参加考试。县试及格称为“出案”，第一名叫“县案首”。府试由知府主持，多在四月间举行，其报名方式与县试基本相同。府试第一名称为“府案首”。院试由朝廷委派的学政主持。学政轮流到各府主持院试。报名手续除童子结、廪保之外，还另加派保，即同县几个廪生连环作保。在考生点名入场时当面核对。院试及格，就取得了秀才资格，被送入县学或府学学习，称为“进学”，第一名就叫“院案首”。入学之后，要换穿蓝袍，俗称“蓝衫”。这些生员依据成绩分为贡生（送入国子监学习的学生）、廪生、增生（廪生原有名额以外增加的廪生）等等。这些人都具有参加乡试的资格。

北京国子监进士题名碑

乡试是一省范围内的考试，参加者必须是秀才。主考官为朝廷任命的朝官，地位高于学政，但要回避原籍省份。乡试每三年举行一次，即每逢子、卯、午、酉年举行，时间在秋八月，故又称“秋闱”，地点在各省城（包括京师）的贡院，贡院的外墙很高，上植荆棘，故又称“棘闱”。贡院内分成许多考棚，以《千子文》编为号舍，考生要经过严格搜查才能入场。发榜时正值桂花开放，因而叫做“桂榜”。乡试及格者都叫“举人”，第一名称为“解元”，是解送朝廷录用之意。中举以后，就算正式入仕，可以被人们称为“老爷”。既可以参加会试，继续上进，也可以要求担任教职，去做学官，甚至还可以参加大选，候补知县。《儒林外史》描写的“范进中举”，指的就是乡试。

会试是全国范围内的考试。于乡试的第二年即丑、辰、未、戌年举行，时间是春三月，称为“春闱”，因由礼部主持，所以又叫“礼闱”。发榜时正值杏花开放，故称“杏榜”。主考官由皇帝亲自任命，均有一、二品大员担任，并且必须是进士出身。参加考试的人员，必须是举人，已经做官与尚未做官的均可。各省举人进京，由地方政府发给路费。考试地点在贡院（今中国社会科学院一带）。会试合格称“贡士”，第一名叫“会元”。

会试之后接着举行殿试，地点在今故宫保和殿，由皇帝亲自主考，有时只设御座，而由钦命大臣宣读考题，清代一般由亲王担任。应试者必须是贡士，考中者称进士。发榜时采用金榜，叫“金榜题名”。殿试分三甲录取：一甲第一名为状元，第二名为榜眼，第三名为探花。二甲第一名叫“传胪”。前十名名次决定之后，皇帝首先接见，称为“小传胪”，然后再于太和殿接见全体进士，称为“大传胪”。接见时，御旨宣布名次，同时宣布一甲赐“进士及第”，二甲赐“进士出身”，三甲赐“同进士出身”。如果一个人在乡试、会试、殿试中都考取第一名，就叫“连中三元”。大传胪之后，由礼部赐“琼林宴”，到孔庙拜孔子，而后由礼部将进士的名字刻碑立于国子监，称为“进士题名碑”。殿试之后，还有一次朝考，目的是分配官职。状元、榜眼、探花不参加朝考，按惯例状元授“翰林院修撰”，榜眼和探花授“翰林院编修”，其余按会试、殿试、朝考三项总成绩分别授“翰林院庶吉士”、各部主事和知县等。庶吉士为学习研究性官员，三年期满才授实职；主事为实习性官员，三年后才能转正。以上是按规定举行的考试，称为“正科”，学生三年才有一次机会。朝廷为了延揽人才，常在皇帝即位或其他国家大典时特别增加一次考试，这叫“恩科”。现在北京孔庙院内，存有元、明、清三代进士题名碑 118 座。从明永乐十四年(1416)到清光绪三十年(1904)，刻进士姓名 51624 人(包括少量元代进士)。

现在北京孔庙院内，存有元、明、清三代进士题名碑 118 座。从明永乐十四年(1416)到清光绪三十年(1904)，刻进士姓名 51624 人(包括少量元代进士)。

三、科举制的流弊与功过

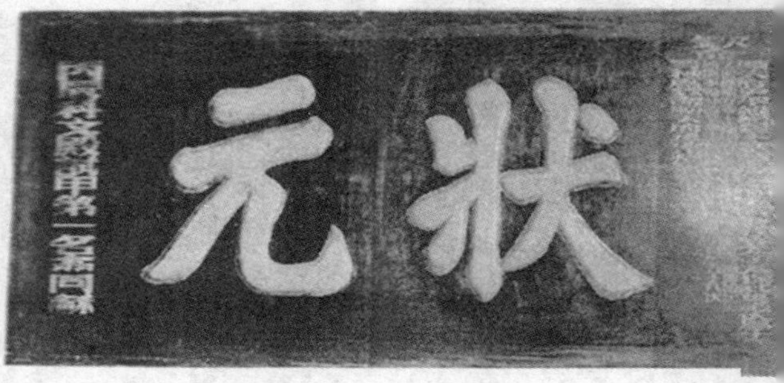

晚清重臣翁同龢状元匾

科举制同其他事物一样，从它产生的那一天起，就包含了它的负面作用，突出表现在三个方面：一是使一般读书人养成一种侥幸进取的心理，认为只要一登龙门，便可身价百倍，因而寻章摘句，死记硬背，并不在实际本领上下工夫。二是全国举子甚多，而录取的名额又十分有限，考中实在不易，于是举子们不得不找靠山，行贿赂，通关节，走后门，费尽心机，不择手段。正直之人往往屡试不中。三是形式呆板。明清两代科举考试采用八股文取士，其流弊更甚于前代。人们为了应试，不得不学做八股，人的灵气和才思全被淹没了。明清以来，科举考试愈发腐败，考官和考生试场作弊层出不穷，屡见不鲜。清康熙五十年(1711)辛卯科江南乡试，在南京贡院举行。正副考官私通关节，贪赃枉法，致使江南举子千余人抬着财神爷到孔庙示威，并用一副对联嘲讽两位考官：“左丘明两目无珠，赵子龙一身是胆。”即使是殿试，皇帝有时也胡乱取士，如永乐皇帝有一次见殿试状元为孙曰恭，认为“曰恭”二字组合为“暴”，于国大不吉利，一笔把他降为探花，另取一名叫邢宽的为状元，据说是“以宽压暴”。

当然，我们不能因此而完全否定科举制。如前所说，由于它打破了门阀制度的限制，给更多中小地主阶级的知识分子提供了参与治国和施展才能的机会，使国家和民族在缓慢的历史进程中获得了较为广泛的人才；通过科举考试走上国家管理高层的正直的有才之士，也确实为国家和民族的发展贡献了自己的聪明才智。唐代以后至五四运动以前的历史名人，大多数是进士出身，有的还是头名状元。应当说，他们之中的许多人的确还是有才能有成就的。而历史上臭名昭著的奸佞之徒，则多数不是通过科举考试上台的，如唐代口蜜腹剑的宰相李林甫、杨国忠，北宋的高俅，南宋的贾似道，明代的魏忠贤，清代的和珅等。这些人因为不学无术，只能靠奸邪手段向上爬，一旦大权在握，便倒行逆施，祸国殃民。唐代以来的大学问家、书画家、科学家、政治家和民族英雄，大多数是通过进士及第才得以施展抱负的。诸如刘知己、韩愈、陆游、包拯、文天祥、杨慎、史可法、林则徐、魏源等等，文天祥、杨慎还是头名状元。一般说来，由科举为官的人，因为出身比较贫寒，又专心致志读书，所以居官后尚能比较清正，比如寇准、范仲淹、包拯等。与寇准同时的吕蒙正，小时寄居佛寺窑内，靠和尚施舍在窑内读书，后一举中状元，曾三度出任宰相。史书上说他是“质厚宽简，知人善任”。宋真宗曾问他：“你的儿子哪个可以任用？”他说：“我的儿子都笨如猪狗，但我的侄儿吕夷简却有宰相之才。”后来，吕夷简由科举入世，到宋仁宗时果然出任了宰相。

唐代以来的大学问家、书画家、科学家、政治家和民族英雄，大多数是通过进士及第才得以施展抱负的。

参考书目

1. 毛锐礼:《中国古代教育史》，人民教育出版社 1983 年版。
2. 李定开、谭佛佑主编:《中国教育史》，四川民族出版社 1990 年版。
3. 朱汉民:《中国的书院》，商务印书馆 1981 年版。
4. 门岿主编:《中华民族优秀传统汇典》(上、下)，天津社会科学出版社 1991 年版。
5. 孙培青、金林祥:《百家教育学典论》(上、下)，江西教育出版社 1989 年版。
6. 丁守和主编:《中华文化辞典》，广东人民出版社 1989 年版。

思考题

1. 中国古代的教育机构有哪些？
2. 中国古代书院对教育有哪些贡献？
3. 中国古代教育的治学原则和方法有哪些？
4. 简述明清科举制的内容。
5. 科举制有哪些贡献？

第十章 中国传统谋略

谋略是指对事物高瞻远瞩、曲折迂回的认识及为达到认识目标所采用的间接、神奇、不合规律、令人惊异的手段。谋略是由施谋主体、施谋对象、施谋目的、施谋方式所构成的，中国传统文化中蕴含着丰富的运用奇与正、迂与直、虚与实、取与予、主动性与灵活性等辩证关系运作的隐藏不露的政治计谋、运筹帷幄的军事战略、事半功倍的做事方法、风云变幻的人生策略。

人类社会的发展变迁中，无时无处不闪烁着谋略智慧的火花，其实就是谋略创造和实践的过程。从战胜自然、赢得生存，到国家的治理、民族的振兴；从统军作战、克敌制胜，到经济发展；从外交活动、人际交往，到生存之术……谋略所起的作用和带来的影响，常常无法以物质的价值和能量加以衡量。像老子“无为而治”、“以柔克刚”的统御艺术，孔子“文治武功”、“刚柔并济”、“小不忍，则乱大谋”、“仁政”、“三纲五常”的治国治民纲领，都曾给社会以巨大而深远的影响；孙子的“兵者，国之大事”，“兵者，诡道也”，“不战而屈人之兵”等谋略，曾在统军和作战方面发挥过无穷的力量。商贾出身的吕不韦运用“奇货可居”之谋，以经济手段达到了深远的政治目的，夺得了国家大权；苏秦的“合纵、连横”，范睢的“远交近攻”，都曾极大地影响过相当历史阶段的国家或外交格局，直接关系到国家的兴亡和民族的安危。

“大智不智，大谋不谋，大勇不勇，大利不利。”在谋略的文化天空中，运筹帷幄之中、决胜千里之外的谋略大师璨若星辰。政治、军事谋略的代表人物有孙武、吴起、孙膑、司马穰苴、尉缭、韩信、诸葛亮、曹操、李靖、耶律楚材、刘基等，外交谋略的代表人物有晏婴、苏秦、张仪、公孙衍、蔺相如、张骞、班超等，社会、人生谋略的代表人物有老子、庄子、鬼谷子、黄石公、张良等。他们洞察事物、事态，精通机变，料事如神，因时制宜、因地制宜、因机制变、因机而起、伺机而发、因敌制胜、因机立胜，创造了博大精深、高深莫测的谋略文化。

第一节　中国传统政治谋略

中国历史上，政治谋略可以说无时不有、无处不在，大到治国的大政方针，小到官员之间的争斗倾轧，随处可见谋略的运用。在具体实践中，奇计横生，匪夷所思。这些政治谋略的运作，不仅影响了个人的命运、政局的变幻，更影响了社会的发展方向和历史前进的轨迹。本节除重点论述姜尚、老子、孔子、诸葛亮的政治谋略外，还简单地列举了一些常用的政治谋略。

一、姜尚的政治谋略

周王朝的建立，主要靠周文王、周武王、周公旦及姜尚四位人物。其中，姜尚文武兼备，在夺取政权、治国安邦上运用非凡的政治谋略，为周朝的百年基业打下了坚实的基础。

韬光养晦

韬光养晦　为遏制周族的发展，商纣王将西伯姬昌（周文王）囚禁于羑里。当时，商纣王虽然昏淫好色，忠奸不分，朝政不理，恍惚于靡靡之声，流连于奇珍异宝，放荡于"酒池肉林"，但商朝军事、经济实力仍然强大，于是姜尚采取贿赂商纣王近臣的方式，终于使文王获释而归。文王问计于姜尚。姜尚回答说："鸷鸟将击，卑飞敛翼；猛兽将搏，弭耳俯伏；圣人将动，必有愚色。"这一谋略的核心就是以曲求伸，以退图进，以韬晦之术解除纣王的戒备之心，等待有利时机，作关键性的一搏。此后，文王对商纣王表现得十分恭顺，事事照办，句句服从，俯首听命，卑身朝觐，频频入贡。为进一步蒙蔽纣王，文王还大造舆论和假象，表现出胸无大志，佯装沉沦之态。"为玉门，筑灵台，列侍女，撞钟击鼓。"纣王认为"西伯改过易行，吾无忧矣"，并委以处理西部事务的权力，"赐弓矢斧钺，使得征伐"。然后专力用兵东夷。韬光养晦之术，一方面使纣王失去了戒备，使文王获得了更大的权力和更高的地位，另一方面也使文王赢得了积蓄力量、做好战争准备的时间。

恩威并用

恩威并用　史载文王自羑里释归后，一面向纣王献地输诚，以示忠心；一面修德行善，安定国内，笼络诸侯，向外扩张。在内部，文王对下广施恩惠，爱民为本。倡导"笃仁、敬老、慈少"，明令禁止饮酒打猎，征敛有节，让农家有所积蓄，施行裕民政策。文王还身体力行，卑服劳作，体察民情。而这些政治谋略，正是出自姜尚。姜尚说:“利天下者,天下启之。害天下者,天下闭之。生天下者,天下德之。杀天下者,天下贼之。彻天下者,天下通之。穷天下者,天下仇之。安天下者,天下恃之。危天下者,天下灾之。天下者非一人之天下,唯有道者处之。”“取天下者若逐野兽而天下皆有分肉之心,若同舟而济,济则皆同其利,败则皆同其害。”姜尚的谋略,就是使文王的利益与天下人的利益融为一体,荣则俱荣,害则俱害,文王理所当然地成为天下人利益的代表者,随之也就产生了巨大的感召力。

举贤尚功

举贤尚功 “昔太公始封,周公问:何以治齐?太公曰:举贤而尚功。”“举贤尚功”的用人谋略,就是把那些有才能有智慧、能带领齐国百姓发财致富的人推举出来,委以重任,使之改变齐国落后的局面。《汉书·地理志》曰:“初太公治齐,修道术,尊贤智,赏有功。”“赏有功”,除了物的赏赐外,将有功人员推举到合适的地位上,也应是赏功的一种,而且是更高层次的赏功。只有把有德有才的人推荐提拔起来,让其充分发挥聪明才智,建立功业,才能使人们过上好日子,既有利于百姓,也有利于国家。有了功劳就对其进行奖赏则可以使其更加努力地工作,也就更加发挥其聪明才智,随之建立更大的功业。从这个意义上说,“尊贤赏功”的用人谋略,是促人向上向贤的动力。

修德慎罚

修德慎罚 一次次历史巨变使政治家逐渐认识这样一个事实:有民即有天命,即有政权,一旦失去了民,则天命也就终结了。但“民”却不像土地、鼎彝,是很难“保有”的。所谓“天畏忱,民情大可见,小人难保”[①]。既然天命不足恃,却又希望“本支百世”,唯一的出路就是要保民。而要保民,最好的办法是从修德开始。在姜尚看来,修德保民的途径有两条:其一,统治者要爱民、富民;其二,为政者对自己的个人行为要做必要的约束。姜尚治国,提倡明法慎罚、德刑并用。《吕刑》曰:“非讫于威,惟讫于富。”意即不是为了单纯以刑罚立威而去修刑执法,而是为了刑一儆百,为民造福。从这一根本原则出发,“士制百姓于刑之中,以教德”。其目的是“德威惟畏,德明惟明”,“惟敬五刑,以成三德”。也就是说政令的威严使臣民畏惧,明白如何约束自己的行为,从而养成敬顺、正直、中正的品德。

分而治之

分而治之 在殷商时代,轻率地册封诸侯,使夏、殷两代虽有共主之名,但诸侯分立,各自为政,难以集中控制。周接受这一教训,

① 《尚书·康诰》。

在平息了殷族叛乱之后，考虑到商统治中原多年，势力和关系盘根错节，仍有潜在的危险，于是根据姜尚的策略“分而治之”，分封而治。一是将重要地区优先分给周室宗亲及其功臣；二是宗法而治，即实行嫡长子继承制。无论天子及诸侯、卿大夫等，均由嫡长子继承。其他嫡子及庶子则分封它处，自行开宗称为小宗。这样，就从根本上解决了继承权问题，保证了统治阶层不因争权夺利而相互残杀，失去控制。

二、老子的政治谋略

无为而治　老子认为：“人法地，地法天，天法道。”“道”是最高主宰，是“无为而无不为”的。“道”所派生的人类社会也应该“无为而无不为”。他把自然和社会在“无为”的原则下统一起来，主张“处无为之事，行不言之教”。他提出的政治谋略最著名的有“为无为则无不治”、“治大国若烹小鲜”。

“治大国若烹小鲜”这句话用极其形象、简洁的语言概括了一种极其复杂的治国谋略，深刻影响了中国几千年的政治家们。老子认为，“无为”运用在治国为政方面的关键，在于安静无为，不扰害百姓，否则，灾祸就要降临。要保证国家的平安，执政者就必须小心谨慎，认真严肃，更不能以主观意志随意左右国家政治、朝令夕改，就像在热锅上煎烹小鱼一样，不要随意翻动，否则，就会把鱼烹烂。

根据“无为而治”的政治谋略，老子提出的理想社会是“小国寡民”。所谓“小国寡民”就是：“有什伯之器而不用，使民重死而不远徙；虽有舟舆，无所乘之；虽有甲兵，无所陈之；使民复结绳而用之。甘其食，美其服，安其居，乐其俗。邻国相望，鸡犬之声相闻，民至老死不相往来。”①“无为”是老子治乱的谋略方案，“小国寡民”则是“无为”的最终蓝图。

“古之善为道者，非以明民，将以愚之。民之难治，以其智多。故以智治国，国之贼；不以智治国，国之福。”

愚民政策　对于民众，老子主张实行愚民政策，主张不剥削压迫过甚。他认为如果对民众剥削压迫过甚，逼得民众铤而走险，镇压也就不起作用了。“古之善为道者，非以明民，将以愚之。民之难治，以其智多。故以智治国，国之贼；不以智治国，国之福。”②

以正治国　老子说：“以正治国，以奇用兵，以无事取天下。吾

---

① 《老子·第八十章》。

② 《老子·第六十四章》。

何以知其然？以此，天下多忌讳而民弥贫；民多利器，国家滋昏。”以正规的方法治国，以出奇的方法用兵，以无所作为来掌握天下。作为一个国家或一个统治集团，政治宽宏，人就纯厚忠诚；政治严苛，人民就抱怨不满。由此不难看出老子在政治谋略中主张宽宏政治，反对苛酷政治。究其原因，就是宽政使人忠厚，苛酷使人怨恨。

三、孔子政治谋略

名正言顺

名正言顺 《论语·子路》中记载了孔子师徒的一段对话：“子路曰：‘卫君待子而为政，子将奚先？’子曰：‘必也正名乎！’子路曰：‘有是哉，子之迂也！奚其正？’子曰：‘野哉，由也！君子于其所不知，盖阙如也。名不正，则言不顺；言不顺，则事不成。’”孔子的这段话后来成为中国几千年封建社会政治生活中的一条基本原则。许多高明的政治家为了达到自己的政治目的，都会运用各种谋略，名正言顺地实施自己的抱负。

孔子的正名主要包括“君君、臣臣、父父、子子”，君要像君，臣要像臣，父要像父，子要像子，人人都要遵守自己的名分地位，不得僭越。这一政治谋略，把社会严格地划分成一个个不同的层次，各层次的人各守自己的本分，如果有什么不守本分的越轨行为，就会受到社会的谴责。这在以后数千年的封建社会中，成了历代封建帝王实施统治的法宝。

德刑并举

德刑并举 《论语·为政》曰：“道之以政，齐之以刑，民免而无耻；道之以德，齐之以礼，有耻且格。”显然，孔子把政治区分为两个轨道：德与礼，刑与政。德与礼并行，因德是缘于礼的，从这条道路出发，首重礼治，以礼确定等级制度。与德、礼相对的为政之道，就是运用刑政。刑起源于对外族俘虏的制裁和对异族的惩创，后来随着社会转化变为镇压和制裁奴隶的工具。

中庸之道

中庸之道 孔子在《论语·雍也》中说：“中庸之为德也，其至矣乎！民鲜久矣。”意思是说，中庸这种道德，该是最高的了，大家已经是长久地缺乏它了。“中”是折中、调和的意思，“庸”是平常的意思。孔子拣出“中”与“庸”两个字，以不偏不倚作为道德的最高标准和维持社会秩序的基本的方法。

举荐贤才

举荐贤才 除了实施仁政之外，孔子认为“举贤才”是重要的为政之道。《论语·为政》曰：“哀公问曰：‘何为则民服？’孔子对曰：‘举直错诸枉，则民服；举枉错诸直，则民不服。’”这段话的意思是，鲁哀公问道，要做些什么事才能使百姓服从呢？孔子答道，把正直的人提拔出来，放在邪恶的人之上，百姓就服从了；若把邪恶的人提拔出来，放在正直的人之上，百姓就会不服从。

四、诸葛亮的政治谋略

诸葛亮在蜀汉政权中处于决策的中心地位。他多谋善断，谨慎廉明，鞠躬尽瘁，死而后已，赢得后人的称赞。

全盘战略　诸葛亮在长达十年的“躬耕于南阳，苟全性命于乱世，不求闻达于诸侯”的隐居生涯中博览诸子百家之书，“观其大略”，吸取精华，为他后来的从政打下了良好的学识、修养的基础。刘备三顾茅庐，诸葛亮隆中对策：“今操已拥百万之众，挟天子以令诸侯，此诚不可与争锋。孙权据有江东，已历三世，国险而民附，此可为援而不可图也。”“荆州北据汉、沔，利尽南海，东连吴会，西通巴、蜀，此用武之地，非其至不能守”，“益州塞险，沃野千里，天府之土，高祖因之而成帝业，今刘璋暗弱，民殷国富，而不知存恤，智能之士，思得明君”，故而夺取荆州，进军四川乃为最佳之选择。另外还必须“西和诸戎，南抚彝、越，外结孙权”，实行“联吴抗曹”之战略。后来，虽然局势几经反复，但诸葛亮始终坚持这一既定的方针。 全盘战略

公正严刑　诸葛亮治蜀，把严明法纪、整顿吏治放在首位。他认为“治世以大德，不以小惠”，“德政不举，威刑不肃”，蜀中官民“专权自恣”，不重刑国家就没有权威。他主持制定了法典《蜀科》和“训励臣子”的八条、七戒、六恐、五惧。诸葛亮执法，开诚布公，不避亲疏。有人反对严刑，诸葛亮说：“吾今威之以法，法行则知恩；限之以爵，爵加则知荣。恩荣并济，上下有节，为治之要。”诸葛亮还说：“有制之兵，无能之将，不可以败；无制之兵，有能之将，不可以胜”，所以，治军也应当“法令明，赏罚信”。经过诸葛亮的大力整治，蜀汉出现了“科教严明，赏罚必信，无恶不罚，无善不显，至于吏不容奸，人怀自励，道不拾遗，强不侵弱，风化肃然”的局面。 公正严刑

慎重选才　诸葛亮十分重视人才选拔，认为“治国之道，务在举贤”，“亲贤臣，远小人，此先汉之所以兴隆也；亲小人，远贤臣，此后汉之所以倾颓也”。他曾在《将苑》中提出了考察人才的七个方法：“一曰问之以是非而观其志；二曰穷之以辞辩而观其变；三曰咨之以计谋而观其识；四曰告之以祸难而观其勇；五曰醉之以酒而观其性；六曰临之以利而观其廉；七曰期之以事而观其信。”诸葛亮还具体地 慎重选才

提出贤才的标准:"柱以直木为坚,辅以直士为贤",官吏应当"忠"、"直"、"勤"、"谨","奉职循理"。循此标准,他提拔了姜维等一批"忠直之士"。

以柔克刚

以柔克刚 诸葛亮说:"善将者,其刚不可折,其柔不可卷,故以弱制强,以柔制刚,纯柔纯弱,其势必削,纯刚纯强,其势必亡。"不仅刚强是斗争的手段,柔弱也是不可忽视的一种手段。武力征讨、暴力制服可以取得胜利,怀柔、笼络也能达到制服对手的目的。有的时候由于条件不成熟,武力等强硬手段难以达到预期的目的,而安抚、怀柔的政策则可轻易地降服对手,收到更好的效果。诸葛亮以柔克刚,攻心为上,"七擒孟获",对于稳定南中起了决定作用。

五、其他政治谋略

居安思危

居安思危 古代中国的政局变换相当频繁,因此,居安思危,做好动荡准备,是维护国家安全的重中之重。几乎所有的政治家都有极强的思危意识,都反复强调要居安思危、未雨绸缪。战国时代的吴起就提出:"夫安国之道,先戒为宝。"《易经》曰:"君子安而不忘危,存而不忘亡,治而不忘乱,是以身安国家可保也。"《左传》更明确提出:"居安思危,思则有备,有备无患。"

挟天子以令诸侯

挟天子以令诸侯 曹操是东汉末年能呼风唤雨的一位人物,在军阀之间纵横捭阖,但苦苦征战多年,并未能建立丰功伟业。后来功业猛进的关键就在于采取了采纳荀彧提出的非同寻常的政治谋略——"挟天子以令诸侯",使他的一系列政治活动都披上了一层皇帝授权的"合法"外衣,取得了居高临下的优势地位,"名正则言顺",取得了政治上的主动权。此后,历朝历代的政治家,都懂得打着天子的旗号,去征讨或打击政敌,以取得事半功倍的效果。

宽猛相济

宽猛相济 春秋时期,郑成公的小儿子公孙侨,字子产,是当时一位著名的革新派政治家。子产在郑国执政数十年,使列强虎视眈眈之下的小小郑国国力大为增强,国威也有提高。子产在总结自己多年的执政经验时说,治国过严和过宽都不好,而是要宽猛相济。过于严苛,人民就会惧怕,提心吊胆,惶惶不可终日,长此以往,人心思乱,对稳定统治不利;过于宽容,人民就会轻慢,经常会出现一些违法乱纪的行为。宽比严的尺度更加难以掌握,只有有德的人才能够以宽大服民。

取信于民

取信于民 在孔子看来,信用是立国的根本,比生命更加重要,可以没有吃的东西，但不能没有信用。“道千乘之国，敬事而信”，“言而无信，不知其可也”。子贡向孔子请教从事政治活动的要领，孔子说：“足食、足兵、民信之矣。”子贡问：“必不得已而去，于斯三者何先？”孔子说：“去兵。”子贡又问：“必不得已而去，于斯二者何先？”孔子说：“去食。自古皆有死，民无信不立。”孟子进一步提出说：“民为贵，社稷次之，君为轻。”[①]认为统治者之所以能统治人民，是因为得到了人民的信任和支持，如果丧失了人民的信任和拥护，就丧失了统治者的资格。

卧薪尝胆

卧薪尝胆 忍耐也是一种谋略，是为了达到某一目标的手段，是为达到“大谋”的暂时退却。积极的忍耐，不是人格的渺小和自我的萎缩，而是将独立的自我暂时隐藏起来，他仍在干自己想干的事，仍在悄悄地做自己想做的事。这种忍耐，软中透硬，柔中带刚。

孔子在《论语》中说：“巧言乱德，小不忍，则乱大谋。”就是说，从谋略成大事的观点来看，“忍”是很有必要的，今天的忍耐就是为了明天的成功。春秋时期，越国被吴国打败，“越王勾践反（返）国，乃苦身焦思，置胆于坐，坐卧即仰胆，饮食亦尝胆也”。不贪安逸，不近甘味，终于复国。孟子对“忍耐”也有独到的见解：“天将降大任于斯人也，必先苦其心志，劳其筋骨，饿其体肤，空乏其身，行拂乱其所为，所以动心忍性，增益其所不能。”王安石则说：“莫大之祸，起于斯须之不忍。”

第二节 中国传统军事谋略

中国军事谋略的开创者孙武说：“上兵伐谋。”明朝开国军师刘伯温说：“凡用兵之道，以计为首。”战争既是力的较量，更是智的角逐。军事领域是产生谋略的土壤，军事抗争更是奇谋妙计诞生的温床。军事谋略在中国出现之早，受到重视程度之高，辩谋论略著作之丰，足智多谋将帅之众，施计用谋战例之多，是其他国家难以比拟的。

中国古代的军事谋略思想具有容纳千川的博大气度，孙武、吴起、孙膑、司马穰苴、尉缭、韩信、诸葛亮、曹操、司马懿、隋文帝、李世民、李靖、刘基、曾国藩……一代代军事谋略巨擘们，通过自己军事

---

① 《孟子·尽心下》。

实践，极大地丰富了中国军事谋略思想宝库。中国古代军事谋略具有如下特点：

哲理深刻　影响深远

哲理深刻　影响深远　中国军事谋略思想对战争与军事问题的观察分析，宏观上具有一览众山小的博大气概。言兵而不限于兵，而是将军事与政治、经济、人文、自然、心理、艺术等有关因素融合在一起，通盘考虑。微观上的分析往往入木三分，深刻独到，发人深省，在战争观、安全观、作战准则、战略战术等方面都有充满哲理与智慧的真知灼见。例如，《孙子兵法》归纳的“道、天、地、将、法”五个战争取胜因素，“智、信、仁、勇、严”五项将帅素质指标，“不战而屈人之兵”的“全胜”目标，“先胜后战”的战争原则，“水无常形，兵无常势”的精妙见解，“出其不意，攻其不备”的战术思想及对计与战、力与智、利与害、全与破、数与胜、奇与正、形与隐、虚与实、动与静、迂与直、势与能等范畴的深刻分析，虽历经千载而光彩依旧，被无数古今中外兵家名将作为座右铭。

未战庙算　知己知彼

未战庙算　知己知彼　中国古代，作战前要在庙堂举行谋划会议，称为“庙算”。庙算不仅在于准确地分析敌情，还在于如实地了解自己一方的战斗力和其他主客观条件，做到成竹在胸，未战而先胜。孙子认为，“五事”、“七计”是知胜之道。“五事”即道、天、地、将、法。“七计”即主孰有道、将孰有能、天地孰得、法令孰行、兵众孰强、士卒孰练、赏罚孰明。决定军事组织效能的因素有：政治背景、人心所向、战略方针、将帅素质、环境条件、军法制度、职责划分等等。除此之外，还可以通过“相敌”、“角之”、“用间”等方法来获取情报，从而稳操胜券。所谓“相敌”，即直接观察敌情。孙子列举了32种敌情观察法：敌近而静者，恃其险也；远而挑战者，欲人之进也；众树动者，来也；鸟起者，伏也；无约而请和者，谋也；半进半退者，诱也；鸟集者，虚也；旌旗动者，乱也……。所谓“角之”，即通过与敌人小规模直接较量而知敌我的实力及特点，孙子说：“角之而知有余不足之处。”所谓“用间”，即使用间谍，从而获得许多绝密的军事情报。

因敌制胜　攻心为上

因敌制胜　攻心为上　击垮敌方有两大途径：一是从肉体上加以消灭，二是从精神上将其摧毁。前者为力取，后者为心攻。“用兵之道，攻心为上，攻城为下，心战为上，兵战为下。”[①]“攻心”的后盾是有利的政治、军事、外交环境，通过强大的力攻给对方造成了心理

---

① 《三国志·蜀书》卷三十九《董刘马陈董吕传》注引《襄阳记》。

压力，使之产生心理动摇，陷于心理崩溃状态。此论经诸葛亮南征对孟获的"七擒七纵"的实践，被吸收为军事韬略中的一个重要原则，受到后人的重视。

攻心韬略的第二种形式是深入敌人的内部，实施分化瓦解，破坏对立阵营的心理结构，使事态朝有利于我方的趋势发展。这种形式要求充分了解对手的性格、气质、特点和弱点等，对症下药，使对方在不知不觉中走向预先设计好的圈套，完成攻心大计。此外，还可通过交往、语言、事理、外力等各种形式，收取攻心奇效。

孙子认为："兵无常势，水无常形"，应当"因敌而制胜"，"践墨随敌，以决战事"。又说："善战者，求之于势"，"如转圆石于千仞之山者，势也"。队伍的编制要严密，指挥要统一，要授权部下临机处置，灵活作战。"凡治众如治寡，分数（形成各级组织）是也；斗众如斗寡，形名（号令一致）是也。""纷纷纭纭，斗乱而（自己）不可乱也；浑浑沌沌，形圆（阵形圆满）而不可败也。"军队要成为团体，步调整齐，军纪严明，遇乱不乱，遇敌不散，这样兵势就操在自己手里了；"佚能劳之，饱能饥之"，"避其锐气，击其惰归"，"投之亡地然后存，置之死地然后生"等都是针对士气而言的。一个优秀的军事统帅，必须想方设法笼络人心，鼓舞士气，使士兵"可以为之生，可以为之死"。因敌制胜，应当考虑正反两个方面的因素综合决断，以免失之偏颇，反为敌所诳。"先知迂直之计者胜"，从迂中见直，直中见迂，不利中见利，利中见不利，并且善于化弊为利。要善于利用地势弥补兵力不足："夫地形者，兵之助也，料敌制胜，计险厄远近。""不知山林、险阻、沮泽之险者，不能行军；不用乡导者，不能得地利。""高陵勿向（别仰攻），背丘勿逆（别攻击背靠山丘的敌人）"，"绝（穿越）山依谷，视生处高"，"绝（横渡）水处远水，客绝水而来，勿迎之于水内，令半济而击之"。几乎每一种可能遇到的与地理有关的问题孙子都作了交代。

上兵伐谋　注重战术　我国古代兵家战略战术的总结和军事谋略学的宝贵遗产——《三十六计》就是根据我国古代卓越的军事谋略思想和丰富的斗争经验总结而成的，是中华民族悠久文化遗产之一。

上兵伐谋　注重战术

"三十六计"一语，源自《南齐书·王敬则传》："檀公（南朝刘宋名将檀道济）三十六策，走为上计。"意为败局已定，无可挽回，唯有退却，方是上策。宋代惠洪《冷斋夜话》中有"三十六计，走为上计"。

明末清初，有心人采集群书，编撰成《三十六计》，但此书为何时何人所撰已难确考。

"三十六计"分为胜战计、敌战计、攻战计、混战计、并战计、败战计六套，每套各包含六计，总共三十六计。现分述如下：

总说　原文："六六三十六，数中有术，术中有数。阴阳燮理，机在其中。机不可设，设则不中。"意为：六个六构成三十六这个变易之数，数的变易中包含术法，术法中包括数的变易。阴和阳交替运作，运作中生化出天然机变。机变是天然的，不可人为设计，人为设计的，是无法运作成功的。

第一套　胜战计（我方处于优势情形下所实施的对敌作战谋略）

瞒天过海

第一计，瞒天过海。原文："备周则意怠，常见则不疑。阴在阳之内，不在阳之对。太阳、太阴。"意为：防备周密，往往容易导致思想麻痹，意志松懈；常见的事情就不会产生疑惑（以致丧失警惕）。秘谋就隐藏在公开的行动之中，并不是与公开行动相对立的。最公开的行动当中往往隐藏着最秘密的阴谋。瞒天过海是使用伪装手段，引诱对方，克服敌方的侦察、监视和封锁，利用机会、乘人之危来坐享成功的策略。原意是指用各种巧妙的伪装，遮挡住皇帝的视听，瞒骗他上船，使其在不知不觉中跟随大队人马安全顺利地渡过大海。引申为用伪装的手段作掩护，暗中活动。此计的关键在于一个"瞒"字。瞒得过则大功告成，瞒不过则弄巧成拙。但是，"瞒"不是最终目的，而是"过海"的必要手段。

围魏救赵

第二计，围魏救赵。原文："共敌不如分敌，敌阳不如敌阴。"意为：攻打集中之敌，不如攻打分散之敌；从正面攻敌，不如从侧面攻敌。典故出自《史记·孙子吴起列传》。魏、赵是战国时期中原地区的两个国家。魏都大梁在今河南开封，赵都邯郸在今河北邯郸。原意是指在魏国包围了赵国的时候，不直接去赵国解围，而是通过围攻魏国国都的办法，迫使其回救，而解赵之围，引申为通过围攻来犯之敌的后方据点，迫使其撤回兵力的作战方法。面对来势凶猛的强敌，一味硬碰，无异于以卵击石，应当避其锋芒，采用分导引流的办法，或者攻击敌人的薄弱之处牵制它，或者袭击敌人的要害部位威胁它，或者绕到敌人背后打击它。此计中，"围魏"是"救赵"的前提条件，不论是真围还是假围，不论是明围还是暗围，"围魏"必须能够引出"救赵"这个后果。也就是说，"围魏"与"救赵"之间具有直接的因果关系。否则,“围魏救赵”只能是一厢情愿的美好打算。

第三计,借刀杀人。原文:“敌已明,友未定,引友杀敌,不自出力。”意为:敌人已经明确,盟友的态度尚在犹豫之中,这时应(极力设法)诱使盟友去攻打敌人,而无需自己出力。借刀杀人指为了保存自己的实力,借他人之手除掉对手,借用第三力量击破敌人,达到自己的目的。在环境受到限制,自身没有能力,或不愿直接抛头露面的情况下,有计划地利用自己以外的人和事来实现自己的意图,达到自己的目的,成功时,自己不用付出任何代价;失败时,自己不用承担任何责任。　借刀杀人

第四计,以逸待劳。原文:“困敌之势,不以战。”意为:迫使敌人处于困难的局面,不一定用直接进攻的手段(而可采取疲惫、消耗敌人的手段)。以逸待劳指养精蓄锐,痛击远来进犯的疲惫之敌。语出于《孙子·军争篇》:“善用兵者,避其锐气,击其惰归,此治气者也。以治待乱,以静待哗,此治心者也。以近待远,以佚(同逸)待劳,以饱待饥,此治力者也。”原意是说,凡是先到战场而等待敌人的,就从容、主动,后到达战场的只能仓促应战,一定会疲劳、被动。所以,善于指挥作战的人,总是调动敌人,而决不会被敌人调动。本计的特点是,强调把握战场的主动权,以引诱敌人,调动敌人,疲劳敌人,然后捉住战机,克敌制胜。　以逸待劳

第五计,趁火打劫。原文:“敌之害大,就势取利。”意为:敌人的处境艰难,我方正好乘此有利时机出兵,坚决果断地打击敌人,以取得胜利。《孙子兵法》说:“乱而取之。”趁火打劫原意是趁别人家里发生火灾,正处于一片混乱时,乘机抢夺人家的东西。引申为趁别人危难时刻,从中捞一把或乘机害人,也就是乘敌人有危机而加以攻击的策略。　趁火打劫

第六计,声东击西。原文:“敌志乱萃,不虞,坤下兑上之象,利其不自主而攻之。”意为:敌人神志慌,不能正确预料和应付突发事变和复杂的局面,正如坤下兑上的萃卦受到扰乱一样,要利用敌人这种不能自主地把握前进方向的时机,对敌人发起进攻。声东击西出自(《淮南子·兵略训》:“用兵之道,示之以柔而迫之以刚,示之以弱而乘之以强,为之以歙而应之以张,将欲西而示之以东,先忤而后合,前冥而后明。”大意是:用兵的原则,对敌人先佯做柔弱的样子,而以强大的军事力量去打击它,将要发展,先作出收缩的样子,准备向西面进攻,而先佯做向东进攻,先示以与意图相背的行动,然后再　声东击西

完成实现意图的行动。先隐藏自己的计划，然后再进行公开行动。此计一般在我方处于进攻态势的情况下使用。“声东”是虚晃的一枪，所击之“西”是主攻目标。使“西”成为敌方的不备之处或不及之处，是保证此计成功的关键。

第二套 敌战计(敌我双方势均力敌的形势下所施的谋略)

无中生有

第七计，无中生有。原文：“诳也，非诳也，实其所诳也。少阴，太阴，太阳。”意为：用虚假情况迷惑敌人，但又不完全是虚假情况，因为在虚假情况中又有真实的行动。在稍微隐蔽的军事行动中，隐藏着大的军事行动；大的隐蔽的军事行动，又常常在非常公开的、大的军事行动中进行。本计的特点是，制造一种假象，有意让敌人识破，使之失去警惕，然后又化无为有，化假为真，化虚为实，真的攻击敌人了，而敌人却仍然以为是假的，不作防备，从而为我所乘，战而胜之。此计可分解为三部曲：第一步，示敌以假，让敌人误以为真；第二步，让敌方识破我方之假，掉以轻心；第三步，我方变假为真，让敌方仍误以为假。这样，敌方思想已被扰乱，主动权就被我掌握。使用此计有两点应予注意：第一，敌方指挥官性格多疑，过于谨慎的，此计特别奏效；第二，要抓住敌人迷乱不解之机，迅速变虚为实，变假为真，变无为有，出其不意地实施攻击。

暗渡陈仓

第八计，暗渡陈仓。原文：“示之以动，利其静而有主。”意为：故意采取佯攻行动，利用敌人已决定固守的时机，暗地里迂回到敌后进行偷袭，乘虚而入，出奇制胜。暗渡陈仓指运用迂回战略，从敌人意想不到的地点、方向发起进攻。本计的特点是，将真实的、奇特的、非一般的、非正规的、非习惯的行动隐藏在普通的、一般的、正规的、习惯的行动背后，迂回进攻，出奇制胜。“明修栈道，暗渡陈仓”是楚汉相争时，大将韩信首先运用的一个出色计谋。陈仓(今陕西宝鸡市东)是古代汉中、关中两地区之间的必经之地。“鸿门宴”后，西楚霸王项羽把汉中封给刘邦。在从关中迁往汉中途中，刘邦命人将途中一条一百多里长的栈道烧毁。此举意在迷惑项羽，似乎刘邦再也无意回关中了。田荣在齐国起兵后，刘邦命韩信进攻关中。韩信派兵前去修复栈道，作出正面佯攻、佯动的假象，暗地里却率主力从故道(今陕西凤翔西北)迂回到了陈仓。楚军仓促应战，结果大败。暗渡陈仓是楚汉战争的开端，汉朝最终统一天下。

隔岸观火

第九计，隔岸观火。原文：“阳乖序乱，阴以待逆。暴戾恣睢，其势自毙。顺以动，《豫》，豫以顺动。”意为：当敌人内部产生争斗、秩序混乱时，我方应静观待其发生变乱。敌人穷凶极恶，自相仇杀，必然自取灭亡。顺应时势而行动；就能像《豫》卦所说的那样，要达到令人喜悦的目的，必须顺应时势行动，不宜操之过急。古代军事理论认为，即使我方兵力有必胜的优势，亦不可不分青红皂白地采取攻击行动，因为就算我方稳操胜券，亦免不了要付出死伤代价。此计的特点是：以静观变，随变而动，使敌人内部自相残杀、自相削弱。当着两股敌对势力相争时，既不援助，也不鲁莽干涉，静观其变化，直到事情发展到有利于自己的地步，才相机行动，及时出击，坐收渔利。使用此计的先决条件，一是有“火”可观，即敌方出现秩序混乱的局面，二是有“岸”可隔，因为在无“岸”的情况下，观“火”的风险是很大的。

第十计，笑里藏刀。原文：“信而安之，阴以图之；备而后动，勿使有变。刚中柔外也。”意为：表面上要做得使敌人深信不疑，从而使其安下心来，丧失警惕，暗地里我方却另有图谋；要做好充分准备，然后再采取行动，不要引起敌人的意外变故。就是说，表面上柔和，骨子里却要刚强的谋略。笑里藏刀原意是形容脸露笑容而心有杀机，或外表和善而内心凶狠。在军事上就是表面缓和，借以麻痹敌人，暗中却积极准备，等待时机，突然行动，一举全歼敌人的策略。使用此计，要根据敌方指挥员的特点实施，对骄傲自大的要增加他的傲气；对心怀畏惧的，要表示我方的诚意，使敌人放松警惕，我方则暗中准备，寻找有利时机发难。运用此计的关键在于一个“笑”字。笑必须自然真实，掌握好分寸，笑得过火，反而会引起对方的警觉。

笑里藏刀

第十一计，李代桃僵。原文：“势必有损，损阴以益阳。”意为：当局势发展到损失已不可避免的时候，要舍弃局部的利益，以求得全局更大的增益。《乐府诗集·鸡鸣》说：“桃生露井上，李树生桃旁。虫来啮桃根，李树代桃僵。树林身相代，兄弟还相忘?”原意是以李树代桃树受虫蛀。比喻兄弟间互相爱护，互相帮助，或以劣势的兵力牵制优势的敌人，以便为全局争取时间或提供有利条件。在两军对峙时，获得全胜往往很难，有时需要付出一定的代价或作出一定的牺牲。在这种情况下，要恪守“两利相权取其重，两害相权取其轻”的原则，尽量牺牲局部以保全大局，牺牲眼前以希图长远，牺牲小的利益以换取更大的利益。

李代桃僵

第十二计，顺手牵羊。原文：“微隙在所必乘，微利在所必得。

顺手牵羊

少阴，少阳。”意为：敌人出现微小的漏洞，必须及时利用，发现微小的利益，也一定要争取到。即使是敌人的微小疏忽、过失，也要利用来为我方的微小胜利服务。顺手牵羊是乘敌人的间隙、创造和捕捉战机的一种谋略。古人云：“善战者，见利不失，遇时不疑。”当然，小利是否应该必得，这要考虑全局，只要不会“因小失大”，小胜的机会也不应该放过。实施此计的关键在于“顺手”，即来去顺路，取之顺手，如果在不顺手的情况下强行取利，不仅徒劳无功，而且会因小失大，拣了芝麻丢了西瓜，影响原有的主要目的的实现。

第三套　攻战计（进攻与防御过程中实施的谋略战术）

打草惊蛇

第十三计，打草惊蛇。原文：“疑以叩实，察而后动。复者，阴之谋也。”意为：真相不明就应查实，洞察了实情之后再采取行动。反复侦察，是实施隐秘计谋所必需的。打草惊蛇原意是蛇在草丛中，草被搅动，蛇便受惊而走。此计是通过侦察性的佯动，逼迫隐藏着的对手显露原形的谋略。“草”与“蛇”是两个性质不同却相互联系的事物。运用此计首先要明确何为“草”，何为“蛇”。“草”暴露于外，“蛇”藏于“草”中。“草”指敌人的同类，“蛇”指敌人自身。

借尸还魂

第十四计，借尸还魂。原文：“有用者，不可借；不能用者，求借。借不能用者而用之，匪我求童蒙，童蒙求我。”意为：凡是自身能有所作为的人，往往难以驾驭和控制，因而不能为我所用；凡是自身不能有作为的人，往往需要依赖别人求得生存和发展，因而就有可能为我所用。将自身不能有作为的人加以控制和利用，这其中的道理，正与幼稚蒙昧之人需要求助于足智多谋的人，而不是足智多谋的人需要求助于幼稚蒙昧的人一样。借尸还魂比喻已经没落或死亡的事物借助别的事物，又以另一种形式出现。在军事上指善于利用一切可以利用的事物，来实现自己的军事意图。战争中往往有这类情况：对双方都有用的势力，往往难以驾驭、利用。而没有什么作为的势力，往往要寻求靠山，利用和控制这部分势力，往往可以达到取胜的目的。

调虎离山

第十五计，调虎离山。原文：“待天以困之，用人以诱之。往蹇来返。”意为：利用不利的天时地理条件困扰敌人，用人为的方法诱惑敌人。主动进攻有危险，诱敌来攻则有利。调虎离山比喻用计谋使对方离开原来的有利地势，以便乘机进攻。军事上指引诱敌人远离其作战的据点，在其没有任何凭借的不利条件下，与之进行决战。它的核心在一“调”字，关键在于善于调动敌人，使强敌离开其赖以强大的有利环境或其充分控制的领域，在对敌不利的环境或其力量薄弱的领域里将其制服。

第十六计，欲擒故纵。原文："逼则反兵，走则减势。紧随勿迫，累其气力，消其斗志，散而后擒，兵不血刃。"意为：逼敌军太紧，对方就会回师反扑。如果让敌军逃跑，就可以削减其气势。追击敌人，只需紧随其后而不要过于逼迫它，以消耗其体力，瓦解其斗志，待其溃散时再捕捉它，就可以避免流血。欲擒故纵比喻为了更好地控制，暂且放松一步，是一种放长线钓大鱼的计谋。军事上指要想使敌军失去战斗力，彻底瓦解，必须示以一线生路，让其抱有不战而求逃生的念头，这样会造成更有利于我的战机。此计的最早表达是在《老子》第三十六章："将欲歙之，必固张之；将欲弱之，必固强之；将欲废之，必固兴之；将欲夺之，必固与之。"老子这句话体现出卓越的辩证思想，后世对此多有发挥。《鬼谷子》指出："去之者纵之，纵之者乘之。" 欲擒故纵

第十七计，抛砖引玉。原文："类以诱脂，击蒙也。"意为：用相类似的东西诱惑敌人，乘其迷惑懵懂之时去打击它。玉指有价值的言论或精湛的作品，砖指肤浅的见识或拙劣的作品。抛出不值钱的砖，引来极金贵的玉。军事中常指主动给敌人一点小的好处，使敌人上钩，借此获取大的胜利，即以小的代价获取大的利益。这是一种先予后取的策略。 抛砖引玉

第十八计，擒贼擒王。原文："摧其坚，夺其魁，以解其体。龙战于野，其道穷也。"意为：击溃敌人的主力，抓获其首领，便可瓦解其全军。好比群龙无首，战于郊野，必然陷于穷途末路。擒贼擒王比喻做事要先抓住关键，要先抓住或处治主要人物。军事上指首先歼灭敌人的主力或主要的指挥人员，捕杀敌军首领或者摧毁敌人的首脑机关，借此影响并动摇敌人的全军，使敌军遭到彻底失败。语出杜甫《前出塞》诗："挽弓当挽强，用箭当用长。射人先射马，擒贼先擒王。" 擒贼擒王

第四套　混战计（敌我双方混乱状态下的对敌作战方略）

第十九计，釜底抽薪。原文："不敌其力，而消其势，兑下乾上之象。"意为：不要迎着敌人的猛劲去与之硬拼，而要设法削弱敌方的气势，采取以柔克刚的策略制服它。釜底抽薪语出北齐魏收《为侯景叛移梁朝文》："抽薪止沸，剪草除根。"把锅底下的柴火抽去，锅内的沸水自然停止，比喻从根本上解决问题。在军事上一般指不靠同 釜底抽薪

敌人直接交战，而是切断敌人供给来源，破坏敌人所依靠的有利条件，或瓦解敌人士气的办法来战胜敌人。釜底抽薪的关键是在于抓住主要矛盾。很多时候，一些影响战争全局的关键点，恰恰是敌人的弱点，指挥员要准确判断，抓住时机，攻敌之弱点。

混水摸鱼

第二十计，混水摸鱼。原文："乘其阴乱，利其弱而无主。随，以向晦人宴息。"意为：乘着敌方内部发生混乱，利用他力量虚弱且没有主见之时攻击他。就像人到夜晚，必须入室休息一样。混水摸鱼就是把水搅浑，使鱼晕头转向，乘机把鱼捉来。比喻趁混乱时机捞取好处。在军事上指利用敌人之间互相混乱攻战的时机，我乘机将尚犹豫不决的弱小敌人获取过来。

金蝉脱壳

第二十一计，金蝉脱壳。原文："存其形，完其势。友不疑，敌不动。"意为：保存阵地原形，造成强大的声势。使友军不怀疑，敌人也不敢贸然进犯。金蝉脱壳比喻只留下表面现象，实际已脱身逃走，使对方不能立即发觉。军事上指用计脱身，暗中转移力量，完成奇袭别处敌军的谋略。当敌方军力强大，我方无力对抗时，若勉强顽抗，损伤将会更严重，及时撤退方为上策。但盲目撤退，必会受到敌人的追击。运用此计，关键在于"脱"。运用此计一定要选好时机。一方面，"脱壳"不能过早，只要存在胜利的可能，就应继续下去。直至万不得已时才可"脱壳"而去。另一方面，"脱壳"也不能过迟，在败局已定的情况下，多停留一分钟，就会增加一分的危险，减少一分生还的希望。

关门捉贼

第二十二计，关门捉贼。原文："小敌困之。"意为：对弱小的敌人，要加以包围、歼灭（如果纵其逃去而又穷追远赶，那是很不利的）。《孙子兵法·谋攻》说："用兵之法，十则围之，五则攻之，倍则分之。"大意是：用兵的法则，有十倍于敌的兵力就包围敌人；有五倍于敌的兵力就进攻敌人；有一倍于敌的兵力就分散敌人。关门捉贼中的"贼"一般指为数不多而机动灵便的小股敌人。若一味猛追，它就会杳无踪影，或者狗急跳墙。如果诱"贼"深入，把它关在"门"里，使它成为网中之鱼，瓮中之鳖，我方就能旗开得胜。

远交近攻

第二十三计，远交近攻。原文："形禁势格，利从近取，害以远隔。"意为：凡是受到地理形势的限制时，攻取附近的敌方，就有利；攻击远隔的敌方，就有害。"远交近攻"语出《战国策·秦策》，是范雎说服秦王的一句名言，即结交远方的国家，进攻邻近的国家。军事上指为分化瓦解敌人方面的联盟，而采取暂时结交远处相隔难于获利的敌人,直接进攻近处相邻易于攻取的敌人,这是一种各个击破的谋略。当实现军事目标的企图受到地理条件的限制难以达到时,应先攻取就近的敌人,而不能越过近敌去打远离自己的敌人。"远交"的目的,是为了避免树敌过多而采用的外交诱骗。弄清"远"和"近"这两个概念,对于实施此计是十分重要的。

第二十四计,假道伐虢。原文:"两大之间,敌胁以从,我假以势。"意为:处在敌我两个大国中间的小国,当敌方强迫它屈服的时候,我方要立刻出兵,显示威力,给予援救,这会取得小国的信任。虢是春秋时期的一个小国。原意是晋国假道于虞以伐虢,灭虢之后,又回师灭虞,即借别国的道路向敌人发动隐蔽而突然的进攻。泛指以借路为名,加以利用,而后将其灭之的策略。军事上一般为越过中间地区,先攻下较远的敌国,待中间地区孤立之后,再回头围而歼之。 假道伐虢

第五套　并战计(对付友军、壮大实力的作战谋略)

第二十五计,偷梁换柱。原文:"频更其阵,抽其劲旅,待其自敝,而后乘之。曳其轮也。"意为:(采取措施)频繁变更友军的阵式,借以暗暗(从阵中的要害处)抽换其主力部队,等到它自趋失败,然后再乘机加以控制。要控制住车的运行,必须拖住车的轮子。"偷梁换柱"出自宋·罗泌《路史发挥》。原以形容桀纣力大无穷:"倒曳九牛,换梁易柱。"后比喻玩弄手法,暗中改换事物的内容或事情的性质,以达到蒙混欺骗的目的。军事中指在同盟军联合作战时,通过不断地改变其阵势来抽换其主力,在其无法自立之时,借机将其兼并以扩大我军的力量。此计的要害在"偷",一定要在对方不备的情况下使用。一旦被对方发觉,自己的努力不仅全部落空,反而会导致"偷鸡不成反蚀把米"的结局。 偷梁换柱

第二十六计,指桑骂槐。原文:"大凌小者,警以诱之。刚中而应,行险而顺。"意为:凭借强大的实力去控制弱小者,需要用警戒的方法去进行诱导。适当地运用刚猛阴毒的办法,可以赢得人们的归顺,获得最后的成功。指桑骂槐即表面上指着桑树,实际上在骂槐树。比喻表面上骂这个人,实际上却骂另一个人。在军事中指用警告诱迫等暗示手段达到统领部下和树立威严的一种谋略。要运用各种政治和外交谋略,施加压力配合军事行动。对于弱小的对手,可以用警告和利诱的方法,不战而胜;对于比较强大的对手,也可以旁敲侧击威摄他。 指桑骂槐

假痴不癫

第二十七计，假痴不癫。原文："宁伪作不知不为，不伪作假知妄为。静不露机。"意为：宁肯装作无知而不采取行动，不可装作聪明而轻易妄动。要保持沉静而不泄露任何心机。假痴不癫指表面上装作痴呆、愚笨而内心却非常清醒。在军事上指为了麻痹对方或为了隐瞒自己而伪装笨拙，但是行动起来却又极其诡秘。是日常生活中为了回避某种矛盾，或者为了度过某种危难，或者为了对付某个势力强大的对手，在一定时期内，故意装作愚蠢、呆痴，行韬晦之计，最终战胜对手的必要手段。

上屋抽梯

第二十八计，上屋抽梯。原文："假之以便，唆之以前，断其应援，滔滔死地。"意为：假装给敌方以某种便利，诱使它（盲目）前进，然后再截断其应援之路，就能陷敌军于死地。《孙子兵法·九地》说："帅与之期，如登高而去其梯；帅与之深，入诸侯之地，而发其机。"意思是说，主帅给士卒布置任务，要像登高后抽掉梯子一样，使他们只能向前，不能后退；主帅率众深入诸侯国境，要像射出的箭矢一样，使他们只能一往直前，不可返回。"上屋抽梯"原意为送人上了楼之后，却把梯子搬走，使人无法再下来，比喻诱使人上前而断其退路，使人处于困境。军事上指引诱敌人前来取利，待其深入，便用迂回包围等方法断其退路，迫使其就范的计谋。

树上开花

第二十九计，树上开花。原文："借局布势，力小势大。"意为：借用局诈的方法布成阵势，使本来力量小的部队变得声势浩大。"树上开花"在军事上一般是指在敌强我弱，遭到敌军攻击压力的形势下，我军采取某些方法，制造种种假象来壮大自己的声势，以迷惑敌军，或将其引走，或将其击退，或将其歼灭。三国时期，张飞在当阳桥以十余名骑兵，吓退曹操追击刘备的数万大军，就是用的这种计谋。

反客为主

第三十计，反客为主。原文："乘隙杆足，扼其主机，渐渐进也。"意为：乘着对方的空隙，插足其中，以致（最后）掌握其首脑机关，这是循序渐进的结果。"反客为主"原意是主人不善于招待客，反受客人的招待，即主人的地位反被客人所取代。军事上指利用某种机会或条件，兼并别人的力量，使对峙双方的地位发生变化，从而变被动为主动。一般说来，深入敌国作战为"客"，在本土防御为"主"。反客为主就是寻找敌人防御的漏洞，乘机插入敌方腹地攻其要害，控制敌方指挥系统，由"客"变为"主"。

第六套　败战计（在战败或处于极劣的情况下所用的计谋策

略）

第三十一计，美人计。原文："兵强者，攻其将；将智者，伐其情。将弱兵颓，其势自萎。利用御寇，顺相保也。"意为：对强大的敌军，要对付它的将领；对英明多智谋的将领，要设法动摇他们的斗志。将领斗志衰退，士气消沉，战斗力自然萎缩。《易·渐·象》：利用敌人的弱点抵御敌人，顺利地保存自己。本计的特点是，用美色或其他财物诱惑敌人，尤其是敌方的将帅，消磨其斗志，分裂其核心，使其部队丧失战斗力，从而乘机取胜。这是一种以柔胜刚的损敌之法。 美人计

第三十二计，空城计。原文："虚者虚之，疑中生疑。刚柔之际，奇而复奇。"意为：本来兵力空虚，又故意把空虚的样子显示在敌人面前，使敌人不知底细，怀疑我有实力。在敌我力量悬殊的情况下，采用这种计谋，显得更加奇妙。在敌强我弱、形势突变的情况下，为了使敌人的攻势停止或落空，以争取寻找机会的时间，便把本来空虚的实力，故意公开地用更加空虚的形式表现出来，使人对这种夸大了的公开情况产生怀疑，并作出相反的判断，而不敢贸然采取行动。古人用兵，讲究"虚者实之，实者虚之"，空城计却"虚者虚之"，打破了固定模式。 空城计

第三十三计，反间计。原文："疑中之疑。比之自内，不自失也。"意为：在敌人怀疑、犹豫的情况下，再给敌布疑阵。勾结、利用敌方派来的间谍为我服务，能收到保全自己、争取胜利的好效果。战争中，双方使用间谍，是十分常见的，巧妙地利用敌人的间谍反过来为我所用是本计的关键。在发现敌人派来进行刺探和破坏的间谍时，为了借机离间敌人，获得情报，可以利用优厚的待遇收买他，也可以假装没有发现，故意把假情报透露给他，这样敌人派来的间谍反为我所用，使我能在不受损失的情况下达到战胜敌人的目的。《孙子兵法·用间篇》指出了五种间谍：利用敌方的同乡作间谍，叫因间；收买敌方作间谍，叫内间；收买或利用敌方派来的间谍为我所用，叫反间；故意制造和泄露假情况给敌方间谍，叫死间；派人侦察敌方情报，叫生间。 反间计

第三十四计，苦肉计。原文："人不自害，受害必真；假真真假，间以得行。"意为：人一般都不会自我伤害，自我伤害必定会被认为是真实的；但如能以假作真，并使敌人深信不疑，就能施行离间计了。苦肉计是用自我伤害的办法取信于敌，以便进行间谍活动的一 苦肉计

种计谋，是一种特殊形式的反间计。“人不自害”是人们习惯的心理定势。苦肉计就是利用这一心理定势，造成受迫害的假象，以迷惑和欺骗敌人，从而打入敌人内部，对敌人进行分化瓦解。

连环计

第三十五计，连环计。原文：“将多兵众，不可以敌，使其自累，以杀其势。在师中吉，承天宠也。”意为：敌军兵强势大，不能与他硬拼，应当设法使他们自相钳制，以削弱他的势头。将帅指挥巧妙得当，就能如同天神相助一样吉利。连环计指多计并用，计计相连，环环相扣。一般来说，连环计不管是两计相扣也好，还是多个计谋相配合，其功能无非是两个：一个是让敌人自相钳制；一个是更有效、迅猛地攻击敌人。

走为上计

第三十六计，走为上计。原文：“全师避敌，左次无咎，未失常也。”意为：为了保全部队的实力，实行撤退是没有过错的，(因为)它并没有违背(用兵的)常道。在敌我力量悬殊的不利形势下，为保存实力，应当采取有计划地主动撤退，避开强敌，寻找战机，以退为进。敌强我弱的情况下，有几种选择：求和、投降、死拼、撤退。很明显，只有第四种——撤退，是最好的抉择。因此说，“走”为上。

第三节　中国传统人生谋略

中国人的生活是谋略化的，或阴或阳，或柔或刚，或开或闭，或弛或张，或进或退，或入世或出世，或持中和或处柔顺，或善变通或精辩证。

一、儒家的人生谋略

立四方之志，集浩然正气

中和、辩证、圆融、和谐构成了儒家基本人生态度，同时也概括了其基本的人生谋略。孔子尚礼治，行中和，曰“礼之用，和为贵”，又曰“君子和而不同，小人同而不和”，此乃社会谋略；孟子倡“仁义”，主“仁政”；董仲舒立天人感应之说，混合阴阳，生克五行，追慕“太平之世”；程朱提倡“物我一理”，陆九渊主张“心即理”，“宇宙便是吾心，吾心便是宇宙”，王阳明主张“知行合一”。具体说来，儒家的人生谋略如下：

1. 立四方之志，集浩然正气

儒家主张立志以正，做人堂堂正正，内心世界方方正正。孟子说：“士何事，曰尚志。”宋代刘炎说：“君子志于泽天下，小人志于荣其身。”这里的立志，就是要求人们树立改造天地、创造历史的大志。谢良佐说：“人须先立志，立志则有根本。譬如树木，须先有根本，然后培养，方成合抱之木。”王阳明说：“志不立，天下无可成之事。虽百工技艺，无有不本于志者。今学者旷废坠惰，而百无所成，皆由志之未立耳。故立志而圣则圣矣，立志而贤则贤矣。志不立如无舵之舟，无衔之马，漂荡奔逸，终亦何所抵乎！”张继的名言是：“为天地立心，为生民立命，为往圣继绝学，为万世开太平。”这是古代先贤做人的志向和抱负，也是他们做人的理想与目标。这里面有不可一世的气概，也表现出崇高的精神境界。在立志的同时，应砥砺节操。节操应集正气之大成。国家可以推托，爵禄可以抛弃，财利可以推辞，衣食可缺，头颅可断，而道义不可丝毫违背，不可须臾离去。人能体会天地之道而存养天地之气，就是孟子所说的至大至刚、能充塞于天地的浩然之气。这个气用之于达时，能经天纬地；用之于穷时，能以死恪守善道。这就是杀身成仁、舍生取义、以死卫道、视死如归的节操。

2．以仁为本，仁义正直

以仁为本，仁义正直

“仁”是儒家学说的核心。何谓仁？子张曾就这个问题请教过孔子。孔子的回答是：“能行五者于天下，为仁矣……恭、宽、信、敏、惠。”就是说，能在天下实施谦恭、宽厚、信诚、敏捷、施惠五种品德，就是仁了。孔子说：“民之于仁也，甚于水火。水火，吾见蹈之而死者矣，未见蹈仁而死者也！”儒家以“讲仁义”称道于世，义是“仁”的重要体现。孔子说：“有杀身以成仁，无求生以害仁。”孟子说：“杀身成仁，舍身取义。”“富贵不能淫，贫贱不能移，威武不能屈。”《中庸》说：“仁就是人，义就是宜。”《左传》记载，宣公十五年，楚国围攻宋国。宋向晋告急，晋国派大夫解扬到宋国，但在路上被郑国抓住送给了楚国。楚人软硬兼施，让解扬向宋人喊话，说晋国不派兵了，还是早点投降吧。解扬却告知宋人晋君将救宋的消息。楚人要杀他，他说：“君能够下达命令，这就是义；臣能够接受命令，这就是信。信能载义而行，就是利。行义就不能信别人的，要信就不能听从两种命令。你要买通我，这是不知命，我答应你，是为了完成晋君的命令。我死了但完成了任务，是尽了我的责任。你也有忠实的臣下，我能够死得其所，又有什么别的请求呢？”最终，楚国人放他回到了晋国。宋代邵雍在《义利吟》中说：“君子尚义，小人尚利。尚利则乱，尚义则治。”人生在世，能够做到大仁大义，才能达到一种崇高的境界。

二、道家的人生谋略

道家讲究率性自然。人生谋略方面最突出的特点是“以柔克刚”。老子通过对生物界的观察，发现幼苗虽然柔弱，但它能从柔弱中壮大；相反，等到壮大了，反而更接近死亡。所以他说：“人之生也柔弱，其死也刚强；草木之生也柔弱，其死也枯槁。故柔弱者生之徒，刚强者死之徒。强梁者不得其死。”“天下柔弱莫过于水，而攻坚，莫之能先。柔之胜刚，弱之胜强，天下莫能知，莫能行。”“天下之至柔，驰骋于天下之至坚。无有，入于无间。”就是说，天下最柔弱的东西，能在天下最坚硬的东西中穿过去。看不见的力量，能够穿透没有空隙的东西。

三、其他人生谋略

宽容和谐

1. 宽容和谐

宽容是一种博大而深邃的胸怀，是人类的最高美德之一。荀子说：“君子贤而能容罢，知而能容愚，博而能容浅，粹而能容杂。”在生活中，我们随时会遇到一些人说对不起自己的话或做对不起自己的事。当别人负于我时，最聪明的做法是宽容、理解、原谅，并以实际行动对其感化。就个人而言，宽容不但会带来良好的人际关系，自己也能生活得轻松、愉快。就团体而言，宽容必定会营造一种和谐的气氛，利己利人。让步，表面看来是吃亏，其实是最大的占便宜。让步，既为他人着想，又能为自己留后路。多一个朋友多一条路，这的确是智慧的举动。《山家学生式》说：“恶事往自己身上揽，好事往别人身上推，舍己成人，慈悲之极也。”

大智若愚

2. 大智若愚

真正聪明的人，表面上往往很木讷，而“聪明反被聪明误”正好说明耍小聪明者的愚蠢。在很多时候，难得糊涂实在是一种处世的智慧，是一种高深的境界。愚者并非真愚，不过是一种生存策略。大智之人，欲达其远志，没有一点机巧权变是绝对不行的，尤其身处险境且不如意之时，则更需藏巧于拙，韬光养晦，外圆内方，不以锋锐示人。所谓外圆，即指对外界事物有异议，也要根据情况不必过于显示自己的与众不同，要有所保留。守愚，培养自己超常的冷静与沉着，是一种超凡的智慧。

3. 迂回间接

迂回间接

在现实社会中，人们很难直达目标。个人或集团，在其奋斗的过程中，往往历尽艰险，始终向着既定目标，坚定不移地一直走到底，最后才有所成就。然而，在实际行动中，则往往需要采用迂曲路线。因为个人或集团在一定时空地域中最高目标往往发生冲突，而这种冲突形成的强大阻力，使双方均无法轻易越过，于是，直接的、正面的抗衡就常常转化为间接的、侧面的、迂回的斗争。这是人生谋略中的重要组成部分。

浩如烟海的古代典籍中，蕴含着极其丰富的人生谋略。譬如："前事不忘，后事之师"；"大隐隐于朝，中隐隐于市，小隐隐于野"；"履霜坚冰至"；"中行无咎"；"乐天知命，故不忧"；"以刚为柔者活，以柔为刚者罚，重柔者吉，重刚者灭"；"当断不断，反受其乱"；"人心惟危，道心惟微，惟精惟一，允执厥中"；"满招损，谦受益，此乃天道"；"行不苟合，义不取容"；"天下有道则见，无道则隐"；"达则兼济天下，穷则独善其身"；"天地闭，贤人隐"；"君子独立不惧，遁世不闷"；"终身不仕，以快吾志"；"道不行，乘桴浮于海"；"古之欲明明德于天下者，先治其国；欲治其国者，先齐其家；欲齐其家者，先修其身；欲修其身者，先正其心；欲正其心者，先诚其意；欲诚其意者，先致其知。致知在格物"；等等。

"古之欲明明德于天下者，先治其国；欲治其国者，先齐其家；欲齐其家者，先修其身；欲修其身者，先正其心；欲正其心者，先诚其意；欲诚其意者，先致其知。致知在格物"。

参考书目

1.《智者的谋略》，上海交通大学出版社 2002 年版。

2.《谋略金鉴》，山东友谊出版社 2000 年版。

3.《谋转乾坤：影响历史进程的 25 位谋略家》，中国城市出版社 2002 年版。

4.《周易与人生谋略》，中国文联出版社 1999 年版。

5.《中华谋略始祖与集大成者》，宗教文化出版社 2000 年版。

6.《谋略人生：创造卓越的 14 种人生智慧》，中国城市出版社 2002 年版。

7.《鬼谷子》，江苏古籍出版社 2001 年版。

8.《谋略典故》，中国城市出版社 2002 年版。

思考题

1. 我国古代政治、军事方面的著名谋略家有哪些?
2. 老子政治谋略的核心是什么?
3. 谈谈政治谋略"挟天子以令诸侯"产生的背景、过程、作用及对后世的影响。
4. 中国军事谋略思想具有哪些特点?
5. 孙子军事谋略思想有哪些?
6. 以远交近攻为例,谈谈外交谋略的作用。
7. 谈谈儒家人生谋略的利弊。
8. 简述"三十六计"的主要内容。

第十一章 中国古代文物鉴赏

古代文物作为浓缩和积淀的物质文化，在中国传统文化系统中闪烁着耀眼的光芒。浩如烟海的文物遗存中，陶瓷、玉器、青铜器、货币、兵器等像一朵朵绚丽的奇葩，流光溢彩，争奇斗艳。这些具有典型性和代表性的文物，普遍具有工艺精美、造型生动、历久弥新的共同特点，不仅是中华文化的瑰宝，也是世界文化的重要组成部分，通过它们可一窥中国古代文化的辉煌灿烂。

第一节　中国古代陶瓷

一、陶器

陶器是我国古代劳动人民对人类文化的卓越贡献，标志着新石器时代的开端。它大大改善了人类的生活条件，揭开了人类利用自然、改造自然的新篇章，具有划时代的意义。中国古代陶瓷制作之精湛，釉饰之精美，器型之多变，为世界各国人民所赞叹。

陶器究竟是如何发明的，目前还缺乏可靠的材料说明。恩格斯在《家庭、私有制和国家的起源》中指出："可以证明，在许多地方，也许是一切地方，陶器的制造都是由于在编制的或木制的容器上涂上黏土使之能够耐火而产生的。在这样做时，人们不久便发现成型的黏土不要内部的容器，也可以用于这个目的。"新石器时代中晚期的仰韶文化、马家窑文化、大汶口文化、龙山文化等文化遗址以及商、西周至秦汉的遗址发掘中，出土了大量的陶器，依其种类可分为彩陶、墨陶、白陶、印纹陶、彩绘陶器等。

中国古代陶瓷制作之精湛，釉饰之精美，器型之多变，为世界各国人民所赞叹。

红陶　红陶烧成温度在900℃左右，是中国最早出现的陶器。根据考古发掘资料，黄河流域距今8000年的裴李岗文化和距今5000年的仰韶文化、大汶口文化，都发现有大量的泥质红陶和夹砂红褚陶。1962年发现于江西万年县仙人洞遗址的圆底罐，据放射性碳同位素断代为公元前6875±240年，系夹砂红陶，质地较粗糙，外表饰绳纹。裴李岗文化的陶器除泥质和夹砂红陶外，还有少量灰陶，多用泥条盘筑法成型，器型有杯、碗、盘、钵、壶、罐等，其中以三足钵、双耳壶最有代表性；其纹饰有篦纹、弧线纹、划纹、指甲纹、乳钉纹、绳纹等。磁山文化（前5400～前5100）的陶器除仍用泥条盘筑法外，还出现了捏塑法，陶质以夹砂为主，有红、灰、褐、灰褐等色陶器，同时出现了豆、盂、支架等新器型，部分器物表面饰有绳纹、篦纹、剔刺纹、划纹、乳钉纹等。发现于甘肃秦安县大地湾的大地湾文化（前5200～前4800）的陶器，以夹细砂红陶为主，器型有圈足碗、三足钵、三足罐等；较之上述陶器不同的是大地湾文化陶器中，部分器物有外红里黑，或两面红中间黑的现象，较为别致。

彩陶　陶器是用赭、红、黑等色绘饰的陶器。彩陶具有浓厚的生活气息和独特的艺术风格，它是在陶器未烧以前就将彩纹画在陶坯上，烧成后彩纹固定在器物表面不易脱落。有的在彩绘之前，先涂上一层白色陶衣，使彩绘花纹更为鲜明。彩陶花纹主要是花卉图案和几何形图案，也有少数动物纹。系利用赤铁矿粉和氧化锰作颜料，使用工具在陶坯表面上彩绘各种图案，入窑经 900℃～1050℃火烧后，在橙红的底色上，呈现出黑、红、白等颜色的图案。自 1912 年在河南渑池县仰韶村新石器时代文化遗址中发现后，甘肃、青海、陕西、宁夏、河南、河北、山西、山东、江苏等省区均有出土。属于仰韶文化的半坡遗址和庙底沟遗址及马家窑文化、大汶口文化、大溪文化、屈家岭文化、齐家文化等遗址中都有大量彩陶出土。

中国古代陶器异彩纷呈，主要有红陶、彩陶、黑陶、硬陶、白陶、釉陶、唐三彩等。

彩陶器种类主要有杯、盘、碗、壶、盒、鼎、炉、豆、敦、罐等。制作方法分轮制和模制两种，以轮制居多。胎色有灰、褐两色。灰胎多敷黑色陶衣，后再敷白粉一层，然后用黑线、红色及其他色彩彩绘。褐胎多敷白粉或黄粉，后多用红色彩绘，色彩鲜明，对比强烈。另外还有用金银绘线的。到了汉代，色彩有所增加，使用红、灰、褐、绿、蓝、黄、橙等色彩彩绘。纹饰有几何纹、云纹、花瓣纹、鸟兽纹等，对比强烈的色彩，使彩绘陶器显得灿烂多彩。

黑陶　制作黑陶是在烧制的最后一个阶段，从窑顶徐徐加水，使木炭熄灭，产生浓烟，让烟熏黑。它是继彩陶之后中国新石器时代制陶业出现的又一个高峰。1928 年，黑陶首次发现于山东章丘县龙山镇城子崖，器型品种较之彩陶更加丰富，主要有罐、盆、鬲、豆、杯、鼎等。其造型和彩陶也有不同，更多从生活实用出发，设计新颖巧妙，讲求实效，且更具美感。黑陶的制作，早期以手制，用泥条盘筑法，器胎较厚重，表面亦少光亮。至龙山文化时期，已普遍采用轮制，加之陶窑的改进和封窑技术的掌握，使工艺有了极大的提高。因而使所制黑陶器形多呈正圆形，胎体极薄且匀，具有黑、薄、光等特点，故有“蛋壳陶”之誉。黑陶的装饰极简朴，除早期采用泥条盘筑法而留有编织纹、篮纹、绳纹及某些以镂空的手法雕镂出的花纹外，一般不重装饰，而是以器体造型的丰富多变和设计新颖巧妙取胜。

硬陶　硬陶的胎质比一般泥质或夹砂陶器细腻坚硬，烧成温度比一般陶器高，而且在器物表面又拍印以几何形图案为主的纹饰，所以统称为“印纹硬陶”。西周是印纹硬陶发展的兴盛时期，其胎质原料根据化学组成分析，基本接近原始青瓷。因印纹硬陶所用原料含铁量较高，胎色较深，多呈紫褐、红褐、黄褐和灰褐色。印纹硬陶坚固耐用,大多数是贮盛器。商代印纹硬陶在黄河中下游地区和长江中下游地区都有发现。西周至战国时期印纹硬陶主要盛行于长江中下游地区及南方的福建、台湾、广东、广西等地。

白陶　是用高岭土烧制的质地洁白细腻的陶器。它起源于新石器时代,至商代,制作技术提高,原料淘洗更加精细,烧制火候的掌握也恰到好处,因而使所烧器物更加素净可爱。白陶器型多为生活用品,有瓮、坛、罐、盂、钵、杯、盘、豆、尊、壶、卣、簋等。其纹饰主要吸取青铜器的装饰纹样,如兽面纹、饕餮纹、夔纹、云雷纹、曲折纹等。白陶的装饰往往遍布器物全身,构图严谨而富于变化。

釉陶　汉代出现了一种在釉料中加入助熔剂——铅的釉陶,又称“铅釉陶”。铅釉陶的制作成功,是汉代制陶工艺的杰出成就。釉料中加入铅,可以降低釉的熔点,还可使釉面增加亮度,平整光滑,使铁、铜着色剂呈现美丽的绿、黄、褐等色,以绿釉为最多,绿如翡翠,光彩照人。

唐三彩　唐三彩是一种施挂彩釉的低温铅釉陶器,多用黄、绿、褐等色彩,故称三彩。其品种有器皿及人物、动物俑等,器皿种类繁多,造型新颖别致,设计巧妙,绚丽色彩,是中国陶器工艺中的一枝奇葩。

二、瓷器

瓷器是中国古代一项伟大的发明,享有盛誉的中华古瓷,已成为世界各大博物馆里的珍藏。瓷器的发明和发展,有着从低级到高级、从原始到成熟逐步发展的过程。

瓷器是中国古代一项伟大的发明,享有盛誉的中华古瓷,已成为世界各大博物馆里的珍藏。

商周时期是从陶器过渡到瓷器的渐进阶段,也是原始青瓷的产生阶段。烧制瓷器的原料是高岭土,又叫“瓷土”。烧制温度比陶器高,一般需1200℃以上高温。瓷器表面涂有用草木灰和瓷石配合而成的高温釉。虽然商代瓷器具备了以上基本特点,但当时制作工艺水平低下,胎中还是有一定量的铁成分,颜色较深,透光性较差,釉色不稳定,具有较强的原始性。

商周到西汉时期的青瓷所涂的釉是用石灰石加黏土配制而成的,在氧化气氛中烧成,由于含铁元素,所以呈青绿、黄绿、灰绿、褐绿等颜色。瓷器表面多拍印米字纹、方格纹、麻布纹、圆圈纹、曲折纹、叶脉纹、篦纹、水波纹、云雷纹等纹饰。主要器型有尊、豆、盂、罐、提梁壶、鼎、瓮、罍、杯、钵等,绝大部分器型仿当时的青铜器器型而作。

东汉时期青瓷制作精细，胎多为灰白色，施釉方法已改为浸釉，生活日用器如碗、盘、罐、盘口壶等成为主流。东汉青瓷致密坚硬，虽然在造型和装饰上与原始青瓷很相似，但在胎釉的化学组成及烧成温度等方面则不同，胎色多为灰白或淡青灰色，釉层均匀，胎釉结合紧密，瓷化程度较高，敲击声音清脆。

三国两晋南北朝时期，南北制瓷业发展不平衡。江南"六朝青瓷"，以浙江早期越窑为中心，继承并发展了东汉青瓷的成就，工艺水平较高。北方则生产较少，直到6世纪初期的墓葬中才有随葬青瓷发现。南方青瓷窑场广泛分布在浙江北部、中部和南部地区，分别是唐代德清窑、越窑、瓯窑和婺州窑的前身，其中以早期越窑水平最高。北方青瓷与南方青瓷的差别主要表现在：北方青瓷胎料中氧化铝的含量高，因此往往有因温度不足而瓷化程度稍低的现象，但瓷胎的颜色比南方要稍淡一些，多为白色；光泽性好，玻璃质强，釉面常有开片，流动性较大，没有南方青瓷那种失透的感觉；体厚重，与南方青瓷相比显得形体硕大；装饰方法较多，有堆贴、模印、雕镂、刻划等，纹饰中受佛教影响的纹样如莲花纹、忍冬纹等南方较为多见。

隋代瓷器仍以青瓷为主，也有一定数量的白瓷。隋瓷的胎子普遍较厚，胎质坚硬，釉子无论青绿、青黄还是黄褐，均为玻璃质，施釉不到底，大多数都有垂流现象。隋瓷多光素无纹，部分带纹饰的主要以印、划、贴为主。常见纹饰有团花、草叶、莲瓣、卷叶、波浪和弦纹等，个别也有加饰黑褐彩的。隋代制瓷技术的重要成就之一，是成功地在瓷胎上采用白色化妆土。隋代瓷器器型主要有盘口壶和罐、龙柄鸡首壶、唾壶、多格盘、五盅盘、高足盘、瓶、砚、盘和碗等。

唐代青瓷在隋朝基础上有进一步发展，这一时期以越窑和长沙窑最为著名。唐代早期越窑瓷器胎子淡灰色，紧密坚致；釉汁很薄，均匀缜密，温润似玉，青绿色，有的略闪黄。立型器多瘦高，碗多大口浅腹，口、腹垂直，下腹斜折内收，平底。唐中晚期的越窑瓷，胎子比前更致密，灰白色，釉子匀净光润，有鳝鱼黄、淡青和青绿等色，通体施满釉。晚唐时出现了荷叶式或花口式盘和碗，瓷器装饰以光素为主，也有划、刻、堆贴和镂空纹饰的，以划花为多，常见纹饰是花鸟、水草和人物等，线条流畅简洁，纤细生动。

唐代白瓷窑多集中于北方，主要有河北的邢窑、定窑，河南的巩县窑、密县窑，山西的浑源窑、平定窑等。五代时期，江西景德镇开始烧造白瓷。邢窑白瓷按其胎、釉的质地，可以分为粗、细两大类。粗白瓷的胎质又有粗、细之分，粗胎的一类胎色灰白，胎质粗糙；细胎的一类胎体致密，胎色较淡，但仍不够白。邢窑白瓷多素面无装饰，唐代中期以后特别是晚唐五代，邢窑常采用雕塑、堆贴、印花、刻花、压边、起棱、花口等装饰方法。

唐代生产黄瓷的窑口主要是安徽淮南寿州窑、萧县白土窑等。唐代黑瓷的一般特点是胎体厚重，器物多为平底，制作较青瓷、白瓷略为粗糙，釉色有的色黑如漆，也有些因火候把握不好而烧成褐色或茶叶末色的。花瓷是唐代新出现的一个瓷器品种，它是在黑釉或黄釉、黄褐釉、天蓝釉、茶末釉上饰以天蓝或月白色斑点，一般深色釉饰以浅色斑点，浅色釉则饰以深色斑点，深浅相间，对比强烈，釉斑排列无论有序或任意，都很工整，这种花斑釉器物在唐代文献中被称为“花瓷”。花瓷的造型不多，主要有罐、瓶、碗、壶、腰鼓等。

宋代是我国陶瓷发展史上的黄金时代。除五大名窑之外，耀州窑、湖田窑、龙泉窑、建窑、吉州窑、磁州窑等的产品也是风格独特，各领风骚。与宋朝同时并立的中国北方三个少数民族政权辽、西夏和金也都有各自的制瓷业。这些地区所生产的瓷器除具有本民族的特点外，明显受到唐、宋北方诸窑影响的痕迹。

定窑是宋代著名瓷窑之一，以产白瓷驰名。其产量、质量及制作工艺较五代有明显提高。定窑白釉有一个明显的特征，即所谓的“泪痕”，是上釉过程中，釉浆流淌的痕迹，“泪痕”厚处均有明显的偏黄色。无论正烧还是覆烧，“泪痕”流向均是自上往下流淌。

白瓷润泽洁白，“类银似雪”。

磁州窑系是宋金时期北方最大的民窑系，窑场在今河北、河南、山西三省广有分布。磁州窑系诸窑多是综合性瓷窑，兼烧白瓷、黑瓷、彩绘瓷、三彩陶器等品种。白瓷是磁州窑的主要产品，造型以盘、碗最多见，也有瓶、罐、水盂、镜盒、玩具等。白瓷以其胎釉质地不同可分为两类：一是仿定窑产品，胎土经过淘洗，比较细密，胎色白或黄白，釉层较薄，釉质莹润，除底足外通体施釉，其优质品与定瓷差别很小；另一类是粗白瓷，胎体厚重，胎质粗糙，呈土黄或红褐色，杂质明显，胎上有一层化妆土，多是内壁施满釉，外壁施半釉。黑瓷也是磁州窑产品的大宗，这类产品的造型以罐、碗、瓶为主，也有盘、壶和玩具，胎质粗糙，胎色黄褐，胎体厚重，釉层较厚，黑色纯正。釉下彩绘是磁州窑独具特色的装饰手法，以釉色分，有白釉釉下彩和绿釉釉下彩；以色彩分，则有黑彩和褐彩图案，以花卉纹居多，如牡丹、荷花等，也有一些动物图案，如鱼、蝴蝶、芦雁、鹭鸶等，还有少量龙、凤，人物很少见，主要是枕面上的婴戏图。

耀州窑是北方青瓷的代表。耀州窑青瓷的胎子是灰白色，较薄，很坚密；釉子细密，光润，青中闪黄或略闪黄，类似北宋时期的龙泉窑。主要装饰方法是刻花、划花、印花、堆塑等。耀州窑纹饰以花卉为主，以婴戏纹最有特色。耀州窑主要器型有盘、碗、杯、盏、钵、花瓶、荷叶式高足盘等。据史书记载，北宋中晚期的耀州窑有大量上乘之作作为贡瓷供宫廷使用。

钧窑以今河南禹县为中心，以生产青瓷为主，其最著名的品种是高温铜红乳浊釉，即在天蓝或月白色釉上烧出大小不一、形状各异的玫瑰紫或海棠红色，有的还交织着蓝、灰、褐、鳝鱼黄等颜色的斑点或丝缕，如傍晚天空中的彩霞变幻莫测。钧窑主要器型有花盆、盆托、盘、碗、洗、炉、尊等。宋钧窑以釉色美取胜，除了堆凸乳钉、弦纹外，一般没有其他纹饰。钧瓷为历代收藏家所珍视，谚语说："宁要钧瓷一片，不要家产万贯。"

汝窑窑址位于今河南宝丰县。从宋哲宗到宋徽宗汝窑只烧造了20年。汝窑瓷器胎均为灰白色，深浅有别，与燃烧后的香灰相似，故俗称"香灰胎"。汝窑瓷釉基本色调是一种淡淡的天青色，俗称"鸭蛋壳青色"，釉层不厚，随造型的转折变化，呈现浓淡深浅的层次变化。釉面开裂纹片，多为错落有致的极细纹片，透明无色似冰裂，俗称为"蟹爪纹"。汝窑瓷器以釉色取胜，少见花纹装饰，瓷器传世最少。

哥窑窑址至今未被发现，成为一个历史之谜。哥窑主要烧制陈设瓷，多仿古铜器形制，如贯耳瓶、菊瓣盘、兽耳炉、弦纹瓶、长颈瓶、立耳三足炉、鼎式炉、五足洗等。哥瓷胎子坚密，呈深紫灰色、灰色或土黄色。哥窑釉色较多，有粉青、翠青、灰青、米黄等。施釉较薄，温润似玉，有较大的黑色及较小的黄色开片，俗称金丝、铁线。哥窑瓷器既有支烧的，也有垫圈烧的。

官窑文献记载很少，窑址至今没有找到。从故宫博物院所藏传世品看，被认为是北宋官窑的瓷器胎子是紫黑色的，施釉很厚，莹润如堆脂，粉青或天青色，开稀疏的大纹片。施釉后略有流淌，口部等釉薄的地方隐约露出胎色。官窑和汝窑一样，以釉色为美，没有纹饰，立器只有凹下或凸起的弦纹或边楞。器型种类较少，除了盘、葵口洗以外，多仿古青铜器的造型，如长颈瓶、贯耳瓶、贯耳尊、兽耳炉等。

北宋真宗景德年间(1004～1007)，景德镇由于烧制精美御瓷获真宗赞赏，瓷器上底款书“景德年制”，景德镇由此得名并名扬天下。千百年来，景德镇陶瓷艺术成为中国和世界艺术宝库中一颗灿烂夺目的明珠。元代景德镇瓷器中最著名的是青花瓷。明清两代，专门为皇家烧瓷的御器厂在此处兴建并长期烧造，在传统烧造基础上不断推陈出新，因而名品迭出，制作了无数精美的产品，成为举世公认的“瓷都”，工匠们将青花瓷器的生产推向极致。被誉为青花之冠的宣德青花瓷器和康熙时期的青花瓷器尤以青翠光艳、层次分明而给人以清新明快的感觉。在颜色釉和釉上彩方面也创造出许多新的品种，如成化时期的“斗彩”，万历时期的“五彩”，雍正、乾隆时期的“粉彩”和“珐琅彩”以及模仿竹木制品、牙雕、青铜、漆器等器物和生物形象的各种陶瓷制品，均为当时工匠们巧夺天工的卓越创造。这一时期，我国制瓷工艺的发展盛况空前，达到了历史高峰，白如玉、薄如纸、声如磬、明如镜，是景德镇瓷器的真实写照。景德镇的艺术陶瓷则是根据宫廷画家设计好的画面、图案或根据民间沿袭下来的优秀图案，由专门的画工将其复制在胚胎瓷器上再经烧制而成的。到明代，景德镇已成为全国的制瓷业中心，所产瓷器不仅受到国人的青睐，而且还远涉重洋到了海外。

千百年来，景德镇陶瓷艺术成为中国和世界艺术宝库中一颗灿烂夺目的明珠。

三、陶瓷鉴赏

←鱼鳍形足鼎(前3100～前2200)　良渚文化陶鼎。罐形容器，鼎足是从早期的鱼鳍形向中晚期的扁方形、T字形演变的，腹下三足呈鱼鳍形，上刻数道直条纹。

黑陶镂孔高柄杯 ➡(前2800～前2400)　大汶口文化出土。侈口，深腹，圜形底接高柄，圈足。高柄上有七条联珠状镂孔装饰。器壁较薄，类似蛋壳，器表乌黑发亮。造型严谨规整，装饰朴素大方。

←彩陶圆圈纹壶（前2200～前2000年） 马家窑遗址出土。贮水器，腹部以红、黑两色绘出大小不同的圆圈组合，其间又填圆点纹和编织纹，下面波浪形条纹，构图熟练、精美。

青釉弦纹尊→（前16世纪～前11世纪） 商代原始青瓷。是现存原始青瓷中难得的精品。釉色滋润，呈色稳定，器表匀净光洁，造型端庄工整，朴实无华，像这样制作极精的原始青瓷传世较少。

←青釉四系罐 两汉时期是原始青瓷向成熟青瓷过渡的时期。现藏于浙江省上虞县文管所的东汉越窑青釉四系罐，直口、短颈、溜肩、鼓腹、平底，胎质灰白细腻，釉色青绿泽润，胎釉结合致密，已完全看不到任何原始青瓷的特征了。

陶骑马女俑→（618～907） 唐三彩。俑胎呈白色，马伸颈昂首，双耳耸立，四足立长方形踏板之上，体态雄伟。浑身施白色釉，头部和鞍部施绿、黄彩釉。鞍上坐一仕女，头戴黑色防风帷帽，黛眉朱唇，身着袒胸窄袖黄衣，束绿色长裙，双手勒缰，神态悠闲。

←青釉海棠式碗（618～907） 唐越窑青瓷。器形规整，丰满硕大，碗口如一朵盛开的海棠花，胎质细腻，釉色匀润，青中闪黄，润泽如玉。

月白釉出戟尊→（960～1127） 北宋钧瓷。仿古铜器式样，胎体厚重，胎质坚密；尊内外施月白色釉，釉色匀净，乳光晶莹，肥厚玉润。器身饰长方形出戟12个，分置在颈、腹、足部。色釉呈现不规则的流动状线条，似一条蚯蚓在泥土中游走，后人称之为“蚯蚓走泥纹”。

←汝窑盘(960～1127)　北宋汝窑瓷。汝瓷在宋代五大名窑中存世最稀少。作品采用芝麻状细钉支烧，通体满施天青釉，釉色莹厚青绿，釉面布满了细小不规则的开片，看上去有一种素雅清逸的美感。

白釉印花云龙纹盘→(1115～1234)　宋代定窑出品。盘胎体匀薄，釉色白中微微闪黄，外壁有定窑瓷上常见的“泪痕”特征，口沿包镶铜边；盘内印云龙纹，印纹十分清晰，代表了宋代瓷器印花工艺的最高水平。

←青釉三足炉(1127～1279)　南宋龙泉窑产品。通体表面无纹饰，凭借丰厚釉层使釉色莹润葱翠，属典型的梅子青色调；微露白色胎体，造成边角转折处的楞线出筋，使之具有深浅不同的层次变化。

青花缠枝牡丹纹罐→(1271～1368)　元代景德镇出品。罐器形高大厚重，胎体分段制作，图案装饰繁密而有层次，主次分明，青花发色浓艳，幽菁可爱，是元代青花瓷器的典型作品。

←青花折枝山茶纹扁壶(1403～1424)　明永乐景德镇出品。永乐、宣德是青花瓷器烧造的黄金时期。造型新颖，俗称“抱月瓶”。器物通体施白釉，釉色白中闪青；器身满饰青花纹饰，纹饰可分三组，颈部绘缠枝花卉纹，肩部绘蕉叶纹，腹部主题是折枝山茶纹。构图疏朗有致，有空间感；笔绘工细，画风流畅。

釉里红三鱼纹高足碗→(1426～1435)　明宣德景德镇出品。釉里红指以氧化铜为呈色剂在胎上彩绘，施釉后经高温烧成的釉下彩品种。此碗撇口，高足外侈，平底砂足。通体白釉，釉色滋润，釉面隐现橘皮纹。碗身绘釉里红鳜鱼三尾，形体丰肥，微微凸起，红白相映，生趣盎然。

←五彩采莲图瓶(1662～1722)　清康熙景德镇出品。瓶口有唇,丰肩,圆筒腹,圈足。胎体厚实,釉质莹润。颈部纹锦地,上饰四白地开光折枝花卉纹,腹部主题纹样绘皇帝携皇后观赏采莲图。画面人物姿态各异,形象生动。

豇豆红釉瓶➡(1662～1722)　清康熙景德镇出品。又称豇豆红柳叶尊。豇豆红为铜红釉品种之一,因在淡红色釉中有深红色晕点或绿色苔点,釉色宛如红豇豆,故名。撇口,细颈,圆肩,长腹,小底,深圈足,足露胎,底内白釉。釉面呈现淡雅的桃红色,精美异常。釉层薄而细腻,造型秀美,制作精致。

←珐琅彩墨竹纹碗(1723～1735)　清雍正景德镇出品。珐琅彩始烧于清康熙,由宫廷造办处画师用珐琅料,按指定的样稿在烧成的白瓷上作画,再入炉烘烤而成。此碗撇口、圈足。底有蓝料双方栏"雍正年制"宋体字款。画意清逸典雅,书法圆润流利,制作极为讲究。

青釉云龙纹缸➡(1723～1735)　清雍正景德镇产品。形制硕大规整,缸高45.5cm,口径40.6cm,腹径达62cm。里外施粉青釉,器外凸雕游龙两组,衬以云朵,每组龙两条,互相追逐,呈双龙戏珠形态,腹下饰海水纹。

←陈曼生紫砂竹节壶(18世纪后期～19世纪前期)　浙江宜兴窑产品。器身紫中透红,呈竹节状,圆口,腹、流、钮均仿竹而为之,与器身连接处均以浮雕竹叶点缀。腹部阴刻"单吴生作羊豆用享"八字铭,下署楷书"曼生"款。造型庄重,纹饰清晰流畅,浮雕精细入微,给人以妙手天成之感。

第二节　中国古代玉器

中国素有"玉石之国"的美誉,制作玉器已有7000多年的历史。古代社会,人们把一切美好的东西以玉喻之,玉包含着古人的理想追求和精神向往。玉不仅被用于装饰,是财富、权力的标志,还是统治者祭天祀地、沟通神灵的法物。玉的自然属性被人格化、道德化。古人爱玉，不仅在于爱它的材质自然之美，更在于爱它的造型之美、雕琢工艺之美和内在蕴含之美。君子佩戴玉，更要"比德于玉"、"守身如玉"；光洁温润，可谓之"仁"；不易折断，可谓之"义"；整齐有序，可谓之"礼"；声音清脆，可谓之"乐"；瑕瑜不掩，可谓之"忠"……玉中凝结了中华民族的精神品格，见证了一个民族的成长经历，陶冶了一个民族的思想情操，抚育了一个民族的君子风范。没有对玉的深层体悟，不可能对中华文明有真正了解。

一、玉器简介

中国素有"玉石之国"的美誉，制作玉器已有7000多年的历史。古代社会，人们把一切美好的东西以玉喻之，玉包含着古人的理想追求和精神向往。玉不仅被用于装饰，是财富、权力的标志，还是统治者祭天祀地、沟通神灵的法物。

以矿物学分类，玉可分为两种：一种是键状硅酸盐中的角闪石组，包括透闪石和阳起石，称软玉；另一种是单链状硅酸盐碱性单斜辉石，也叫硬玉（如翡翠）。中国大多是软玉，包括新疆玉、岫玉等。在清初吴三桂追击永历皇帝进入云南并控制了缅甸北部盛产翡翠的矿区后，硬玉才正式进入中国并流行起来。

旧石器时代晚期，我们的先祖就发现并开始使用玉石。因为它比一般石头坚硬，于是人们用它来加工其他的石制品；它有与众不同的色泽和光彩，晶莹通透，惹人喜爱，于是人们用它来做装饰品；由于玉的数量有限而且加工困难，因此只有族群里少数头面人物如族长、祭师才有资格佩戴并使用它，从而使它渐渐演变成礼器、祭器或图腾，转化为权力、地位、财富、神权的象征。

随着社会的发展，玉器加工逐步形成了一个专业。史前玉器大多是玉工具，如玉刀、玉斧、玉针。良渚文化的玉琮则是礼器（祭器），红山文化的玉龙、玉猪应是图腾。从新石器时代晚期到青铜时代，在中国主流文化区域内已很难见到玉工具了，代之出现的是大量的玉冥器、玉配饰等。

夏、商、西周时期，统治者为巩固奴隶制政权和规范礼治，建立了一整套用玉制度，产生了系列化的玉礼器。除了史前的玉璧、玉琮外，还有玉圭、玉戚、玉戈等礼玉。当时贵族服装上都有玉饰，所谓"君子佩玉"，其形态以动物和想象中的神物为多。商代，由于受青铜文化冲击，玉器已不再在社会生活中继续占主流或垄断地位了，但仍在美身、祭祀、礼仪、殓葬方面仍发挥着重要作用。商代妇好墓的玉器分为礼器、仪仗、工具、用具、装饰、艺术品及杂品等七类，反映出当时玉器用途广泛、地位至尊的历史面貌。西周时期，玉文化沿着殷商的轨迹发展，在佩饰上出现了新变化。如：串饰形式多样，长度加大，贵族玉佩多以璜为主件，杂以珠管，也有以多种形式的玉片配以管珠制成。西周玉器中玉璜甚多，说明西周时期盛行玉佩。《诗经》曰："言念君子，温如其玉。"

玉中凝结了中华民族的精神品格，见证了一个民族的成长经历，陶冶了一个民族的思想情操，抚育了一个民族的君子风范。

春秋战国时期，周室衰微，社会动荡。各诸侯都大力制造青铜器、玉器，为其"挟天子以令诸侯"的僭越活动作礼仪上的准备。此期玉器数量颇丰，除周王室之外，还有春秋的郑、晋、齐、吴等及战国的韩、赵、魏、鲁、楚、秦等诸侯国拥有玉器。春秋前期的玉器，在器型、图案和做工上仍保留着西周玉器的遗风。中期以后，则已由西周时的平面化、简约化向隐起化、繁复化方向演变，如黄君孟墓出土的玉鸟兽纹璜、玉鸟纹环、玉虎形饰等。战国玉器的主要特点是玉质优良，王侯用玉多用和田玉，玉质细腻温润，光泽晶莹，青白色较多。玉器上的线条，包括造型的轮廓线和纹饰的阴阳线，均锋利挺劲，准确流畅。龙的形象占有突出地位，其次是虎，再其次是凤。当时玉器已不仅是最高统治者的生活器皿和自身装饰品，它的使用范围在逐步扩大，如有的武器已用玉饰，甚至还出现了祭玉。

秦朝流传下来的具有明确纪年的文物很少，从零星出土的玉器来看，与战国精细做工的玉器区别不大。两汉时期，从王公贵族到官宦人家甚至绅士富商等阶层日常用玉品种丰富、数量众多、加工工艺精湛。汉代玉礼器只有璧、圭等，数量减少，已不再是玉器品种的主流。各种作为装饰用的玉佩饰增加，包括佩玉，有璜、环、琥、珑等。用于丧葬的玉冥器、玉用具显著增加。在雕琢工艺方面，圆雕、高浮雕、透雕的玉器和镶玉器物较前增多。纹饰的风格由以抽象为主转向以写实为主。汉代人认为玉石能使尸骨不朽，所以用于丧葬的玉器在汉玉中占有重要的地位。葬玉主要有玉衣、玉九窍塞、玉琀和握玉等。

魏晋时期，魏文帝下令禁止使用玉衣，葬玉由此绝迹。从这一时期墓葬出土玉器的情况看，多为简单的玉豚、玉蝉之类的玉雕。南北朝时佛教传入中国，于是出现用于佛教方面的玉器，主要是各种佛像。两晋南北朝对于中国玉文化的发展来说是一个断裂带，玉器制作比两汉明显萧条，传世或出土玉器多做工简略朴素，精工者极少。

唐代受波斯文化的影响，出现了一些新的玉器造型和图案。佛教题材玉器有飞天，生肖玉有立人、双鹿、寿带、凤等。此时玉器加工技艺已趋成熟，形象突出，气韵丰满，颇有浪漫主义色彩。尤其是立体生肖形象的肌肉转折处理能收到天然得体的良好效果。这个时期普遍采用产自西域的和田玉。和田玉温润晶莹的特性在各种玉雕人像、动物造像中得到了充分体现，从而使形象美与玉材美和谐地融合为一体，提高了玉器的艺术性和鉴赏性。

和田玉温润晶莹的特性在各种玉雕人像、动物造像中得到了充分体现，从而使形象美与玉材美和谐地融合为一体，提高了玉器的艺术性和鉴赏性。

两宋玉器画面构图复杂，多层次，形神兼备，有浓厚绘画趣味，完成了由唐玉偏重工艺性、雕塑性向宋玉偏重绘画性、艺术性的转变。此时皇家用玉品种丰富多样，佩饰类有玉束带、玉佩，用具有玉辂、玉磬，礼器有玉圭、玉册等等。内廷设有玉作坊，玉料由西域诸国进贡。皇家、官僚及民间均风行收藏古玉，古董行开始出现伪造或仿造古玉的风气，因此，宋玉又被分为古玉、时作玉、伪古玉和仿古玉。

元代玉器虽然保持了宋玉的风格，但其艺术性和加工工艺均显得粗糙。不过，元代除碾琢礼制用玉之外，还将玉材广泛地用于建筑和家具，拓展了玉的应用范围。画家朱德润编写的《古玉图》，是我国第一部专门性的古玉图录。元代玉器“渎山大玉海”，可贮酒三十余石，饰海龙、海马等十几种瑞兽，翻腾沉浮于波涛汹涌的大海，气势雄伟，动人心魄，神态生动，是元代玉器的代表作。

明代玉器追求精雕细琢的装饰美风格。皇家用玉都由御用监监制，代表性的玉器有明十三陵定陵出土的玉带钩、玉碗、玉盂、玉壶、玉爵、玉圭、玉佩、玉带等。民间观玉、赏玉之风盛行，古玩商界为适应收藏、玩赏古玉器的社会风气，还制造了大量的古色古香的伪赝古玉器。经济文化发达的大城市都开有玉肆，苏州就是最著名的碾玉中心，著名玉工陆子刚就出自苏州专诸巷。总体上说，明前期的玉器没有自己的风格，中期玉器趋向简略，具有文人色彩，如青玉松荫策杖斗杯等。明中晚期，海外贸易频繁，整个工艺美术为商品生产和外销所支配，于是出现了追求数量、忽视艺术的不良倾向。

清康熙时，吴三桂追击南明永历帝入交趾，开通了缅甸翡翠进入中原的路线，乾隆用兵西北，打通了和田玉内运的通路，从而促进了玉器工艺迅速发展，我国古代玉器史上最为昌盛的时代出现。清代宫廷用玉受清内廷院画艺术的影响，做工严谨，一丝不苟，碾琢细致，如雕似画，在抛光上不惜工本以显示其温润晶莹之质美。清代重白玉，尤尚羊脂白玉，黄玉极少，民间用玉以两江产量最多也最精。清代玉工善于借鉴绘画、雕刻、工艺美术的成就，集阴线、阳线、平凸、隐起、镂空、俏色等多种传统做工及历代的艺术风格之大成，又吸收了外来艺术并加以糅合变通，创造与发展了工艺性、装饰性极强的玉器工艺，有着鲜明的时代特点和较高的艺术造诣。

二、玉器欣赏

←玉权杖 良渚文化墓葬出土。由冠饰、端饰和钺三部分组成。玉权杖为氏族首领和巫师所有，是一种权力的象征。

神像飞鸟纹玉琮➡ 良渚文化墓葬出土。湖绿色，玉质晶莹，有透光性。在琮体四面分别琢出一组神人兽面纹，即良渚先民崇拜的神像。其四角有四只飞鸟，为神像的使者。玉琮是史前时期祭典和殓葬的重要礼器。

←玉神人 龙山文化出品。圆雕立体人像，玉质晶莹。面部造型奇特，拱手直立，威严森然，是被崇拜的神人形象，雕琢古拙简练。

凤攫人首玉佩➡ 龙山文化的遗存。采用透雕、浮雕技法琢成。大凤冠作龙形，口啄一兽，足攫一人头，昂首挺立，显得十分威武。

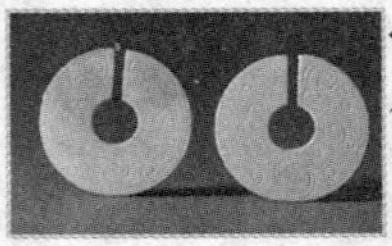

←龙纹玉玦 春秋时期耳饰。制作精巧，器面用双线阴刻技法雕琢蟠曲变形的龙纹，线条流畅。

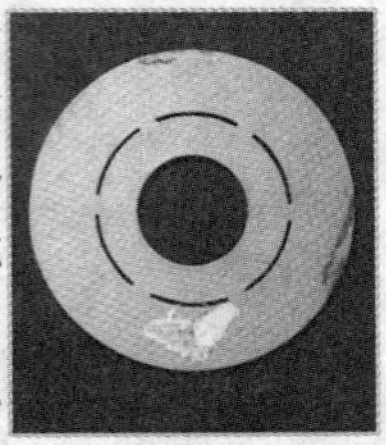

重环谷纹玉璧➡ 战国时期，玉璧用途极广，除了作为礼玉外，还用于装饰和陪葬。此璧内外两圈重环形，布满谷纹。谷纹是当是最流行的纹样，边沿小孔可穿系悬挂。

←四灵玉胜 东汉时期避邪物。上下左右透雕青龙、朱雀、白虎、玄武，代表了东南西北四方天象的神灵。玉质洁白若凝脂，这类工艺陈设品在东汉时不可多得。

云龙纹葵口玉盘➡ 唐代生活玉器。琢磨光洁均匀，盘口呈花瓣形，内壁精加工，平整而圆滑，外壁浮雕二龙戏珠和如意云纹。

⬅"春水"玉饰　金代产品。以狩猎为主题，表现海冬青攫天鹅图案，在金人中十分盛行。巧妙利用玉质的原来色泽来表现对象，在玉雕中称为"巧色"。

持荷玉童➡　明代产品，上海松江西林塔天宫出土。表现儿童相互戏耍的情景：一童子骑于另一持荷童子的肩上，旁侧童子则双手抱一小猴。憨态可掬，充满天真活泼的生活情趣。

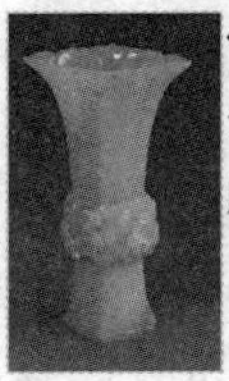

⬅三螭纹玉觚　清代乾隆年间的宫廷用品。黄玉质，形制仿商周青铜彝器。器身上下部雕葵瓣纹，中部浮雕三条蟠螭，玉质纯洁无瑕，琢工高超。

第三节　中国古代青铜器

青铜，古称金或吉金，是红铜与锡、镍、铅等化学元素的合金。史学上所说的"青铜时代"是指大量使用青铜工具及青铜礼器的时期，包括夏、商、周、秦、汉，时间跨度为两千年左右。青铜器以其独特的器形、精美的纹饰、典雅的铭文向人们揭示了先秦时期的铸造工艺、文化水平和历史传统，被称为"活生生的史书"。

一、青铜器简介

考古学上，青铜器特指夏、商、西周和春秋时期的青铜器物，以铜质为主，加入少量锡和铅浇铸而成，因呈青灰色而得名。青铜器种类主要有工具、兵器、烹饪器、食器、酒器、水器、礼器、车马器等，形制多样，铭文、纹饰精美，凝聚了古人对美好生活的追求和理想，是古代文物中艺术性最强的种类。

一般把中国青铜文化的发展划分为三大阶段，即形成期、鼎盛时期和转变期。形成期指龙山文化时代，距今约四千五百年；鼎盛期包括夏、商、西周、春秋及战国早期，延续时间约一千六百年；转变期指战国末期至秦汉时期。

在六七千年以前，我们的祖先就发现并开始使用铜。1973年

青铜器以其独特的器形、精美的纹饰、典雅的铭文向人们揭示了先秦时期的铸造工艺、文化水平和历史传统，被称为"活生生的史书"。

陕西临潼姜寨遗址曾出土一件半圆形残铜片，经鉴定为黄铜。1975年甘肃东乡林家马家窑文化遗址出土一件青铜刀，是目前发现最早的青铜器。龙山时代遗址里发现了不少青铜器制品。其特点特点是：一是红铜、黄铜与青铜器并存，如甘肃东乡林家遗址出土的青铜刀，河北大城山遗址出土的带孔的红铜牌饰，河南登封王城岗出土的青铜容器残片等；二是青铜器品种较少，多属于日常工具和生活用具，如刀、锥、钻、环、铜镜、装饰品等；三是朴实无饰，装饰较少，仅有星条纹、三角纹等简单的几何文饰。

"国之大事，在祀与戎。"对于古人而言，最大的事情莫过于祭祀和战争。作为代表当时最高科技水平的青铜器，主要用在祭祀和战争上。夏、商、周三代所发现的青铜器，其功能均为礼仪用具和武器以及围绕二者的附属用具，主要分为礼乐器、兵器、杂器三种。乐器主要用在宗庙祭祀活动中。礼器是古代礼仪中使用的，代表青铜器制作工艺的最高水平，数量最多，制作也最精美，或陈于庙堂，或用于宴饮、盥洗。还有一些是专门用作殉葬的明器。西周中晚期食器比重增加，列鼎制度、编钟制度和赐命作器风习已经形成，作器铸铭盛行，多见有长篇铭文的重器。商周青铜器最常见的纹饰是饕餮纹，也叫兽面纹，有的像龙、像虎、像牛、像羊、像鹿，有的像鸟、像凤、像人，有浓厚的神秘色彩。《吕氏春秋·先识》说："周鼎著饕餮，有首无身，食人未咽，害及其身。"西周时代，青铜器纹饰的神秘色彩逐渐减退，但龙和凤，仍然是许多青铜器花纹的母题。春秋时代，螭龙纹盛行。

商周青铜器中数以万计的青铜器都留有铭文——金文，成为研究古代历史的重要材料。

春秋时期出现的《考工记》，总结了青铜铸造技术，对制作钟鼎、斧斤、弋戟等各种器物所用青铜中铜锡的比例作了详细的说明和规定。由于战争频繁，兵器铸造得到了迅速发展。特别是吴、越的宝剑，异常锋利，名闻天下，出现了一些著名的铸剑匠师，如干将、欧治子等人。春秋中期至战国，青铜器制作趋向成熟，区域特征明显。北方晋秦、东方齐鲁、南方荆楚的青铜艺术交相辉映。器物的生活实用性加强，礼器的功用逐渐消失。随着形制的创新，出现了许多谲奇精丽之器。失蜡法和印模块范拼合法的产生，使镶嵌工艺展现出绚丽工巧的特色。铭文字体亦注重美化。

秦汉中央集权性质的封建社会最终建立，传统的礼仪制度彻底瓦解，社会各领域均发生了翻天覆地的变化。随着铁器、陶瓷器的广泛使用，日用青铜器皿逐渐从生活中被排挤出去，青铜器在社会生活中的地位逐渐下降。汉代以后，铜镜成为铜器的主要品种，其余可以说没有大的发展。

需要特别重视的是，商周青铜器中数以万计的青铜器都留有铭文——金文。古人认为青铜器极其牢固，铭文可以传流不朽，需长期流传的事项必须铸在青铜器之上，因此青铜铭文内容丰富，成为研究古代历史的重要材料。

二、青铜器鉴赏

⬅束腰爵　夏代晚期（前18世纪～前16世纪）。爵是古代的饮酒器，相当于现代的酒杯。这件3800年以前的爵，是目前所知最早的青铜器之一。它有一个较阔的鋬和狭长的流口，虽然它的形制还比较简单，但整个造型趋于规整，表明铸造技术已达到了初步熟练的程度。

⬅兽面纹斝　商代中期（前16世纪～前14世纪）。盛酒器，兼作祭神的礼器，是中国最早的礼器之一。此器敞口高颈，前有双柱作帽形，下有三锥足，足部与器腹相通。袋足的作用是为了在温酒时扩大受火面积，有温酒的作用。器物的颈、腹部各饰兽面纹。腹部兽面纹，双目突出，带有神秘感。此器形体高大，器壁匀薄，在口沿上有一周加厚的唇边，显示了商代早中期青铜器的铸造特色。

⬅龙纹扁足鼎　商晚期（前14世纪～前11世纪）。此鼎立耳、方唇、浅腹、圆底，下置三个龙形的扁足。每一个扁足既薄又宽，且两面都有繁密而遒劲的龙纹，龙尾斜卷成落地的支撑点，使整个鼎有稳定感，从而增强了造型的气势。鼎的腹部饰长鼻兽纹，图案结构别致协调，没有不必要的装饰堆砌，具有相当高的工艺水平。

镶嵌十字纹方钺➡　夏代晚期（前18世纪～前16世纪）。钺是古代用于杀戮的刑具。此器方形平刃，阑旁有两方孔，似用于皮条捆扎。器物中心有一圆孔，其周围用绿松石镶嵌十字纹六组，纹饰较为特殊。此方钺大而重，使用不便，且有绿松石作镶嵌，当是仪仗用具。

司母戊鼎➡　商代晚期（前14世纪～前11世纪）。现存商代青铜器中形体最大的一件。1939年在河南省安阳市侯家庄武官村附近出土。鼎通高133厘米，口长110厘米，宽78厘米，足高46厘米，壁厚6厘米，重875千克。腹壁内有“司母戊”铭文。

黄觚➡　商代晚期（前13世纪～前11世纪）。觚是饮酒器。此器喇叭口，高圈足，中间细腰可以作把手。口部和颈部饰三角形变形兽纹，中腹部饰两组对称的龙纹。尤为特殊的是在圈足上的曲角龙纹采用透雕的样式，装饰性极强，同时也显示出极为高超的铸造技术。

←青铜觥 商代晚期(前13世纪～前11世纪)。这是一件器形和纹饰都很别致的盛酒器。觥盖前端为一昂首而出的兽首,后端作牛首形,中脊为一小龙,前端兽耳后部各有一小蛇。器身周体饰凤纹,主凤特大,长尾逶迤,形态优雅。整器装饰手法纯熟灵巧,是商代晚期中较为独特的作品。

青铜方罍➡ 商代晚期(前13世纪～前11世纪)。这是一件大型的盛酒器。整器自上而下装饰了六段花纹,以腹部为主干纹样,分三段:上段作鸟纹;中部为一锐牙裂口,形状猛烈的巨大兽面纹;下段也作兽面纹,唯形象与中部不同。全器纹饰以云雷纹为地,主干纹样粗壮突出,极有气势。器的每面中线及四角均出棱脊,使器物更为稳重庄严。

←四羊首瓿 商晚期(前14～前11世纪)。瓿是一种盛酒器,此瓿大口,短颈,广肩,深腹。肩部置羊首四具,间隔一鸟。腹部饰乳钉纹,圈足饰兽面纹,并有三方孔。整器体积宏伟,颇为壮观。

青铜方尊➡ 西周早期(前11世纪)。盛酒器。这件尊为圆口方体。器上的装饰以兽面纹为主,肩部四周各饰有立体的大象,象鼻高高翘起,庄严中略带诙谐。尊的四角有镂雕棱脊,雕工精细。此器形体虽不大,而其气度则深厚雄健,仿佛大器。

←牺形爵 西周早期(前11世纪)。饮酒器。1901年出土于陕西省宝鸡县。雷帽形柱,流尾两端腹部扉棱将其一分为二。前端棱为钩状形,其两侧饰象鼻凤尾合体的鸟兽纹,后端尾的三角形区间饰以变形的夔龙纹,流、尾间为V字形雷纹。主要纹饰为饕餮纹,镂雕精致,是一件极具代表性的艺术精品。原件藏于美国纽约曼特罗坡利坡利登博物馆。

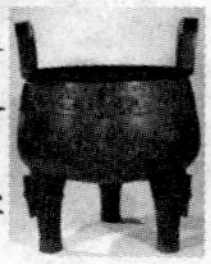

大盂鼎➡ 西周康王时期(前11世纪)。清道光间在陕西眉县礼村出土。鼎高100.8厘米,口径78.3厘米,重153.3千克。圆形,直耳,柱足。口饰饕餮纹,足饰兽面纹。内壁有铭文291字,内容为周王告盂敬承文王武王的德政等。造型端庄稳重,浑厚雄伟,典丽堂皇,为世间瑰宝。金文庄严凝重而美观。中国历史博物馆藏。

⬅**大克鼎**　西周孝王时期(前10世纪末)。大克鼎为西周后期著名重器,清光绪年间出土于陕西扶风法门寺任村。同出器物多件,都属于一个名叫克的贵族。大克鼎形体巨大,高93.1厘米,重201.5千克。口沿饰兽面纹,腹部饰流畅的波曲纹。腹内壁有铭文290字,字体工整,笔势圆润,堪称西周中晚期青铜器铭文的典范。

⬅**散氏盘**　西周厉王时期。《散氏盘》亦名《夨人盘》。以其长篇铭文著称于世,共19行,计357字,是珍贵的史料。字迹草率字形扁平,体势欹侧,显得奇古生动已开"草篆"之端。是西周晚期的重要金文书迹。现藏于台北故宫博物院。

⬅**齐侯匜**　西周晚期(前9世纪～前771)。盥洗器。此器平盖,龙首鋬,四兽形足。通体饰较密的横条沟脊纹。腹内底有铭文四行二十二字,记齐侯为虢孟姬良女作匜。孟姬女是虢君之女,为齐侯夫人。在青铜匜中,以此形制为最大、最重。

毛公鼎➡　西周晚期。传清道光末年于陕西岐山出土。高53.8厘米,口径47.9厘米。圆形,二立耳,深腹外鼓,三蹄足,造型端庄稳重。颈部饰重环纹及弦纹各一道,简朴庄严。腹内铸有铭文32行、499字,记述周宣王册命毛公治理邦家内外,对其谆谆告诫,最后赐给毛公命服及车马之事,被称为青铜器第一铭文。现藏于台北故宫博物院。

虢季子白盘➡　周宣王时期。与毛公鼎、散氏盘并为三大古青铜器,是中国国家博物馆藏品中最大的青铜器。清道光年间出土于陕西宝鸡,曾被淮军士兵用作马槽,清朝名将刘铭传偶然发现,将宝盘送回家乡,并一直收藏在安徽合肥老家。解放后,刘铭传后人捐给国家。盘长130.2厘米,宽82.7厘米,高41.3厘米。有铭文8行、111字,记述虢季子白受周王之命,征伐猃狁等情况,是研究西周晚期与北方民族的关系及西北地理的重要史料。

兽面纹龙流盉➡　春秋中期(前7世纪上半叶～前6世纪上半叶)。为调酒器。此盉口部呈钝三角形,长流作龙形,以张开的龙口为流口;盖顶是一个盘旋而出的龙头,与流口的龙头层叠趋前,呈双龙继起的姿态。这是春秋中期南方越族人模仿西周盉并加以创造的杰作。

←镶嵌狩猎纹豆　春秋晚期(前6世纪～前476)。豆是一种盛食器。盖、器扣合似球形,下承短柄圈足。器和盖各饰狩猎画像两组,用红铜镶嵌,描绘巨兽中箭,各种禽兽飞跃奔走,而猎人处于兽群之中勇武行猎的情景。整个图像结构基本上改变了商周以来的模式,成为战国画像艺术发展的先驱。

吴王夫差盉➡　春秋晚期(前6世纪上半叶～前476)。调酒器。以一条弧形的龙作为提梁,龙体中空,是由无数条小龙相互纠缠交结的形式组成,称为透雕交龙纹,腹部饰变形的龙纹,腹的一侧有一个短而曲折的龙头流。整器的装饰精美华丽,表现了高超的铸造技艺。

←牺尊　春秋晚期(前6世纪上半叶～前476)。整体造型是一写实的牛,凝重壮健。背上有三个孔穴,中间一穴放置一只小锅,用来盛酒;牛的腹部中空,与前后两个孔穴相通,可以往孔穴里注水后用以温酒。其形制独特,是一件极为珍稀的器物。

鸟兽龙纹壶➡　春秋晚期(前6世纪上半叶～前476)。容酒器。此壶圆体,宽颈,深腹外鼓。盖及两耳已失。器物主体纹饰是人首鸟体的怪兽和龙相互缠绕。在纹饰之间还有虎、牛、豹等动物的食人之像。腹下饰一周雁群纹,雁作昂首曲颈状,体现了晋国青铜铸造业的高超水平。

←镶嵌几何纹敦　战国时期(前4世纪～前221)。敦是用以盛放饭食的器皿。器和盖几乎对称,各有三足,可分开放置。此敦制作工巧精丽,造型圆柔优美;通体饰以阴阳互托的大三角形云纹,并用红铜丝、银丝或绿松石镶嵌,具有细密流畅、富丽堂皇的效果,显示其装饰工艺已至登峰造极的地步。

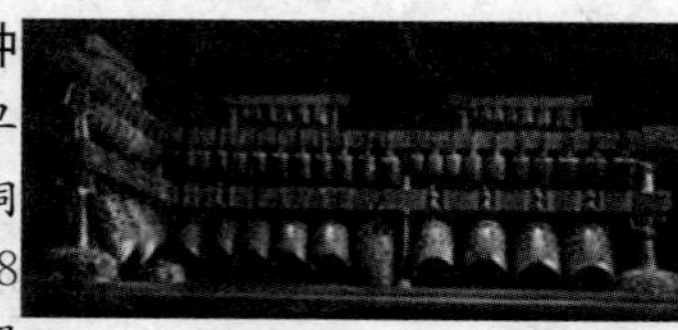

曾侯乙编钟➡　战国早期曾国青铜乐器。1978年出土于湖北省随县(今随州市)擂鼓墩曾侯乙墓。共65件,包括钮钟19件、甬钟45件及楚王赠送的镈钟1件。最大的通高153.4厘米,最小的通高20.4厘米,总重量达2500多千克。按形制不同,以大小及音的高低为序组成八组,悬挂在铜木结构的三层钟架上。钟上有篆体错金铭文,共2800余字。经实际测音,每钟均能敲出两个乐音,音律准确,音色优美,至今仍可演奏各种曲调。现藏于湖北省博物馆。

⬅**"见日之光"透光镜**　西汉（前 206～8）。铜镜是古人照面容用的器物。这件西汉透光镜却具有特殊的效应。它镜面微凸，当平行光照射镜面时，镜面的反射投影就能出现与镜背的文字和纹饰相同的影像。这是古代铸镜工艺上的一项杰出创造。

"马踏飞燕"➡　东汉时期。出土于甘肃省武威雷台东汉墓。青铜工艺品，头短颈长，身体浑圆，躯干粗实，四肢修长，弯尾上扬，张口嘶鸣；在四蹄腾空的右后蹄下踏着一只展翅飞翔的燕子，将奔马的轻盈表现得淋漓尽致，故名"马踏飞燕"。现为我国旅游标志。

⬅**吴王夫差鉴**　春秋晚期（前 6 世纪上半叶～前 476）。鉴是盛水器。此器形如大缸，平底。器腹两侧有龙头状兽耳，两耳间的口沿旁有小龙攀缘器口，作探水状。通体饰繁密的交龙纹三周。器内壁有铭文两行十三字，记吴王夫差用青铜做此鉴，为吴王夫差宫廷中御用之物。

第四节　中国古代钱币

一、古代钱币简介

新石器时代晚期，出现了"物物交换"的现象。随着生产力的不断发展，价值形态的渐次演变，在漫长的交换过程中，于诸多交换物中间逐步筛选出与交换相适应的货币形态。到夏商时代，出现了最早的货币——"贝"。作为货币的天然贝，以"朋"为计算单位，大约十几个贝穿成两串，为一朋。另外，以青铜为主的金属称量货币此时也开始出现。

春秋时期出现了渊源于青铜生产工具的铸币，其形式为空首布。流通于王畿之地的平肩和斜肩的弧足空首布一直沿用至战国。战国中期以后，周王室曾铸行方足布。战国时期，由于商业的进一步发展，各地区的商品交换逐步扩大，各国货币发行空前增加。主要种类有：晋国的耸肩尖足空首布；韩国的空首布、异形布、方足布、圜钱；魏国的方足布、圜钱、直刀币；赵国的尖足布、方足布、圆足布、直刀、圜钱及仿铸燕国刀币；燕国的针首刀、尖首刀、燕刀、方足布、方孔圆钱等；齐国大型厚重的刀币；楚国的黄金货币（称“金钣”或“金版”）、铜铸币（有蚁鼻钱和新布两种）；秦国的半两钱。

秦始皇将“半两”定为法定货币，将先秦时期各种原始形态的货币统一在方孔圆钱之下，中国货币的形态从此固定下来。

秦始皇灭六国后，废除各国的刀、布等旧钱，将“半两”定为法定货币，将先秦时期各种原始形态的货币统一在方孔圆钱之下，中国货币的形态从此固定下来，以后一直沿用到清末，通行了 200 多年，影响极其深远。

汉初允许民间自铸半两钱，铜钱减重剧烈，甚至轻如榆荚，称为“荚钱”。以后又出现了“八铢半两”、“四铢半两”等，币轻质劣，私铸泛滥。这种混乱的局面一直延续到汉武帝时。元狩五年（前 118），汉武帝下令新铸五铢钱。元鼎四年（前 113），汉武帝又将铸币权收归中央，由上林三官统一铸造，其所铸的五铢钱称作“上林三官五铢”或“三官五铢”。至此，我国历史上的通用标准化货币终于出现了。五铢钱流通了 700 多年，是我国历史上通行时间最长的钱币，对汉以后各朝铸币的名称、形制、钱法制度产生了极其深远的影响。

五铢钱流通了 700 多年，是我国历史上通行时间最长的钱币，对汉以后各朝铸币的名称、形制、钱法制度产生了极其深远的影响。

王莽自居摄二年（7）到新莽天凤元年（14）的短短 7 年间，共进行了四次币制改革，先后铸造了不同样式、质地、单位的货币达 33 种之多。王莽企图通过发行一系列不足重的虚价大钱来搜刮民财，因而改革以失败告终。但其钱币的工艺水平从设计、铸造、钱文等各方面来看均达到了空前的高度。货布、布泉等钱文为悬针篆，文字秀美，如第一次币改时铸造的“一刀平五千”，又称“金错刀”，因其造型别致，工艺精巧，玲珑可爱，自古就为收藏界所珍爱。东汉初年继续使用王莽的货泉，直到建武十六年（40），刘秀才听从马援的建议复铸五铢钱，是为“建武五铢”。

三国两晋南北朝时期，社会经济遭到严重破坏，重物轻币现象突出，金属铸币的流通范围明显减少，钱币标准不一，形制各异，货币功能萎缩。曹魏初期曾一度废钱不用，交易皆用谷、帛，至魏明帝时才复铸五铢钱。吴、蜀的钱币与魏相比则十分复杂，多为大钱，有“大泉五百”、“大泉当千”等。蜀钱有“直百”、“直百五铢”、“犍为五铢”等。西晋以使用汉、魏旧钱为主，兼用谷、帛等实物。东晋建立之初，沿用孙吴的各种钱币，后来出现一种五铢小钱，钱文作“五朱”，相传为沈充所铸，所以又称“沈郎五铢”。南朝铸币名目复杂，民间私铸普遍，劣钱泛滥。北魏最重要的两种钱币是纪年与纪重合体的“太和五铢”和“永安五铢”。

唐高祖武德四年（621），铸行了“开元通宝”。钱文为大书法家欧阳询所书，书法凝重端庄、结体严谨。“开元通宝”是中国货币史上最早的宝文钱，此后钱币不再以重量为名称，开始以纪年为主，标志着铢、两货币体系的终结。开元钱规定每十文为一两，每文的重量为一钱，由此就产生了一个新的重量单位——“钱”。使“两”以下的重量单位的十进制原则得以确立，促进了中国古代衡法的演进。

开元钱的形制虽然比较统一，但因铸年长久，所以版式极多。“乾封泉宝”铸于高宗乾封元年(666)，是唐代第一种明确的年号钱。“乾元重宝”始铸于肃宗乾元元年(758)，是最早的一种“重宝”文钱币。会昌五年(845)，唐武宗恶僧尼耗蠹天下，遂下令废佛，毁佛像、法器铸钱，并在钱背铭以所在地名，称作“会昌开元”。除此以外，唐代钱币还有“大历元宝”、“建中通宝”等。“得壹元宝”、“顺天元宝”两种当百大钱，为安史之乱时叛将史思明所铸，都是旋读隶书、阔缘大钱。

五代十国时期，货币铸造、流通混乱，铅、锡等所造劣钱充斥市场，铅铁货币多、大钱多、劣币多。各政权在短短 50 多年间先后发行了 20 多种大小、轻重、材质各异的钱币。

宋代是我国古代金属币铸造和使用非常发达的时期，每一皇帝改元都铸年号钱，且有多种版别，数量巨大，质精样多，千奇争艳，琳琅满目。宋钱面深背浅，背有星月及竖划。宋初铸宋元通宝、宋元通宝铁钱；太宗时铸太平、淳化、至道三币，淳化元宝为太宗亲书，分真、行、草三体。真宗铸咸平、景德、祥符、天禧四币，钱文均楷书，大小轻重不一。咸平、祥符二币有大型宽缘钱，祥符的小平钱背有星月，余皆光背。仁宗铸天圣、明道、景祐、皇宋、康定、庆历、至和、嘉祐八币。其中康定元宝只有铁钱小平，庆历只有铜、铁重宝，皇宋通宝有九叠篆文，其余几种以小平为主，大钱罕见。英宗铸治平元宝、通宝，神宗铸熙宁、元丰两币，数量极多，最多时年铸 500 多万贯，版别复杂，但存世稀少。哲宗铸有元祐、绍圣、元符三币，绍圣币多小平、广穿，哲宗后期铁钱极多。徽宗时铸钱工艺和钱文艺术均达到高峰，有建国、圣宋、崇宁、大观、政和、重和、宣和等币。崇宁通宝为徽宗手书瘦金体，钱文飘逸劲拔。大观钱仅通宝一种，亦徽宗手书。宣和币有元宝、通宝二种，均篆隶成对，通宝文字奇丽，制作精美。政和、宣和币还铸有白铜小平钱。钦宗铸靖康通室、元宝，数量极少而版别多，伪品较多，伪钱数已超过了真钱数。钱文为钦宗手书。

宋代是我国古代金属币铸造和使用非常发达的时期，每一皇帝改元都铸年号钱，且有多种版别，数量巨大，质精样多，千奇争艳，琳琅满目。

南宋铸钱的规模和数量不及北宋。高宗时铸建炎、绍兴二币。

孝宗时铸隆兴、乾道、纯熙、淳熙四币，自淳熙七年起背有纪年数字。光宗时铸绍熙通宝。宁宗时铸庆元、嘉泰、开禧、嘉定四币。自孝宗淳熙年间开始，钱文都用宋体，版别单一化。孝宗至宁宗间还大铸铁钱，四川所铸的嘉定大铁钱有元宝以及通、重、至、之、崇、隆、真、兴、正、珍、泉、万、封、洪、金、新、安、永等 19 种称呼。理宗时铸宝庆、大宋、绍定、端平、嘉熙、淳祐、皇宋、开庆、景定九币。度宗时铸了宋代最后一种年号钱——咸淳元宝。

元代铜钱分汉文钱和蒙文钱两种。纸币自宋真宗时出现于四川以后，大行其道，先后名之曰“交子”、“钱引”、“会子”、“钞”。元代，纸币成为流通的基本货币，铜钱在流通领域中已不占主要地位。元代铸钱以武宗至大年间和顺帝至正年间为高潮，尤其是顺帝所铸的至正钱传世数量较多，钱郭整齐高峻，文字遒劲秀丽，是元钱中的精品。元代统治者崇信佛教，“供养钱”是寺院所铸的供佛之钱，为元代所特有。元末许多起义军也曾铸造钱币，张士诚铸“天佑通宝”，韩林儿铸“龙凤通宝”，徐寿辉铸“天启通宝”、“天定通宝”，陈友谅铸“大义通宝”，朱元璋在建立明朝之前也曾铸“大中通宝”。

明代嘉靖以后，白银使用广泛，成为流通领域的主要货币。

明代大力推行纸币，实行钞为主、钱为辅的货币制度，铸钱不多。嘉靖以后，白银使用广泛，成为流通领域的主要货币。朱元璋颁行“洪武钱制”，铸造了五等币值的洪武钱，背文复杂，有纪地、纪值、纪重几种。永乐、宣德、弘治三朝铸钱极少，仅有少量小平钱。穆宗铸行隆庆通宝小平钱，制作较工整。神宗万历年间铸“万历通宝”，传世较多，分小平、折二两种，多为铜质；熹宗时铸行“天启通宝”，并补铸了光宗泰昌年号的铜钱；到崇祯年间，明朝国势更衰，钱法极其混乱，有小平、折二、折五、折十等。明代钱币的特点是：第一，由于一个皇帝只有一个年号所以只铸一种年号钱；第二，早期钱币狭轮，字迹细秀，后期钱币宽轮，笔画变粗成仿宋体；第三，钱币都称“通宝”，不再称“重宝”、“元宝”等，读法一律对读，不再旋读；第四，从明中期后钱币开始用黄铜铸造，黄铜币较多，有光泽而少锈。1644 年李自成攻入西安建大顺政权，改元永昌，铸“永昌通宝”。同年，张献忠铸“大顺通宝”。“兴朝通宝”系张献忠的义子孙可望 1647 年所铸，有大、中、小三等。

清朝银、钱开行，大额用银，小额用钱，白银的地位更加重要。清初沿袭明制，在京师设工部宝源局和户部宝泉局，开铸“顺治通宝”。康熙钱分两种，雍正钱形制规整，较为精美。乾隆时，在新疆设立钱局，所铸钱用红铜，背后有回、满文纪局，称“红钱”或“普尔钱”。嘉庆、道光年间，因白银外泄，银价上涨，加之铜运输艰难，铸钱成本升高，铜钱出现明显减重。咸丰年间，清廷为筹措军费，推行膨胀通货的大钱政策，铸造了咸丰重宝、元宝等大钱，版制种类之多，为清钱之最。同治年间铸钱很少。光绪年间机器制造的制钱出现，光绪二十六年(1900)，广东仿效外国，铸造了“光绪元宝当十铜元”，开我国机制铜元之先河。机制铜元质划均一，图案精美，一面市就大受欢迎，于是各地竞相效尤，纷纷设厂造币。此后机制铜币逐渐取代了制钱成为流通领域的主要货币。

二、古代货币鉴赏

⬅周王室平肩弧足空首布 空首布是春秋战国时期仿制农业生产工具青铜铲而铸造的货币。这种平肩弧足空首布主要行用于东周王畿之地，大多铸有文字或符号。一般平肩弧足空首布的钱文仅为一二字，而这件钱文却有五字，殊属珍贵。

楚“郢称”金钣➡ 这是战国时期楚国的一种贵金属称量货币，金质版状，正面有排列式压印篆文“郢称”两字，“郢”是楚国国都，“称”原是重量单位，在这里则是货币标度。楚金钣使用时需切割称其重量。

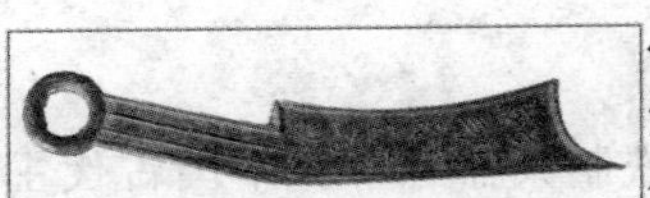

⬅战国“齐返邦法化” 战国时代齐国流行大型厚重的刀币，此为其中之一，俗称“六字刀”。

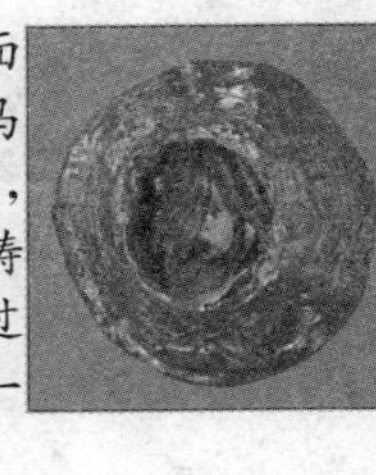

西汉马蹄金➡ 这种底面呈圆形，内凹，中空，状如马蹄的黄金制品，叫“马蹄金”，汉武帝太始二年(前 95)铸造。这种货币在具体使用过程中仍需称量，因此也是一种称量货币。

⬅西汉郡国五铢 汉武帝元狩五年(前 118)废止“半两”钱，推行五铢钱，其最早铸行的是一种被称之为“郡国五铢”的五铢钱。这种五铢钱是由地方郡国所铸。由于中央政府仅规定五铢钱的钱式和重量，所以，各地郡国铸行的五铢钱显得很不规范。“五铢”钱从此开始，一直被采用了七百多年，是中国货币史上行用时间最长的一种货币。

新莽“一刀平五千”金错刀➡ 这件环首方孔、形如小刀的货币是西汉末年王莽货币制度改革的产物。正面铸有“一刀平五千”的铭文，环首上下“一刀”两字用黄金镶嵌，俗称“错金刀”。

⬅新莽“六泉十布” 王莽对货币制度进行了四次改革，其中尤以“六泉十布”最为著名。要将“六泉十布”集全殊属不易，其中难得的当推“壮泉四十”。

北周“永通万国”➡ 此钱为南北朝时北周静帝宇文衍于大象元年(579)所铸，被称为北周三泉之一。该钱笔法华美，篆法绝工，被称为六朝钱币之冠。

⬅“开元通宝” 唐以前的货币差不多都以重量为名称。唐高祖李渊武德四年(621年)始铸“开元通宝”，标志着铢两货币体系的终结和宝文钱制的建立。“开元通宝”钱以“文”为单位，大小大体仿汉五铢，钱径八分，重二铢四，每十文重一两。这是中国衡法两以下改为十进位的开始。

第五节 中国古代兵器

一、古代兵器简介

兵器是军队作战的工具，也是物质文明的具体体现。中国古代兵器分为冷兵器和热兵器(火器)两种。北宋以前为冷兵器时代，北宋以后为冷兵器和火器并用时期。

1. 冷兵器

冷兵器分为石器兵器、青铜兵器和铁制兵器三种。

冷兵器分为石器兵器、青铜兵器和铁制兵器三种。中国古代主要有以下数种：

弓箭 弓箭是以弓发射的具有锋刃的一种远射兵器。弓是力量的来源，箭是力量的载体。弓由弹性的弓臂和有韧性的弓弦构成；箭分箭头、箭杆和箭羽三部分，箭头为铜或铁制，箭杆多由竹、木制成，箭羽以雕翎为上品，雁、鹅羽为次。古代箭头叫“镞”。弓由一段木材或者竹材弯起来做成，属单体弓。商代的铜箭头呈凸脊、三角形扁翼，当箭头刺入身体后，两翼的倒刺会牢牢钩住合拢的伤口难以拔出，血槽像吸血蝠般抽出人体的血液。“射”在周代是“六艺”之一。当时的贵族，如果家中生下男孩，要向天地四方射出六箭，以示男子要征服世界。战国时期复合弓出现，弓弣设在弓体的中间，弓的形状呈两度弧曲。当不使用时把弓弦放开，弓就翻过来，翻成一个圆圈形。后来，人们把前边是箭杆、后边有羽毛、箭头安着铜镞的两翼式的箭镞变成了三棱的箭镞，射的力量就更强劲了。新兴的三棱翼样式箭头使得即便拔出箭头，伤口也难愈合。表面氧化铬技术使秦代箭头异常锋利，有的还含有致人中毒的铅。秦代已经尝试用铁制作箭头铤部，随着西汉钢铁业的发达，全铁制的箭头开始问世。早期铁箭头多采用锻制，比铜箭头更加坚韧。从魏晋到隋唐，铁箭分类简单，发展路线就是使箭头更硬更长，以便穿透铁甲，撕裂敌方的肌肉和骨骼。宋代对武器精雕细琢，箭的样式也因之更加精细，像铁脊箭、锥箭等。

弩　弩是一种装有控制装置，可待机发射的远射兵器。它是把弓张在木制的弩臂上，可以延时发射，是由弓发展出来的一种远射兵器。弩由弩弓、弩臂、弩机三部分组成。弩机由青铜或铁制成，包括牙、牛、悬刀三部分。大量使用强弩是在战国时期。强弩的特点是又远又准，有时间从容瞄准，通常被用于防御和伏击。射击的连续性，需要依靠几组射手轮番发射。弩的使用，常常改变战争的面貌，万弩齐发，能把整个敌军摧毁，强弩成了战车的心腹大患，远程打击的强大杀伤力令战车坚固的盾甲黯然失色。汉代的弩在弩机外面加装了一个青铜机匣，称为“廓”，可以承受更大的张力。汉弩在用于瞄准的“望山”上增设刻度，提高了命中率。随着铜弩廓取代木弩廓，弩身对拉力的承受力也大大增强。上弦的腰引弩最高拉力可达 370 公斤，有效射程超过 500 米。三国时期，诸葛亮为了对抗魏国的强大骑兵，制成“元戎”，拉臂上弦能快射 10 支毒箭。元戎之名得自春秋时一种主战车。南北朝出现了强弩之王——“床弩”。多张弩联合一体，用多头牛力绞轴上弦，发射以皮或铁叶为羽的巨大标枪，主要用于攻城时撞毁楼台、攻城器、城墙等，威力无比。唐代出现用牛牵拉的车弩，大大提高了部署的灵活性和生存机会，将绞绳与车轴钩连，行进中就可上弦，大大提高了效率。宋代的床弩最远射程超过 1.5 公里，是古代世界射程最远的冷兵器，偏重步兵的宋朝将其视作对抗北方骑兵民族的利器，从两弩至四弩，从小型至巨型，种类繁多，两床和三床弓弩还能在弦上绑一个装有数十支普通箭的铁兜子，使床弩拥有了杀伤人马的功能。

> 弩是一种装有控制装置，可待机发射的远射兵器。

戈　戈是用于钩杀和啄击的冷兵器，由戈头和柄组成，盛行于商代至战国时期。戈头多为青铜铸造。柄多为竹、木制作，长度通常为 1～3 米。在青铜时代，军队装备最标准的兵器，就是戈。目前文字里边凡和战争有关的兵器一般都缺不了“戈”字旁。戈是勾杀

> 戈是用于钩杀和啄击的冷兵器。

的，垂直地装上把，整个形状和镰刀有点像，从夏到周，这种兵器是中国古代典型的兵器，一直延续整个青铜时代。戈也有缺点，譬如头部易脱落，因挥击而攻击缓慢，杆部由于抗力方向问题易折断等。随着战车的衰落，步兵摆脱了来自侧面的威胁，戈的存在就变得价值不大了。

戟为戈、矛合体兵器。

戟　戟为戈、矛合体兵器，柄前安直刃以刺敌，旁有横刃，勾啄敌方，具有勾刺的双重作用。1975 年北京周墓出土青铜兵器中，有戟 9 支。因为它具有戈和矛两种兵器的用处，所以逐渐取代了戈和矛，在战国时期成了军队装备的标准兵器。从战国晚期到汉代，军队主要装备铁戟。汉刘熙《释名・释兵》中说："车戟曰常，长丈六尺，车上所持也。八尺曰寻，倍寻曰常，故称常也。手戟，手所持之戟也。"汉魏戟较重，《三国志・魏志》记载："帐下壮士有典君，提一双戟八十斤。"戟也存在缺点，比如容易被搅缠。汉代有种叫钩镶的带钩小盾就是专用来搅缠戟的，钩固然有用，但也带来了戈的老毛病——头部易脱落，因此到了东汉，长戟的戟枝就越来越向前伸，越来越像叉了。随着钢铁铠甲越来越精良，以戟对付重装骑兵难以奏效，最后不得不改成了长槊。晋代，长兵重矛枪，戟已降为仪仗之器，到了南北朝以后，军队里就没有戟了。

矛是用于直刺、扎挑格斗的冷兵器。

矛　矛是用于直刺、扎挑格斗的冷兵器，由矛头和矛柄组成。矛头多以金属制作，矛柄多采用木、竹和藤等材料制作，也有用金属材料的。矛长通常为 1.8～2.7 米，有的达 4 米多。矛头一般长 40 厘米，有的达 80 多厘米。早期的矛头为石头或兽骨，青铜时代后出现了青铜和铁制矛头。矛又叫槊，分为马槊和步槊。兴起于汉末，南北朝达到鼎盛，身披两裆铠的重装骑兵多以槊和弓箭为主要武器。步槊的使用较简单，因为步兵偏重配合，步槊只是步兵武器序列中的一种，用途在于刺倒敌人，掩护短刀手作战，持步槊者多身高力大，武艺是否高强，并非关键。马槊的使用较复杂，双手持用，既冲锋又近战。

枪是以刺为主要攻击方式的兵器。

枪　枪是以刺为主要攻击方式的兵器，由铁制锐利的枪头和长柄构成。枪各部分别叫枪头、枪缨、枪杆和作为后堵的镈。此外，还有一种"双钩枪"，是攻城战中常使用的一种特殊兵器。枪的长度比用枪者略长一些。枪头和镈为金属制成，枪杆用木或竹制造。使用木制枪杆，必须是硬制木料，而且在削制时，必须顺着木纹取料，否则，枪杆容易折断。铁枪包括枪杆在内都用铁制成，不但可刺，还可用自身的重量作打击兵器使用。由于铁枪很重，若无相当气力，是不能使用的。枪以直刺为主攻击敌人，通常称之为“扎”，这也是枪最基本和最重要的技法，称为“戳法”。通过抖动枪杆，使枪头上下左右盘旋，用以抵挡和躲闪直刺过来的敌枪的防御技法，称作“革法”。枪缨是中国长枪的最大特征，缨多用绒绳或兽毛制成，而且还特意染上颜色（以红色为多）。有关枪缨的说法有三：一是刺中敌人时，防止血顺着枪头流到枪杆，使手打滑；二是用以鼓舞战场上士兵们的士气；三是成吉思汗西征时，为记录功绩，割下敌人的毛发，拴在长枪上，作为褒奖勇士的一种象征。在以枪为主要装备的部队中，最有名的是宋代的“杨家枪”、明代秦良玉的白杆兵。白杆兵一律使用白蜡树做柄的长枪，秦良玉率领的白杆兵，屡立战功，被传为佳话。清以骑射起家，对冷兵器情有独钟，枪种类丰富，甚至出现了近5米长的钉枪，为中国长兵器长度禁忌的极限。

剑是用于近战刺杀和劈砍的尖刃冷兵器。

剑　剑是用于近战刺杀和劈砍的尖刃冷兵器。剑分剑身和剑柄两部分，剑身细长，两侧有刃，顶端尖而成锋。剑柄短，便于手握。剑常配有剑鞘。中国最早的剑是西周时期的青铜剑，秦汉以后多铁剑或钢剑。最早的剑比较短，从商代晚期一直到西周，一般都是青铜短剑。真正人工冶炼钢铁做成宝剑是在吴越时期，有许多关于铸剑的传说，比如干将、莫邪等。吴越地区是水网地区，笨重的战车在南方没法作战，军队主要是步兵，步兵格斗就要靠剑。后来剑在军队装备上越来越重要，变成了一种不可缺少的兵器。剑有三个要素：一是长度，二是灵活性，三是结构强度。长度利于先发制人和扩大防护，灵活性利于攻守应变，结构强度则决定剑的弯折。短剑灵活有余而长度不足，大抵由一尺三寸至四尺不等，其重量则为二至三斤。剑后来流为艺品，于剑身之上雕铭刻画，于剑柄上美化其形，附加穗饰，进而于剑鞘上镀金嵌玉，各具匠心。

刀是用于近距离砍、劈的冷兵器。

刀　刀是用于近距离砍、劈的冷兵器。由刀身和刀柄两部分组成。刀身狭长，刃薄脊厚。刀柄或长或短。刀的种类很多，有大刀、腰刀和环首刀等，是中国古代军队装备的主要兵器。从制作材料上看，早期为石刀，后来发展为青铜刀、铁刀和钢刀。商代铜刀长度很短，长者与罗马短剑相当。因短刀重量较沉，灵活性反而比不上短剑，西周受北方游牧民族影响便废刀用剑了。短刀第二次出现是在西汉，西汉生产出了长达一米的环首刀。短刀在东晋出现分裂，出现两种刀式并行发展：一种是直窄样式，另一种是近代常见的宽体样式。宋朝长刀东山再起，创立了偃月刀、眉尖刀、凤嘴刀、戟刀等“刀八色”。明清两代分别创立钩镰刀和长杆镰刀。

盾是古代军队使用的手持防护兵器。

盾 盾是古代军队使用的手持防护兵器。形状有长方形、梯形或圆形。材料为皮革、木材、藤或金属等。大盾高约1米，宽60～80厘米；小盾高约60厘米，宽约40厘米。盾的用途是将杀伤力予以消耗或偏导。西汉以前盾的样式都接近长方形，分为步用和车用，步盾长大利于防箭和维持阵列，车盾短窄利于车上使用。战国盛行用于近战的双弧形方盾，纵中线凸起的形状，有利于分解刺的力量。随着骑兵的兴起，西汉出现了椭圆形盾牌，骑兵可以单手举着抵御攻击。这种样式被魏晋南北朝遗弃之后，又被宋代捡起，变成了绑在骑兵左小臂上用来防箭的圆形旁牌。与此同时，步盾经过汉魏的发展，东晋南北朝开始盛行一种很长的六边形盾，这是双弧形方盾的改进型，整个盾面纵向内弯，就像一片叶子。作战时不仅可以手持，还能将底部尖角插在地上，用棍支起。而这种样式在去掉底部尖角后，就成了宋代的步兵旁牌。

铠甲是将士穿在身上的防护兵器。

铠甲 铠甲是将士穿在身上的防护兵器。铠甲由三部分组成：甲身、甲裙和甲袖。甲裙和甲袖可以上下伸缩，便于作战。最初以藤木和皮革等材料制造，以后出现了青铜和铁制铠甲，可以有效地防御青铜和铁制兵器的攻击。春秋战国之交，皮甲胄的发展达到鼎盛，影响深远的札甲成为非常成熟的甲式。札甲由表面涂漆的皮片编缀而成，身甲甲片为大块长方形，袖甲甲片较小，从下到上层层反压，以便臂部活动。秦代，札甲的长方形甲片日趋细小，从而更贴身更灵活，同时编缀技术也出现了阴线和阳线的区分。阳线在东周札甲的胸部以下和袖部已经使用，适用于臂、腰之类需要活动的部位，特征是甲片间有一段较长的纵向绳段。阴线则是随着札甲胸背部制作的更为精细出现的，特征是甲片表面只露出几个极短的绳段，甲片间上下左右完全固定，适用于胸、背之类不需活动的部位。至此，甲片叠压、阴线和阳线的规范就基本形成了，此后中国甲就沿着这条路发展下去。西汉铁甲胄逐渐取代了皮甲胄的地位，同时铁甲分化为精致的鱼鳞甲和普通札甲。鱼鳞甲是札甲登峰造极的结果，整套甲所用甲片超过2200片，甲片叠压密似鱼鳞。魏晋南北朝是甲式发展的重要过渡期，接踵出现了筒袖铠、两当铠、明光铠。战争使铁甲质量有了迅速提高，传说诸葛亮筒袖铠能抵御拉力近670公斤的强弩射击。隋唐最著名的甲是明光铠，其身甲由4块底板组成，胸背各 2 块，每块上有一面大圆护，将护臂和延长的护腿纳入甲中，对后世有重要影响。晚唐，整体化的身甲被札甲取代。宋代甲胄通常只分成胄、护臂和身甲三部分，身甲为山字形，融合了身甲和护腿，在肩背腰部绑紧。甲按材料分为铁、皮、纸三等。明代是轻重甲交替的年代，清代是轻甲发扬光大的年代。头顶高缨尖胄、外套嵌满铁钉的宽大绵甲、内穿铁环连缀之网甲的八旗铁骑是清廷武功的象征。

2. 热兵器

火药至迟在西汉时期就已出现，但在它出现后的 700 年里，却一直充当观赏和娱乐的对象。唐代火药开始用于军事，用它来“飞火”，向敌人射击。火药的大量生产和应用是在宋代。宋仁宗时已有火箭、火球等火器。《武经总要》里讲了三种火器——蒺藜火球、霹雳火球、火炮火药的配方。北宋末年发明了爆炸性火器“霹雳炮”。南宋时，开始出现竹筒火器，名之曰“突火枪”，这是世界上最早的原始火枪。在长矛下边安上一个药筒，可喷火。后来还出现了用巨竹做的火筒，放进火药，然后把里边装的东西射出去。

金属做的管状射击火器到元代才出现，当时多为铜制，叫“火铳”，它是中国最早的金属管形射击火器，也是当时世界上最先进的火器。使用时点燃由药室引出的药线，引燃药室内的火药，借助火药燃气的爆发力将预装入前膛内的石弹或铁弹射出，杀伤敌人。明代军队使用的火铳有单管手铳、多管三眼铳、五排铳、七星铳、十眼铳和大口径碗口铳等。

佛朗机　佛朗机是明代中期火炮，明嘉靖元年(1522)由葡萄牙传入中国。嘉靖三年(1524)，明廷仿制成功第一批 32 门佛朗机，每门重约 300 斤。之后，明廷又陆续仿制出大小型号不同的各式佛朗机，装备北方及沿海军队。佛朗机由母铳和子铳构成。母铳身管细长，口径较小，长 2.85 尺，配有 4 个子铳。铳身配有准星、照门，能对远距离目标进行瞄准射击。铳身两侧有炮耳，可将铳身置于支架上，能俯仰调整射击角度。铳身后部较粗，开有长形孔槽，用以装填子铳。子铳类似小火铳，每一母铳备有 5～9 个子铳，可预先装填好弹药备用，战斗时轮流装入母铳发射，提高了发射速度。

鸟铳　明朝后期对火绳枪和燧发枪的统称。明嘉靖年间由欧洲传入中国。由枪管、火药池、枪机、准星、枪柄等组成。使用时通过预燃的火绳扣动枪机，带动火绳点燃火药池内压实的火药，借助火药燃气的爆发力将枪管内铅弹射出，杀伤敌人。最初仿制的鸟铳为前装、滑膛、火绳枪机，为近代步枪雏形。口径为3～9毫米，枪管长1～1.5米，全枪长1.3～2米，重2～4千克。弹重3～11克，射程150～300米，为明、清军队的主要轻型火器装备之一。

二、兵器鉴赏

⬅妇好大铜钺 妇好是商王武丁的妻子，也是中国古代最早的女将。1976年河南安阳殷墟妇好墓出土了4件青铜钺，其中一件大钺长39.5厘米，刃宽37.5厘米，重达9千克。钺上饰双虎扑噬人头纹，还有“妇好”二字铭文。该钺并非实战兵器，而是妇好统帅权威的象征。

越王勾践剑➡ 春秋末期越王勾践使用的一把青铜剑。1965年12月湖北省江陵县楚墓出土，现藏于湖北省博物馆。剑长55.6厘米，宽5厘米。剑身有黑色花纹，材料为铜和锡，正面有“越王鸠浅自乍用剑”（“鸠浅”即“勾践”，“乍”即“作”）铭文。出土时置于黑色漆木剑鞘内，剑身光亮，无锈蚀，刃薄锋利。

⬅吴王夫差矛 春秋末期吴王夫差使用的一把青铜矛。1983年11月湖北省江陵县楚墓出土，现藏于湖北省博物馆。矛长29.5厘米，宽5.5厘米。矛身有黑色花纹，材料为铜和锡，正面有“吴王夫差自乍(作)用”铭文。矛刃锋利。

战国三戈戟➡ 戟是中国古代将矛和戈合二为一的格斗用冷兵器。由戟头和戟柄组成，戟头以金属材料制作，戟柄为木、竹质。既能直刺，扎挑，又能勾、啄，是步兵、骑兵使用的利器。早期使用的戟是青铜戟，以后随科学技术的发展出现了铁戟。

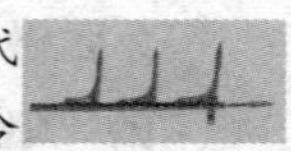

⬅战国青铜匕首 一种短小似剑的冷兵器。由刀身和刀柄两部分组成。长20～30厘米，有单刃和双刃之分。匕首短小易藏，从古至今一直是军队使用的冷兵器之一。

战国革盾➡ 中国古代军队使用的手持防护兵器。形状有长方形、梯形或圆形。材料为皮革、木材、藤或金属等。大盾高约1米，宽60～80厘米。小盾高约60厘米，宽约40厘米。

⬅战国皮甲　中国古代将士防护兵器。由三部分组成：甲身、甲裙和甲袖，甲裙和甲袖可以上下伸缩，便于作战。最初以藤木和皮革等材料制造，后出现了青铜和铁制铠甲，可以有效地防御青铜和铁制兵器的攻击。

秦代"中阳"铭文戈➡　中国古代用于钩杀和啄击的冷兵器。由戈头和柄组成。戈头多为青铜铸造。柄多为竹、木制作，长度通常为1米左右，最长超过3米。戈盛行于商代至战国时期。战国晚期，铁兵器使用渐多，逐渐淘汰了青铜戈，至西汉后期已绝迹。

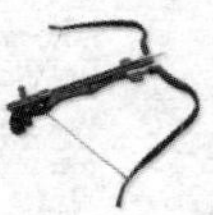

⬅汉代木漆弩　中国古代一种装有控制装置，可待机发射的远射兵器。由弩弓、弩臂、弩机三部分组成。弩机由青铜或铁制成，包括牙、牛、悬刀三部分。汉代的弩在弩机外面加装了一个青铜机匣，称为"廓"，可以承受更大的张力。另外，汉弩在用于瞄准的"望山"上增设刻度，相当于现代步枪的标尺，提高了命中率。

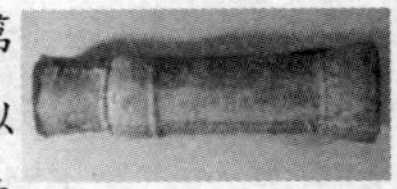

元代火铳➡　中国古代第一代金属管状射击火器，以铜和铁铸造，至迟出现于元代(约公元14世纪初)，后普遍用于海战和陆战。由前膛、药室和尾銎组成。使用时点燃由药室引出的药线，引燃药室内的火药，借助火药燃气的爆发力将预装入前膛内的石弹或铁弹射出，杀伤敌人。

⬅戚氏军刀　中国明朝抗倭名将戚继光使用的一把军刀。通长89厘米，柄长16厘米。刀上部刻"万历十年，登州戚氏"八字，说明这把军刀是万历十年(1582)戚继光任蓟镇总兵时铸造的。

清弓箭➡　中国古代以弓发射的具有锋刃的一种远射兵器。弓由弹性的弓臂和有韧性的弓弦构成；箭包括箭头、箭杆和箭羽。箭头为铜或铁制，杆为竹或木质，羽为雕或鹰的羽毛，是中国古代军队使用的重要武器之一。

⬅明朝佛朗机　中国明代中期火炮，由母铳和子铳构成。母铳身管细长，口径较小，铳身配有准星、照门，能对远距离目标进行瞄准射击。铳身两侧有炮耳，可将铳身置于支架上，能俯仰调整射击角度。铳身后部较粗，开有长形孔槽，用以装填子铳。子铳类似小火铳，每一母铳备有5至9个子铳，可预先装填好弹药备用，战斗时轮流装入母铳发射，因而提高了发射速度。佛朗机为欧洲发明，明嘉靖元年(1522)由葡萄牙传入中国，按其国名称为"佛朗机"。嘉靖三年(1524)，明廷仿制成功第一批32门佛朗机，每门重约150千克，母铳长2.85尺，配有4个子铳。之后，明廷又陆续仿制出大小型号不同的各式佛朗机，装备北方及沿海军队。

参考书目

1.《中国陶瓷全集》,上海人民美术出版社 2000 年版。

2.《中国文物精华》,文物出版社 1990 年版。

3.《中国彩陶艺术》,上海人民出版社 1991 年版。

4.《中国玉器全集》,河北美术出版社 1993 年版。

5.《中国青铜器》,上海古籍出版社 1988 年版。

6.《中国文物精华大辞典·青铜卷》,上海辞书出版社 1997 年版。

7.《中国青铜器全集》,文物出版社 1996 年版。

8.《中国金融通史》,中国金融出版社 2002 年版。

9.《中国兵器史稿》,三联书店 1957 年版。

思考题

1. 陶器和瓷器的差别有哪些?
2. 试述宋代五大名窑的特点。
3. 景德镇瓷器有什么特点?
4. 谈谈中国玉雕作品的意境之美。
5. 青铜器的种类有哪些?鼎盛时期的青铜器有什么特点?
6. 春秋战国时期的货币有哪些种类?各在哪些国家流通?
7. 什么是半两钱、五铢钱?宝文钱的出现有什么意义?
8. 说说弩的特点。

第十二章 中西文化精神比较

中国与欧洲地处欧亚大陆的东部与西部，不同的地理环境、发展机遇形成了各具特色的灿烂文化。但是，自16、17世纪以来，西欧的资本主义体系以日渐强大的经济、军事力量向全球扩张，并终于在1840年用坚船利炮打开了古老中华帝国的大门。从此，在西方文化所彰显的巨大力量面前，一代代中国人开始了对东方与西方、先进与落后等一系列问题的思索和抉择。一百多年的中西文化比较研究取得了显著的成绩，限于篇幅，我们在这里只介绍关乎中西文化精神的几个问题。

我们所说的中国文化是指中国人民在大致相当于现代中国的地域内、自夏商周时代以来至现代所创造、发展的文化；西方文化是指起源于古希腊、古罗马并吸收了希伯来文化成分，从近代以来在西欧和北美进一步发展起来的文化。我们所说的“文化精神”是指一个民族或多民族共同体在社会生活中，特别是通过其思想学说、文学艺术所表现出来的思维方式、行为准则、价值观念和道德理想等。

第一节　中西自然观比较

人生天地之间,必然要与自然界发生多种多样的联系。如何看待和处理人与自然的关系,就成为各种文化首先要面对和解决的问题。就中西文化而言,二者对人与自然关系的看法有不少共同之处,但这两种文化在处理人和自然关系问题上的根本立场和发展趋势却迥然有异。在中国传统思想中,人与自然的关系问题是以天人关系的命题表述出来的。"天"是指外在于人类的客观世界,即我们现在所说的"大自然"。"人"则是指人类或人类社会。中国文化对人与自然关系的态度是"天人合一"式的,即中国文化主要是从人是自然界长期发展的自然产物、人是自然界的一部分的立场来认识人与自然界的关系,认为人与自然打成一片,融为一体,不可分离。主张在认识和体验人与自然的息息相通、和谐交融中因其自然、顺其自然地生存。而西方文化对人与自然关系的态度则是"主客二分"式的。西方文化虽然也认为人是自然界长期发展的产物,但它认为自人类出现之后,人就与自然分为两橛。因此西方文化主要是从人与自然对立的立场来看待人与自然的关系,把人看成是主体,把自然界看成是客体,主张通过认识自然界的客观本质和发展规律来改造、征服自然。

一、中国文化"天人合一"式的自然观

中华文明发源于欧亚大陆的东部,这里地处温带,土壤肥沃,雨水充沛,中华民族的先民很早就进入农耕文明阶段,农民世世代代"靠天吃饭",对大自然有依赖、亲近之感。所以,中国人从一开始就追求人与自然的和谐统一。虽然中国古代也曾有人提出过诸如"天人相分"、"天人相胜"等学说,主张征服自然、制御自然,但是,在整个中国文化史的发展过程中,这样的观点并没有占据主导地位。占据主导与核心地位的一直是"天人合一"观。

在整个中国文化史的发展过程中,占据主导与核心地位的一直是"天人合一"观。

"天人合一"观最早源于《周易》的天人协调说,经过孟子和董仲舒的发展,到宋代张载、程颢、程颐等人那里达到成熟。"天人合一"观主要包括以下内容:

第一,人生于天地之间,是自然的一部分。《周易·序卦》认为:有天地,然后有万物;有万物,然后有男女;有男女,然后有夫妇。这

就从天地万物生长的时序上肯定了人类是自然界的产物，是自然界的一部分。后来许多思想家据此出发，主张“天地万物一体”的观点。

第二，自然界的客观规律同时也是人类社会的规律，人类社会的道德原则是自然规律的体现。中国古代思想家大都认为，天道与人道一致。如程颢说：“安有知人道而不知天道者乎？道一也；岂人道自是一道，天道自是一道？……天地人只是一道也，才通其一，其余皆通。”[①]而为人的首要任务，不是要掌握这个自然规律以制御自然，而是体认这个自然规律以达到伦理自觉。这样，“天”在中国传统文化中的意义，主要不是一个外在于“我”的客体，而是一个与“我”本质同源、向“我”提供道德示范的榜样。《周易・乾卦》：“天行健，君子以自强不息。”“天行健”是说天体运行变动不居，“健”含有积极主动、奋发图强之意，人类应该效法天，积极进取，依靠自己的不断发奋图强来实现自己的主观目的。

人类的最佳最美的境界是天人和谐。人与自然相依相傍、和谐共存是传统中国人的理想生活。

第三，人类的最佳最美的境界是天人和谐。《诗经》中的许多诗篇就表现了人类跟随自然的节奏而生活的过程和乐趣。《豳风・七月》通过对不同时节劳动场面的歌咏，表现出中华先民从劳动中感受到的自然的流转生机以及人的性情与自然性情相互交融的和谐美感。《论语・先进》记载，一日孔子让诸弟子各言其志，前几位弟子都以积极入世、建功立业为志，孔子未予赞许，最后一位弟子以春日与朋友结伴出游为人生志向，却获得了孔子的赞许。人与自然相依相傍、和谐共存是传统中国人的理想生活。

二、西方“主客二分”式的自然观

西方的自然观起源于古希腊。古希腊文明诞生于东地中海一带的岛屿和岸边，那里多石少土，土地贫瘠，植被不丰，大自然没能给人提供丰富的农耕条件。希腊人多以采矿、捕鱼、经商为业，在与大自然的搏斗中求发展。大自然对古希腊人来说是一个外在的、异己的存在，这激起了古希腊人对自然的浓厚的研究兴趣。许多学者认为，希腊精神就是从“惊奇”出发，进而扩展到要对自然加以确定的认识。古希腊人们热衷于探究宇宙的本原，泰勒斯认为水是万物之本原，毕达哥拉斯认为数是万物之本原，赫拉克利特则认为火是

① 《二程集・遗书卷十八》。

万物的本原，古希腊第一个百科全书式的学者德谟克利特甚至提出了原子与虚空的理论，对物质结构问题进行了更为深入的探讨，已很接近近代科学的原子论观点。可以说，“爱智”是古希腊的传统，“智者”以探求知识、传授知识为职志。古希腊人由此创造了灿烂辉煌的哲学、科学成就。

进入中世纪后，“上帝”占领整个欧洲，基督教神学取代了希腊哲学。基督教认为，人和万物都是上帝的创造物，要求人们对上帝绝对服从，而一切对自然的认识和研究都是对造物主的不恭，都在被严格禁止之列。应当说，基督教的创世说是对古希腊传统自然观的否定。

文艺复兴运动兴起之后，基督教神学的垄断地位被打破，希腊哲学中的人文主义思想再度复苏，研究自然成为文艺复兴运动的一个重要主题。哥白尼的天文观察结果为产生一种全新的自然观开辟了崭新的视野，自然界在人们眼中有了新的意义。在此基础上，英国人培根提出，人们追求科学的目的，不是为了在争辩中战胜对方，而是为了能够在行动中自由地支配自然。与培根主张相同的还有法国的笛卡儿和德国的歌德。笛卡儿说，可以获得一种对生活非常有益的知识，借助于它，我们就可以像了解我们的手工业者的各种职业一样，清楚地了解水、火、空气、星球以及我们周围的其他一切物体的力量和作用，并能在一切适合的地方利用这些力量和作用，使自己成为自然的主人和占有者。可见，近代西方自然观又回到了它的出发点——古希腊认识自然的观点。但这不是简单地回复，而是在更高阶段上的上升，近代机械论的自然观由此建立起来。机械论自然观强调人类可以利用对自然的知识来干预自然，支配自然、征服自然。

近代西方对自然采取征服者的态度，还与文艺复兴以后人类思维逐渐由人道主义扩张为人类中心主义有关。人类中心主义包含两个信念：其一是认为人类在认识自然和征服自然方面原则上不存在解决不了的问题，这便是人类理性至上论和自然科学万能论；其二是实践方面的信念，认为物质生活的富足和感官愉悦乃是人生的最高目的，把人类对享乐的追求强化到唯一合理的地步，这便是庸俗享乐主义的信念。在这两大信念的支配下，人们相信愈能征服自然便愈能过得舒适，从而导致了对自然资源盘剥式的开采，对自然生态肆无忌惮的破坏。

西方主客二分式的自然观，促进了近代科学技术的迅猛发展，同时也带来了一些负面的影响。对自然的无限制索取，导致生态环境的破坏，进而严重影响了人类的生存质量。

西方主客二分式的自然观，促进了近代科学技术的迅猛发展，同时也带来了一些负面的影响。对自然的无限制索取，导致生态环境的破坏，进而严重影响了人类的生存质量。物质文明的高度发展，刺激了人追求享受的强烈欲望，在一定程度上导致了人精神空虚、思想堕落等社会问题。

第二节　中西价值取向比较

由个人而生民主法制，由家族而生道德人情。与西方文化不同，“在中国思想上，所有传统的态度总是不承认个体的独立性……总是把个人认作‘依存者’”①。中国传统文化的价值取向是整体主义的。在中国传统社会，家、家族和群体是社会价值的主体，是产生一切价值的最终依据。个体作为整体的一个分子，没有自己的独立的价值，个体只有满足家族群体的要求，实现家族群体的利益时，才能获得自己的价值。

与中国相反，以个人为本位的个人主义构成西方价值观念的思想基础和立足点。西方文化认为在个人与整体的关系中，个人是本位，或者说个人是始点、核心和目的，国家和社会的使命就是要保护个人的权利。个人主义作为西方价值观念的思想基础，贯穿于西方价值体系的各个方面，体现了西方价值观念的根本性质。

一、中国整体主义的价值取向

中国传统社会是一个家族社会，以家族为本位的整体主义贯穿于中国价值体系的各个方面。

中国传统社会是一个家族社会，以家族为本位的整体主义贯穿于中国价值体系的各个方面。中国传统文化的这一特点的形成，与中国所处的自然环境、经济基础、政治和社会结构有很大关系。由于得天独厚的自然条件，中华先民很早就开始从事定居农业。当希腊人在进行工商贸易、海外移民等生产活动的过程中，渐渐地走出原来的血缘氏族集团，进入地缘城邦社会时，中华民族在稳定的农业生产中没有经历血缘纽带的充分崩溃，而是在氏族制度解体之后，随即进入了由氏族转化来的聚族而居的农村乡社。从那时直至近现代，这种聚族而居的农村乡社，是中国社会的基本结构单位。任何一个中国人就是在这样一个“家—家族—村社”的血缘链条中

① 张汝伦：《理性与良知——张东荪文选》，上海远东出版社 1995 年版。

成长以来的。英国人裘斯顿(Johnston)说:“要了解中国这奇异的安定及长久不坠的社会制度,没有比这个事实更重要了,即社会与政治的单元是同一的,而此一单元不是个人而是家庭。”①

在中国传统社会,人与人之间的纽带,就是一张血缘之网。在这个大网中,个人只是一个网结,一个只能守其位,不能越其节的符号。所以,在个体与整体的关系中,对个体来说,重要的不是自己的需求和愿望,而是自己作为特定角色所对应的义务和权利;对整体来说,重要的不是如何最大限度地维护和实现每个个体的权利和利益,而是如何保证整体的繁荣昌盛和历久不衰。个人的个性、尊严和愿望在家族整体面前都是微不足道的。明晰了这一点,就不难理解为什么《红楼梦》里,集万千宠爱于一身的宝玉,不仅主宰不了自己的婚姻,甚至主宰不了一个丫环的去留。

从这种家族的、整体的利益出发,伦理道德在传统中国占据着非同寻常的地位。从孔孟提出“仁义礼智”到程朱号召“存理灭欲”,整个传统中国的思想家们最重视的一件事,就是如何提高人们的道德修养,使个体不敢、不能、不愿起来挑战整体的利益。在这些传统思想家的一致努力下,孝、忠等道德规范成为传统文化价值观的核心。个人只能以孝、忠为坐标,在家族、血缘中寻找自己的安身立命之所。

二、西方个人主义的价值取向

个人主义是西方价值观念的出发点,强调在整体与个人的关系中,个人是本位,整体因个人而产生价值。也就是说,个人组成整体的目的,不是为了这个整体本身的兴衰存亡,而是为了维护和保证个体的合理权益。整体只有在能够保护组成这个整体的个人的合理权益的时候,才有存在的意义。因而,国家和社会的使命就是要保护个人的权利。

个人主义是西方价值观念的出发点,强调在整体与个人的关系中,个人是本位,整体因个人而产生价值。

西方的个人主义是在氏族纽带解体,社会组织关系由血缘关系转向地缘关系的基础上产生的。在血缘联系极为淡薄的、共同居住于一地的人们当中,个体的要求和愿望成为唯一的合理的尺度。早在希腊文化时期,西方智者就提出了尊重个人权利的主张。如雅典著名政治家伯里克利在希腊阵亡将士国葬典礼上的演讲中说道:

① 转引自金耀基《从传统到现代》,中国人民大学出版社 1999 年版,第 25 页。

"我可断言,我们每个公民,在许多生活方面,能够独立自主,并且在表现独立自主的时候,能够特别地表现温文尔雅和多才多艺。"[①]苏格拉底在西方文化史上首次提出"照顾自己的心灵"、"认识自己"等口号,标志着人的自我意识的觉醒。希腊罗马衰亡以后,这种个人主义的思想一度中绝,但文艺复兴以后,人文主义者重新发现和肯定了"人",提出了个性自由和平等的要求。近代哲学家笛卡儿提出"我思故我在"的命题,把通过思维而证明个人的存在作为哲学的基石,并肯定了意志的绝对自由。此后,随着资本主义的发展和城市市民社会大踏步地走向成熟,个人主义成为一股强大的思想潮流。法国思想家狄德罗认为,没有一个人从自然得到了支配别人的权利,自由是每个人天赋的权利,只要他有理性,他就享有不可剥夺的自由。现代西方文化对个人主义的提倡更达到了一个前所未有的高度。尼采的"酒神精神"表达的就是个人本能的高度解放。法国存在主义代表萨特认为,对自己负责就是对人类负责等,因为个人是绝对自由的。

从个人主义出发,民主、法制观念在西方十分突出。民主是个人平等自由权利实现的保障,法制则是调节平等主体间的权利义务关系的凭借。个人主义的观点认为,每个人都享有天赋的、不可剥夺的自由平等权利,每个个体在政治上是平等的,大家都有参与集体管理的权利,都有表达和实践自己政治观点和立场的自由,这就是民主意识。概括地说,近代形成的西方民主理论体系主要由三条相互联系的原理构成,即天赋人权、契约理论和人民主权。人生而拥有平等权利,人们通过订立契约转让权利于执政者,委托他们执政,而国家和社会的主权仍然在人民手里,如果执政者滥用权力,危及人民的利益,人民可以从执政者手中收回转让的权利,重新组织政府。同样,每个个人在经济及社会生活中享有不可剥夺的平等权利,法律用以公正地调节这些平等主体间的关系,使每个人在保障自己权利的同时不侵害他人的合法权益。

总之,中国传统社会以家族群体的利益为价值取向的标准,因而伦理道德在社会中发挥着重要的作用;西方社会以个人利益为价值取向的标准,因而民族法制在社会生活中发挥着重要的作用。

---

① 修昔底德:《伯罗奔尼撒战争史》,商务印书馆 1978 年版,第 133 页。

第三节　中西思维方式比较

思维是人脑对客观事物的本质属性或规律性的一种间接、概括的反映。人们通过思维来认识自然和社会,并根据这些认识选择作出相应的行为。德国人卡西尔说:“符号化的思维和符号化的行为是人类生活中最富于代表性的特征,并且人类文化的全部发展都依赖于这些条件,这一点是无可争辩的。”①要把握中西方文化精神的不同,必须对中西思维方式进行一定的体察。

一、注重“整体体悟”的中国传统思维方式

相对于西方思维方式,中国传统思维有两个突出的特点:一是有机整体的对象模式;二是直觉体悟的思维方法。

1. 有机整体的对象模式

中国人习惯于把对象世界看作是一个有机的整体,整体内各个部分相互关联、相互影响。传统的五行学说认为,世界万物是由金、木、水、火、土这五种元素构成的,但这五种元素并不是相互独立地构成事物,而是依据一定的原理,相生相克,共同组合大千世界。五行相生的顺序是木生火,火生土,土生金,金生水,水生木;五行相克的顺序是木克土,土克水,水克火,火克金,金克木。五行相生相克的关系表明,传统中国人认为对象世界是一个整体,并且整体的每一个部分都不是孤立的,而是与其他部分相互关联着。在五行中,任何两行之间,总有相生或相克的关系,因此,总是不平衡和处于运动之中的。每一行既生他又被生,既克他又被克,所以从总体上看,由五行构成的整体处于动态平衡之中,但这种平衡不是绝对的静止,而是运动中的平衡。传统的八卦学说也认为,世界万物分别与八种自然事物或现象相连,八卦之间相互联结,牵一发而动全局。五行八卦思想植根于每个传统中国人的内心,深刻影响着传统中国人的思维模式。如春秋时期老子认为,贵贱、强弱、福祸、刚柔等对立事物都不是一成不变的,它们在一定条件下会向着相反的方向转化。《道德经》中“祸兮福之所依,福兮祸之所伏”的思想,既是中华先民有机整体的思维方式的反映,又反过来深远地影响着华夏后人

① 卡西尔:《人论》,上海译文出版社 1985 年版,第 35 页。

的思维习惯。儒家奠基人孔子的思想也充满了有机、辩证的色彩,“君子”应该“惠而不费,劳而不怨,欲而不贪,泰而不骄,威而不猛”[①]。传统中医理论认为,人的身体各部位、五脏六腑都是相互联系的,治病不能头痛医头、脚痛医脚,而应该通身调理、辨证施治。眼病可能反映了肝的毛病,而口舌生疮则可能是心火太盛造成的。

相对于西方思维方式,中国传统思维有两个突出的特点:一是有机整体的对象模式,二是直觉体悟的思维方法。

2. 直觉体悟的思维方法

所谓直觉体悟的思维方法就是一种超越感性和理性的,依靠直觉和顿悟来把握事物本质的非逻辑思维。这种思维方式的特征在于从总体上模糊而直接地把握认识对象的本质和规律,与以概念分析和判断推理为特点的逻辑思维迥然不同。直觉体悟的方法具有明显的整体性、直接性和非逻辑性。中国哲学的主干是以儒家为主的儒、道、佛合流。无论是儒家的孔孟之道,还是道家的老庄之学,大旨都是通过一系列含义模糊的、格言式的修身养性理论来指导人们体认世间最高的“道”或“理”,并认为人们体认了这些,就达到了认识世界的最高境界和最终目的。孔子的仁礼之学、忠恕之道,无非是主张人们至仁、守礼,将心比心,善解人意。认为只要达到这种地步,就可悟到事物的真谛,从而“致知”、“达智”。孔子之后,儒家后学遵循的也都是“尽心、知性、知天”的思想路数,“尽心、知性、知天”就是要“极其心之全体”、“反观心性”、“自诚明”,也就是要用直觉体悟的方法达到对天理的体认。老子提出“致虚极,宁静笃”,要人们加强身心修养,保持内心安宁,不受任何情感欲望的影响,在静观中认识事物的真相,从而见道、得道、体道。庄子则提出了“心斋”、“坐忘”等把握体验人间至道的方法。所谓“心斋”,就是保持心的虚静,因为只有在这样一种精神状态下才能产生直觉,直接与“道”契合。所谓“坐忘”,就是“堕肢体,黜聪明,离形去知,同于大通”[②]。即摒去心官知觉,排除理智推理,物我两忘,与道同体。从孔孟讲仁道到老庄论天道,都表现了一种靠悟性而获得智慧的直觉主义倾向。这种直觉顿悟的思维方法经魏晋玄学,发展到唐代禅宗,更进了一步。禅宗吸收了中国传统哲学重视直觉体悟的思想,并把它与佛性本体论相结合,提出“不立文字,以心传心,明心见性,顿悟成佛”的修行方法,把直觉思维推到了极致。

---

① 《论语·尧曰》。

② 《庄子·大宗师》。

二、擅长"个体分析"的西方思维方式

西方思维方式与中国传统思维方式不同,西方人把对象世界看作是由无数同质元素组成的机械客体,而认识这个客观世界的方法主要是理性的逻辑分析。

西方人把对象世界看作是由无数同质元素组成的机械客体,而认识这个客观世界的方法主要是理性的逻辑分析。

1. 机械个体的对象模式

与中国人把世界看作一个有机的整体不同,西方人倾向于将世界视为一个由无数独立的个体组成的机械的存在。最早对自然作哲学思考的西方人是活动于古希腊伊奥尼亚的米利都城的泰勒斯、阿那克西曼德和阿那克西美尼三位哲学家。他们一致认为:宇宙万物是由单一的物质性本原构成的。泰勒斯认为这个本原是"水",阿那克西曼德认为是"无定"(一种虚拟物质),阿那克西美尼认为是"气"。他们认为宇宙万物的生成变化是物质性本原"浓聚"或"稀散"的结果。后来,另一位伊奥尼亚哲学家赫拉克利特发展了米利都派的学说,认为宇宙的本原是"火",火依据"道"(logos,有规律、理性、尺度等含义)化生万物;而"道"是本原火所固有的属性,火按照它自身的"道"燃烧、熄灭,生成万物。而由火产生的一切事物都必然普遍地遵循"道"。在这里,赫拉克利特不仅把宇宙看作是由一种单一物质组成的机械客体,而且认为宇宙的生成以及宇宙间的万物都遵循一种特定的规律。早期希腊哲学家的观点对后世西方人的思维模式产生了重大影响。进入近代以来,西方思维模式明显地向着机械论的方向发展,以机器的模型去理解整个宇宙以及宇宙间的万物,把物质看作世界的本原,认为物质是由原子构成的,而原子的运动是由外部力量的相互作用引起的,这些运动服从于牛顿运动定律和万有引力定律,各个部分运动的总和就构成整体,就如机器的零部件构成机器一样。甚至动物和人的身体也是机器,只不过比一般的机器更复杂、精密而已。所以从某种程度上说,在西医的眼里,病人就是一架某个零部件出了问题的机器,他要做的工作是修理这个部件,或者干脆换掉这个部件。

2. 逻辑分析的思维方法

既然世界是一架由各种零部件组成的、按照一定规律运转的机器,认识和驾驭自然的最好方法就是分析这架机器,掌握它的内部规律。西方人酷好逻辑分析的传统,可以上溯到古希腊时代。与享有得天独厚的自然条件的中国古人不同,古希腊人生活在海陆交

错、土地贫瘠的希腊半岛。艰难的谋生方式逼迫他们把自然作为一种异己的力量进行观察分析、深入认识。古希腊人很早就发现数量关系是自然界事物的一种必然联系,研究事物就要找出它们之间的数量关系。此外,与追求数量精确相联系,古希腊人还十分注重逻辑的严谨性和抽象分析,亚里士多德的《工具论》、欧几里得的《几何原本》以及"杠杆原理"、"浮力定律"等一系列哲学科学成就,就是在这样的条件下产生的。古希腊人这种讲求数量的传统,以及其思维的条理性、表述的清晰性、体系的严谨性,为后世西方人逻辑思维的发展奠定了基础。在漫长的中世纪,大量古希腊、罗马文化典籍遭到摧毁。幸运的是,基督教为了证明上帝的存在,保留和加强了古希腊哲学中的数学唯理主义和机械主义传统。到了中世纪后期,这种注重逻辑分析的思维传统,又从为上帝服务转回到对自然本身的观察认识之中,并由此直接开启了近代科学的大门。逻辑分析思维在认识世界时,是把整个自然界划分为不同的领域和部分,然后对其中的对象进行分门别类的研究。这种把事物从纷繁复杂的世界中分离、独立出来,从孤立静止的角度加以认识的方法,其优点是把原先隐没在整体中的重要细节找出来,透过复杂的现象抓住事物的本质,其缺点是把整体分解为各个孤立、静止的个体的同时,也就割断了事物之间的联系。

逻辑分析思维在认识世界时,是把整个自然界划分为不同的领域和部分,然后对其中的对象进行分门别类的研究。

中西方思维方式各有利弊。中国传统思维的整体体悟性特征让人们避免了向细节化、形式化、定量化的方向发展,但却使中国传统思维缺乏严密的逻辑系统,学术思想长期停留在经验性的水平之上,始终没有形成科学的理论体系,这就造成了中国自然科学技术长期处于停滞性的发展状态。西方传统思维借助于具有确定含义的文字进行抽象逻辑思维,善于从经验中抽象出公理,形成形式逻辑和定理,有助于精确地认识和表达对自然的认识,这为科学的长足发展提供了条件,但这种逻辑分析的方法,往往为了认识事物的特征,把局部抽象放大,片面地加以定义、定量分析,由此造成了整体把握事物的本质的功能较弱。[①]

① 参见张立《试论中西传统思维方式的离异和回归》,载《青海社会科学》2000年第6期。

参考书目

1. 庞朴：《文化的民族性与时代性》，中国和平出版社 1988 年版。

2. 张立文：《传统学引论》，中国人民大学出版社 1989 年版。

3. 龙文懋、崔永东：《传统文化的沉思》，内蒙古人民出版社 2001 年版。

4. 朱谦之：《文化哲学》，商务印书馆 1990 年版。

5. 张海鹏、臧宏：《中国传统文化论纲》，安徽教育出版社 1996 年版。

思考题

1. 简述中西自然观的差异。

2. 简述中西价值观的差异。

3. 简述中西思维方式的差异。

后记

中国传统文化博大精深，内容丰富，是高校进行文化素质教育不可或缺的重要内容。作为第一门素质教育公共限定选修课，从 2001 年开始，德州学院历史系在全院各本科专业开设了“中国传统文化”。2003 年实行学分制后，各专业学生纷纷选修此课程。应该说，该课程在提高全院人文素质教育方面起到了重要作用。

教学过程中，我们曾选用过各种不同版本的教材，但或过于详尽，或过于空泛，与“公选课”的性质、要求相去甚远，内容体系上需要调整、伸缩的东西太多。如何筛选教材内容，如何在有限的学时内让学生从整体上把握中国传统文化的基本内容，我们一直在作艰苦的探索。

2003 年初，我系申报的课题“高等学校应用型人才人文素质教育重点课程内容体系研究”（立项编号：BIA010091-B03）作为全国教育科学国家规划课题——“21 世纪中国高等学校应用型人才培养体系的创新与实践”子课题被正式批准立项。经过课题组两年的辛勤努力，在调查研究、教育实践和广泛吸收中国传统文化现有研究成果的基础上，于 2004 年底完成了本教材的编写工作。

编写具体分工如下：第一章，梁国楹；第二章，秦修业；第三章，王瑞；第四章，于雁；第五章，李敏；第六章，王守栋；第七章，黄传波；第八章，王守栋；第九章，秦修业；第十章，王永顺、祭炳军；第十一章，王永顺、孙丽英；第十二章，于雁。初稿完成后，梁国楹、王守栋、王永顺分工进行了初审，统一了体例格式。最后，王守栋编排了各章图片，梁国楹对书稿增、删、改、润，作了较大的修订并定稿。

由于时间和水平所限，书中错漏之处在所难免，敬请批评指正。

梁国楹

2005 年 1 月

图书在版编目(CIP)数据

中国传统文化教程/梁国楹主编.—济南:山东大学出版社 2005.9(2013.2 重印)
ISBN 978-7-5607-3022-6

Ⅰ.中…
Ⅱ.梁…
Ⅲ.传统文化—中国—高等学校—教材
Ⅳ.G12

中国版本图书馆 CIP 数据核字(2005)第 082914 号

山东大学出版社出版发行
(山东省济南市山大南路27号　邮政编码:250100)
山 东 省 新 华 书 店 经 销
山东旅科印务有限公司印刷
787×980 毫米　1/16　21 印张　400 千字
2005 年 9 月第 1 版　2013 年 2 月第 8 次印刷
印数:26001-27500 册
定价:28.00 元